U0960111

教育部高职高专公共事业类专业教学指导委员会推荐教材

社会工作概论

Introduction to Social Work

主　编　周　沛
副主编　管向梅

天津大学出版社
TIANJIN UNIVERSITY PRESS

内容简介

本书共分4篇,包括社会工作理论,社会工作方法,社会工作实务以及社会工作研究及发展。本书主要面向社会工作专业学生作为教材使用,也可作社会相关人员参考之用。

图书在版编目(CIP)数据

社会工作概论/周沛主编.—天津:天津大学出版社,2009.4
(2023.8重印)

ISBN 978-7-5618-2954-7

Ⅰ.社… Ⅱ.周… Ⅲ.社会工作-高等学校:技术学校-教材 Ⅳ.C916

中国版本图书馆CIP数据核字(2009)第046368号

出版发行	天津大学出版社
地　　址	天津市卫津路92号天津大学内(邮编:300072)
电　　话	发行部:022-27403647
网　　址	www.tjupress.com.cn
印　　刷	天津泰宇印务有限公司
经　　销	全国各地新华书店
开　　本	710mm×1010mm　1/16
印　　张	18
字　　数	384千
版　　次	2009年4月第1版
印　　次	2023年8月第7次
定　　价	55.00元

凡购本书,如有缺页、倒页、脱页等质量问题,烦请与我社发行部门联系调换

版权所有　　侵权必究

教育部高职高专公共事业类专业教学指导委员会推荐教材

编审委员会

主　任：王处辉　南开大学高等教育研究所　教授/博士生导师

副主任：陈庆云　北京大学政府管理学院　教授/博士生导师

杨　欢　天津大学出版社　社长

唐永泽　南京工业职业技术学院　教授/书记

邹文开　长沙民政职业技术学院　教授/副院长

委　员（以下按姓氏音序排列）：

丛建阁　山东财政学院　教授/处长

杜创国　山西大学政治与公共管理学院　副教授/副院长

林闽钢　南京大学公共管理学院　教授/博士生导师

刘清华　南开大学高等教育研究所　副教授/博士

陆建洪　苏州经贸职业技术学院　教授/博士生导师

聂荣华　湖南省教育厅　教授

宋琦如　宁夏医学院公共卫生学院　教授/院长

孙迎光　南京师范大学公共管理学院　教授/副院长

张晓华　北京青年政治学院　教授/副院长

赵宏志　天津大学出版社　副编审

赵栓亮　石家庄邮电职业技术学院　教授/主任

周良才　重庆城市管理职业学院　教授

周绿林　江苏大学工商管理学院　教授/书记

周跃红　广东科学技术职业学院　教授

总序

高等职业教育是我国高等教育体系的重要组成部分,也是职业教育体系的重要组成部分。近几年,高等职业教育呈现出前所未有的发展势头,高等职业院校数量、在校生和毕业生人数持续增长。1996 年,我国高等教育的毛入学率仅为 6%,2002 年达到高等教育大众化阶段的 15%,到 2007 年上升至 22%,这其中,高职高专教育的快速发展起到了不可或缺的作用。

20 世纪 80 年代以来,世界许多国家和地区都把职业教育确立为教育发展战略重点。伴随着经济一体化的要求,把发展职业教育作为提高国家竞争力的战略措施,成为世界各国教育政策调整的普遍做法。

我国从上世纪 80 年代初期建立职业大学至今,高职教育走过 20 多年的发展历程。随着我国社会经济体制的转型以及高等教育大众化的发展,高等职业教育得到快速发展,其中一个重要原因是国家政策的促进。1996 年,全国人大通过并颁布了《中华人民共和国职业教育法》,从法律上确定了高职教育在我国教育体系中的地位,由此我国的高职教育发展驶入了快车道;1999 年全国教育会议召开,中央提出"大力发展高等职业教育"的工作要求,我国高职教育进入了蓬勃发展的历史新阶段。2005 年,国务院印发《关于大力发展职业教育的决定》,召开全国职业教育工作会议,明确提出,推进我国走新型工业化道路,解决"三农"问题,促进就业再就业,必须大力发展职业教育。2005 年成为我国职业教育史上具有里程碑意义的一年。与此同时,各地纷纷出台新举措,加强对职业教育的统筹领导,加大财政投入,鼓励和支持民间资本举办职业教育,完善职业教育的管理体制和保障机制。

从目前我国高等教育发展的总体情况看,存在着由于各层次高等教育不谐调所造成的人才类型结构失衡现象。面对这一问题,中国人民大学校长纪宝成曾在 2005 年高等教育国际论坛上呼吁:"(高等教育)结构调整的关键是发展高等职业技术教育。”①当前存在的社会需求与学校教育的供求矛盾,对高职高专院校而言无疑是一次发展的机遇。

截至2005年底,高职高专教育取得了规模性增长,基本形成了每个市(地)至少设置一所高职高专院校的格局。全国共设有高职高专院校1091所,占普通高等学校总数的60.9%。从招生情况看,2005年全国高职高专招生人数达到268.1万人,占全国本专科招生总数的53.1%。从在校生规模看,2005年全国高职高专在校生人数为713万,占本专科在校生总数的45.7%。根据国家对职业教育发展的规划,到2010年,高职高专招生规模将占高等教育招生规模的一半以上②。高职高专已经占据了高等教育的半壁江山。

2004年10月26日,教育部首次颁发了《普通高等学校高职高专教育指导性专业目录(试行)》(教高[2004]3号)(简称《目录》)、《普通高等学校高职高专教育专业设置管理办法(试行)》(教高[2004]4号),并印发《普通高等学校高职高专教育专业简介》,从2005年开始实施。这是我国第一次在专科层次颁布全面系统的专业目录,填补了我国缺少高职高专教育专业目录的空白。《目录》按职业门类分设包括公共事业大类在内的19大类,下设二级子类77个,专业556个。公共事业大类下设公共事业类、公共管理类、公共服务类3个二级子类,共设有24个专业。2005年12月,教育部发布《教育部关于成立2006—2010年教育部高等学校有关科类教学指导委员会的通知》(教高函[2005]25号),2006年,全国高职高专各专业类教学指导委员会相继成立。教育部高职高专公共事业类专业教学指导委员会于2006年6月在南开大学召开成立大会暨第一次工作会议,会议讨论并通过了《教育部高职高专公共事业类专业教学指导委员会工作章程》《教育部高职高专公共事业类专业教学指导委员会2006—2010年工作规划》以及2006年的工作计划,明确了该教学指导委员会2006年及其今后四年的总体工作目标与任务。

教材建设是专业建设的重要组成部分。高职高专公共事业类专业教学指导委员会成立以来,就把教材建设作为一项重要的工程来抓。为此,我们制定了针对高职高专公共事业类专业特点的人才培养目标,按教育部确定的必修课和专业课课程设置,动员和组织全国相关院校的专业教

① 沈祖芸,计琳:《一个统率高教发展的重要命题》,载《中国教育报》,2005-11-25(5)。
② 教育部发展规划司:《2005年高等教育事业统计主要结果与分析》,见《教育统计报告》,第一期。

师和研究人员,编写一套高水平的教材的计划。

我们组织编写这套教材的总体构想是:严格按照教育部高职高专公共事业类专业建设的基本要求,根据专业教学内容、教学发展要求、人才培养方案以及学生的基本素质情况,以职业岗位核心技能培养为目标,紧密结合学生未来工作实际,充分体现职业岗位核心技能要求和工学结合特点。同时,积极探索“专业标准”建设,并尝试建设“标准化”教材,力争对全国高职高专院校公共事业类专业的教材建设起到示范、引领和辐射的作用,鼓励高职高专双师型专业教师参与编写并积极推广使用,从而提高公共事业类专业的教学质量,面向行业,培养出更多高质量的应用型高级专业人才,为我国的社会主义建设服务。

我们期望这套教材应具有以下特点。

1. 教材以职业岗位核心能力需求为主线,按照职业岗位核心技能的要求制定教材编写大纲,设计教材体例和内容。教材中的知识点与职业岗位核心技能紧密对应,使理论知识学习、实践能力培养和可持续能力发展紧密结合起来,形成教材内容的三位一体,强化教材体系的职业性。

2. 教材内容突出对学生职业岗位能力的培养,把专业和职业结合起来,将核心技能的培养贯穿于教材全部内容。

3. 教材内容体现“基础理论适度、突出应用重点、强化实训内容,形式立体多元”的思想原则,教材内容设计以岗位技能需求为导向,以素质教育、创新教育为基础,以学生能力培养、技能训练为本位,使其真正成为为高职高专学生“量身定做”的教材。

4. 教材融入职业资格标准,体现职业素质培养。将双证书教育融入教材内容,使职业资格认证内容和教材教学内容有机衔接起来,让学生学习相关课程教材后可直接参加职业资格证书考试。

5. 将行业或国家的技术标准融入教材内容中,让学生在校期间接受“标准”教育,增强“标准”意识。

6. 将人才培养方案、专业标准、实训条件等放入教材内容中,在强化教材职业针对性的同时,体现教材实用性、创新性和前瞻性的特点。

7. 扩大教材的使用范围,使教材的功能多元化。既可以作为高职高专院校学生的教材,也可以作为一般本科院校相关专业的教学参考用书及行业的培训参考读物,还可以作为相关人员普及提高相关知识的应用性图书。

8. 教材的形式力争立体化,除纸质的主教材外,另辅以电子教案、教学计划、CAI课件、IP课件(流媒体课件)、电子习题库、电子试卷库、影音资料等辅助教学资源,最终为学校专业建设、教师教学备课、学生自主学习提供完整的教学解决方案,最大限度地做好全方位的资源供给服务,从而提高教材选用的竞争力。

在确定教材编写目标和要求的基础上,我们教学指导委员会与天津大学出版社合作,按教育部规定的高职高专公共事业类专业的课程目标,选定一批主干课及专业必修课程,采取在全国范围内公开招标的方式,在编著者自愿申报的前提下,由本教学指导委员会成员组成的教材编审委员会从中遴选最优秀的教师担任既定教材的主编,并鼓励高职高专公共事业类专业有经验的一线教师与研究型大学的相关教师合作,由我们牵线搭桥,优化组合成一部教材的编写团队,共同完成一部教材的编写工作,以求达到理论与教学实践的有机结合。

然而,编写高水平的专业教材谈何容易。虽然参与编写这套课程教材的都是既有丰富教学经验,也有较高研究水平的教育工作者,但毕竟我国公共事业类专业开办的时间尚短,所以,这套教材肯定会有一些不尽如人意之处,敬请大家提出批评、改进的建议,使这套教材臻于完善,为我国公共事业类专业的发展做出应有的贡献。

教育部高等教育司高职高专处、教育部高职高专教学指导委员会协联办、天津大学出版社对出版这套教材给予了大力支持。在研讨设计和组织审定这套教材的过程中,天津大学出版社给予了部分经费支持,并对这套教材的编写方针提出了参考意见,为本教材的出版做出了大量推动和建设性工作。在此表示衷心的感谢。

教育部高职高专公共事业类
专业教学指导委员会主任　王处辉

《社会工作概论》编委会

主　编　周　沛

副主编　管向梅

编　委　周进萍　周　晶　张　璐

冯敏良　陈　静

目　　录

第一篇　社会工作理论

第二篇　社会工作方法

第三篇　社会工作实务

第四篇　社会工作研究及发展

第一篇

社会工作理论

1 社会工作导论

社会工作起源于西方工业国家，经过长时期的发展，逐渐成为一门学科、一个专业、一项职业，成为许多国家和地区应对社会问题制度化与专业化的方法。在我国大陆地区，社会工作是一个既熟悉但又陌生的概念。说它是人们熟悉的概念，是因为它是“在每一个正式组织中工作和学习的人都可以从事一些非本职工作的、公益性的工作”①；说它是人们陌生的概念，是因为对社会工作概念的本质和内涵，很多人不能清楚地认识和说明，往往把它定位于一般本职工作之外的工作。

社会工作是应用社会科学的重要组成部分，是专业化与职业化的助人手法，具有特定的内涵和学理特征。

1.1 社会工作的内涵

由于社会工作概念并非源于某个权威组织，其在各个国家和地区面对的主要任务和解决问题的具体方法亦各不相同，加之各个国家的不同历史背景和社会文化环境，社会工作的含义具有多样化的特点。1947 年，联合国调查各国社会工作教育情况时，就有 33 个国家提交了 33 个不同的社会工作定义②。

1.1.1 社会工作的含义

关于社会工作的含义，有学者认为大体上可以分成 3 种类型，分别代表其不同的发展阶段。

第一类，把社会工作视为一种慈善事业，即社会中一些中上层人士出于人道主义

① 王思斌：《社会工作导论》，第 1 页。北京：高等教育出版社，2006。

② 张乐天：《社会工作概论》，第 1 页。上海：华东理工大学出版社，2004。

或宗教信仰,对社会上贫苦及不幸者的施舍。这个定义代表了社会工作发展的最初阶段,西方各国社会工作发展大多经历了这个阶段。

第二类,把社会工作视为由政府或私人社团举办的,以解决社会问题为目的的各种有组织的活动,包括对由于失业、贫困、疾病、年老、残疾、精神疾患、孤寡等各种原因而面临困难的人们的扶助救济事业、调查活动、贫困预防工作等。这个定义强调了对贫困的救助是政府的责任,是社会工作的拓展阶段,也是目前大多数国家社会工作的实践。

第三类,把社会工作视为一种由政府或私人社团所举办的专业服务。它不分性别、年龄与贫富,以协助受助者个人发挥其最大潜能,使其获得最完美、最有意义的生活为目的。它的工作重心已不仅仅局限于对被救助者社会关系的调整与革新和对被救助者物质的扶助,而是有专业的咨询服务,以协助他们自觉、自立及发挥潜能。其工作对象不只是若干贫困或遭遇其他社会问题的人,而是已经普及到一般大众或全体人民,这主要是发达国家和发达地区中的社会工作实践。

关于社会工作的含义,还有学者从不同角度提出不同的观点,例如弗瑞德·兰德认为,社会工作是一种以科学的知识和技能协助个人以达到社会和个人的满足与自主的专业服务过程;而芬克认为社会工作是一种艺术和科学,它通过助人的服务来增强个人和团体的人际关系和社会生活的能力。

不管何种定义,社会工作都需要涉及到几个要素:①社会工作具有特定工作对象,如个人、团体、社区等;②社会服务提供者必须是专业的社会工作者,其素质关系到社会服务提供的水平;③社会工作是一个实现目标的过程,其最终目标是消减不公平,维护社会公正[①];④社会工作有其特定的基本理念与方法,社会工作在服务过程中必须遵守专业的伦理要求和工作规范,助人的技巧也必须经过专业培训;⑤社会工作是一种制度,是社会福利体系中的重要组成部分,是政府贯彻福利政策、确保社会稳定的一种不可或缺的制度;⑥社会工作以助人为基本宗旨,帮助人是社会工作的特定使命。

社会工作可以定义为:社会工作是由社会福利部门和服务机构及其专业工作者,以利他主义和助人、自助为基本理念,以科学的知识为基础,以专门的方法和技巧为手段,以调动和运用社会资源、帮助解决案主对象的困难与问题、提供及增进其福利为基本追求,以实现社会公平与公正及社会和谐发展为目标的助人活动。

1.1.2 社会工作的特性及本质属性

可以从以下两个方面去理解社会工作的特性。

首先,社会工作与其他学科最大的区别在于其关注人与环境的互动,认为互动不当是造成人们困境的根本原因。系统理论、整体理论、生态视角、优势视角等都是社

① 顾东辉:《社会工作概论》,第21页。上海:上海译文出版社,2005。

会工作的基础理论。

其次，社会工作始终尊重人的独特性，以个体为服务的出发点。虽然在发展过程中形成了一定的模式，但一定不会去套用任何现存的模式，而是根据服务对象自身的特点、实际的情况去设计方案，执行的过程也需要服务对象的参与，及时应对发生的变化。社会工作对服务对象所体现的尊重、个别化、接纳是其服务的特色，也是社会工作成功的基础。

社会工作的本质属性是助人。实践的社会工作以社会工作实务的服务、行动和问题的解决助人；专业的社会工作以社会工作专业的知识、价值和技能助人；制度的社会工作以社会福利制度的理念、政策和项目助人。不过这种区分只在社会工作发展的历史上有意义。现代的社会工作是3种社会工作性质的有机整合体，它同时具有实践、专业和制度3个层次的意义。而这3个性质最终的落脚点是社会工作的本质属性——助人。关于社会工作助人的本质属性，可以从以下4个方面去理解。

(1)社会工作是一种助人活动。帮助人是社会工作的特定使命，美国社会工作者协会(National Association of Social Workers——NASW)对社会工作所下的定义：社会工作是一种专业活动，用以协助个人、群体、社区去强化或恢复能力，以发挥其社会功能，并创造有助于达成其目标的社会条件。

(2)社会工作是一种助人过程。社会工作的助人活动不是临时的和短暂的，而是一个过程。这表现在：从具体的实务看，社会工作不是一蹴而就的，需要多次的服务过程才能达到目的；从总体目标看，社会工作的助人、自助也是一个长期的过程，是一个不断挖掘潜力的过程，需要不懈的努力。

(3)社会工作是一种专业性的助人方法。社会工作需要专门教育和实习的技术知识，具有专业权威、拥有伦理守则，获得社会的认可，社会工作者专业的素质保证了服务的专业性。

(4)社会工作把助人当作自己的价值追求和工具性目标。如果去掉助人这一关键性的目标，社会工作就失去了其本质，也不能称其为社会工作。社会工作把人看成是平等的、有需要的、能够改变的人，对他们的帮助不仅表现在物质上，还表现在精神上，社会工作不是把受助者看成是被动的接受者而机械地看待助人，而是把助人看成是一个社会互动系统，是一种被助者和助人者在互动、交流中的增权与改变。

1.1.3 社会工作及几个相关概念

社会工作在缓解社会问题、增进社会和谐的意义上与社会救助、社会福利、社会保障、社会服务等概念直接相关。理解这几个概念，将有助于我们更准确地理解社会工作的内涵。

1. 社会救助

社会救助是指国家和社会面向由贫困人口与不幸者组成的社会弱势群体提供款物接济和扶助的一种生活保障政策，它通常被视为政府的当然责任或义务，采取的也是非供款制与无偿救助的方式，其目标是帮助社会脆弱群体摆脱生存危机，以维护社会秩序的稳定①,被称为是社会安全的“最后一道防线”,是现代社会保障制度体系中的重要组成部分。

在很大程度上看,社会工作是从社会救助发展而来。早期的社会救助,在经过了长时间的发展之后,就逐渐发展成以专业性为特征的社会工作。从当前二者的关系看,两者也是相辅相成,不可分割的。一方面,社会救助需要专业社会工作的介入。在现代社会救助过程中,单一的物质救助并不能从根本上解决被救助者所遇到的问题,他们还有许多社会的、资源的、关系网络的以及心理的问题需要及时得到解决,专业社会工作的介入,就可在专业层面上很好地解决这类问题。另一方面,社会工作也把社会救助作为其介入社会问题的重要手段。社会工作是专业性的助人活动和助人过程,只有通过社会救助以及其他相应的工作才能发挥其功能,若离开了社会救助等具体活动,社会工作也就失去了助人的平台。

2. 社会福利

社会福利是以政府及社会为主体,以全体社会公民与社区居民为对象,以制度化与专业性为基本保证,以保障性与服务性为主要特征,以社会支持网络为主要构架,以物质资助和精神支持为主要内容,以解决社会问题为目的,旨在不断完善和提升公民和居民的物质与精神需求,提高社会生活质量的社会政策和社会制度。

社会福利有广义和狭义之分,一切可能提高大众的物质生活水平和精神文明程度的社会福利政策、计划、措施和行为都可以看作是广义上的社会福利;而那种为全体成员提供的各种福利性补贴和举办的各种福利事业的总称,如社会救济和优抚、对残疾人和高龄老人的照顾等,就是狭义上的社会福利。从传统的社会工作的角度,对社会福利一般作狭义理解。社会福利和社会工作的关系为:社会工作是现代社会福利体系中的一个重要组成部分,因为社会工作的开展过程,也是福利的形成、供给以及提升过程,所以社会工作本身就是社会福利的有机组成部分。

3. 社会保障

社会保障是以国家和政府为主体,以立法为基础,以全体社会成员为对象,在他们遇到困难时,以特定的形式,如社会保险、社会救助等方式,为他们提供福利的一种社会制度。

社会工作和社会保障存在着明显的“同源性”关系,社会保障和社会工作都是源于早期的社会救助。西欧早期的济贫工作由政府出面,组织工作人员和志愿者,依据一定的原则和方法,对贫民实施救助。随着救助工作的不断深入,逐渐形成了两条发展方向,即专业化和职业化的社会工作以及政策化和制度化的社会保障。在和谐社会构建中社会工作和社会保障具有十分重要的意义。在当前我们建立完善的社会保障制度与专业化、职业化的社会工作过程中,社会保障和社会工作的关系可以作以下表述。

① 郑功成:《社会保障学——理念、制度、实践与思辨》,第13页,北京:商务印书馆,2000。

(1)社会保障和社会工作是社会发展中密切联系、不可或缺的两个重要社会政策和社会制度。社会保障从制度层面上保障社会成员的基本生活,免除其后顾之忧;社会工作从专业化层面,以多种社会服务的手段,为社会成员解决物质的、心理的问题,解决制度化层面社会保障所不能解决的问题。

(2)社会工作实务的开展,弥补了社会保障之不足。社会保障的基本目标是保证社会成员的基本生活,而且是以款项的给付为唯一保障手段,至于服务性的、精神性的、社会资源性的保障或福利则无能为力。而专业性的社会工作则可以从物质、精神、心理、社会资源等多层面,为那些需要帮助的人们解决问题。

4. 社会服务

社会福利和社会保障需要通过一定的程序、方案、项目、活动来落实,这种实施过程可以被统称为社会服务①。社会服务随时发生在我们周围,如冬日的送寒衣活动、不定时的义诊活动等。社会服务的提供者可以是社会福利或者社会保障组织,也可以是其他社会组织和团体,具有广泛的群众性。从操作层面看,在社会工作的几个相关概念中,社会服务与社会工作的联系最为密切。

(1)社会服务与社会工作是相互联系的。社会工作以助人、自助为基本理念,是专业性的助人活动,本身就是一种社会服务或福利服务。而社会服务,特别是福利性社会服务,在进行物质性服务的同时,也涉及精神性服务,从结果来看,也是一种助人过程。

(2)社会工作和社会服务又有区别。社会服务是一般性的概念,社会工作是特殊性的服务概念,换言之,社会服务较为广泛,而社会工作则较为专门化。从对象看,社会工作的对象是一般社会服务对象中较为特殊的部分,是社会中的弱势或困难群体;社会服务的对象则涉及较为全面。社会工作是典型的福利服务,社会服务是一般的、全面的服务。

(3)社会工作是专门化的社会服务。社会工作是一种注重工作程序的福利服务活动,它通过各种服务程序,以实现社会福利的目标。这种社会服务的程序是依据社会工作专业的知识、价值、伦理、方法及技术进行的,以确保福利服务达到预期的效果。就此而言,一般的社会服务则没有太多的专业化要求。

1.2 社会工作的主客体及过程

社会工作是社会工作者的职业活动,社会工作者的价值观念、知识储备、工作技巧、实际工作经验、心理素质、文化能力,都影响着社会工作服务效果的发挥。

1. 社会工作主体

社会工作是通过社会工作者的具体实务工作而开展的,因此社会工作的主体是

---

① 张乐天:《社会工作概论》,第6页。上海:华东理工大学出版社,2004。

社会工作者。

专业社会工作者一般是毕业于社会工作学院,运用他们的知识和技巧为个人、家庭、社区、组织和社会提供社会服务的人员。社会工作者帮助人们提高解决问题的能力,获得所需要的资源,促进个体与人们及其环境的互动,促使组织负起对社会的责任,影响社会政策①。在一些国家和地区,实行社会工作注册制度,只有具备专业条件并进行注册才可以成为专业社会工作者。如 1997 年我国香港地区成立了社会工作注册局,实行社会工作者注册制度,其注册方法是:只有香港社工注册局认可的香港和境外正规大学社工专业毕业的大专及以上毕业生才有资格在注册局注册,只有注册后才能以"执业社工"名义工作。

从其本质内涵看,社会工作者必须符合几个要素:①受过社会工作知识、技巧以及理念的专业教育和培训;②遵循社会工作价值准则和伦理规范;③视社会工作为一种职业生涯;④在一定的组织框架内开展助人活动。根据这些要素,我们可以给社会工作者定义为:社会工作者是具有社会工作教育背景,遵循社会工作的价值标准,运用社会工作专业方法供职于某个机构,开展职业性助人活动的人员。

2. 社会工作者的角色

社会工作者的角色是指社会工作者作为一种社会职业的承担者所应该扮演的角色,具体为以下几个方面。

(1)服务者。社会工作者通过专业性的方法和技巧,调动和运用社会资源,为有需要人士提供包括物质、精神、资源等多方面的服务。

(2)支持者。社会工作者的宗旨是"助人自助",所以不但要为服务对象提供直接服务与帮助,更要凭借其专业知识和技能,给予心理上的支持和关心,帮助正确分析、评估个人的处境和问题,提升他们的能力,以使其尽快地自强自立,自我发展。

(3)倡导者。倡导是社会工作向服务对象提倡某种行为的过程。服务对象常常会面临问题和选择,他们必须采取新的行动才能有助于走出困境,社会工作者通过对服务对象所处环境之客观、全面的分析,建议和倡导服务对象采取某种或某些行动,并给予积极有效的引导,以促使其成功。

(4)协调者。社会工作既是助人的过程,也是社会资源的调动和运用过程,一个连续的过程,对服务对象的帮助需要涉及到物质、精神、社会、资源等方方面面的关系。所以,客观上需要社会工作者整合好各种资源和各种关系,为改变案主对象的现状提供良好的外部关系。

(5)管理者。在社会工作过程中,社会工作者的控制作用十分重要。比如信息的管理和安排、资源的控制和管理,以实现工作过程的高效率。特别是在社会工作行政和个案管理中,管理者的角色更为重要。

---

① 李迎生:《社会工作概论》,第 22 页。北京:中国人民大学出版社,2004。王思斌:《社会工作导论》,第 150 页。北京:高等教育出版社,2004。

(6)政策影响人。社会工作者除了直接提供高效的专业服务之外,还要根据社会工作的展开情况,为社会政策的修订提供实践依据。

社会工作者在不同模式中和不同服务阶段中承担的角色各不相同。例如,在危机介入模式中,社会工作者是服务者、支持者;在社会行动模式中,社会工作者是倡导者、协调者。再如,帮助一个家庭贫困的农民工子弟回归校园,在初期,社会工作者承担服务者、支持者、协调者的角色,在后期则可以发挥倡导者、政策影响人的作用。

1.2.2 社会工作客体

1. 社会工作客体的界定

社会工作客体就是专业社会工作者的服务对象,是因各种需要而接受服务的受助者,即案主对象,一般特指不能通过自己的力量摆脱困境的弱势群体。

长期以来,社会工作关注的主要是困难群体,如老年人、残疾人、孤儿及贫困者等。随着社会的快速发展和新的社会问题的不断出现,社会工作关注的范围也在不断扩大,如在学习、生活中遇到挫折的青少年、遭遇人生变故的中年人士、婚姻家庭出现情感危机的人等。

2. 社会工作客体的分类

从类型上看,社会工作的客体不只是单个的个体,而且是个人、家庭、团体、组织机构及社区的综合。在早期的社会工作中,西方社会工作中的受助者主要指个人及家庭,随着社会工作专业的发展,新的社会工作方法的出现以及社会工作领域的扩大,小组和社区被包括在案主或受助者的概念中。到 20 世纪 70 年代,随着综合社会工作的兴起,宏观的社会系统也成为社会工作的对象。

根据客体对象的分类,形成了社会工作的不同工作方法。以个人或家庭为案主对象的社会工作方法被称之为个案社会工作;以小组或团体为工作对象的,称之为小组社会工作或团体社会工作;而以社区为服务对象的,则称之为社区社会工作。

1.2.3 社会工作的过程

社会工作就是主体——社会工作者,作用于客体——受助者的过程,是主体和客体在建立专业关系的基础上的建构过程。

1. 社会工作的一般过程

社会工作是运用科学方法的助人活动,它是一种经过设计的目标导向活动。作为一个完整过程,社会工作包括对受助人问题的辨认和对其需求问题的接受,收集受助人所必需的资源并将其传递给受助者。在该过程中,社会工作者和受助者之间形成的专业关系是建立在合作平等的基础之上的。社会工作的实施过程我们可以看作是资源的传递过程。受助者需要的物资、机会、生活环境、社会关系、合理的政策和社会支持等都需要社会工作者去收集、组织、协调。所以,社会工作的实施过程可以看作是资源的有效传递和利用的过程。

2. 社会工作的过程模式

社会工作有一定的过程模式,这个模式将助人过程看作是一个有计划、有步骤解决问题的过程,是一个持续系统的程序。在非紧急状况下,要严格遵循以下步骤。

1)接案

接案过程就是社会工作者和受助者之间的专业关系的建立过程,在这个过程中接案人员要与潜在案主进行充分的沟通交流,了解对方的心理状态、动机、主要问题、原因及对问题的看法,同时把握其家庭背景、生活环境和个人特点。根据这些初步资料和所在机构的特点进行筛选,以决定接受或是转介。一旦接受案主,社会工作者与求助对象就要开始建立起良好的工作关系,双方对各自的角色期望达成共识,即有所约定时,才能为社会工作的开展奠定良好基础。

2)问题评估

社会工作者与受助者建立起专业关系后,可以使用家庭访谈、观察、面谈等方式,深入了解案主的生活状况、家庭互动关系、个人成长经历、朋辈、可用资源等,最重要的是对案主对象所面临的问题进行详细的资料分析,把握其核心问题和根本需要,为下一步的计划及干预工作做准备。

3)计划

计划是在问题分析和评估的基础上制定社会工作目标和计划,并以协议的形式与案主取得共识,明确工作者和案主统一的目标和责任。计划主要包括设定目标和选择方案两个层面。目标是指社会工作介入所需要解决问题的具体指向,方案是指为完成目标而采取的具体步骤及措施等。实际、可行、具体、弹性和整体应该成为制定计划的指导原则。

4)介入

介入是社会工作开展实际工作的阶段,即行动阶段,是社会工作者运用专业知识、方法和技巧,通过各种备选方案的比较,协助案主按照服务计划而开展和采取行动的阶段,是助人过程的重要阶段。这一阶段是整个社会工作服务过程的关键,能否取得预期的结果,介入阶段十分重要。介入的过程总要特别注意实际情况的变化和内外资源的合理利用。

5)评估

评估就是指运用科学的研究方法和技术,系统地评价社会工作的介入过程,总结整个介入过程,考查社会工作的介入是否有效,是否达到了预期目的与目标的过程。评估不仅对于案主对象问题的最终解决十分重要,而且对于社会工作者工作的不断开展和经验总结亦具有十分重要的意义。评估具有持续性、互动性、逐步深入等特点。

6)结案和跟进

结案意味着社会工作的协助将告一段落,也是社会工作助人过程中的有机一环,主要的工作集中在对整个助人过程的回顾和总结,社会工作者要帮助服务对象巩固已经取得的改变成果,增强他们独立面对问题的能力和信心,将工作成果转化为服务对象的实际行动。跟进工作是结案后对案主进行后续跟踪和联络,了解其进展情况和服务需要,以评价服务的真正效果,如果案主有新的问题出现可以及时处理。

社会工作的过程模式是确定的,但并不是僵化的。助人过程在实际过程中的先后次序是有弹性的。在某些危机的情况下,例如发现儿童有可能被虐待,或者案主有伤害自己或他人的倾向时,需要进行直接介入。而在另外一些情况下,助人过程可以被简化,比如接案后因为某些原因而结案,或者转介给其他机构。社会工作的模式的各个阶段也不是断裂的,而有一个螺旋的联系,没有哪一个过程在助人活动结束前是真正的结束。因为不断的深入会有新的发现,情况也在不断变化,需要修正原来的计划,所以各个阶段之间是紧密联系的。再者,模式只可作为参考,而不是包治百病的万能药,它的作用是提供方向与指引,具体的问题还是需要工作者去探索与思考。

1.3 社会工作的功能

人的需要是复杂的,主要包括生存、参与社会和发展几个方面。当人们无法依靠自己的力量去满足这些需要时,社会工作应该把他们纳入自己的工作体系,发挥其功能。

1.3.1 功能的概念与类型

1. 功能的含义

功能是指在一个系统中某个部分所发挥的作用,即某一部分的存在和变化对整体及其他部分所发挥的影响。社会是一个复杂的系统,它的各个部分复杂地联系在一起。它的任何一个部分的变化也会对社会整体发生这样那样、或强或弱的作用,这就是它的功能。在社会工作看来,社会是一个复杂的系统。社会工作作为现代社会的制度安排,在社会系统中也有自己独特的作用,这就是社会工作的功能。

2. 功能的类型

从基本性质的角度来分,功能可以被分成正功能与负功能。所谓正功能是指发挥正面的、积极的、支持性的功能。例如,最低生活保障制度对改善贫困群体的生活状况具有正功能。而对应的负功能是指消极的、负面的影响。比如,大众传媒主要通过舆论导向与舆论监督、建立和巩固信仰、社会暗示及教育,实现其社会控制功能,但是大众传媒舆论导向的不确定性影响控制效果,不合理的社会暗示容易误导社会成员,公众对大众传媒的过度依赖影响社会成员素质的提高和社会关系的和谐,这就是大众传媒的负功能。

从表现形式的角度来分,功能可以被分为显功能和潜功能。社会学家默顿认为,那些明显的、被参与者预期和认识到的后果是显功能,而那种未被预期和认识到的后果是潜功能。比如,最低生活保障制度对改善贫困群体的生活状况所发挥的作用是显而易见的,所以是显功能。但是,在最低生活保障制度的实施过程中,有时为了显示公正公平而对申请最低生活保障的人实施张榜公布,这样的做法可能会给申请人带来耻辱,甚至会阻碍某些符合条件者的申请,这项制度阻止人们的申请就成了它的潜功能。需要注意的是，随着情况的变化，潜功能也有可能会明显化。潜功能有可能是正功能也有可能是负功能，一般以负功能居多。

1.3.2 社会工作的功能

我国台湾学者叶楚生认为，社会工作的功能有4个：①保障个人生活，促进社会安全；②维护个人人权，促进社会进步；③提高个人活力，增进社会财富与安定社会经济；④发扬人类互助精神，实现社会公道，促进世界大同。① 我国香港学者周永新指出，社会工作有以下社会意义：填补家庭制度不足，调节社会矛盾和不均，促进个人才能发展。② 王思斌教授认为，对于受助者，社会工作有救难、解困和促进人的发展等多种功能。社会工作对社会有维持社会秩序、促进社会福利的意义③，大致包括两个方面，即社会工作对服务对象的功能以及社会工作对社会的功能。

1. 社会工作对服务对象的功能

社会工作对服务对象的主要功能是恢复、预防和发展。恢复的功能是社会工作最基本、最重要的功能。社会工作是以专业性的"助人自助"理念和技巧服务于受助者和社会，改善和消除产生问题的各种个人的、社会的环境因素，从而使个体和社会的问题能够在专业层面上得到很好解决，促进困难群体恢复正常生活。

社会工作同时也具有社会预防的功能，即社会工作者采取积极、主动的态度去面对社会问题，及早地预测、发现、控制和消除那些可能会影响到社会功能有效发挥的因素和条件。比如预防社区组织中经常发生的社会病态，特别是青少年犯罪问题。青少年犯罪常常与社区环境不良有关，社会工作应该通过对社区现状的了解，建立起预防青少年犯罪的预防网络，为青少年的健康成长提供良好的条件。

帮助受助者摆脱困境，实现自身发展亦是社会工作的主要功能。社会工作分析问题时的基本观点是"人在情境中"，所以社会环境应该为人的正常生活、人的成长和发展提供适宜的条件，而个人亦有责任发挥自己的能力，经营自己的生活并为社会发展做贡献。谋求发展是每一个社会成员，包括弱势群体成员的权利，由于弱势群体处于社会的弱势地位，因此在发展上受到很大的限制，社会工作者就要积极开展工作，为他们的自我发展提供良好的条件。一方面，社会工作者通过能力建设使服务对象能够应对环境的压力和挑战；另一方面，通过调动资源和改善环境，为案主对象提供更多的支持。

2. 社会工作对社会的功能

作为现代社会制度体系中不可或缺的组成部分，社会工作通过提供服务、解决社会问题而对社会运行发挥积极的作用，维持社会秩序和促进社会福利。

良好而稳定的社会秩序是任何社会所追求的目标。社会工作的实施过程也就是

---

① 叶楚生：《社会工作概论》，第24－26页。中国台湾：同泰印刷局，1986。

② 周永新：《社会工作学新论》，第64－66页。中国香港：商务印书馆，1994。

③ 王思斌：《社会工作概论》，第25－29页。北京：高等教育出版社，1999。

社会问题的解决过程,这不仅可以直接帮助受助者解决困难,而且,受助者问题的解决,可以减少因为问题激化而可能对社会秩序带来的冲击,从而有助于社会稳定。同时,社会工作人性化的服务方法也能够有效地化解矛盾,达到社会和谐的目的。所以,社会工作在现代社会具有很好的解决社会问题、促进社会秩序、维护社会稳定的功能。

社会工作作为一种专业助人的职业,已经成为发达国家和地区社会福利制度中一个不可或缺的有机组成部分,是社会福利服务的发送体系,是将社会服务传递到受助者手中的一个必要的中介。社会工作本身的发展,可以提高社会服务的质量,改善社会福利的管理和资源配置效率,进而使社会福利制度得到完善。

2

社会工作专业的历史渊源与现实发展

社会工作于19世纪末20世纪初起源于欧美，经历了一个漫长的孕育过程，其后又经历了一个不断发展的过程，最终成为一个成熟的专业。

2.1 西方社会工作的萌芽与发展

现代意义上的社会工作源于早期社会救助活动，社会救助活动的实践逐渐形成了社会工作价值、方法与技巧，奠定了个案工作、小组工作和社区工作的基本方法，也促进了社会工作教育和专业化的发展。

2.1.1 英国的伊丽莎白《济贫法》

16世纪末，随着英国资本主义的发展，英国社会处于动荡不安的时期，人口大量流动，贫困、失业、流浪现象急剧增加，社会陷入极不稳定的状态；同时，这一时期也开始出现教权衰落、王权兴起的现象，政府期望通过逐渐介入济贫事务来加强和发展世俗政权的力量。为了缓和社会矛盾，1601年英国伊丽莎白女皇政府综合以前的各种济贫法案，颁布了世界上第一部成文的、堪称当时最为完备的《济贫法》(Poor Law)。

1. 伊丽莎白《济贫法》的主要内容

伊丽莎白《济贫法》的主要内容如下。

(1)规定每一个教区每周应向地主征收济贫税，明确了政府在救济贫民问题上的责任。

(2)规定贫民救济应由地方教区举办，每一教区设立监察员若干名，中央政府亦设置监察人员。《济贫法》首次确立了济贫的制度。

(3)规定凡有工作能力的贫民，必须参加工作，以工作换取救济。教区设有贫民习艺所(work house)供男女儿童学艺,教区亦义务代为介绍工作,或配给原料及工作,强迫其进行工作自救。

(4)禁止无家可归者及无业游民行乞游荡,设立救贫所收容救济,强迫其在所工作。有家者给予家庭补助,使其居住家中。救济工作分为院内救济(indoor relief)与院外救济(outdoor relief)两种。《济贫法》首创机构救济和家庭式救助的先例。

(5)规定人民有救济其家人和亲属的义务,教区在贫民不能从其家人或亲戚那里获得救济时,方给予救助。救助对象仅限于在该区出生的人,或在该区居住满3年的人。

(6)《济贫法》将贫民分成3类:①体力健全的贫民,须强迫其入"感化所"或"习艺所"工作;②不能工作的贫民,包括病患者、老人、残废者、精神病患者及需抚育幼小子女的母亲,令其进入"救济院"或施以"院外救济";③失去依靠的儿童,包括孤儿、弃儿或父母无力抚养的儿童,设法领养或寄养。

2. 伊丽莎白《济贫法》对社会工作发展的意义

《济贫法》对社会工作发展的重要意义在以下方面。

(1)要求对于个人和家庭的生活状况进行调查以确定帮助对象,这需要专人和专门的工作方法进行,由此可以看出现代社会工作的雏形。

(2)政府以立法的方式对全国的贫民实施生活救济制度,确立了政府在社会救济中的责任。

(3)救济经费的一部分来源于富有阶层,即国家强制征收的济贫税。

(4)济贫活动实施分类救助,分别对有工作能力、无工作能力、无依儿童给予不同安排,开创了社会工作的类型化方式。

(5)院外救济成为社会工作服务的一种基本形式。

当然,与现代社会工作相比它也存在不少缺陷:可能养成贫民的依赖心理;对贫民的自尊心关注不够;干涉了贫民谋生的自由,等等。

2.1.2 德国的汉堡制与爱尔伯福制

"汉堡制"源自于西班牙哲学家比维斯的理论,他在16世纪时已注意到各国的贫困问题,并拟定过一套贫民救济方案,"汉堡制"是其设想的具体化和实际应用。汉堡为德国工业重镇,工业化发展以来,居民生活贫富相差悬殊,乞丐与贫民人数日益增多,成为汉堡市最为严重的问题。针对此类社会问题,1788年汉堡出台了一套救济方案。方案规定将全市分为60个社区,每区设监督员1人,负责对该区贫民进行调查和救济。市政府设立一个中央办事机构,联络各社会救济机构协同工作,管理全市的济贫业务,包括为失业者介绍工作、给贫困者提供救济、将贫苦儿童送往工艺学校学习就业技能、把患病而自己无钱诊治者送往医院治疗等。同时,规定市民对沿门乞讨者不准任意施舍,以避免一些乞讨者养成好逸恶劳的习惯,这样也有助于城市的市容管理。募捐晚祷献金,建立统一的慈善金库。"汉堡制"实施了13年,收到了积极的成效,这种社区型的救助工作后世称为"汉堡制",被奉为现代社会工作和社会救助的先导。

1852 年，德国另一个小镇爱尔伯福，效仿"汉堡制"并且予以改良推行社会救助。该制度把爱尔伯福全市分为 564 段，每段约有居民 300 人，每段贫民不得超过 4 人。每段设赈济员 1 人，综合管理全段救济工作。赈济员负责审核求助者资格，并办理段内有关贫穷的预防工作，如介绍职业、训练与管理游民等。同时在全市将每 14 段分为一个赈济区，每区设监察 1 人，以领导赈济员，每两周开会一次，报告工作概况。此外，还设有中央委员会为全市的总赈济机关，支配管理院内院外的各救济事项，每周开会一次。

爱尔伯福制的特点包括以下几点。

(1)行政权集中，督导严密，有助于提高行政效率。

(2)赈济员由当地热心公益事业的志愿工作者担任，且可连任。优点是节省经费，可提倡志愿服务精神。

(3)赈济员所管区域不大，能对贫民照顾周详。

(4)消极的救助与协助促使受助者自立，同时亦重视预防工作。

(5)家庭访视是一种个案工作方法，而划段、区由地方人士志愿服务，这很符合社区工作的精神与做法。

随着城市人口的增多，"汉堡制"与"爱尔伯福制"渐渐不能适用，遂促成 1892 年的"新汉堡制"的问世。"新汉堡制"的特点是中央比以往更能独立行使职权，废除分段制度，长期发给赈款，并将受救济者分类以便处理等。

2.1.3 英美的慈善组织会社

19 世纪，突出的社会问题是失业和贫困问题，国家和民间社会对此很关注，一些民间组织开始去关注、了解并试图解决这些问题。1817 年，纽约预防贫困协会(New York Society for the Prevention of Pauperism)成立。这个协会是最早的志愿机构之一，为了弄清楚贫困的原因，该协会建立了一套地区访问员制度，并建立了雇佣机构、储蓄和保险协会等。1843 年纽约改善贫民状况协会(New York Associations for Improving the Condition of the Poor)成立。与纽约预防贫困协会相似，这个协会也是把纽约划分成若干区，并委派友善访问员进行调查和协助实施救济，这些访问员大多是赋闲在家的中产阶级妇女。该协会还第一次明确阐述了社会工作的最主要原则之一，即救济应该建立在申请者需要的基础之上，而这些需要必须通过调查加以证实。

与此同时，各种慈善组织纷纷成立。在早期助人的实践中，友善访问员被广泛地使用。友善访问员的工作是志愿性的，他们不仅向贫困者提供物质帮助，而且还提供生活方面的建议，如子女教育、选择经济实惠的住房，给予鼓励和劝告等等。志愿活动逐渐积累了社会工作实践的经验，为以后个案工作的发展奠定了基础。作为早期社会工作主要承担者的友善访问员，其志愿性工作决定了当时社会工作是非专业化的。1869 年，伦敦成立了第一个慈善组织会社(Charity Organization Society，简称 COS)。该会社接受了托马斯·查默斯的理论，认为个人应对其贫困负责，接受公共救济将摧毁贫民的自尊心、进取心和道德观念，终将使他们依赖救济维持生计，主张贫民应尽其所能以维持自己的生活。因而慈善组织会社强调只对那些"值得"救济的贫民施以救济。对于有劳动能力的乞丐、酗酒者、嫖娼者、卖淫者不予救助。这个协会的基本做法如下。

(1)成立一个中央管理与联系机构，并将伦敦划分成若干个区，每个区成立一个分支机构，每个区设有志愿委员会主持救济工作。

(2)各区办理本区内所有救济机构所受理的申请救济案件的总登记工作，设立咨询部，供济贫法监护人、各慈善组织以及个别的慈善家搜集有关救济申请人的资料，这种做法使得那些同时向多个救济机构申请救济的"职业乞丐"暴露真相。

(3)各区派人对所有申请案件进行详细调查，包括申请人的住房、健康状况、教育以及工资等。

(4)提高救济款物的配额，使其能够满足申请人的生活需要。

自从伦敦慈善会社成立之后，英国的其他城市也纷纷效仿成立相应的慈善组织协会。不久，这种影响也传到了美国。1877 年，一个曾经到过伦敦的美国牧师莱沃伦德·S. H. 格廷在布法罗(Buffalo)市成立了美国第一个慈善组织会社。在布法罗慈善组织会社成立之后的 15 年时间里，美国有 92 座城市成立了慈善组织协会。美国的慈善组织会社基本上采用和英国相似的方法。

慈善组织会社在长期的实践中对于社会工作发展起到了很大的作用。

(1)友善访问员的实践为社会工作的发展积累了大量的实践经验，也促进了社会工作的专业化进程。

(2)友善访问员所开展的个别调查成了个案工作的开端。比如友善访问员在实践中运用提供物质救济、调查、登记、互助、协作等方法向贫民提供适当的救济。

(3)慈善组织会社的实践开始确立了现代专业社会工作的许多基本原则，例如详细的个案纪录、尊重案主、对案主的个人处境进行计划、对原因进行分析而不是仅仅谴责其行为、重视社会工作者与案主之间的关系等，所有这些方面在慈善组织协会所开展的活动中都已经有了。在慈善组织协会所使用的工作方法中已经有比较成熟的社会个案工作方法。

(4)促进了社会工作教育发展和社会工作职业化。一些协会还发展出在职培训计划，1898 年，纽约慈善组织会社组织了一个为期 6 周的慈善工作者夏季学校，开设了美国第一个训练课程。几年之后，这个学校发展成第一所社会工作学院——纽约社会工作学院。

2.1.4 英美的"睦邻组织运动"

在慈善组织会社之后，英美等国又兴起了一场睦邻组织运动(the settlement movement)或称社区睦邻运动，即通过对社区进行改良来实现助人目标的一场运动。倡导睦邻组织运动的主要是一些宗教界人士，另外还有一些社会科学的研究者。他们希望通过社会工作进行实地的调查研究，并希望从中找到解决社会问题的方法。

他们认为让一些受过高等教育的人和贫民共同生活，不但可以使富人和穷人更好地沟通，实现政治上的平等和民主，而且还可以使那些贫民获得接受教育和享受文化生活的机会。同时他们还认为知识分子深入贫民的生活中可以促进对贫穷问题的深入了解与合理解决。

睦邻组织运动的发起人是一位名叫巴涅特的东伦敦教区的牧师，他早年就读于牛津大学，毕业后到该教区任职。他所在的这个教区是伦敦最脏、乱、差的教区之一，居民的生活十分穷苦。巴涅特有感于此，决定改善当地居民的生活环境，他首先和家人一起搬进这个地区居住，然后又动员社会上的其他人来关注这个社区，他主要的动员对象就是当时牛津大学和剑桥大学的学生，号召他们到该教区了解贫民的生活，并一起研究解决方法。当时，牛津大学经济学讲师汤因比对巴涅特的事业非常支持，两人共同为这项事业奔走疾呼。不幸的是，1883 年，年仅 30 岁的汤因比因病去世。1884 年，巴涅特在伦敦东区建立了一个社区睦邻服务中心，就把它命名为“汤因比馆”，这就是历史上的第一个睦邻组织。

这个服务中心的主要做法：①设立贫民区，建立宿舍，所有工作人员与贫民共同生活，他们的口号是“工作者与工作对象相亲相爱”；②没有既定的工作计划，根据居民的需要开展相应的工作；②尽量发动当地人力资源，培养他们自动与自发的合作精神，为地方服务；④除了使各地的社区睦邻中心成为当地的服务中心之外，还尽量将本国以及外国的文化向当地居民介绍，使这个服务中心成为当地的文化中心。

睦邻组织运动自从创立时期就迅速传播到美国等许多国家。1886 年，美国第一家睦邻组织邻里协会在纽约成立。1889 年，简·亚当斯（Jane Adams）在芝加哥创办“赫尔馆”（Hull house）。亚当斯女士亲眼看到社会变迁给人们带来的贫穷等灾难，她决定积极行动起来以改善人们的生活环境。她曾经参观过汤因比馆，在借鉴汤因比馆经验的基础上，亚当斯女士对之进行进一步的改善，使其在服务内容上有很大的发展。“赫尔馆”不仅为居民解决实际困难，而且还为青年、老人提供从事教育、艺术、音乐、娱乐等文化活动的机会，并努力发展其相互间的友谊，同时还从事调查研究。“赫尔馆”对芝加哥市民的生活改善做出了很大贡献。自从“赫尔馆”成立后，睦邻组织运动便迅速地在美国波及开来。

睦邻组织运动实际上是一场社区改良运动。睦邻组织运动中的工作者不再把贫困等问题看作是道德上的原因，而是更多地把案主看成是社会变迁的受害者。他们更多地关注教育以及生活和工作条件的全面改善，目的不在于给予贫民一些物质上的帮助，而是从改善人与人的关系入手，发动一切社会力量，既要切实解决工作对象的实际生活困难，又要改善他们的精神和文化生活。在这些理念的支配下，睦邻组织运动的工作者中加入许多教育、音乐、艺术、医疗等方面的专业人士。除了馆内的活动，他们还进行一些非正式的协商和友好访问。睦邻组织运动注重依据居民的实际需要，为居民提供健康娱乐型及教育型的团体活动，这些活动不仅可以协助居民实现个人的社会化，而且有助于维系社会民主，逐渐发展成为一种普遍为人们所接受的正式的社会服务方式——小组工作。

2.1.5 福利国家的兴起与发展

1883 年德国社会保险制度的建立标志着现代社会保障制度的诞生。1935 年美国的《社会保障法》标志着现代社会保障制度由社会保险制度朝着综合性社会保障制度的发展跨了一大步。1942 年贝弗里奇报告提出了战后英国福利计划,战后英国工党政府逐步推行贝弗里奇报告的内容,并于 1950 年宣布英国为福利国家。一方面,国家通过制定法案或政策,执行对社会福利的管理,使得作为间接社会工作方法之一的社会福利行政得到发展;另一方面,社会保障制度的建立也为社会工作者提供了新的、比较规范的活动空间,从事福利服务的提供,并在这一过程中验证、提炼和发展具体的专业方法①。

2.2 社会工作专业的历史发展

在服务机构和服务人员以及相关学者的努力下,社会工作经过了一个从不成熟到成熟、从非专业化到专业化的发展过程。

2.2.1 社会工作专业化的标准

什么是专业?如何判断社会工作是否是一个专业?1957 年,美国学者格林伍德(E. Greenwood)提出,作为一门专业,应该有 5 个基本特征②。

(1)一套理论体系(a body of theory),即有一套系统的理论体系或专业知识和技术。

(2)专业的权威(professional authority),专业人员对案主拥有判断的专利权,案主也可以由这种专业的权威获得安全感。

(3)共同信守的伦理守则(code of ethics),即有一套共同信守的专业工作守则或信条,如客观、保密等。

(4)社会或社区的认可(sanction of the community),社会人士或社区居民承认该专业在一定范围内的权利与特权。

(5)专业的文化(professional culture),包括专业的价值观、象征符号、行为规范等。

格林伍德提出的判断标准被称为"特征论"或"特质论",在社会工作学界被广泛引用,影响很大。除此之外,也有一些学者从其他角度提出判断一个专业的标准。如威伦斯基(Wilensky)就是"过程论"的代表,他认为,每个专业的发展正如生命的发展历程一样,有共同的发展阶段,专业发展的几个阶段如下。

---

① 李迎生:《社会工作概论》,第 42 页,北京:中国人民大学出版社,2006。

② 李迎生:《社会工作概论》,第 46 页。北京:中国人民大学出版社,2006。

(1)开始出现全职的工作需要。

(2)训练的要求出现。

(3)专业结社出现。

(4)立法保护以维护专业利益。

(5)伦理守则的制定。

尽管对专业化标准的理解和表述不尽一致,但是,其共同点大多集中在专业理论、专门职业、专项守则、社会认可等诸方面。社会工作在近一个世纪的实践中,逐渐具备了专业化条件,成为一门有自身特色的、不可替代的专业。

2.2.2 社会工作专业化特征

根据格林伍德的专业五属性,一个专业得以成立,必须具备理论体系、专业的权威、社会成员的认可、有从事本职业的所有成员所信守的专业道德操守等专业价值以及有自己独特的专业文化。从社会工作的专业化属性看,其特征包括以下方面。

(1)社会工作有自身特有的理论体系,社会工作的理论不是"纯理论",而是将理论用于实践中,或利用理论来解释、分析乃至指导助人过程中的问题、需要和情境,从而改善个人及社群的社会功能,促进人与社会环境间关系的和谐①。因而社会工作包括来自其他社会科学的理论,即影响社会工作实践发展的外部理论,如社会学、心理学、经济学、政治学、人类学以及其他一些理论,这些理论一直在影响社会工作的发展。其具体包括心理分析理论、认知理论、行为主义理论、社会系统理论、标签理论、沟通理论、人文主义理论、激进的人本主义理论、马克思主义理论、"增权"和"倡导"理论、危机干预理论、任务中心理论、后现代主义理论、回归社会论、社会责任论、个人责任论等诸多理论。这些理论从各自的立场出发,形成了社会工作特有的理论体系,指导社会工作实践。

(2)社会工作理论还包括社会工作者在长期实践中总结发展起来的系统工作方法和干预模式,即实务理论。实务理论是用来直接实现社会工作目标的理论与行动模式。社会工作实务理论包括一系列的助人理念、评估、计划、干预和事后评价,这些实务主要致力于社会系统的变迁和人格系统(人际关系)的变迁两个目标。社会工作的实务理论是专业人员的行动指南,同时促成了社会工作目标的实现。

(3)社会工作也建立了自己的专业权威。社会工作经过长期发展逐渐形成自己的专业权威,不少国家对社会工作都进行了严格的资格认证。要想成为社会工作的从业人员,必须经过严格的培训并要求通过特定组织的考核。这样,社会工作者与一般的从业人员之间的区别就较为明显。在专业权威的基础上,社会工作者在对问题的认识及问题的解决方面都具有社会工作专业之独特的观念和方法。

(4)社会工作得到了社会的认可。案主对社会工作的认可主要基于以下原因:

---

① 王思斌:《社会工作导论》,第125页。北京:高等教育出版社,2004。

一是因为社会工作的确给予了人们切实的帮助;二是社会工作者在服务过程中尊重案主、相信案主,案主在服务过程中接受他们的帮助和引导。社会工作正是在独特的理论体系的支持和专业价值体系的约束指导下,经过长期实践形成了自己的专业权威与专业文化,获得了社会的认可和接受,社会工作是当前市场经济发展过程中不可缺少的环节,是维护社会稳定与健康发展的重要专业。

2.2.3 社会工作专业化发展过程

1. 系统助人知识体系的形成

在社会工作的专业化发展过程中,美国学者 M. 里奇蒙(Marry E. Richmond)扮演了先驱者角色。1917 年,M. 里奇蒙出版《社会诊断》一书,试图使社会工作方法成为一套独立的知识体系,使社会工作的技术成为一种可传递的技术。该书被认为是专业社会工作产生的标志。1922 年,M. 里奇蒙又出版了《什么是社会个案工作》,进一步探索社会个案工作。这两部著作是社会工作专业化发展的里程碑,也是社会工作理论发展的开端。

在个案工作方法得到不断发展的同时,社会工作的另一重要专业方法在 20 世纪 30 年代开始形成并受到重视。柯义尔(Grace L. Coyle)于 1930 年出版《群体的社会过程》(“*Social Process in Organized Groups*”)一书,奠定了群体工作的学理基础。1939 年,在美国社会工作会议上,社会群体工作成为其中一个独立的小组。1946 年,群体工作方法开始被作为和个案工作同样重要的方法看待。1955 年,美国社会群体工作者协会并入美国社会工作者协会。

社区工作方法的形成及获得社会工作专业方法的地位相对要晚些。虽然 1939 年召开的美国社会工作会议上,有关社区组织的方法已经被提出并讨论,1944 年所列出的社会工作专业课程中,也列有社区组织,另在 1946 年召开的美国社会工作会议上,成立了一个“社区组织研究协会”,但是直到在 1950 年召开的美国社会工作会议上,社区组织才正式被列为社会工作的专业方法之一。

2. 社会工作教育的发展

社会工作专业教育起始于 19 世纪末期的慈善训练。1893 年,在英格兰由济贫院和英国慈善组织会社协会建立了一个两年制的慈善训练学校,开创了社会工作教育的先河。1898 年,美国纽约慈善组织会社提出了一项 6 个星期的夏季训练计划。1904 年,这个训练计划被扩展为 1 年的教育计划,也就是纽约慈善学院(1962 年成为哥伦比亚大学社会工作学院)。早期的社会工作教育计划主要注重于必需的课程内容、教育与实践的关系、教育标准的建立与应用。

1917 年,美国专业社会工作训练学院协会成立,1919 年,该协会更名为美国社会工作学院协会,协会积极致力于推动和落实硕士阶段的社会工作教育。1924 年,该协会提出了一个课程标准,1932 年还对课程教学与实习提出相应的要求,1944 年,提出社会工作专业的 8 门核心课程,即个案工作、小组工作、社区工作、公共福利、社会行政、社会研究、医疗知识、精神病和医疗机构知识。在此后的十几年中,社会工作教育内容便抽象为个案工作、小组工作和社区组织这样的三位一体的课程体系①。1946年全国社会工作教育审议会成立，1952年更名为社会工作教育审议会，结束了社会工作教育标准的混乱现象。该组织的职责就是审查各学校举办的社会工作教育的资格。审查的内容包括课程标准、教师聘任、图书设备、行政组织等。社会工作教育的发展进一步推动了社会工作的专业化进程，提高了社会工作的专业化水平，特别是社会工作教育的制度化，进一步提高了社会工作专业化对社会工作知识的垄断，从而保证专业教育成为社会工作专业的入口。

3. 社会工作职业化的发展

社会工作最初的实务是由志愿者承担的，从友善访问员到社区睦邻人员主要都是志愿者，以志愿人员为主体的社会工作是不可能专业化的。志愿人员的经验、个人素质甚至情绪因素等都会对助人活动的结果产生重要影响，因此实现专业化的一个重要前提就是对从业人员要有统一规范的约束，助人活动要有一个共同的基础。要对社会工作人员提出严格的规范要求，就必须为其工作提供必要的条件。要使社会工作人员付出他们的劳动，就必须给予相应的物质和精神回报，也就是雇用专业人员从事社会救助工作。

作为机构的雇员，其个人应得的物质和精神回报都必须通过机构获得，因此机构所提出的要求对于工作人员就具有强制性。这就使得社会工作者的个人行为转变为一种相对一致的职业行为，为共同的专业规范的形成提供了基础，从而使得社会工作理论的形成成为可能，也为社会工作专业伦理守则的形成提供了条件。

4. 社会工作组织的建立

1918年，医务社会工作者组建了美国医务社会工作者协会。1919年，美国学校社会工作者协会又宣告成立。除此之外，美国精神病理社会工作者协会、美国群体工作研究会、美国社区组织研究协会、社会工作研究小组、美国家庭服务协会等一些专业领域的社会工作组织纷纷成立。1942年美国社会行政学校协会宣告成立。1946年由志愿专业社会工作组织组成的美国社会工作教育委员会成立。1955年美国为了协调不同专业组织，建立了"全国社会工作人员协会"。英国也于1962年成立社会工作者训练委员会，1969年成立英国社会工作者协会。社会工作专业组织在一个国家范围内建立，对这个国家社会工作专业的发展具有里程碑的意义，标志着社会工作专业的成熟。

2.2.4 社会保障制度与社会工作的专业化发展

现代社会保障制度从建立到发展过程说明各国为了促进社会经济发展，从对社会成员贫困问题的关注逐渐趋向关注公民福利，这为专业社会工作的发展提供了制度化空间，大量社会福利的运作需要专业社会工作者的参与，促进了社会工作的职业

---

① 顾东辉：《社会工作概论》，第66页。上海：上海译文出版社，2005。

化和专业化，同时社会工作中的社会行政工作日趋重要。社会保障制度的建立和完善为社会工作专业化的形成奠定了基础、创造了条件、提供了空间，直接推动了社会工作的发展。社会保障对于社会工作发展的推动主要表现在以下方面①。

（1）确定和扩大了社会工作的工作对象。在中世纪，社会救助活动往往是宗教团体和慈善机构，被救助的人往往是慈善组织施舍、解救的对象，虽然当时也鼓励人们助人自助，但总起来看，能够得到救济和救助的人毕竟是少数。现代意义上的社会安全保障制度则从法律意义上规定了全体公民都可以而且有权利得到救助，这就为社会工作确定和扩大了工作对象。

（2）较好地调动了社会资源，使得社会工作的救助活动更有计划性和目标性。不同于早先的群团组织在小范围内的相互救助，社会安全保障制度下的社会救助可以在更大的范围内调动社会资源，合理地运用和配置到需要的地区或方面，增强了计划性和目标性，也提高了社会工作的效果。

（3）福利国家思想推动了社会工作的发展。“福利国家”一词最早出现在20世纪初英国的费边社。他们主张以温和的手段进行社会改革，为了达到社会公平，政府应该担负起在市场经济条件下个人与家庭所不能负担的责任。同时，“福利国家”还注重国民间或社会成员之间的互助合作精神，强调社会成员民主参与社会生活，参与和分享社会福利是每一个社会成员的权利等。福利国家的思想很大程度上要通过社会工作具体落实，没有社会工作的具体实施，社会福利的理念就不可能具体化，因此，一方面社会工作在落实社会福利的思想和措施上发挥了重要作用，同时其自身也在实践社会福利思想中得到发展。

2.3 中国社会工作的发展与展望

中国社会与西方社会有不同的发展历史及不同的文化背景，对于在西方社会中产生的社会工作专业，必须经过一个适应与改造的过程才能在中国社会真正发育成长起来，并为社会的进步和发展做出贡献。

2.3.1 中国社会工作专业发展的社会文化基础

社会工作专业在中国社会是一个新兴的专业，但是却有着深厚的文化基础和社会基础。社会工作专业在一个新的社会环境中发展，必须根植于这个社会的文化环境和社会背景中，充分利用社会中所固有的因素去促进社会工作专业的发展。

1. 文化基础

我国古代有着十分丰富的社会救助的思想和实践，最早的社会救助或社会保障思想当属孔子的“大同思想”。庄子把对社会弱势人群的赡养看作是政治统治的重

① 周 沛：《社区社会工作》，第102－105页。北京：社会科学文献出版社，2002。

要组成部分。孟子把对老人与儿童的照顾看成是一个国家稳定的重要举措。

2. 实践基础

中国古代具有制度性的社会救助机构。汉代有“常平仓”,它在一定意义上起到了救济灾民的作用。《隋书》对义仓的设置有更详细的记载,义仓的设置也成为以后各个朝代统治者纷纷效法的一种做法。隋朝以后的唐朝继承了义仓的设置。唐朝在义仓的做法上与隋朝略有不同,它将慈善性质的救济与经济性质的借贷结合在一起,既发挥了经济作用,又发挥了慈善救济作用①。宋元时期有“广惠仓”设置。广惠仓的做法与以前的做法有所不同,它是由政府直接将那些没收的无人耕种的田亩租给农民,然后收取租粮入仓。在经营上,则吸收常平仓和义仓的方法贮存和转移余粮。北宋时族内慈善救助活动和思想理念更加完备和系统化。范仲淹创设范氏宗族义田、义庄,以此为保障开展族内慈幼、抚孤、济贫等经常性慈善救助活动,使族内救助由临时性救助演变成经常性社会救助行为。清朝的社会救助有了较大发展,有综合性的机构,如养济堂、栖流所;有针对特殊群体的救助机构,育婴堂、恤会。从主办者来看,有官方的,也有民间的。“养济堂”是清朝政府在全国范围内建立的社会救助机构,“普济堂”是清朝具有代表性的民办的社会救助机构。

3. 社会基础

中国社会对于社会工作专业发展最重要的因素是社会的转型与发展。在进行市场经济改革之前,中国的社会调节机制是一种单一的、一体化的国家体制,国家包揽了整个社会的福利服务。因此,社会工作专业没有发展的必要空间,因为社会没有对社会工作专业的需求,社会工作专业的职能是由政府的行政网络来履行的。改革开放后,中国处于向市场经济转型的过程中,市场经济打破了原有的一体化国家福利体制,也就意味着原有的社会安全网络失去了应有的作用,而又没有其他安全措施可以代替,这时就产生了对社会工作专业的需求空间。市场经济的重要特征就是加强了利益对于社会的驱动,社会更需要有一个有效的社会调节机制以修正市场给社会带来的不利影响。

2.3.2 中国社会工作专业发展的历史与现状

简单地说,我国社会工作的发展可分为萌芽期、停滞期和复兴发展期 3 个阶段。

1. 1949 年以前中国社会工作的发展

我国现代意义上的社会工作萌芽时期是从 20 世纪 20 ~ 30 年代到 1949 年中华人民共和国成立。这一时期,随着社会学在中国的发展,社会工作也开始起步,出现了与社会工作相关的专业团体,同时也出现了一批重要的社会工作理论研究著作。如鼎鄂的《北京一千贫户之研究》、麦曾绩的《北平娼妓调查》、严景耀的《北平犯罪之社会分析》、许世廉的《社会计划于乡村建设》、于恩德的《社会个案服务与中国》

---

① 严雄飞:“中国古代社会救助慈善思想种类”,《前沿》,2002 年第 10 期。

等①。这些著作在反映当时中国所存在的社会问题和有困难的人民生活状况的基础上，提出了与中国当时实际相吻合的社会工作方法，为当时社会工作的开展提供了理论指导。

在这一时期，一些高校开展了社会工作教育，如燕京大学、金陵大学、苏州教育行政大学、上海沪江大学、广州岭南大学、山东齐鲁大学等学校。一方面，在高校开展社会工作教育；另一方面，鼓励师生投身到社会服务中去。一些有志之士根据当时中国的实际进行了一系列的社会工作实践活动，其中较为著名的有晏阳初的定县平民教育实验区、陶行知的南京晓庄实验乡村师范学校、梁漱溟的山东邹平乡村建设研究院等。他们的社会服务主要包括参观访问慈善机构，对贫民窟、监狱和妓院进行调查，并结合参观、调查的结果进行深入的课堂教学与研究。当然，1949 年以前我国的社会工作无论是从专业意义还是实践意义上，都具有很大的局限性，但也为社会工作的发展奠定了较好的社会基础和现实条件。

2. 1949 至 1980 年中国社会工作的发展

1949 年以后，中国虽然没有很快建立专业社会工作，但是从实践意义上看，社会工作的功能存在于不同的社会机构中，以不同的形式发挥着解决社会问题的作用。这个时期的社会工作基本模式是一种由政府负责的、非专业化的社会工作模式，几乎所有的福利性、服务性、公益性的活动都由政府推行，几乎所有的资源都是由政府提供。除了政府之外，还有工会、共产主义青年团、妇联等组织。但是事实上，这些群众团体完全以政府的模式进行管理，执行政府的行政职能或者是作为政府行政职能的补充；在解决社会问题时以社会要求为出发点；其工作原则是个人服从社会，人的发展被限制在社会发展中。当然，这种意义上的社会工作也为专业社会工作的发展提供了一定的社会基础。

3. 20 世纪 80 年代后社会工作的发展

1981 年，由费孝通先生指导和主持，在组织编写《社会学概论》的过程中，决定把“社会工作”作为独立的一章来编写，可以视为是社会工作教育的先声②。随后，上海大学、北京大学、南开大学、中山大学、人民大学、南京大学等先后成立社会学系，在相关的教学计划中，也开设了社会工作课程。1986 年，北京大学社会学系设置社会工作与管理专业，社会工作专业教育中断 30 年后开始得到恢复，弥补了社会工作人才的断层。随后，中国人民大学、吉林大学、厦门大学等高校相继开设社会工作与管理专业。社会工作教育再次正式纳入学科化的发展轨道，社会工作专业在我国得以重新确立。20 世纪 90 年代以后，开设社会工作专业的学校开始增加，到 2005 年，全国有 200 多家高等学校开办社会工作专业。同时，社会工作的自学考试也在许多省市进行，培养了一大批专业性的社会工作人员。2004 年，中国人民大学开始招收社会

---

① 周湘斌、田绪永：《中国社会工作》，第 45 页。郑州：河南人民出版社，2002。

② 张敏杰：“二十世纪中国社会工作的学科发展进程”，《浙江学刊》，2001 年第 2 期。

工作的硕士生，之后其他高校也开始培养社会工作的研究生。21世纪初，香港大学与复旦大学联合培养社会工作硕士，香港理工大学与北京大学合作培养社会工作专门人才。这些合作培养的社会工作硕士，大部分已经成为国内社会工作教育的领军人物，也影响着国内社会工作教育的走向。2006年，国家人事部、民政部印发了《社会工作者职业水平评价暂行规定》和《助理社会工作师、社会工作师职业水平考试实施办法》的通知，准备着手在全国开展社会工作职业资格考试，以推动社会工作的职业化进程。与此同时，社会工作实务也在我国得到迅速发展。在社区研究与社区服务、社会保障、扶贫社会工作、老年社会工作、残疾人社会工作、灾区社会工作等方面都有很好的发展。近期上海的社会工作在矫治社会工作、青少年社会工作等方面做出了突出成绩，受到政府的高度重视。

1991年，民政部牵头成立中国社会工作协会，1994年中国社会工作教育协会成立，社会工作有了全国性的专门及专业的教育和运作组织。中国社会工作教育协会成立之后，在长沙、天津、武汉等地举办多次社会工作的师资培训班，出版了一系列社会工作的专业教材，同时也多次举办了高质量的社会工作研讨会。并着手在全国建设社会工作实习基地，并资助各分区高校召开"社会工作片会"，推动各分区社会工作学校之间的联合，促进地区之间的资源共享。

1988年，北京大学社会学系和亚太地区社会工作教育协会合办"亚太地区社会工作教育研讨会"；1990年中国民政理论和社会福利研究会与香港社会服务联合会合办第一次"中国内地及香港地区迈进90年代的福利发展"研讨会；1994年中国社会工作教育协会与亚太地区社会工作教育协会合办"亚太地区社会工作的趋势"研讨会；2003年在南开大学举办了"中国社会工作与社会工作教育理论与实践学术研讨会"；2006年8月在北京举行第二届社会政策国际论坛；2007年7月第三届社会政策国际论坛暨讲座在杭州举行。

2.3.3 中国社会工作专业发展的展望

北京大学王思斌教授提出，未来社会工作发展主要着眼于本土化与创新①。

1. 社会工作专业的本土化

社会工作引入中国既是时代的呼唤，又是中国社会改革的必然产物。现代化的实践证明，发展的终极目标是要体现对人的关怀，社会工作专业的发展是时代的需要。我国正处于社会转型的过程中，市场经济打破了原有的一体化的国家福利体制，新型福利体制正在建立；政治体制的改革与城市化步伐加大，"小政府、大社会"的局面已经形成，为社会工作提供了生存与发展的空间。然而，社会工作的价值观是建立在平等、自由、博爱和人权的主张上，这是西方社会价值观，即个人主义和人本主义的价值观。中国社会崇尚集体主义，重视社会与集体利益，重视家庭对个人的责任，因

---

① 王思斌："中国社会工作的经验与发展"，《中国社会科学》，1995年第2期。

此，首先，要在实践过程中处理好社会工作如何适应中国社会的问题，以建立一个适应中国社会特征的社会工作体制，这是摆在我们社会工作理论与实践工作者面前的一个重要课题。

2. 社会工作理念的创新

当今世界经济全球化和后现代主义思潮逐渐成为主流思想，社会工作的未来发展也受到这两股力量的影响。南开大学关信平教授认为，经济全球化对社会工作未来发展的影响主要有以下3个方面。

(1)改变了社会工作传统的价值观。新自由主义的价值观念对社会工作的价值基础产生了深刻的影响，以"公平"、"社会关照"、"社会保护"为目标的价值越来越被信奉"效能"、"自由"、"竞争"的新自由主义价值观取代。

(2)社会福利与社会工作的体制开始发生变化。由过去的"国家福利"模式逐渐转变为"混合福利"模式，政府与非政府机构共同提供社会福利受到理论研究与实践工作的关注。

(3)社会福利的运行机制发生了变化。许多国家在福利运行中加入了市场机制，将"纯福利"机制改造为"准市场"机制①。

基于社会工作专业的本土化和社会工作理念的创新，我国社会工作专业在未来发展中需要在以下3个方面做出努力。

(1)加速社会工作专业化和职业化的发展。从西方社会工作专业发展的历史经验可见，社会工作的发展并发挥作用离不开专业化和职业化的发展。2004年7月，劳动和社会保障部颁布了第九批国家职业标准，"社会工作者"被正式认定为我国的新职业。上海市政府首先推进社会工作职业化，建立起社工的职业资格认证制度和注册管理制度——"社会工作师"制度，打造"专业社工"的新职业。2006年10月11日中国共产党第十六届中央委员会第六次全体会议通过的《中共中央关于构建社会主义和谐社会若干问题的决定》指出，建设宏大的社会工作人才队伍，是构建社会主义和谐社会的迫切要求，必须充实公共服务和社会管理部门，配备社会工作专门人才，完善社会工作岗位设置，通过多种渠道吸纳社会工作人才，提高专业化社会服务水平。因此，在当前形势下专业社会工作有了施展的平台，是我国社会工作专业发展的契机。

(2)拓展社会工作的服务领域。社会工作是一项实践性的工作，通过社会工作的服务体现出其价值。然而总的说，目前我国社会工作的作用还没有得到应有的发挥和体现，政府对社会工作岗位的开辟和运用还不够，非政府组织(NGO)和非赢利组织(NPO)在中国的发展还不成熟，致使社会工作专业的毕业生还无法在社会工作领域实现就业，难以使社会工作得到社会的普遍认同，因而继续处于边缘化的地位。

---

① 关信平："经济全球化背景下社会工作发展的新趋势——兼论加入WTO后中国社会工作专业化发展中的问题及对策"，《社会福利》，2002年第10期。

因此，对于社会工作来说，必须通过拓展自身的服务领域，为自己的生存与发展提供必要的空间，同时也要通过高质量的服务来证明自身的价值，以尽快得到社会的广泛认同。在社会转型的过程中，社区已成为解决社会问题的平台，需要大量的专业社会工作者，城市社区服务和农村扶贫可视为两个重要的切入点①。这两个项目都有了政府、群众团体和社区的广泛参与，从而在服务提供渠道方面具有代表性，也具备进行研究的基础和条件。

(3)创造性地发展社会工作的地位。毋庸置疑，当今中国的社会福利与社会工作的发展离开政府是不可能实现的，同时社会团体、群众组织、非政府组织等在中国的作用也开始得到重视，社会工作必须创造性地发展与政府组织和非政府组织的新型关系，构建政府、群众团体、基层社区相结合的社会工作体系的原则及模式，才能在根本上推动社会工作的发展。一方面，社会工作自身的力量还很薄弱，必须依靠政府提供的资源和平台获得进一步提升；另一方面，社会工作必须脱离政府行政管理的模式。中国在从计划经济体系向市场经济体制的转变中，如何更有效地实现政府组织、非政府组织与社会工作体系的良好结合，这既是一项实践任务，也是一个需要理性思考的问题。

① 顾东辉：《社会工作概论》，第75页。上海：上海译文出版社，2005。

3

社会工作哲学基础、价值观和专业伦理

任何社会行动的发生，总有其意义在背后。用韦伯的话来说，行动总是被取向于特定的方向的，或是现代社会中得到理性算计，或是传统社区中的价值、传统和情感①。社会工作的发展是理论、实务，以及哲学基础、价值观、专业伦理，还有职业等共同完善的过程。而社会工作之所以被称为助人自助的专业，是因为它在具有科学性的同时，还与其哲学基础、价值观和专业伦理紧密相关。社会工作的哲学和价值体系是作为其行动的意义基础而存在的。本章将讨论社会工作哲学基础和价值体系，描述并分析在社会工作理论与实践领域中所存在着的哲学和价值观，以及它们与社会工作的关系。

3.1 社会工作的哲学基础

3.1.1 社会工作与哲学

法国社会学者哥曼(Goldmann)曾说过："如果哲学能成功地为我们解释一些关于人性本质的问题，任何消灭哲学的想法只会妨碍我们对人现况的理解。因此，人文科学要达到科学的标准，就必须带点哲学的味道"②。人文科学要有哲学的立脚点，社会工作亦有此必要。

哲学是关于世界观的学问。在古希腊，哲学(philosophy)的意思是对智慧(sophia)的爱(philo)。明显地，以这样的方式界定什么是哲学，依然显得十分深奥而又模

---

① [德]马克斯·韦伯：《经济与社会》，第35－41页。北京：商务印书馆，1997。

② 周永新：《社会工作学新论》，第8页。中国香港：商务印书馆，1994。

糊。精确地定义什么是哲学的确是困难的。大体上来说,哲学是关于自然世界、社会世界和精神世界的整体看法。它涉及本体论——世界的本原是什么性质的,人与世界的关系如何;认识论——主体与客体的关系,即“知者”与“未知者”的关系是如何的;“知者”能否获得对“未知者”的真理性认识;方法论——关于主体接近、认识客体的方法的理论。

从这个意义上来说,哲学对社会工作也有其指引意义,即哲学对人类生存的意义提供解释,对人在世间生活的目标提供方式,对个人、他人和社会规划提出准则,对人类的理想生活境界提示遵循的方向①。社会工作作为一门专业,需要哲学提供方法论指导。

在社会工作的理论与实践中,我们常常强调要关心和改善人们的社会功能,强调关心弱势群体,这是关于社会和道德的看法,即社会哲学和道德哲学。就一般意义而言,社会哲学涉及社会世界的性质,以及个体与社会关系的论述——怎样的社会才是“善”的、“美”的社会;个体与社会之间是一种怎样的关系,都是社会哲学需要回答的根本问题。道德哲学往往被称为伦理学,它是关于社会现象、人们的思维与行动,以及人们社会关系的善与恶、对与错、权利与义务等一般问题的论述。

除了社会哲学和道德哲学之外,作为专业助人事业的社会工作也同样受到知识哲学的影响,如传统实证主义的影响。作为人们行动的思想指引,社会工作专业的哲学基础既受人类社会发展过程中的社会历史条件的影响,又体现了社会工作实践过程中人们对社会、对人及其价值的基本看法。它对社会工作的理论与实践都有着重要的意义。也就是说,社会工作既是科学的助人事业,同样也是道德的实践。回顾社会工作的发展历史,就可以发现,社会工作的理论与实践发展史上的每一个变化,都与其背后的哲学假设有着直接联系。

接受了受特定哲学基础影响的社会工作教育的社会工作者,以及所服务的社会工作服务机构,在面对服务使用者的时候,就会将这种特定的哲学落实在他们的服务过程中,这种影响可以体现在如下一些方面:哪些群体和个人是我们应该首先关注的?我们对特定群体和个人的关注,其依据是什么?应该着重关注他们的哪些需要?如何看待、理解社会工作者与案主的关系?应该使用怎样“科学”的方法来帮助案主?社会工作的介入会给案主带来怎样的改变?这样的改变是谁来决定其方向的?这样的提问应该还有很多,但归纳起来,无非是要我们认识社会工作的双重属性:一方面,社会工作既要符合“科学”精神;另一方面,它又是道德的实践。所以说,关于科学和道德的哲学,对社会工作理论与实践而言,意义重大。

3.1.2 社会工作的哲学基础

社会工作以哲学为基础,不同的哲学世界观对社会工作有不同的影响。社会工

---

① 廖荣利:《社会工作概要》。中国台湾:三民书局,1991。

作哲学基础的核心内容主要涉及5个思想体系,以基督教为主的宗教思想、西方启蒙思想、人道主义思想、乌托邦思想以及实证主义哲学。这些思想体系都极大地影响了社会工作的理论与实践。

1. 以基督教为主的宗教思想

众所周知,社会工作在西方的最早雏形源于各基督教会团体对那些无家可归者、贫穷者和各类灾民的无偿救助。从社会文化影响方面看,基督教无疑对西方以至对整个人类道德生活和道德观念都发生了深远影响。尽管在对知识、勇敢、财富、荣誉、家庭等问题上,传统基督教与现代基督教看法上不尽相同,但对怜悯、仁慈和爱的情感的强调,却贯穿于基督教文化的始终。基督教文化倡导"去爱你的邻人,怜悯他们的不幸,去解除饥饿和贫困,去看望被遗弃者"①。怜悯不幸者、贫穷者、被遗弃者,给予他们帮助,这种仁慈的情感被基督教文化视为一种最高的德性。基督教文化认为,能够帮助他人,在别人需要的时候伸出援助之手,给予别人关怀和爱,对于一个虔诚的教徒来说,是一种幸福。充满同情心的爱是耶稣宣传的主要德性,而且要"爱人如己"或"爱邻人如同爱自己"。那么,谁是我的邻人?耶稣说,不是你的孩子、父母和妻子,也不是你的亲戚、邻居、同乡和朋友,而是你碰巧遇见的第一个人,是正处在匮乏中的人②。基督教文化所强调的这种博爱情怀,可以说是社会工作价值重要的思想来源。

社会工作本质上是利他主义的活动,强调的是对服务使用者的"给予"。社会工作的这种特征,明显地受到宗教的影响。最能体现这种博爱精神的,是基督教所强调的"施"(或称"给予")。犹太教和基督教的教义中总是强调"施"比"受"更为幸福。社会工作的专业思想,即服务于他人的取向,无疑是以利他主义、无私地关怀他人的福利这一主题为基础的。

今天,社会工作早已成为世俗的而非宗教的专业活动,但是,无论是在社会工作教育,还是在福利组织或是社会工作者那里,基督教利他精神的影响,还是很容易鉴别出来的。譬如现在活跃在香港社会服务界的许多机构,如明爱、救世军、香港基督教服务处、香港基督教女青年会和香港基督教男青年会、圣公会等,无不有着浓厚的宗教色彩。宗教对这些机构和协会的影响不仅仅体现在其内部的管理和组织上,同时也体现在它们所提供的社会工作服务上。

2. 西方启蒙思想

当代社会工作基本的价值理念,就是把每一个服务对象都视为有生命尊严的个体,每一个个体的存在都有他独特的价值,无论他是健全的还是残疾的,他选择什么

---

① 包尔生:《伦理学体系》,第73页。北京:中国社会科学出版社,1988。

② 刘继同:"会通与更新:基督宗教伦理道德观与社会工作专业价值观的关系",《宗教学研究》,2005年第1期。

样的生存样式和价值观念,都不影响他作为一个有生命尊严的个体存在,都应该得到人们的尊重。社会工作关于人的这种价值理念,应该说或多或少受到了西方启蒙运动以来关于人的基本权利思想的影响。

在启蒙思想家看来,人生而平等,每个人都拥有同等的权利。洛克认为,每个人先天就拥有平等权,这种自然权利是天赋的、不可剥夺的。统治者所拥有的高人一等的政治权利是由人们自愿让出来的一部分权利所组成的,并不是天赋的,而且人们之所以愿意让出这些权利,是为了让政治权利能够更好地为他们谋福利。所以,政治权利是为了保护个人权利、保障公共利益而存在的。美国哲学家梯利评价道:"没有一个哲学家比洛克的思想更深刻地影响了人类的精神和制度。"①启蒙思想家们的这种平等观,对社会工作起到了某种价值指引的作用。

虽然启蒙思想家强调人生而平等,但现实社会却时时处处表现出人与人之间的不平等。正是大量不平等的存在,成为社会工作持续发展的内在动力。因为,在一个竞争的社会中,弱势群体很难与强势群体一样,拥有同等的发展机会。他们常常生活在社会的底层,抵御生命中不测事件发生的能力十分微弱,任何一种人为的或自然的灾害都可能使他们的生活陷入绝境。所以,当代社会工作始终在朝向这样一个目标努力,即改善社会中弱势群体的生存状况,使他们尽可能拥有和大多数人一样的平等生活。② 社会制度的公正与否,很大程度上就取决于在利益分配上能否做出有利于弱势群体的制度安排,能否让社会中的弱势群体共享社会的发展成果。

当然,要达至这样的目标非常困难,甚至会遭到责难。一些人认为,在制度上对弱势者的某种倾斜,就可能造成对社会中其他人群权益的侵害,是另一种不平等。但从社会工作伦理的角度看,对弱势群体的关怀和偏爱,就个人而言,是一个人良知的体现;对社会来说,是一个社会的责任所在。洛克认为,人的基本权利是由生命权、自由权和财产权三项权利组成的。其中生命权是一切权利的源泉,尊重生命是人类最基本的道德准则。财产权是生命权利的延伸,是保障每个人自由和尊严的前提。在洛克看来,人们之所以联合成为国家和置身于政府的管理之下,一个主要目的就是为了能够保护他们的财产。③ 当代社会工作实践的一个重要取向,是反对对自由和尊严的空泛强调,也不再是简单地给予不幸者以生活救济,而是致力于寻找使服务对象走出生活困境的途径和方法,帮助他们获得谋生的手段,拥有属于自己的财产,从而能够过一种有尊严的生活,即使他们能够"自助"。

启蒙运动代表人物中的伏尔泰认为,人对人的相互需要是人类的基础。相互需要是人与人的永恒的联系,没有这种联系,就不会有社会的存在。正是人对人的相互

---

① 梯　利:《西方哲学史》,第 94 页。中国香港:商务印书馆,1999 。
② 江　娅:"社会工作的伦理基础",《道德与文明》,2003 年第 5 期。
③ 洛　克:《政府论》,第 77 页。中国香港:商务印书馆,1983。

需要，人们才自爱并尊重别人。社会工作的理念也把人们之间的相互需要和帮助视为人类存在的基础，强调爱的情感对个人幸福和社会繁荣的重要性。

3. 人道主义思想

起源于文艺复兴时期的人道主义思想可视为社会工作哲学基础的另一重要的精神文化资源。人道主义作为一种新的道德价值观念系统，几百年来虽呈现出各种不同的理论表现形式，但核心内容却始终如一，即确立了以人为中心的价值观念，强调人的生命价值，主张尊重人和关心人。

人道主义强调人是一个意志自由的主体，这是人之为人的前提。它要求以人格的平等作为建立人类道德关系的基础，认为个人要获得人格尊严，就必须尊重他人的人格尊严。但人与人在人格尊严上的平等，并不意味着人与人在事实上的平等。相反，在现实社会中存在着人先天禀赋和后天际遇的不平等，所以需要提倡一种博爱的情怀，通过人们之间的相互关爱、关怀以达到彼此仁爱的目的。之所以把人道主义作为社会工作的一个重要的文化思想资源，正是源于它对平等和博爱精神的强调。社会工作价值观中的核心内容就是要平等待人，特别是要平等对待那些在心智、财富上处于弱势的人。要关爱和尊重他人，关爱和尊重那些身处逆境、遭遇不幸的人。①

当代自由主义思想家罗尔斯，继承人道主义的传统，对人道主义所强调的平等博爱思想做了更深刻的阐述。在罗尔斯看来，在政治上，每个人都拥有与别人一样多的最广泛平等的基本权利；在经济上，一个社会如果允许不平等存在的话，它的分配制度应“合乎最少受惠者的最大利益”，即应该最有利于处于社会中的不利地位者。②

罗尔斯认为，对于那些由偶然因素造成且本人又不能对其负责任的差异，社会应该给予补偿，即对不应有的不平等进行补偿。为此，他提出了补偿原则，“为了平等地对待每一个人，为了给每一个人提供真正的机会平等，社会必须尤其照顾天赋才能较低的和出身于社会地位不高之家庭的人们”，也就是说，社会“必须把更多的资金花在对天资较低的少数人的教育上，而不是放在对天资较高的人的教育上”。③ 为了体现真正的社会正义，有时我们还必须不平等地对待不同的人，才能达至平等。例如，对那些有残障的儿童（盲童、聋哑儿童、智障儿童），如果我们像对待心智健全的儿童一样平等对待他们，让他们在同样的班级接受同样的教育，他们实际上就可能得不到教育的机会。要使他们得到起码的、充分的教育，就必须对他们进行特殊的教育，尽管社会可能为此要花费更大的代价。在罗尔斯看来，社会制度是否正义，就在于它是否倾向于纠正纯粹由于出身、自然禀赋、历史环境所造成的不幸。

总之，罗尔斯的正义观念“反映了一种对最少受惠者的偏爱，一种尽力想通过某

① 蒋荣华：“从社会控制到人道主义——社会工作价值观的转型”，《社会》，2004 年第 11 期。
② 江娅：“社会工作的伦理基础”，《道德与文明》，2003 年第 5 期。
③ 江娅：“社会工作的伦理基础”，《道德与文明》，2003 年第 5 期。

种补偿或再分配使一个社会的所有成员都处于一种平等的地位的愿望”①。应该说，社会工作对弱势群体的救助与罗尔斯对最少受惠者给予偏爱的思想，有着某种精神上的契合。

4. 乌托邦思想

托马斯·莫尔的《乌托邦》描绘了一个财产公有、不分阶级、人人平等的富庶社会图景，这种社会在现实当中根本就不存在，因此人们把这类社会称之为“理想国”。从词源上说，“乌托邦”本是希腊语中的虚构词汇，指现实世界里不存在的、理想的社会形态。因此，理想主义有时与乌托邦主义同义，或是被看作乌托邦主义的发展。乌托邦思想或理想主义对社会工作的影响极大。在绝大多数社会服务组织和社会工作者那里，社会正义、平等、自由、民主、幸福等理想观念，早已深深地根植于人们的内心世界。

乌托邦主义、理想主义那里所提倡的正义和平等，是高度相关的概念，因为，实现正义的途径是平等地待人。狭义的正义指法律正义，即法律面前人人平等；广义的正义指社会正义。在社会正义方面，社会工作者特别关心社会资源分配的公平、公正。

传统上，自由指个人的生活不受限制和干涉。斯宾塞就是从这个角度上讨论限制政府的作用范围这一主题的——在他那里，政府被视为限制个人自由的主要威胁，因此，为保证个人自由，政府对个人的干涉越少越好。这其实是消极自由。积极的自由观点恰恰相反，这种观点认为，积极地、更多地向人们提供选择的机会，是实现真正自由的重要途径。因此，政府的不干涉反而会限制人们的自由。比如，持消极自由观的人会认为强制性义务教育限制了人们的自由，但从积极自由观出发的人则会认为，正是强制性的教育为人们提供了一个实现真正自由的机会，因为教育释放了人们的头脑，从而增加他们的自由选择机会。

正是因为具有这些理想，社会工作专业才特别重视提倡政治、经济和社会的改革，实现一个完善社会的理想。因此，社会不公、社会不平等、压迫、剥削等人类悲剧，是作为实践的乌托邦主义、理想主义者——社会工作者最不愿意看到的；也正是这种理想，社会工作者才特别关注社会弱势群体的需要和问题。但作为实践的乌托邦主义、理想主义者，社会工作者即使在遇到困难或不利境遇中，也不会放弃为这种理想而做出的种种努力。

5. 实证主义哲学

芮琪芒德(Richmond)的《社会诊断》一书明确地提出要以科学的方式助人，从而举起了社会工作的科学大旗，“成为科学”即为社会工作追求的专业目标。实证主义正是在这一过程中成为主流的哲理基础，这一点体现在社会工作的理论体系、研究方

---

① 罗尔斯：《正义论》，第8页。北京：中国社会科学出版社，1988年；转引自江娅：“社会工作的伦理基础”，《道德与文明》，2003年第5期。

法和实践架构之中。①

一部社会工作理论的历史在某种程度上即为一个不断发展科学的思想体系的知识历程,实证主义正是以其独特的理论观主导了社会工作理论的历史演进。实证主义的理论观包括:①主张只有那些能够从我们自己的经验或观察中找到证据的东西才能称作为知识;②认为任何一般观念都必须有客观所指,而且这个"客观所指"与"事物"必须是我们能够通过实验或观察找到证据的;③价值不是知识,因为它无从证明;④坚信科学方法的统一性,意味着实证主义者只接受一种探索世界、为知识提供证据的方法②。

在实践部分,社工的早期有科学诊断之说,随后在1970年,"经验"实践学派或"经验临床"实践、"研究指导下的实践"和"证据为本的实践"都是基于实证主义认识论产生的。它试图从研究方法中去发现什么样的实践可能是有效的,并由此对社会问题进行分析,对想当然的东西予以批驳。实证主义对传统社会工作理论和实践进行批评,它们认为,既然传统的社会工作实践缺乏效率,那么,人们就应该抛弃它,用已经检验的、立基于行为科学的实践方法取而代之。近几年来,"证据为本的实践"正逐步成为西方社会工作实践的主流模式。"证据为本的实践"是呈现社会工作的科学性与专业性的重要策略,它的出现替代了权威为本的实践——这一传统上提供服务或助人的基本模式③。

将社会工作知识建立在科学方法基础之上的主张在某种意义上可以提高社会工作在整个科学群体中的学术和专业地位,亦是社会工作推销自身观点的某种策略,因为这一观点已经被经验证明而具有实际使用价值。直至目前为止,以实证主义哲学为基础的社会学的量化研究,依然占据着绝对主导地位。在社会工作领域,不仅早期芮琪芒德的《社会诊断》带有强烈的医学模式的痕迹,即使在今天,实证主义取向的研究依然十分普遍。

3.1.3 社会工作在中国的文化与哲学基础

事实上,在人类道德观念的历史中,不同的传统文化在漫长的发展过程中已经形成了非常牢固的基本哲学观念,共享着许多相同或相似的道德规范和价值理念。因此,为了推动社会工作在中国的发展,也有必要探索中国的文化与哲学基础对社会工作的影响。

早在战国时期,我国古代的思想家管仲就提出了"九惠之教",即"入国,四旬五行九惠之教:一曰老老,二曰慈幼,三曰恤孤,四曰养疾,五曰合独,六曰问病,七曰通

---

① 何雪松:"社会工作的四个传统哲理基础",《南京师大学报(社会科学版)》,2007年第2期。

② Malcolm Payne:《现代社会工作理论》。上海:华东理工大学出版社,2005。

③ Gambrill, E. Evidence 2 Based Practice: An Alternative to Authority 2 Based Practice. Families in Society, 1999;转引自何雪松:"社会工作的四个传统哲理基础",《南京师大学报(社会科学版)》,2007年第2期。

穷,八曰振困,九曰接绝。"① 大一统的封建帝国建立以后,历代皇帝对鳏寡孤独者都多有体恤。汉文帝时,"赐天下孤寡布帛絮";南朝梁武帝时,诏"孤老鳏寡不能自存者,咸加振恤"②。

中国传统的儒家伦理学说十分强调人与人之间的爱,仁爱学说在儒家伦理观念中占有核心的地位③。在孔子看来,仁爱之心是人之所以为人的根本。孟子认为,任何一个儿童生下来就知道爱自己的父母和亲人,而人经由"亲亲"(爱自己的亲人)的情感可以逐渐扩展到"泛爱众"(爱普通的陌生人)。在孔子和孟子那里,恻隐的情感就是仁,而仁的情感即是爱人。从爱自己的亲人开始,逐渐扩展到爱自己的朋友、熟人、邻人以及陌生人。儒家伦理把恻隐仁爱的情感视为人类道德的源头。的确,恻隐可以说是人类最原始的一种道德情感,在人类还没有形成明确的道德规范和道德义务之前,正是靠恻隐之情维系着人类的生存繁衍,使人类免于持久的战乱和残杀。④ 而这种所谓的"恻隐之心",无非是指人类情感中的同情心、怜悯心和爱心。这与西方思想家强调的"慈善"的含义是相一致的。

儒家伦理还特别强调当政者要有仁爱之心。"先王有不忍人之心,斯有不忍人之政矣,以不忍人之心,行不忍人之政"。⑤ 这种仁政要求当政者"老吾老以及人之老,幼吾幼以及人之幼"。可以说,儒家文化倡导的仁爱恻隐的情怀,在为中国古代民间的慈善活动提供了丰富思想养分的同时,也为历代统治阶级的慈善政策和慈善事业提供了深厚的思想资源。

佛教教义的核心内容之一是慈悲精神。佛教以慈悲为本。慈悲者,就是对他人不幸的怜悯和同情,具体实践的途径即是布施。布施行为是没有功利考虑的,完全出于对痛苦和不幸的怜悯心、同情心和慈悲心。⑥

可以说,儒家文化倡导的仁者爱人的情怀,佛教文化强调的慈悲精神,其本质都是与基督教文化所宣扬的博爱思想相一致的,都可视为以助人为乐趣的社会工作实践的哲学思想的基础。

3.1.4 社会工作哲学的未来发展

作为一种学科,社会工作的哲学基础,从开始便深受西方文化的影响。社会工作与文化体系的结合可以说是非常自然的事。⑦

首先,社会工作是应用性的科学,所以必须与当时的社会环境联系在一起,否则便会很难发挥出来,即必须注重社会工作哲学基础的本土化发展。例如,中国文化蕴

① 《管子·入国》。
② 《南朝梁会要·民政·振恤》。
③ 蔡萍、卫小将:"中西传统文化与社会工作价值观的构建",《科学之友》,2006年第5期。
④ 何怀宏:《良心论》,第66页。上海:三联书店,1994。
⑤ 《孟子·公孙丑上》。
⑥ 江娅:"社会工作的伦理基础",《道德与文明》,2003年第5期。
⑦ 周永新:《社会工作学新论》,第8页。中国香港:商务印书馆,1994。

含的调和力量,可以对社会不平等现象产生缓和的作用,也较能维持人与人之间的和谐关系,可以弥补现有社会工作价值观念的不足之处,使社会工作发挥更大的作用。①

其次,由于文化是不断发展的,所以社会工作的哲学基础也必须不断作出修正。就如前所述,社会工作的哲学基础是不断受到新的文化思想的影响的。但是,其本质的一些论述,如对人的看法,与人性有关的内容仍是历久弥新的观念。

总而言之,要达到社会工作的目的,就必须不断改变,这并非单指实践时所使用的方法和技巧,更重要的是社会工作的哲学基础。

3.2　社会工作价值观

社会工作的理论与实践不仅取决于哲学基础,同样也取决于从哲学体系中发展而来的价值观和价值体系。相对哲学而言,价值更具体,更能指导社会工作实践。事实上,社会工作的专业伦理守则,也发展于社会工作的价值观系统。在这一节里,我们将讨论价值观及其与社会工作之间的关系,以及社会工作的价值观体系和实务过程中可能出现的价值冲突。

3.2.1　价值、价值观及其与社会工作的关系

价值有着丰富的内涵,社会工作所讲的价值概念一般是从哲学的范畴来讨论的,我们可以从其特征和功能方面来对它作一些描述。

价值影响着人们的目标、理想和信念,影响着人们对自己、他人和社会的看法,也因此而影响着人们已经采取和可能采取的行为方式。价值观则是指个人或群体所秉持的偏好行为的系统表述,它表达了个人、群体或社会对特定的行动目标、手段以及条件的一般偏好。同时,价值观常常伴随着强烈的情感,我们将价值观看作判断是非、善恶和美丑的标准,而且价值观也是未来的目标取向,行动的手段、行动的目标,往往也是由它所决定的。

社会工作是一门与人打交道的专业,其最基本的特征是"助人",它不但是一面将社会工作专业助人活动昭示于社会的旗帜,而且也是社会工作者普遍信守的信念,借此社会工作得以"安身立命"并被赋予合法性②。社会工作中的"助人"概念并非像一般意义上所理解的那样,而是有着一套科学的方法和技术。这些方法和技术的背后隐藏着社会工作对人、对社会的独特看法,即社会工作价值。同时,价值也是社会工作专业为了其目标,为了表现自己与其他专业的不同,才特地从文化中众人所共

---

① 周永新:"社会工作的哲理基础",《社会福利》,2002年第4期。

② 王思斌:"社会工作:利他主义的社会互动",引自《华人社会工作本质初探》(何国良、王思斌主编),八方文化企业公司,2000。

享的众多价值中挑选出来的一组符合专业特性的信念，是行为实施的前提①。

在社会工作实践过程中，社会工作者必须面对不同的价值体系，包括案主的价值，与案主相关的个人或组织的价值，甚至是社会中不同的价值观。同时，社会工作者自身的价值，他所服务的机构的价值，以及社会工作的专业价值，都会参与到社会工作的实践过程中去。所以说，价值观在社会工作中具有十分重要的意义。

从根本意义上说，社会工作总是由特定的价值观决定的，这一点在社会工作发展的历史过程中表现得十分清楚。早期的助人活动背后的价值是"怜悯"，而工业化之后专业社会工作的介入，其背后的价值是每个社会成员均应享有社会权利。

(1)在社会工作服务过程中，工作者必然会面对不同的案主及其他们不同的价值观。每个案主都有自己的价值体系，这些价值体系又影响到他们的内部和外部的行动。很多时候，案主所呈现出来的问题，往往是与案主和其周围的人，特别是与其家人、同事、朋友，甚至是与社会价值观相冲突。处理这样的问题，不仅仅要求工作者有娴熟的工作技巧，更为重要的是，工作者必须能理解人类在价值上的多元性，以及这种多元性的根源——性别、种族、阶级、教育背景、年龄、亚文化的影响，以及人们不同的生活经历。社会工作者对不同的价值观不加评判，但是有责任让案主清楚地知道案主本人的价值取向。

(2)价值在社会工作中的重要意义，也体现在价值为社会工作的专业守则奠定基础。比如，社会工作者在每一次打开录音设备记录会谈过程和内容之前，都要征得案主的同意。这一专业守则背后的价值观，就是对保密原则的重视和遵守，以及尊重案主的隐私权。

(3)社会工作者自身的价值观，同样也体现了价值在社会工作中的重要性。虽然说社会工作必然是价值投入的实践，但是在工作中不恰当地涉入工作者自己的价值观，还是应当受到控制的。而实现这种控制的前提，是工作者认识自己的价值立场——这就是为什么在社会工作教育中有专门的环节，使社会工作学生识别自己的价值观体系。这也能让学生尽早判断自己的价值取向是否与社会工作的专业价值相一致，从而保证在从事实际的社会工作服务的时候，能秉持社会工作的专业原则。

(4)社会工作价值不仅仅直接影响社会工作者，同样也直接影响他们所服务的各种福利机构。机构的价值观主要体现在机构的政策取向、行政管理的程序以及服务方案的内容等方面。在政府组织和非政府组织之间，可能存在着极为不同的价值取向。一般地，政府组织往往具有一般基层组织所具备的特征，重视非人格的规则及内部管理的稳定性；而非政府组织更强调自由和参与。有宗教背景的机构，不管是政府机构还是非政府机构，与世俗机构在服务的理念、内容和方法上，也存在着差别。如此，就形成一种可能，即机构的价值与工作者的价值或案主的价值产生冲突。在这种情况下，如何秉持专业价值，就是一个很大的挑战。

---

① 黄维宪、曾华源、王慧君：《社会个案工作》。中国台湾：五国图书出版公司，1986。

最后，社会工作的专业价值无疑对社会工作具有重大意义。可以说，社会工作价值是社会工作的灵魂，它的重要性不仅在于它界定了社会工作本身——它的目标和意义，而且同时界定了社会工作的方法和技巧，机构的项目、目标和社会工作者的行为和态度①，它贯穿于社会工作实践的始终。

3.2.2 社会工作价值的具体内涵

基于社会工作的核心价值，学者们制定出了不同的价值范畴体系。其中最为人所知的是 Gordon(1965)②所指出的 6 种构建社会工作实务的价值观基础：①社会中最基本的关注对象是个人；②社会中的每个人都是相互依赖的；③社会中的每个人对他人都负有社会责任；④社会中的每个人都有相同的需要，但是每个人也有其独特之处；⑤民主社会的重要特征是每一个社会成员的潜能都能发挥，同时经由积极的社会参与来尽社会的责任；⑥社会有责任协助每一成员去克服或预防各种阻碍，使其能自我实现。

比斯台克(1961)③则认为：①人的尊严和价值是至高无上的；②人的生理、智力、情感、社会、审美和精神方面具有天赋的潜力和权力；③人具有实现其潜力的天生的驱动力和义务；④人具有选择的能力，并且由于其有自我实现的义务而具有自我决定的权力；⑤每一个人都是一个个体，并且他有这样考虑的权利和需要；⑥为了其潜能的实现，人有要求合适的手段和权利；⑦每一个人需要在其社会提供的权利和社会保证的机会方面和谐发展，以满足他在身体上、心理上、经济上、美学上和精神上的基本需要；⑧人的社会活动在其自我实现的斗争中是重要的；⑨社会有义务促进个人的自我实现；⑩社会通过其个体成员的贡献有权力变富。

美国 NASW 也在其社会工作实务分类标准(“*Standards for the Classification of Social Work Practice*”，1982)中提出了社会工作价值的核心内容：①重视社会中的每一个人；②尊重与案主关系的保密性；③改变社会以满足社会的需要；④专业关系中不涉及私人情感与需要；⑤愿意将知识与技巧提供给他人；⑥尊重个人与团体的差异；⑦协助案主发展自助的能力；⑧即使遇到挫折，也坚持为案主的利益考虑；⑨坚持社会正义，以及为所有社会成员的经济、物质及心理福祉而努力；⑩坚持个人行为与专业行为符合高的规范标准。

综合看，社会工作价值体系主要包含了这样一些内容：个人价值与尊严，对人的尊重，重视个人改变的潜能，案主自我决定权，提供个人发挥潜能的机会，寻求满足人类共同的需求，寻求提供个人足够的资源与服务以满足其基本的需求，赋予案主权

---

① 王思斌：《社会工作概论》，第 39 页。北京：高等教育出版社，1999。

② Gordon. W. E. (1965). Knowledge and Value: Their Distinction and Relationship in Clarifying Social Work Practice. Social Work. 10(3): 32 – 39. 转引自 Frederic. G. Reamer：《社会工作价值与伦理》(包承恩、王永慈主译)。中国香港：洪业文化有限公司，2000。

③ 王思斌：《社会工作概论》，第 48 页。北京：高等教育出版社，1999。

力，平等的机会，没有歧视，尊重多元性，对社会改革与社会正义的承诺，保密与隐私权，愿意将专业知识与技巧提供给他人。①

3.2.3 社会工作价值观的分类

基于以上这些丰富的专业价值观，一些著名的学者也将它们作了分类。

Pumphrey 最早在 1959 年就曾提出了社会工作价值观分类的最早版本，他依照专业关系将社会工作价值分为 3 类：第一类是专业与其所处的文化环境之间的关系，这部分主要关注专业使命（例如有关社会正义、社会改革、满足人类的共同需求）与社会价值之间的相容性；第二类是关注专业人员之间的关系，如专业如何解释与执行准则的价值与鼓励符合伦理的行为；第三类是关注与服务对象的关系，即根据社会工作的价值去了解与回应案主的需求，如尊重个人的价值与尊严、自我决定权等。

Morales 和 Sheafor 也认为，作为一门独立的国际性的学科，社会工作有其相对独立的价值分类体系。一套完整的社会工作价值体系主要分为以下 3 个方面②③④。

（1）对人的价值观：每一个人不论贫富贵贱都有他与生俱来的价值与尊严；每个人都具有能力与动机去追求更美满的生活；每个人除对他自己要负责之外，也要想到社会上其他人；每个人有人类共同的需求，也有独特的偏好与需求；人人需要归属，人人要互助成群，而非单打独斗。

（2）对社会的价值观：社会必须提供机会让每个人发挥潜能，充实精神与物质生活；社会应提供资源与服务，以满足人们的期盼需求，使人们免于饥寒、病苦、失学或受歧视；让社会上的每个人都有公平的机会，参与社会与创新世界的工作。

（3）对社会工作的价值观：相信所有的人均应受到关怀与尊重；应使人人都有最大的机会去决定其生活方向与方式；应协助每一个人与他人互助，共同建立符合他们需求的社会；要认清每一个人有他的独特性，而不要以刻板的观念对待他们。

查尔斯·列维按照从抽象到具体的顺序，把社会工作专业价值分为 3 类⑤：①对人观念的偏好；②对与人有关的结果的偏好；③对与人有关的工具的偏好。

综合来看，社会工作的价值分类的取向标准可分为 3 个层面⑥：①作为一种助人活动，社会工作价值取向有尊重人的价值和满足人的需要两大类；②作为一门专业，社会工作的基本价值取向主要是个别化原则、接纳原则、民主自决原则和职业道德原

---

① 转引自：Frederic. G. Reamer:《社会工作价值与伦理》（包承恩、王永慈主译）。中国香港：洪业文化有限公司，2000。

② 转引自李增禄：《社会工作概论》。中国台湾：巨流图书公司，1995。

③ Morales, A. T. & Sheafor, B. W. (1992). Social Work: A Profession of Many Faces, Sixth Edition, Allyn and Bacon. 转引自夏学銮：“社会工作的三维性质”，《北京大学学报（哲学社会科学版）》，2000 年第 1 期。

④ Morales, A. T. & Sheafor, B. W. (1989). Social Work: A Profession of Many Faces. Boston: Allyn and Bacon.

⑤ Reamer, F. G. Social Work Values and Ethics. 25 – 27, New York: Columbia University Press, 1995.

⑥ 徐道稳：“论社会工作的价值取向”，《求索》，2002 年第 6 期。

则;③作为一种社会福利制度,其价值取向是指制度的内容同人们共同生活需要之间的一种关系,它反映人们对一定制度在社会生活中所产生的积极影响的预期,主要有秩序、正义、效益3种原则。

价值是属于较高抽象层次的思想体系,社会工作专业价值指导社会工作实践,因此是以一般原则的方式起作用的、真正具体地规范社会工作实践的专业伦理。

3.2.4 社会工作中的价值冲突

社会工作的价值观在实际运作中有时会出现相互矛盾或冲突的现象。罗肖泉和尹保华①认为,社会工作的价值观体系的主干可以分为:社会价值观、专业价值观、个人价值观3个层次。这三者之间以及它们与其他的价值观之间常常出现矛盾和冲突,正是这种矛盾和冲突,造成了社会工作的伦理困境,影响了社会工作功能的发挥。具体说来,社会工作价值观的冲突主要表现为以下方面。

(1)社会价值观与专业价值观的冲突。一般说来,专业价值观是对社会价值观的反映,二者应当是一致的。但是,社会工作这个专业的特殊伦理相关性,决定了其专业核心价值观与社会价值观之间存在着不可避免的冲突。它对弱势群体利益、社会正义给予高度关注,要求为他人的福利无私奉献、勇于承担责任的专业价值观,显然与社会上一些人所信奉的为了追求效率而牺牲弱势群体的利益、为了追求个人利益而牺牲他人利益、只讲个人的权利而不承担社会责任的社会价值观之间存在着矛盾。这种矛盾对社会工作专业的发展产生过巨大的冲击。例如,在专业化过程中,社会工作实践就一度偏离了其道德使命的轨道,而一味追随管理主义的经济效益至上理论或技术主义的单纯精神治疗理论。从19世纪60年代开始兴起的"基变社会工作(radical social work)"理论对管理主义和技术主义的批评,代表了社会工作专业对自己道德使命的再一次自觉意识②。应当说,社会工作专业价值观与社会价值观之间的冲突,反映的是应然与实然的矛盾,体现出社会工作专业的道德理想性特征。

(2)专业价值观内部的冲突。由于社会工作价值观涉及社会工作的方方面面,复杂的实务工作情况必然在价值观中有所反映;而社会工作专业本身又处于复杂的社会环境之中,社会各个方面对社会工作专业的价值要求存在着差异,这种差异也会反映到社会工作价值观中,由此导致了社会工作价值观本身的矛盾和冲突。即使在社会工作核心价值观中,这种冲突也存在。例如,"NASW伦理守则"(1996)将社会工作专业的核心价值观概括为服务、社会正义、个人尊严与价值、人际关系的重要性、廉正、能力6个方面。其中个人尊严与价值既要求尊重案主的隐私权,又要求保护第三方不受伤害,当案主的秘密涉及对第三方的危害时,工作者应当如何选择?

(3)专业价值观与社会工作者个人价值观之间的矛盾。社会工作专业价值观是

---

① 罗肖泉、尹保华:"社会工作实践中的伦理议题",《学术论坛》,2003年第3期。

② 林万亿:《基变社会工作》。中国台湾:五国图书出版公司,1991;转引自:罗肖泉、尹保华:"社会工作实践中的伦理议题",《学术论坛》,2003年第3期。

通过社会工作者的实践活动来体现和实现的。第一部社会工作伦理专著的作者Charles S. Levy (1992) 曾经说过，社会工作者是社会工作伦理责任的“焦点”，因为“社会工作者是社会工作事业的催化剂，当他们被赋予专业责任时，他们就启动了可能实现专业计划和目标的过程”①。因此，从原则上说，社会工作者个人的价值观应当是与专业价值观一致并代表专业价值观的。但这种一致并不是自然而然形成的，社会工作者除了受到专业价值观的影响之外，还受到他所处的社会环境和文化背景的影响，这又可能使一些社会工作者个人价值观与专业价值观之间产生冲突。例如，“案主自决”是社会工作专业价值观中的重要内容，但对于成长在注重人际间密切的情感关系环境中的中国社会工作者来说，对案主完全保持价值中立和情感疏离的态度是不太容易被接受的，积极的干预甚至是包办代替更符合中国的传统。

(4)社会工作者个人价值观与案主价值观的冲突。社会工作过程是社会工作者和案主的互动过程，这个过程的一个重要方面，就是双方以各自的价值观为尺度对对方的言行进行评估，如果二者价值观不一致，进一步的协作必然受到影响。例如，社会工作者不赞成同性恋，而案主却是一个同性恋者，社会工作者能够理解和同情他(她) 的境遇并呼吁其他人尊重他们的选择吗？在实际的工作中，社会工作者和案主的价值观冲突的情形是屡见不鲜的，他们之间在文化、教育、环境、民族、性别、年龄等方面的差异，是造成这种冲突的主要原因。

3.3 社会工作的专业伦理

社会工作专业伦理在社会工作的专业实践中发挥着重要作用。如果说专业价值是灵魂，那么，专业伦理则是这个灵魂的具体展开。这一节将讨论社会工作专业伦理的概念和体系，并对社会工作的专业伦理在实务应用中遭遇的困境和抉择进行讨论。

3.3.1 伦理、专业伦理与社会工作的专业伦理

伦理亦即规范，是评判相关行动的标准。这种标准来自于特定的哲学和价值观，因此，在不同的社会文化中，社会整体对社会成员有不同的行为期待。这种期待具体化的结果，即是所谓的伦理，或是规范。

伦理可分为个人伦理和专业伦理。个人伦理指个人对其群体相对的与相互的关系，以德行为中心。专业伦理指专业团体对其案主的专业关系与服务，以责任为中心。社会工作伦理属于专业伦理，它规定了社会工作专业团体的职业道德和行为规范，使社会工作服务机构及其社会工作者有章可循。

就社会工作专业伦理的功能而言，可以分为 3 个方面：①职业伦理具体规定了社会工作专业团体的责任，并在行动上具体指导社会工作专业团体如何落实自己的责

---

① 罗肖泉、尹保华：“社会工作实践中的伦理议题”，《学术论坛》，2003 年第 3 期。

任——比如如何处理工作中遇到的两难困境并做出最为恰当的选择,从而保证求助者的社会权利;②社会工作专业伦理使社会工作者履行自己责任的时候,能通过专业伦理维护专业原则和专业地位、专业声望,比如,规定工作者如何与案主、同事及其他专业人员相处,不致使该专业沦落为"堕落的天使";③社会工作介入的效果如何?如社会工作者的专业能力和专业态度等,往往也是凭借着专业伦理作为评判标准进行评估的。

总之,社会工作专业伦理来自于社会工作在工作过程中对工具的偏好,因此具有很强的实用性。也正是专业伦理的这些特征和功能,体现了它在社会工作实践中的重要性。

3.3.2 社会工作专业伦理守则

在过去一个世纪中,几乎所有的国家都发展出社会工作专业伦理守则来帮助实务工作者面对伦理上的难题,如今,专业伦理守则已成为社会工作者面对伦理抉择的最明确指引。而其中最著名的就是"全美社会工作协会(NASW)伦理守则",该伦理守则已经经历了数个修正版本,反映出社会文化背景的变迁以及社会工作界内部标准的调整。目前的 NASW 的守则提出有关社会工作者的行为和社会工作者与案主、同事、雇主、受雇机构、社工专业、社会等关系的职责。

该伦理守则中的一部分是属于应该要做的(prescriptive),如社工应该尊重案主的隐私权,并对专业服务过程中的所有资讯保密,社工的主要责任是对案主负责;其原则的另一部分是属于不应该做的(proscriptive),例如社工不应该做与不诚实、欺骗等有关的行为。有一些守则是实际的以及特定的,如社工不应该在任何情况下与案主发生性行为;而有些守则则是抽象的,如社工应提升社会福祉与公正,应坚持并提升专业的价值、伦理、知识与使命。

伦理守则中这么多层面的原则显示其有多重的目的。① 较抽象的原则,是有关社会正义与社会福祉的,提供社会工作者一种重要的使命感。而其他的原则有较特定的规则,实务工作者被要求去遵守,若违反了则可能会受到伦理的申诉。此外,伦理守则的主要目的之一是帮助社工解决伦理两难的问题。

3.3.3 社会工作的伦理困境与抉择

专业伦理是社会工作者实务工作的指引。然而,社会工作者常常置身于各种矛盾关系之中,他们不得不面对各种各样的伦理困境,在实际工作中,他们很难依据社会工作的伦理守则做出既符合社工伦理又符合各方利益的选择,因为现实远比理论要复杂丰富得多。社会工作者遇到的每一个案主都各有差异,从个人出生的背景、生长的环境、遗传禀性、个性特征,到个人受教育的程度、持有的价值观念以及面

---

① Frederic. G Reamer:《社会工作价值与伦理》,包承恩、王永慈主译。中国台湾:洪业文化有限公司,2000。

临的问题。

Reamer曾给伦理困境下过一个定义:“所谓伦理的困境是当专业核心价值中对专业人员要求的责任与义务发生相互冲突的情形;而社会工作者必须决定何种价值要优先考量”①。由价值观冲突造成的伦理困境,时常把社会工作者置于困难的伦理抉择面前,这主要是指在两种与不同的人或利益相关的同样道德的行为之间、不同的工作任务或目标的同等考虑之间、与不同的伦理原则同等的一致性之间做选择。而这些抉择的做出,直接影响到工作方法、介入模式、服务目标的确定以及社会工作实践的效果和对效果的评估。与做出技术性选择相比较,做出适当的伦理抉择是对社会工作者更为严峻的考验,但也是任何社会工作者不能回避的问题。这其中涉及责任和义务的优先权、伦理抉择的过程、伦理抉择的模式等问题都是社会工作专业发展过程中不容忽视的问题。

伦理两难的主要表现形式有:①保密与保护权益或遵守法令之间的两难;②案主自决与干涉主义之间的两难;③专业价值和个人价值之间的冲突;④资源分配的议题;⑤专业价值与受聘机构的冲突。

然而,没有一种精确的公式可以解决伦理上的两难。但是,我们可以依循某些步骤以确保伦理两难的各层面都兼顾到。下列步骤有助于社会工作者解决伦理的难题。

第一步:理清伦理的议题,包括冲突的社会工作价值与责任。

第二步:尝试找出所有可能被伦理抉择影响到的个人、团体与组织。

第三步:尝试找出各种可采取的行动以及参与者,并评估每种行动的利弊得失。

第四步:谨慎检视赞成或反对每种行动的理由。考虑:①伦理守则与法律原则;②伦理理论、原则与指导方针;③社会工作实务理论与原则;④ 个人的价值观(包括宗教的、文化的、种族的价值,关于政治的意识形态),尤其是那些与自己价值观相冲突的部分。

第五步:征询同事和专家的意见(如机构工作者、督导、机构行政人员、律师、伦理学家等)。

第六步:作抉择并记录作抉择的过程。

第七步:监督、评估与记录伦理抉择所带来的结果。

在这个过程中,对于伦理优先权排列次序的不同选择会带来完全不同的决定。西方有很多学者对此作了研究,虽然他们的观点带有明显的西方文化传统的特征,但有许多考虑对于当代中国社会工作者仍具有借鉴价值。例如,他们都把保护生命(包括身体健康、食物、住所、心理健康等) 放在优先权列表的最高位置,其次强调平等与差别平等、尊重案主自决权的重要性,然后依次强调最少伤害、生活质量、隐私和保密、真诚等原则(见图3-1)。

---

① 罗肖泉:“社会工作伦理的特殊使命”,《南京工业大学学报(社会科学版)》,2003年第6期。

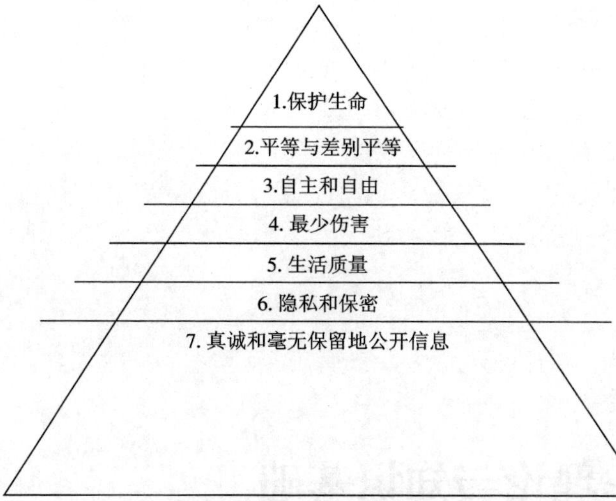

图 3-1 伦理原则筛查办法

值得注意的是，他们还提出：个人福利的权利优先于法律、法规和组织的规定；防止伤害的义务，以及提升公共利益的义务如居住、教育以及社会救助优先于个人财产所有权的权利①。这似乎可以看作为经过强化法制和经济利益过程之后的现代西方国家向“以人为本”的回归，对于正在建设法制国家和强调经济利益的中国来说，也是很好的借鉴！

① 罗肖泉、尹保华：“社会工作实践中的伦理议题”，《学术论坛》，2003 年第 3 期。

4

社会工作理论与知识基础

社会工作既是实践性的职业，又是一个具有专业性的社会科学学科。经历了一个多世纪的发展，社会工作专业既吸收了其他学科的社会理论，同时又在自己的领域内，提出了一些新的概念和理论模式。本章将介绍社会工作的理论基础，同时介绍社会工作所包含的知识体系，以及推进社会工作理论知识发展的方法。

4.1 社会工作理论

社会工作是一种有许多面孔的综合助人专业。社会工作理论体现了社会工作对人类行为的理解，对社会工作实务具有重大的意义，为助人的过程和方法提供了依据。没有理论指导的实践是盲目的实践，因此本节主要介绍理论的含义、功能、社会工作理论的体系、类型和发展运用。

4.1.1 理论及其功能

1. 理论的含义

"理论"是一个术语，在不同人那里有不同的含义。一般意义上说，理论是指逻辑上相关的概念和判断组成的知识体系，是对一定事物或现象的解释，是对经验知识的抽象概括和总结①。换言之，理论主要具备概念与关系两个要素②。

"概念"简单来说就是一种象征代表(symbolic representation)，概括了多个现象的共通点。社会工作理论中运用的概念，一般有以下特质：①概念由于其抽象性，理解未必一致，沟通时容易引起误会。对于社会工作的学生而言，他们并没有一个准则

① 林聚任、刘玉安：《社会科学研究方法》，第 44 页。济南：山东人民出版社，2004。

② 周永新：《社会工作学新论》，第 21 页。中国香港：商务印书馆，1994。

来衡量自己所理解的社会工作概念,是否与一般人理解的相同,而只能通过长期的浸染,效率较低;②社会工作及社会科学中不少概念、术语、假设、理念、架构(hypothetical construct),当我们将这些虚构的概念当作实体时,便容易产生理论上的谬误;③大部分的概念用语与日常用语相同,但意义不同,很容易产生混淆,导致“专业化”与“非专业化”的纷争;④概念含义与字面意义有别,如“非指令性”(non-directive)的含义经常会被初学者与“非指导性”甚至“非引导型”混淆,从而使案主无所适从;⑤概念并没有清楚的界限。基于此,为使社会工作知识获得有效沟通,社会工作学者在理论工作中,需为其运用的概念做出清楚的定义。

同时,每一个理论都描述了两个或以上概念的关系,主要分为三类:①共变关系,事物在表现上有关系,但并非因果关系;②因果关系,在社会工作介入手法中,我们希望透过制造“因”的条件,使我们可以达到介入目标的“果”;③互动关系,社会上大部分事物、人之间都有互动关系。

2. 理论的功能

在实践中,人们通过一定形式的理论去反映和解释对象,即理论的主要功能是解释和预测,除此之外,理论对社会工作还有描述和指导的功能。因此,理论的功能大致上分为以下4种。

(1)描述:理论具有对事物及其关系的抽象概括能力,即描述事物及其关系的种类、关系的方向(正面与反面,甲→乙或乙→甲)和关系的强弱(由绝对至微弱)。社会工作的目标很广,涉及到改善人、家庭、群体、社区及社会的状况。社会工作在进行实际工作中,可以通过理论对事物或现象有整体的了解。

(2)解释:任何事物或现象的发生总是与其他的事物或现象相联系,它们之间的联系有共变关系、因果关系和互动关系。而它们之间的这些关系是可以通过理论进行解释和说明的。理论是有关事物或现象的一项命题或论点,能够说明这些事物或现象的形式、实质或存在状态。社会工作者通过理论可以清楚地了解事物或现象之间的联系,从而使社会工作者对将要面临的问题有一个清楚的认识,制定出适宜的服务方案,有效地实现助人自助的目标。

(3)预测:从理论所描述的因果关系,我们希望能预测,当我们做出某种介入时,会产生某种效果,并据此作出适当的调整。

(4)指导:对社会工作而言,最有用的理论是那些能够提供办法的处方,并协助我们订立介入的手段及程序。理论为社会工作提出一套社会工作方法、技巧及模式。

可见,理论在社会工作过程中具有重要的功能。理论的这些功能不是相互独立的,而是相互联系的,是社会工作服务中相继的过程。前者是后者的前提和基础,即只有描述出服务对象的状态或问题发生的原因,才能对服务对象问题的发生做出准确的解释,只有解释清楚了,才能预测出事物或现象的变化发展,以上工作做好后才能对问题的解决提出有效的工作模式。因此,发展出一整套社会工作理论体系十分必要。

4.1.2 社会工作理论的发展与逻辑结构

1. 社会工作理论发展阶段

社会工作在西方国家的发展已经有上百年的历史了，但是社会工作的理论发展在西方却相对较短。[①] 在西方国家，社会工作经历了一个从没有理论指导到自觉采用理论指导、从指导理论的单一化到指导理论的多元化、从主要借用心理学的理论到尝试借用心理学、社会学、认识论等多学科的理论这样一种发展、演变历程。参照大卫·豪(David Howe)(《社会工作理论导论》)的描述，可以把这个发展过程大体划分为以下7个阶段。[②]

第一个阶段可以称之为“调查”阶段。这是社会工作的最初阶段。在这个阶段，社会工作者主要关注的是他所从事的实际工作，而很少对这些工作的本质、过程与方式、方法等进行理论上的思考。他们主要是实干家而不是思想家。对于大多数人来说，社会工作主要是一种“助人的艺术”(art of helping)，社会工作者对理论及理论的用途完全缺乏明确的认识。从理论发展史的角度来说，社会工作者在这一阶段主要是起一个“调查者”的作用。他们通过自己的实际活动搜集和积累了大量的事实材料，为此后社会工作理论的形成与发展提供必要的资料基础。

第二个阶段可称之为“精神分析学”阶段。在这个阶段，一部分社会工作者开始意识到单以经验来指导自己的实践是不妥当的，社会工作不应只是一门“艺术”，而应是一门科学。他们开始采用一定的科学理论来指导自己的工作实践。然而这一时期唯一被社会工作者采用的理论是精神分析学理论。大卫·豪称“20世纪20至30年代社会工作可以说经历了一个‘精神病学的洪水期’”。社会工作几乎认同于精神分析工作。由于仅有一种理论指导着实践，社会工作的理论空间显得既单调又静寂。

第三个阶段是“精神分析学派”与“功能主义者学派”并立的阶段。20世纪30至50年代，在奥托·兰克(Otto Rank)的影响下，一些美国的社会工作者如特夫特(Jesse Taft)和罗宾逊(Virginia Robinson)等逐渐形成了一种与精神分析学派不同的社会工作观。这种被称为“功能主义学派”的新的社会工作观在关于人的本质、关于社会工作的过程与方法等问题上与精神分析学派都有着巨大的分歧。对精神分析学派来说，个体的行为被视为过去事件尤其是儿童时代人生经历的结果。只有洞察了一个人心理世界所经历的早年过程，才有可能将他从当前行为模式的羁绊中解救出来。社会工作的任务就是探寻和治疗受助者的心理疾患。社会工作过程的中心是社会工作者，他对问题进行诊断，对治疗方法作出指示，对治疗过程作出计划安排。与此相反，功能主义者则认为个体的行为主要是他当前(“此时和此处”)所处情境的结

---

① 库少雄：“社会工作理论的发展与应用”，《山东社会科学》，2006年第4期。

② 王思斌、谢立中、马凤芝、程为敏：“西方社会工作理论的历史与现状”，《中国社会工作》，1996年第2期。

果。当前所处情境既包括环境也包括社会工作机构的功能(故此名为“功能主义学派”)。个体行为不是被过去事件所决定的。给予一定的机会,在一种结构性和社会性的关系中,个体能够改变他自己。因此,社会工作的任务不是对(to)受助者加以治疗,而是要与(with)受助者一道,建立一种有助于受助者潜能得以发展的积极的、开放的相互关系,使受助者的能力与行为发生变化。社会工作过程的中心也不再是社会工作者,而是受助者本人。在20世纪50年代,这两个学派不断发生冲突,每一派都坚持自己的观点并依据自己的观点向受助者提供相应的服务。

第四个阶段被大卫称为“获得”的阶段。在20世纪60年代,可应用于社会工作的理论在数量上获得了巨大增长。社会工作者竞相从弗洛伊德心理学、认知心理学、社会学等学科借用指导性理论。社会工作的职业知识空间被迅速但不系统地充实起来。这是一个充满生机的时期。社会工作者对理论观念的竞逐被视为社会工作健康发展的一种标志。

第五个阶段则可称为“盘点”阶段。由于社会工作理论在数量上迅速增加,到20世纪60年代末,许多社会工作者感到有必要对这些理论做一次清点、整理和评估,以便对社会工作的“家底”有一个确切把握。这一阶段的成果是产生了许多不同的理论清单。

第六个阶段是“理论统一”阶段。社会工作理论的迅速增长既充实了社会工作的理论空间,但也使社会工作者们在理论选择方面感到无所适从。由此产生了一种普遍的心态,即希望能把这些理论统一起来,将它们置于“同一个屋顶之下”。在20世纪70年代,许多人都相信所有的社会工作理论及实践都享有共同的目标和关怀,一些体现了社会工作本质的共同的概念原理与技巧能够从现有的各种理论与实践中抽取出来。人们竞相发展一种能把各种社会工作方法整合在一起的“一元化”的理论框架。其中最时髦的是“系统理论”。这种理论试图用“社会功能”这个概念来把各种理论与方法统合起来。然而,随着一批激进理论和人文主义理论的出现,它很快便受到了人们的攻击和批评。不仅如此,“统一”社会工作理论的愿望也开始受到人们的质疑。一些人认为,“系统理论”之类的现有的社会工作“统一理论”是超前的、不充分的和虚幻的。另一些人则甚至认为,由于不同的理论在观察世界的方式上是水火不相容的,因此社会工作理论的统一是不可能的。各种理论将在相互竞争中并存下去。这种多元化的社会工作理论观便将我们引导到社会工作理论发展的第七个阶段,即我们目前所处的阶段。

第七个阶段可称之为“理论归类”阶段。在这个阶段,多元理论并存被当作一个既定的事实,社会工作者们不再去追求构造统一的理论框架,而是通过对纷呈繁杂的各种理论进行整理、归类的方式来使理论空间有序化,其结果则是产生了许多不同的理论分类模式。迄今为止,这些理论分类模型仍然是西方社会工作者们把握社会工作理论世界的基本工具。

2. 社会工作理论的逻辑结构

社会工作理论的逻辑结构有两种分法:一种是二分法;一种是三分法。主张二分法的学者将社会工作理论分为两大层次,也有多种说法。

蒂姆斯(W. Timms)将社会工作理论划分为理论基础和实践理论两种。理论基础是指来源于社会学、心理学、政治学、经济学等各学科的理论知识,即社会工作的理论基础。实践理论是指在社会工作实务中积累的经验,直接用于指导社会工作实践的理论。

英国社会工作学者大卫·豪(David Howe)认为,一个完整的社会工作理论至少应该包括两个部分,即"为社会工作的理论"(theory for social work) 和"社会工作的理论"(theory of social work)。所谓"为社会工作的理论"主要是对人与社会的本质、人的行为与社会运行的机制进行说明,是背景式的解释。所谓"社会工作的理论",则是对社会工作本身的性质、目的、过程与方法等进行说明,是为社会工作的实践提供具体的行动指南①②。这两部分内容之间,既存在着明显的区别又存在着不可分割的联系。大卫·豪和蒂姆斯对社会工作理论的划分基本上是一致的,只是提法不同而已。

另一种划分社会工作理论的方法是三分法,代表人物是皮拉里斯(Pilalis),他借鉴社会学理论的分法,认为社会工作理论从抽象到具体应该分为3个层次,即宏观理论、中观理论和实践理论③。这与佩恩(Payne)所提的3种理论分类方法也基本一致:社会主义—集体主义理论、个人主义—改良主义理论和反思性—治疗性理论。

从这个模型中可以看出皮拉里斯的"三分法"实际上就是对大卫·豪二分法的一个深化。皮拉里斯模型中的宏观理论和中观理论中的解释性理论实际上就是大卫·豪模型中的"为社会工作的理论",在大卫·豪模型中,"社会工作的理论"就是中观理论中的介入模式理论和实践理论。可以说,皮拉里斯的三分法是一种四分模型结构,它使我们更深入地理解了社会工作理论的逻辑结构。

4.1.3 社会工作理论的体系架构

社会工作理论在西方发展比较完善,不同的理论流派,这些理论流派都有各自对人和社会本质的不同看法,形成了不同的社会工作模式和方法。可以说,发展过程中,曾出现了这样一些理论模式,早期的单元决定论(多元决定论)、心理—社会方法、环境中的人以及生态系统模式,并逐渐成为从事社会工作日常实务的依据。

---

① 吴亦明:"论中国特色社会工作理论框架的构建",《南京师大学报(社会科学版)》,2002年第3期。

② 王思斌:《社会工作概论》,第63-64页。北京:中国高等教育出版社,1999。

③ 李迎生:《社会工作概论》,第92页。北京:中国人民大学出版社,2004。

理论抽象程度	结构部分	实例
高 ↑	宏观理论：对人与社会的本质、人的行为与社会运行机制进行综合性的说明	弗洛伊德主义、马克思主义、结构功能主义等
	中观理论： a）解释性理论　对人的行为与社会过程的某一方面进行专门解释	标签理论、儿童发展理论等
	b）介入模式理论　对社会工作实践本身的性质、目的、过程等进行一般说明	危机介入理论、任务中心模式理论等
低 ↓	实践理论：社会工作的具体技巧、操作方法	自由联想法、批判式提问法等

图 4-1　皮拉里斯"三分模型"①

1. 由单元决定论到多元决定论

19 世纪下半叶，社会工作尚处在其发展的初期，社会工作的单元决定论（单原因说）是那个时代的主流思想。单元决定论认为，任何结果都可以追溯至一个单一的原因。因此，许多人相信，这种线性的科学模式将解决所有的社会问题，即一旦揭示了问题的原因，问题就能得到解决。不幸的是，单元决定论并没有遂人所愿。不论是友好访问者——所谓"道德提升"将解决"道德不足"的穷人问题，还是睦邻运动者——所谓改变贫穷的"环境因素"问题，都没有成功地解决广泛的经济萧条、酗酒、文盲和失业等社会问题。在此后长达数十年的时间里，人们对社会问题的原因究竟主要是在个人身上还是在社会制度当中争论不休，并由此产生了复合因果关系说（doctrine of multiple causality）。这一学说假定认为，社会问题如贫穷甚至精神疾病的原因，既有个人因素也有社会因素。目前，社会工作者普遍接受多元决定论的概念。"多元决定论"意味着在问题发生的临界点有多重因素同时发生作用，结果在个人、伴侣、家庭或小组的身上引起了一种或多种症状或问题，同时，案主难以回避作为结果的症状或问题。

2. 心理—社会方法

心理—社会方法是与传统社会工作实务关系最密切的观点，它植根于多元决定论之中。然而，"心理—社会"的含义更广，它包括一个有关问题成因的理论并提供了一种临床模式，在这种模式中包含多维的诊断和治疗。自 19 世纪末心理—社会方法诞生以来，这一方法就一直强调应同时从两个方面来理解案主：既要识别并评估影响案主的心理因素（例如，人格、智力和能力），还要识别并评估影响案主的社会因素

① 王思斌：《社会工作概论》，第 65 页。北京：中国高等教育出版社，1999。

(例如,不幸的家庭历史、同伴关系)。在李伟的案例中,还有重要的生物影响因素(疾病)。实际上,我们有时称这种模式为“生物—心理—社会”方法。①

心理—社会方法是综合和复杂的,也是灵活和开放的,它随时准备融进新的、有用的思想,所以,它是不断变化和发展的。除了从本学科社会工作当中不断吸取营养之外,心理—社会理论还从相关学科,例如医学、心理学、教育学和精神病理学中吸取营养。

3. 环境中的人

社会工作理论认为,人类的问题既源自案主的个人因素,也源自环境因素。因此,在理解和解决人类问题时,决不能把个人和环境分开。“环境中的人”的理论把人类问题的两方面原因——个人因素和环境因素结合了起来,认为人与环境中的各种系统(家庭、教育、商品和服务、就业、政治、宗教等)是相互作用的。

“环境中的人”启发社会工作者关注3个相互关联的领域:①关注个人并寻求提高其解决问题、应对环境和发展自身的能力;②关注人和环境之间的关系,并把人和他们所需要的资源、服务和机会连接起来;③关注环境并在必要的时候改革环境,使之更有效地满足人的需要、促进人的发展。

值得注意的是,尽管环境可能是个人问题的原因,但是,案主仍然应该为他们自己的行为和问题负责。在20世纪80年代美国的“大众心理学”运动中,宣称自己是童年时期不良环境的受害者是一种时髦的事。许多被告通过回忆其童年时代的不利生存条件、虐待、忽视、艰苦的家境等,来为他们的暴力行为找到令人同情的解释、披上合理的外衣,而且,他们常常因此而成功地逃避了法律的惩罚。应当说,这是社会工作原则所不能接受的。

4. 生态系统模式

在过去的20多年里,社会工作者越来越多地应用生态系统模式。这一模式的基本假设是,一个案例的组成要素——案主自己、其他人、各种社会与文化的影响因素——是在同一个系统中相互影响、相互作用的,形成了一种相互适应的模式②。

系统理论认为,人是动态地与其环境中的每一个系统发生相互作用的。生态系统模式借鉴系统理论,认为人生存于系统之中并与系统中各种不同的子系统持续地发生动态的相互作用,而其他子系统之间也是不断发生相互作用的。人之外的所有系统及其相互作用构成了人的社会环境,人和社会环境之间的相互作用对人的行为有巨大的影响。社会工作聚焦于人与社会环境中各种系统之间的相互作用,目的是改善、提升人和各种系统之间相互作用的状态和水平。

生态系统模式吸收了生态学理论的思想——个人、家庭和小群体在由一个阶段向另一个阶段转变的过程中会产生一些过渡时期的问题和需要。人在成长的过程中

---

① 简春安:“社会工作处置的理论背景与派别”,《中国社会工作》,1996年第4期。

② 库少雄:“社会工作理论的发展与应用”,《山东社会科学》,2006年第4期。

会经历许多转变或过渡,如上学、青春发育期、毕业、工作、结婚、生孩子、孩子离开父母独立生活、退休等。像个人一样,家庭也有其生命周期,有许多过渡时期和需要调节的事情,如订婚、结婚、孩子出生、孩子上学、孩子离家等。小群体也有其发展的过渡阶段,如群体成员需要时间相互了解、逐渐学会互相信任、开始更多地开放自己、学习共同工作以完成任务、寻找处理内部冲突的方法、适应群体成员的退出和群体的最终解体。生态系统模式借鉴生态学的思想,在工作中注意发现个人、家庭和小群体在过渡时期的问题和需要,并选择适当的方法帮助个人、家庭和小群体解决过渡时期的问题,及提升系统中个人的适应能力。

适应是生态学模式的重要概念,它指的是人根据环境做出调整的能力。由于人们经常生活在变化和压力之中,因此,人们需要有灵活的适应能力。但是,适应需要付出努力,适应的过程也是人与社会环境和物质环境之间持续地进行信息、能量和其他资源交换的过程。把人类作为一个物种来看,人类和环境之间是通过漫长的进化过程而相互作用、相互影响的;就人类个体来说,人在其一生当中从未停止过与环境之间的交流和作用。不管是人类物种还是人类个体,最终追求的目标都是一种适应状态,在这种状态下,人的需要得到满足,目标得以实现,人类文化的多样性得到保护,支持人成长的社会环境得到发展。

然而,适应的状态并不能固定下来,或者说适应并不是一劳永逸的。人的需要和目标是不断变化的,适应也是不断变化的。我们改变自己来适应环境,我们改变环境使之适应我们,同时,环境自身也在改变并改变我们。在所有的这些变化当中,我们所适应的正是我们自己或者环境创造出来的变化。有的时候,我们生理、心理、社会和文化的适应是成功的,于是我们成长和发展,同时环境也美好和谐;有的时候,我们与环境的相互适应失败了,于是我们的发展和功能运行受到损害,同时环境也受到技术性和社会性的污染和破坏,如大气污染、水污染、社会关系紧张和社会风气恶化。这些"污染和破坏"是人类适应的负担。

当人难以适应环境的时候,压力和相关的问题就产生了。社会工作帮助人们应对压力,消除其原因,减轻其影响,处理它们所带来的危害,目的是恢复人与环境之间正常的适应状态①。

以上是社会工作的几种理论,这些理论对当前社会工作的实践和发展都有非常重要的意义。除此以外还有一些具体的实践理论,如任务中心理论、反歧视和反压迫理论等,这些理论与上述所介绍的理论,共同构成了现代社会工作的理论体系。

4.1.4 社会工作理论在实务中的应用

社会工作理论主要应用在社会工作的日常实务和预防实务之中,而不管在何种工作中,也都涉及到相关政策的制定以及服务计划的制定与执行,这些都需要理论的

① 库少雄:《社会工作实务》,第23-41页。北京:社会科学文献出版社,2002。

指导。

1. 日常实务

所谓日常实务指的是在破坏性的压力已经产生了消极的影响之后，社会工作者为了案主的功能恢复或者身体康复而进行的诊断和介入。

生态系统模式启发我们确立一种新的看问题的方式，把人的需要和问题看作是人与社会环境相互作用的结果。根据这样的思想，可以认为各种问题的产生主要与案主生态系统中3个相互关联的领域有关：①人生发展的各个转折时期。在这些转折时期，容易产生难以应对的压力；②不良的人际关系；③社会环境中的各种障碍、对人的需要和问题无动于衷（没有反应）的社会环境①。

人生发展的转折时期具有双重功能，它一方面包含着潜在的挑战和成长，另一方面也可能带来痛苦和破坏性的压力。例如，在人生发展的各个转折时期，人们会经历地位、角色和社会环境的变化，这些变化可能引起边缘角色、角色冲突和角色失败，可能迫使人们去完成从未经历过的任务。

嫉妒、误解、歧视、压制、冲突等不良的交流方式和人际关系使许多人感到压力和困难，这些压力可能使人们难以顺利度过人生的转折时期，或者使人们无法有效地使用环境资源。

社会环境也可能对人产生破坏性的压力——它可能不提供社会支持、隐瞒相关信息、阻碍人们接近所需要的资源、对人的需要和愿望无动于衷、剥削和压迫某些人。这些问题可能导致不良的人际互动，使个人、家庭和团体难以成功地度过过渡时期，最终使以上3个领域中的压力都加大了。

生态系统模式强调人与环境之间的相互适应，这将影响社会工作者与案主之间的关系，影响社会工作者对因果关系的解释，影响社会工作者观察问题的视角和对专业方法的使用。如，在生态系统模式当中，社会工作者的关注范围扩大至与案主相互作用的所有系统，其中包括案主的认知、感知、情感、价值、目标、动机、身体状况、家庭生活状况、过去的经历以及案主的种族、民族、社会地位、阶级、宗教等。系统中的另一些元素包括亲戚、邻里、朋友和同事这些社会关系，包括工作机构、学校、医疗系统、社区这些较大规模的社会系统。在诊断和制定介入计划时，社会工作者和案主必须决定在所有的这些因素当中，哪些对满足案主的需要是重要的，哪些是社会工作者可以利用的，这样，社会工作者才能够正确地确定目标、采取行动，以消除或者减轻压力、提高案主的应对能力、促进环境对案主的支持。最终的目的是为所有与社会环境相互作用的人改善社会环境，以更好地满足他们的需要、释放他们成长的能量。

医疗社会工作有助于我们理解以上3个相互关联的问题领域。在医疗卫生领域，社会工作者面临的是那些因为疾病和残疾而引起的问题。然而，其他方面的问题，例如过渡时期的、人际关系的或者环境的压力常常使案主应对疾病和残疾问题更

① 库少雄："社会工作理论的发展与应用"，《山东社会科学》，2006年第4期。

加困难。

当人生转折与疾病或残疾同期而至时(例如退休老人患了抑郁症),或者疾病、残疾引起人生转折时(例如运动员不幸被车撞残),案主对疾病的适应往往更加困难。在这些情形中,社会工作的重要功能是帮助病人、家庭或小组完成多重的、互相重叠的应对任务。

在人际关系方面,家庭和小组中不良的关系模式和交流模式会引起一些障碍,影响病人对疾病或残疾的适应或应对。另一方面,以前令人满意的关系模式和交流模式在疾病或残疾的压力之下可能恶化。在上述两种情况下,社会工作者的功能是帮助个人、家庭或小组处理这些问题,使他们更顺利地应对疾病或残疾问题。

环境问题在医疗卫生的物质条件和社会条件方面具有特别重要的意义。由家庭、学校、工作单位、社区和医疗卫生系统提供的物质条件和社会条件影响人们应对疾病与残疾的动机、能力和效果。社会工作者的任务是对医疗卫生系统包括医生群体施加影响,呼吁创造更好的物质环境和社会环境,更好地回应病人及其家庭的需要。

2. 预防实务

预防实务是社会工作的一个新兴领域。社会工作者一直关心一个问题:在社会工作者介入的时候,问题和危害往往已经发生了。能不能在问题或危害出现之前就介入呢?社会工作的理论知识有助于把初级预防的观点融入社会工作实务和社会工作教育之中,有助于把预防实务与日常实务结合起来。

预防实务关注的领域与日常实务关注的领域相同,都是人与社会环境的相互作用。但是,与日常实务致力于解决已经出现的问题不同,初级预防致力于预防在生命转折时期、人际互动领域和社会环境当中所产生的问题、压力和不良适应,致力于促进人的健康成长和适应性的功能运作。为了达到这些目标,初级预防工作既要注意调动一切个人、家庭和小组的积极因素,还要努力消除环境中不利于人的成长和适应性功能运作的因素,促进环境对人的支持作用①。

初级预防特别关注人的终生发展和在终生发展的各个阶段人与社会环境之间的相互作用。从事预防实务的社会工作者应该能够预测人生的发展方向和在不同发展阶段可能出现的问题,应该能够识别处在危险情境中的人们和他们的需要,并主动解决案主的问题、满足案主的需要。因此,社会工作者设计和创造了许多服务项目,这些项目的目标往往是在问题出现之前主动介入,以帮助人们顺利度过转折时期,如初次入学、初为父母、退休等;或者预防那些处在危险情境中的人可能遭受消极的影响,如智能不足的儿童、多个孩子的父母、离异的夫妻、有严重疾病的中年人、失去配偶的老人等。从事预防实务的社会工作者必须先在临床的层面上制定介入策略,其目的是消除或减轻环境中的压力因素,增强案主对不可避免的压力的抵抗力,通过使用环

---

① 库少雄:"社会工作理论的发展与应用",《山东社会科学》,2006 年第 4 期。

境资源增强案主的应对能力。然后，根据生态系统模式的要求，在宏观层面上制定介入策略，改变组织、计划和社会政策，提升社会环境对满足人的需要、促进人的发展的反应性和支持性。

3.政策制定和服务的计划、推行

在制定政策和推行社会服务、进行社会工作的过程中，我们经常运用社会科学及社会工作理论作指导。

在社会问题的界定上，不少社会科学的理论协助我们了解社会问题，掌握其成因及与社会、经济及政治之间的相互关系，体现了社会工作理论的描述和解释功能。通过描述和解释，我们就可以对问题有一个大致的了解，就可以定义这种社会问题，然后再考虑解决问题的方案。例如，涂尔干对于自杀研究所得的理论，可以协助我们了解社会的整合(integration)及调节(regulation)对自杀率的影响，这样我们便可以对自杀的社会问题作出清楚的定义，以便协助我们制定社会政策的目标。

在社会政策的制定上，也需要相应的社会科学理论的指导。我们再以“涂尔干的自杀伦理论”来分析当今大学生自杀的现象。通过分析，我们可以得出初步结论，即当今社会大学生面临的社会失范现象严重，使这些本身承受力就很脆弱的独生子女在面临社会失范的情况下，无法适应，造成心理上的恐慌。如果说社会缺乏整合、缺乏信任和认同，是造成社会失范的主要原因的话，那么，社会政策的制定就应该考虑建立某种机制和服务方案，加强大学生的人际沟通技巧，疏导他们心中的困惑和疑难，及时发现他们的不良行为，并对其进行纠正。

在社会服务的计划上，社会工作者要做出多方面的决定，这些决定的制定都要靠社会工作理论作指导。例如，我们要决定是否由政府部门或非政府部门组织提供服务？若由非政府组织提供，我们应该是资助地区性组织还是跨地区性组织？我们也可能要决定服务是给予所有公民，还是要针对指定类别的人士？在具体的服务过程中，我们要选择什么样的理论作指导，需要根据具体的问题而确定，比如女性职业歧视问题，我们可以借助反歧视和反压迫的理论，并实施这一理论所提供的社会工作模式，针对服务对象制定社会服务计划。

在社会服务与社会工作的推行过程中，社会工作可以利用的理论很多，在这里我们不能一一解释，而只能简单介绍在社会工作中我们如何利用理论来协助我们的工作。以理性情绪治疗法为例①，简单说来，理性情绪治疗法的基础理论指出：我们对事件的情绪反应，是受了我们的信念影响；而我们的情绪反应又会影响我们对事件回应的行为。因此，如果服务对象对事件产生不正确的情绪反应，就会出现不适当的行为和问题。当我们发现在这个循环中的作为并不能有效回应正在发生的事件时，我们便可以从信念入手。因此，我们通过社会工作的介入，可以改变服务对象的不适当信念，改变服务对象不正确的情绪反映，使服务对象做出适当的情绪反应，继而建立

---

① 周永新：《社会工作学新论》，第27页。中国香港：商务印书馆，1994。

适当的行为模式。

4.2 社会工作知识体系

社会工作是助人的专业和实践。作为专业，它需要形成自己的知识体系，并以此证明自己的专业地位；作为实践，它也需要将实践智慧和实践经验及时总结出来，并在此基础上形成自己的知识体系，以便进一步指导助人实践活动。

4.2.1 知识与知识体系

知识到底是什么，目前仍然有争议。我国对知识的定义一般是从哲学的角度出发的，如在《中国大百科全书·教育》中“知识”条目是这样表述的：“所谓知识，就它反映的内容而言，是客观事物的属性与联系的反映，是客观世界在人脑中的主观映像；就它的反映活动形式而言，有时表现为主体对事物的感性知觉或表象，属于感性知识，有时表现为关于事物的概念或规律，属于理性知识。”可以这么说，知识可以包括主观知识和客观知识两种。我们在理解知识的含义时，有必要把作为人类社会共同财富的知识与作为个体头脑中的知识区分开来。人类社会的知识是客观存在的，是一系列由事实、概念、假设和理论建立起来的系统和富于逻辑的陈述，即客观知识；个体头脑中的知识并不是客观现实本身，而是个体的一种主观表征，即人脑中的知识结构，它既包括感觉、知觉、表象等，又包括概念、命题、图式，它们分别标志着个体对客观事物反映的不同广度和深度，这是通过个体的认知活动而形成的，这就形成了主观知识。

所谓体系，按照一般的解释，是指若干有关事物相互联系、相互制约而组成的一个整体性结构，是各个要素、部分结合在一起，并有一定结构、特定功能和共同目的的有机体。知识体系是由一套有着共同的某种联系的知识组成的有系统的知识框架，是指按一定的组合方式和比例关系所构成的、由不同类的知识所组成的具有开放性、动态性、通用和多层次特点的体系。而社会工作知识体系，就是按照一定的理论原则组合成的具有实践意义的，开放、动态、多层的系统。它既包括基于科学和实证的概念与理论，也包含建立在人的实践基础上的经验和技巧，两者共同丰富了社会工作的知识结构。

4.2.2 社会工作知识体系概述

社会工作者在实施专业工作的过程中，最主要的要素就是社会工作的基础知识，虽然大部分社会工作的知识基础来自于社会和行为科学的领域，然而这些知识却以其独特的方式被整合，而成为社会工作实施的专业基础知识。因此，基于社会工作实施的特殊性，这些基础知识被归整为以下知识体系，该体系也被美国社会工作教育委员会视为社会工作教育的核心课程。

1. 人类行为与社会环境

美国社会工作教育委员会曾明确指出，人类行为与社会环境的课程，也就是关于人的生理、心理和社会发展的理论，包括人们生活所处的各个社会环境系统的理论，例如家庭、团体、组织和社区等知识，对于社会工作者的工作实施是必要的。这些有关人的成长和发展的知识，特别是有关人在各个发展阶段所面对的发展任务，对社会工作的实施都是非常重要的基础知识。社会工作者为了评估与解决人的问题，必须了解人在每一个发展阶段的需要和资源，同时也要觉察在不同的文化中，人们如何认定和满足这些需要，而生态系统理论帮助社会工作者了解，认知组织和团体中的行为。基于促进个人发挥社会功能的专业目标，社会工作者特别关心发生发展性问题的原因，包括了解不适当的生理和情绪的影响，因为这对拟定和实施治疗性和预防性方案是非常重要的。因为社会工作对人在情境中的强调，社会工作专业实施的过程是以一种互动的观点，研究"社会系统如何促进或阻碍社会中的个人得到其最大的幸福"。

2. 社会福利政策和服务

美国社会工作教育委员会规定，有关社会福利政策的课程内容必须包含讨论影响政治和组织过程、政策的形成过程，以及在社会和经济公正性的前提下，从事社会政策分析的方法。由于社会工作对社会政策所持的观点，使社会工作系所提供的社会政策课程内容，与其他相关专业的社会政策课程内容有相当大的差异。社会工作专业所教授的社会政策课程内容，着重于了解社会政策形成过程中，存在于公部门和私部门系统中，塑造和引导社会福利系统的复杂因素。为了使社会工作的实施与专业宗旨和伦理一致，社会工作者有责任参与社会政策的拟定，并且利用社会政策促进个人、家庭、团体、社区功能的发挥。社会工作者从事社会政策和服务研究的目的，在于实现其对维护社会和经济正义的专业承诺。因此对从事社会工作的专业者而言，受压迫状况对人的影响，机会、资源、物品和服务分配过程中的不公平现象，以及不公平现象对少数民族和弱势群体的影响等都非常重要。

3. 社会工作实施方法

社会工作者为了实现专业宗旨和目的，需要具备基本的专业知识和技术，并以专业能力促进案主的社会功能。随着社会工作者面对案主的不同，所需具备的知识和技术也有差别。案主系统被分为微观层次、中观层次和宏观层次 3 个不同的层次，有效的社会工作专业实施，有赖于社会工作者具备有关这 3 个案主层次的知识。一般来说，在大学和研究所一年级的课程内容，主要着重于综合性的实务工作课程，目的在于培养学生基本的专业能力，以有效协助不同层次的案主。这 3 个层次的工作方法包括以下方面。

1) 微观层次的工作方法

微观层次的案主系统包括个人、夫妻和家庭。由于该层次的社会工作者大部分是通过面对面的方式提供服务，因此该层次的工作方法称为直接服务，又称作临床服务。虽然如此，直接服务却不一定限于与案主面对面的接触。

2)中观层次的工作方法

中观层次是指远比家人的互动关系疏远,却比组织或机构中的人际关系亲近的关系。这个层次的案主包括自助团体或治疗团体的成员、学校的学生、公司的同事或邻居间的关系。中观层次的事件则是指个人直接接触且重要的接触面,因此中观层次的介入方法是改变直接影响案主的社会系统,例如家庭、同辈群体或学校。

3)宏观层次的工作方法

宏观层次的工作是由面对面的福利服务输送方式延伸而来,包括社会计划和社区组织的过程。社会工作者在这一个层次扮演的角色是专业的改变媒介,协助社区行动团体组织个人、团体和机构处理所遭遇的社会问题。社会工作者在这个层次中面对的案主系统包括居民、团体,以及存在于私部门和公部门内的不同组织。社会工作者所使用的工作方法包括社区团体和组织发展,方案拟定和发展,以及方案实施、管理和评估。

社会工作管理是依据社会的价值观和法律,管理社会福利机构,以促进福利服务输送的有效性。依据Sarri(1987)的说法,社会工作管理是:①将福利政策转化为机构的操作化目标;②拟定和实施机构的服务方案;③经费的争取和资源的分配;④管理机构内及机构间的互动;⑤发展和督导机构的人力资源;⑥建立机构的社会地位和公共关系;⑦提供社会教育;⑧监督、评估和创新机构的服务,以增进机构的生产力和过程的总和。因此从事直接服务的社会工作者不可避免地会接触到某部分的管理工作,而且随着专业生涯的发展,许多具有硕士背景的临床社会工作者,会成为机构的督导或管理者。因此,硕士学历的社会工作者需要具备管理的知识;而社会工作的硕士课程也常包含管理的课程。

从事直接服务的社会工作者虽然较少参与宏观层面的工作,然而由于偏远地区社会工作者与社会计划专家的缺乏,使得偏远地区的社会工作者经常需要与当地的居民和社区社会工作者合作,一同拟定方案并发展社区的资源,以解决和预防社会问题。

4.研究

社会工作研究方法的知识须符合科学和学术的要求,这也是知识能够不断提升的原动力,因此社会工作者必须具备使用研究结果的能力,以使社会工作的专业知识能够不断地累积。研究的能力包括研究设计的知识,以及分辨实证资料和非实证资料研究结果的专业能力。即使社会工作者从事的是直接服务工作,也需要具备单一主体实验研究设计的知识,以评估临床工作的有效性。

5.实习课程

美国社会工作教育委员会认为,实习是属于社会工作教育课程的整合,它使学生能够在督导的协助下,从事社会工作的实务工作,并且提供给学生运用学校学习的机会。大部分社会工作专业的学生认为,实习使他们有机会整合学校的课程,并且学习扮演一个负责任的专业者。

也有学者指出，社会工作研究知识体系主要包含4个基本的构成要素：①理念—伦理；②人类多元化议题；③理论架构；④研究方法。在社会工作范畴内，社会工作研究首先是对以社会工作的价值理念和工作伦理为指导的助人活动的理念、内容和方法的分析，遵循多元化观念，强调研究必须注重人类群体在民族、性别、年龄等多方面的差异。在此基础上，理论架构的应用将社会工作理论融入研究过程中，给研究资料的收集、分析和解释提供科学的指引。研究方法主要指研究资料的收集方法，具体包括问卷调查、小组或个案访谈、公共论坛等一系列定量和定性的社会研究方法。在这些要素中，人类多元化议题与社会工作本土化的倡导基本上一致①。

4.2.3 社会工作知识与理论及技能的关系

社会工作者在社会工作实践中要吸取和借用其他多种学科的理论成果和知识方法，因此，理论给社会工作知识提供了养料和基础。根据各种理论的不同可以将社会工作知识分成3个层次：①有关人类行为和社会环境系统，包容了哲学、社会学、心理学和人类学的基本理论和社会工作理论，组成了社会工作知识体系的第一个层次；②有关社会福利、服务和社会保障系统，也包括政治学、经济学、人类学、生态学、伦理学，尤其是社会工作理论等社会科学和人文学科知识；③有关社会工作具体实施过程系统，涉及各种人文社会科学的理论模式及社会工作理论的助人服务模式。这一层次的知识还借鉴了自然科学如医学、护理等知识。

从以上可以看出，社会工作知识体系是由理论构成的；如果没有理论作基础，社会工作知识就会变得空洞。因此，理论是社会工作知识体系的基础和保证，因为有理论才使社会工作知识形成系统，理论是社会工作知识的组成部分。

此外，NASW社会工作专业伦理指出，社会工作者的工作是以其专业能力为范围，发展并促进其专业能力。专业能力包含在扮演专业角色的过程中所表现的知识、价值观、技术和态度。然而，技术并不能保证社会工作者的专业能力，缺乏相关基础知识的社会工作者，充其量只能被称作是社会工作技术员而已。为了能有效地分析问题、个人与情境的关系，适当地使用技术，并对问题提出有效的处理计划，有专业能力的社会工作需要具备人类行为和社会环境的理论知识，并在了解案主系统和问题发生情境的前提下使用相关技术。近年来专业理论和技术的快速发展，为直接服务注入了活力，因此这方面的理论也变得复杂，但是新的理论并没有超出旧有理论的范畴，而是对问题提出新的解释，或是指出与旧有理论的不同看法，因此这些新的理论也对社会工作造成冲击。

---

① 陈钟林、吴伟东，“社会工作研究的本土化：实践、反思与启示”，《中国青年政治学院学报》，2006年第1期。

4.3 社会工作理论与实务的关系

作为一门应用性学科,社会工作最主要的特征是它的实务性和可操作性;同时由于要运用诸多学科的理论知识去解决复杂的社会问题,因此它还具有综合性。本节通过以存在主义取向的社会工作模式为例,分别从理论的必要性、实务的重要性及两者相辅相成的关系3个层面论述了社会工作理论知识与实务的关系,以便更清晰地呈现所论述的主题。

4.3.1 社会工作实务中理论的必要性

社会工作理论明确了我们应该做什么,为什么这么做。我们需要了解我们所用的理论之间的联系和区别,以避免在实务过程中产生问题。

每一种社会工作理论都涉及社会工作的实践工作和目标宗旨,也批评了其他理论或试图加以修正。但是这些理论同时又都具有相似性,每一种理论都会认同其他理论中某些要素的合理性。理论协助实务工作者理解、预测人类行为,以及提供工作处方与指引。很多社会工作理论体现为能够全面指导社会工作实践的思想与行动体系,理论勾画出人类生活功能之一般模式,提出治疗性社会行动以帮助人们达成目标。以存在主义为例,总结它的工作目标是:①帮助人们获得满意的生活状态,让来访者认识和接受他们的自由,成为生活的主人;②社会工作者对他们逃避自由的方式及与人相伴的责任给以质询;③藉由接纳案主的生活形态及哲学,探索及解决其中的问题,并避免压制及权威干预可以处理问题。每一个目标都涉及到对社会工作实践的指导。

理论提高社会工作者介入的准确性及效能,并呈现出实务的阶段性。存在主义取向的社会工作模式大致分3个阶段呈现。第一阶段,治疗者协助当事人认定及澄清他们对世界的假设。当事人被邀请来进行界定与询问他们知觉的方式,以及其存在的意义,他们会检视自己的价值观、信念及假定,以判定它们的有效性。治疗者将教导他们如何反映自己的存在,以及如何检验自己在制造生活问题中的角色。第二阶段,治疗者会鼓励当事人把他们在治疗过程中所学到的事务化为行动。治疗的目标在于使当事人将其经过检验且内化的价值观,应用在具体的行动方式上。当事人通常能发现自己的长处,并使自己融入到有目标的生活方式中。第三个阶段,在于协助当事人将自我了解化为行动,即促使当事人能找到以具体的方式去执行他们已检视过而且内化的价值观。通常当事人会发现自己的长处,并找到发挥长处之道,使其生存更具意义性①。

理论指明了实务工作者的介入方式。社会工作以自己为工具,是存在主义疗法

---

① 田玉荣:"存在主义与社会工作:对一组治疗概念适用性的讨论",《中国社会工作研究(第三辑)》,北京:社会科学文献出版社,2005。

的精髓所在。存在主义取向的社会工作者既不说教，也不布道；既不进行道德规劝，也不诉诸逻辑推理。形象地说，他们的作用好比眼科专家，而非画家。画家试图向我们展现他眼里的世界；而眼科医生却尽力使我们能够看到真实的世界，存在主义社会工作者的作用是扩大病人的视野，使他们意识到并清楚地看到人生的全部潜在意义。

然而，理论并不总是具有正面作用，理论也会造成缺乏弹性、不重视个别化和过度强调分类与符号化，和以人文取向为基础的实务工作有矛盾。有时，理论也会导致自我实现的预言(self-fulfilling)，使我们将所有事件都以符合我们的想法来认识，无法想到其他可能性，以致形成专家主义和滥用专业权力。再者，理论之目的在于解释和预测，最后却可能变成为了建构理论而理论。此外，由于理论快速与多元之发展，实际执行工作之第一线人员压力大，常会感到挫折，甚至推出排拒理论，造成学术界与实务界之距离。正是这种本身存在的负面性，使得实务工作有了进一步完善的动力。

理论架构对实务工作很有用，它提供给助人专业者一个概念性基础(conceptual foundation)，以形成专业活动方向，并给予特定行动之环境脉络(在何种情况下做什么行动)。由此看来，不论选择哪个理论，社会工作者专业行为应不是随意的，而是反映他们接受和使用之理论。理论会修正工作者的看法，以及解释这些看法如何产生，并且决定要怎么做。实务工作者根据如何范定需求、情境和问题，大都会决定他将采取何种行动。就此看来，随着理论多元化而转换成实务概念和技巧，使介入策略更多，也表示对案主之服务可以有更广的面向①。

社会工作知识或理论体系正在形成和发展之中，可以说已经有了一个很好的开头。但与某些专业学科相比，它还有很大差距，不成熟和不完善的地方依然存在。所以在社会工作实践中，当需要用理论来指导时，可能就会出现某些问题上的理论“短缺”。因此，在社会工作实践中面对理论的“短缺”，我们应修改原有的理论或创造新的理论，从而使理论的发展反映现实的需要，以切实为指导实践服务，并解决在实践过程中所面临的问题。

4.3.2 社会工作实务对理论的重要性

社会工作通过专业实践的过程内化自己的价值理念，强化自己的专业态度，积累实务经验，形成更专业的实务能力，这一过程是社会工作者吸取理论养料的过程，更是给予理论源泉和使其不断完善的过程。

1. 实践是理论的来源

因社会工作专业自身的特点所决定的，其知识体系吸收并融合了社会科学中不同的理论，同时也在实践中发展出独特的概念和理论模式。作为“开放的社会科学”，社会科学中不同学科的概念和理论都影响了社会工作与知识体系的发展，存在

---

① 谭文静、李金娟、王丽：“浅析社会工作理论与实务的关系——以存在主义取向的社会工作模式为例”，《社会工作》，2007年第4期。

主义治疗模式就是其中的一个范例。存在主义取向的社会工作理论能够在社会工作实务领域获得发展，源于存在主义哲学能给予人一种精神层面的深层的帮助，从而使这一理论具有普遍性意义。

存在主义哲学根源于二战后的西方社会，当时社会问题日益严重，人们的精神状态陷入更大的危机，人受制于物而无能为力。许多人产生出一股“反对机械控制，要求自由”的情绪，存在主义的世界观人生观适时出现，迅速在西方社会流行开来，为力求解决人们心理危机的心理学家提供了启示。

2. 社会工作实务使理论更为完善

实务工作者提供理论之验证（否证）和精炼。存在主义的代表人物弗兰克尔·维克托，在未踏入纳粹恐怖的集中营之前，就已经在临床上发展出存在主义的治疗理念；而在集中营的生活体验又使他肯定存在治疗理念的重要性。在奥斯维辛集中营里超越了消沉，超越了冷漠，超越了一个囚犯的生活，在内心的宇宙中遨游，最终使他活着走出了死亡之海后，仅用9天时间，就完成了这部《人生的真谛》一书。并且在心理学和精神病学领域的临床实践中，提出了继弗洛伊德、阿德勒之后又一新的心理治疗学派——“意义疗法”学派。社会工作专业只有在经验获取的过程中，才能发现原有理论的不足或空缺并提炼新的理论。

理论完善于与案主的互动。梵德生·史密斯（Van Deurzen. Smith，1990）指出，存在主义取向不以强调技术著称。她强调咨询员必须先探索自己的生活到一定深度与广度，如此在辅导当事人时才不会迷失自己。她认为，在当事人探索自己最深层的事物中产生能与咨询员的深层自我相接触时，治疗者才是一个够格的咨询员。她提醒我们，存在主义治疗法是一种联手合作的探险活动，当事人与咨询员两者都会因为投入探索而有所改变。

4.3.3 社会工作理论发展的方法

社会工作理论与实践看作是以多种方式相互影响、相互交织的事物。虽然理论结构是抽象的，但是却是我们由经验中提炼和概括所得。这些理论进而变成我们研究、认识或理解人类行为与社会关系的一种工具，并且帮助社会工作实务者预测并影响人类行为。因此若没有理论结构，我们就不容易了解和条理化我们所在的世界；而没有经验结构，就没有理论的基础。理论也必须回应社会情境的需求，社会工作实务的理论基础应因社会变迁而有差异，并随理论变革而发展，所以理论发展与实务工作是息息相关的。

许多专家学者均认同这一观点并提出了自己的见解。罗致光教授认为，社会工作实务与理论关系密切：在社会工作实践经验中归纳出工作的处方和指引，经由实际工作验证后，可以归纳出理论，再进一步由理论演绎工作处方和指引，而循环不息。而宋丽云教授的观点是：社会工作理论的建构与“知识的运用是一个理性且刻意的作为，有赖思考案主状况，由理论中寻找处遇方向的轨迹，进而发展实务计划，以及反省评估理论运用的有效性，适时修正或寻找替代理论。”施教裕教授也在其著作中提过:“所谓法者,筏也,即是渡船,知识理论不过是帮助我们达到彼岸的工具,重要的是登上真善美的境界,而不是紧抱着渡船不放”。因此,理论固然重要,却也不能为理论而理论;实务当然也重要,却也不能为实务而实务。理论与实务之间的辩证和对话关系,应该是融合,而不是对立。理论与实务均希望协助社会工作者和案主一同登上彼岸,即自由自在和心无质疑。

存在主义取向的社会工作模式来源于存在主义哲学,追根溯源,这种哲学的思考,离不开前人在实践中的感悟。然而,推演至存在主义取向的社会工作模式更离不开前人实践中的反思总结。在寻求实用性、合理性及自成体系的理论建构过程中,一次次在理论指导下的临床实验及实践是其逐步完善的助推器。如此循环不息,社会工作便建立起结合实际经验的理论,下图把理论与研究、理论与实务之间的关系放在一起思考,可以成为社会工作理论建构的一个基础模式。

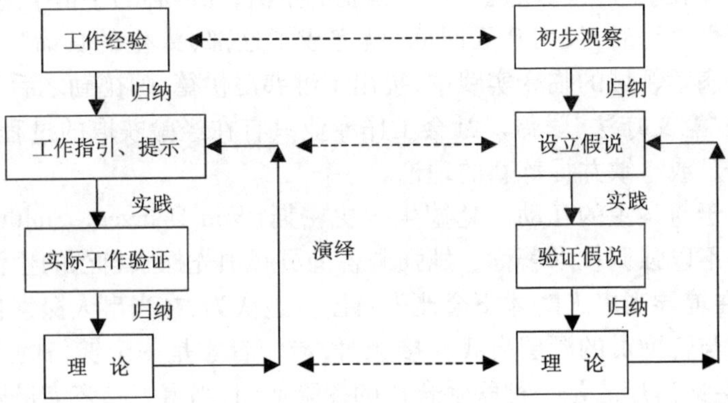

图 4-1　理论、实务与研究①

理论在实践中的应用并非易事。我们不应该将它看作是两个相对事物的简单相遇,相反,一系列的复杂关系其实总是伴随其中。那么,社会工作者如何才能够找到超越这种复杂性,并在实践中进行理论性思考的办法呢?对此,有 3 种办法可供选择:①用不同的理论相互质疑、澄清、批评;②选择性使用理论;③同时使用多种理论,让它们相互修正。理论作为一种对行动意义和方法的探究与争辩,有助于人们澄清对问题的认识以及帮助人们在解决问题的方法上寻求可能的突破。对社会工作这门专业来说,我们应该形成这样的专业习惯,即在实践中学会理论地思考,而在理论探究中学会注重实践的价值。

---

① 周永新:《社会工作学新论》,第 25 页。中国香港:商务印书馆,1994。

5

人类行为与社会环境

在从事社会工作之前,社会工作者必须明确回答一些基本问题:人们为什么表现出他们的行为?不同的人其行为有什么不同?在面对问题和困难的时候,怎样帮助人们更有效地应对和解决问题?怎样更好地满足人的需要?要回答这些问题,都离不开对人类行为的深入理解。

5.1 人类行为与社会环境概述

人是社会的组成元素,其成长离不开社会。人的成长既受其生理、心理发展各环节的作用,也受到外部多系统的影响,人的生命周期正是一个不断整合自身发展和外在影响的动态过程。把握人类发展不同阶段的多方面特性及其与社会环境因素的关系,对于社会工作乃至其他领域都是一个复杂且有意义的课题。

5.1.1 人类行为

行为是主体的活动或者对环境的反应。狭义的行为是指外部可以观察的活动。广义的"行为"除了包括狭义的行为之外,还包括内在的思想和心理过程的表现。行为的主体可以是个人也可以是集体和组织。当主体是个人的时候,我们称其行为为个人行为或个体行为;当主体是集体的时候,我们称其行为为集体行为;当主体是组织的时候,我们称其行为为组织行为。在微观社会工作当中,行为一般是指个人行为。在综观社会工作和宏观社会工作当中,行为也可能是集体行为或者组织行为。

贝雷尔森从需求角度解释人类行为,认为行为是对环境的适应性反应,这种反应既要满足个体需要,也要满足环境需要。

作为对环境的反应机制，人类行为主要具有以下特征①。

(1)复杂性。复杂性是指人类行为是多种因素共同作用的结果。这些因素包括生理、心理、社会、文化等。人与其他动物一样，都要不可避免地受生理因素的制约。区别于动物，除了生理因素之外，心理因素和社会文化因素对人类行为的影响更显而易见。正是社会行为的这种复杂性使得研究人类行为十分困难，必须综合生物学、心理学、政治学、社会学等许多门学科的知识。

(2)多样性。多样性是指个体与个体之间在行为方式上差异非常大。正是这种差异性使得人类行为显得五彩缤纷。其实动物世界统一物种中的不同种群也存在着差异，但这是区别于人类行为的差异。动物间的差异是源于生物因素，而且这种多样性程度远没有人类行为高。人类行为的多样性不仅源于生物因素，更多的是源于心理、社会、文化等多种因素，这些因素相互作用，造就了人类行为的复杂性。

(3)适应性。所谓适应性是指人类行为是适应环境的结果，是人类与环境相互作用的产物。强调人类行为的适应性特征，并不是把人类行为看作完全被动消极的反应，并不是否认行为的主体特征。

(4)能动性。人类是有认知能力的主体，其对环境要求的反应，其实取决于对刺激的解读。当然，解读的过程会受到客观文化、价值等环境因素的制约。但是，根据托马斯定理，人们的行为更多地应该被视为主体努力的结果。

可以按照不同的标准对人类行为进行分类。例如，根据行为的功能把行为区分为生理行为、精神行为、情绪行为和社会行为。但是，这几种行为之间相互影响、相互渗透，有时很难区分某个行为究竟属于哪一种。例如，一位饥渴难忍的流浪汉从食品店里偷了一块面包。他因为饥饿而偷了一块面包，这是生理行为；他偷面包，这就涉及他与食品店之间的关系，因此其行为是社会行为；他之所以从这家食品店里偷面包，是因为他对这家食品店老板一贯的吝啬感到愤怒，因此其行为又是情绪行为。

另外还可以根据是否符合社会文化标准将人类行为区分为正常行为与偏差行为。社会工作的重要功能之一就是研究各种偏差行为的表现形式、形成原因、预防措施和治理策略。符合特定社会文化标准的行为是正常行为。一般来说，在特定的社会文化环境中，大多数人有相似或一致的正常行为。正常行为不仅符合社会文化的要求，也符合在该社会文化环境中个人生理、心理和社会性发展的要求；同时，正常行为也是个人生理、心理和社会性平衡发展以及适应良好的标志。相反，不符合或者违反社会文化标准的行为是偏差行为。偏差行为通常与大多数人的行为不相似或不一致，它不符合在特定社会文化环境中个人生理、心理和社会性发展的要求；同时，也是个人生理、心理和社会性发展不平衡和适应不良的标志②。

---

① 李迎生：《社会工作概论》，第114－115页。北京：中国人民大学出版社，2004。

② 库少雄：《人类行为与社会环境》，第3－4页。武汉：华中科技大学出版社，2005。

5.1.2 社会环境

环境是影响有生命事物的所有因素和条件。一般而言,可以把人类的环境区分为自然环境和社会环境。其中自然环境包括地形、地貌、气候、季节,以及山川、湖泊、道路、空气、植物、动物等;社会环境包括人以及他们相互联系、相互作用的方式,例如家庭、群体、学校、社区、政府、阶级、国家、文化等。我们重点关注的是社会环境对人类行为的重要影响。但是,值得注意的是,自然环境与社会环境相互渗透、相互影响,共同作用于人类行为,在研究影响人类行为的因素时,有时很难区分究竟是受自然环境还是社会环境的影响。另一方面,人类从来就没有停止过选择、改变和创造环境以更好地满足自身的需要。因此,我们生活于其中的通常是一种经过选择或者经过加工、创造的人造环境,是自然因素和社会因素相结合的产物。从这个意义上说,"人类行为与社会环境"中的"社会环境"也包含了对人类行为有重要影响的自然因素。

我们可以给社会环境下一个操作性定义:社会环境是影响人的心理和行动的社会系统。家庭、学校、社区、文化等都是社会环境的重要组成部分①。

人具有社会性,因此不能脱离社会环境的限制而独自发展。人总是处于家庭、学校、社区等各种群体与组织之中,而且不可避免地受文化的影响。社会环境的诸多因素并不是单独作用于人及其行为,事实上还存在这些因素之间的交互影响。

社会环境中最重要和最活跃的因素就是"他人"。人的身、心、灵发展和社会化都是在由他人组成的环境中进行的。例如,我们上面说过的社会环境中的家庭、学校、社区中都存在家人、同学和邻居等他人,这些他人会对人的行为产生许多重要的影响。

5.1.3 人类行为与社会环境的关系

人类行为与社会环境的关系涉及到多个学科知识。相对来说,社会学从比较宏观的角度对这种关系进行考察,关注社会环境及其变化;而心理学则关注这个关系的微观层面。

许多理论都对人类行为与社会行为的关系做出了说明。在宏观方面,有巴特兰菲的一般系统理论、杰曼的生态模型、勒温的场论、帕森斯的结构功能论等理论。而埃里克森的生命周期理论、皮亚杰的认知理论、马斯洛的需要理论等理论则从微观角度解释了人的行为与环境之间的关系。

国内有的学者在综合西方学者观点的基础上,提出可以分别从结构角度、个体发展的角度、运行角度等不同视角出发,讨论人类行为与环境之间的关系②。

简单地说,结构角度主要侧重结构与个体行为之间的契合度。认为人的联结能力——个人与他人建立互惠关系的能力,体现了人与环境之间关系的一种状态。联

---

① 王思斌 熊跃根:《社会工作导论》,第 102 页。北京:中国高等教育出版社,2004。

② 李迎生:《社会工作概论》,第 117 - 119 页。北京:中国人民大学出版社,2004。

结力强的人,能从环境中动员资源满足自身的需要。

发展角度则侧重个体的生长和发展与环境之间的关系。运行的角度则着重讨论个人与环境之间的两种压力过程,即压力—应对过程和挑战—奋斗过程。个体与环境的关系在生活事件中能够得到全部展开,而所谓生活事件,是指那些对生活和环境都造成干扰的某种刺激。这种事件对个体来说,既可以构成压力,也可能构成挑战。可以说,对生命事件的解读,是个体行动的基础;而这与托马斯的情境定义理论异曲同工。面对生活事件,是采取应对(正视现实,积极回应),还是防卫(回避现实,消极抵制),基本上取决于对生活事件的定义。

个人行为与社会环境之间的关系十分复杂。为简便起见,我们按照沙依仁的观点,将个人行为与社会环境的关系归纳为以下几个方面。

(1)个人必须适应社会环境,处于一定社会环境中的个人有能力改变自己的行为,使自己的行为顺应社会环境的要求。

(2)社会环境能够对人的行为产生重要影响。人在不同年龄阶段都会受到当时所处社会环境的影响,但影响的程度有所不同。当一个人的人格还没有最终形成,那么他的行为受社会环境的影响就比较大;反过来,当一个人的人格已经形成,那么他受社会环境的影响就比较小。人如果长期受相同环境影响,就很可能会形成相同或相似的行为。

(3)个人也会对社会环境形成功能影响。在社会环境面前,人并不总是被动的。因为人在受环境影响的同时也会发挥主动性从而有所作为。

(4)人类行为与社会环境相互影响的程度并不对等,相对来说,许多时候社会环境对人类行为的影响比较大。

(5)正确理解社会环境与人类行为之间的关系,对社会工作有重要影响。因为社会工作者及其服务对象都是上述两个因素的结合体。个体有自己特别的行为与社会环境,所以社会工作所强调的个体独特性也就有了合理性。作为一个社会工作者,需要不断地根据人的行为和环境的变化调整实务工作。

(6)虽然社会工作者重视个体的独特性,但社会工作者是从整体的角度观察人类行为的。社会工作者常常把人们的困境归结为人与环境不成功的互动,而非简单的个人问题。所以,在社会工作实务中,可以通过改变个人行为、改变环境变量和改变两者的互动来解决人们的问题。

5.2 人类行为与社会环境的理论基础

自20世纪初以来,对人类行为进行生物解释的理论受到了很多批评。华生(Watson)的行为主义理论是这种评判的开始。自那以后,人们认识到人类的认知、情感和伦理道德发展等心理过程,是人类行为发展的重要推动力。关于人类行为的心理层面的学说有很多,我们在这里主要介绍精神分析理论、心理社会发展理论、行为主义理论、人本主义理论和认知发展理论，以便读者能从心理层面了解人类行为。

5.2.1 精神分析理论

弗洛伊德的精神分析理论所阐述的无意识现象以及与此有关的疾病，对社会工作具有重要的指导意义，因此20世纪30年代至50年代，它曾在社会工作的知识体系中处于垄断地位。

西格蒙·弗罗伊德认为，人类有两种本能或冲动。一种是生的本能，代表了人类对性和情感归属的基本需求；一种是死的本能。人的心理分为两个层面，意识和潜意识。这两种本能在潜意识层面存在，形成内在的冲突。

在弗洛伊德人格理论中，他将本能冲动和社会影响联系起来，形成他的人格理论。任何人格都有3个部分组成，即本我(id)、自我(ego)和超我(superego)。本我是人类的基本冲动，是无意识的并要求得到当下的满足；超我是内化了的社会文化价值和规范，它限制本我；为了避免遭受挫折，孩子必须学会接受现实——在本我和超我之间学会平衡。

弗洛伊德认为，在人类的意识层面背后存在着一个更为隐秘和活跃的潜意识层面。潜意识又分为两个部分，即无意识和前意识。关于无意识，弗罗伊德认为，人们常常认识不到他们行为的真正动机，而无意识则被视为是人类行为的主要驱动力；另一个是前意识，它介于意识和无意识之间，其内容在一定条件下可以从无意识状态转为意识状态。人的心理过程主要是无意识的，任何有意识的行为实际上都受着无意识的干扰甚至支配。人格也是意识和潜意识冲突和斗争的结果。本我、自我和超我只有和谐一致，人格才会正常发展；如果失衡或冲突，人格发展将会非常困难，个体就会出现不同程度的心理疾病。

5.2.2 心理社会发展理论

埃里克森的理论主要是围绕自我的概念和整个生命周期中人格的发展展开的。埃里克森对弗洛伊德理论的超越体现在以下几个方面。

(1)他加深了人们对“自我”的理解，阐明了自我作为一个创造性的问题解决者是怎样从每一个个体的遗传、文化和历史背景中产生和发展的。

(2)他扩展和细化了弗洛伊德提出的心理性欲发展阶段理论，揭示出隐含于弗洛伊德理论中的社会维度。

(3)他把发展的概念扩展至人的整个生命，覆盖了从婴儿到老年期的整个发展过程。

(4)他探索了文化、社会和历史对人格发展的影响，强调了社会文化环境对自我发展的影响。

埃里克森认为发展是一种进化过程，是一种普遍都要经历的生物、心理、社会和文化事件产生的结果。他把人的发展分成8个阶段，在每个发展阶段里都有普遍性的心理与社会矛盾需要解决。在描述这些矛盾时，他使用了“危机”一词。所谓危机,并不是指一种灾难性的威胁,而是指发展中的一个重要转折点。在这个转折点上,个体不可避免地要对发展的方向做出选择。积极的选择有助于加强自我的力量,而消极的选择可导致自我力量的削弱。特定阶层的危机能否顺利解决,将会对下一阶段产生积极或消极影响。如果个体能够顺利地度过某一特定阶段的危机,那么在他的人格发展中就会相应的获得一种积极的自我人格特征。这8个阶段分别为:基本信任和不信任的冲突;自主与害羞和怀疑的冲突;主动对内疚的冲突;勤奋对自卑的冲突;自我同一性和角色混乱的冲突;亲密对孤独的冲突;生育对停滞的冲突;完美对绝望的冲突①。

5.2.3 行为主义理论

行为主义是20世纪初由美国心理学家华生(Watson, 1878—1958)创立的一个心理学流派。弗洛伊德心理学所强调的存在于潜意识里的本能冲动,以及皮亚杰认知发展心理学所研究的人类的理想认知能力,都不具备直接的可观察性。与精神分析理论与认知发展理论不同的是,行为主义心理学强调,要使心理学成为真正的科学,就应该摒弃意识、意象等太多主观的东西,而将重点放在能够观察到并能客观地加以测量的刺激和反应。

华生认为人类行为无非就是"刺激—反应"的过程。行为就是有机体用以适应环境刺激的各种躯体反应的组合,有的表现在外表,有的隐藏在内部。因此,在华生眼里人和动物没什么差异,都遵循同样的刺激—反应原则。行为主义认为人类的行为都是后天习得的,环境决定了一个人的行为模式。环境对人类行为发生作用,主要是通过"学习"的过程而发生的。因此,无论是正常的行为还是病态的行为都是经过"学习"而获得的,也可以通过"学习"而更改、增加或消除。这样,一旦查明了环境刺激与行为反应之间的规律性关系,就能根据刺激预知反应,或根据反应推断刺激,达到预测并控制动物和人的行为的目的。既然人类行为是对刺激的反应,那么,我们就可以通过对刺激的不断变换来对人类的行为反应进行训练,使其养成所需要的固定的行为反应模式。

从上面的分析可以看出,行为主义理论的基本取向是强调外部环境的刺激模式对人类行为的影响。根据这种理论,社会工作的主要任务是通过一定的方法对案主的行为反应模式进行训练和矫正。在社会工作的实务中,社会学习理论与行为主义心理学理论有很大的联系。

5.2.4 人本主义理论

精神分析理论强调潜意识里的本能,认知心理学强调人类理性,行为主义学派强调刺激—反应的机制,但与上述3种心理学理论都不同,人本主义心理学首先看到了"人"。这一点使人本主义心理学与华生的行为主义心理学严格地区分了开来,因为

---

① 库少熊:《人类行为和社会环境》,第71－72页。武汉:华中科技大学出版社,2005。

在华生那里,人类行为与动物几乎没有区别。人本主义心理学之所以被称为"人本"的,原意也在这里。人本主义心理学重视人类行为的特殊性(区别于动物)和价值(强调人类的尊严),突出了人类行为的意识性、目的性和创造性——这些特征在动物那里是没有的。该理论的代表是马斯洛的需要层次理论。

马斯洛认为,人类的需要是由低到高分层次的。

(1)生理上的需要,如食物的需要和性欲的需要。这是人们最原始、最基本的需要。这种最底层次的需要是不可避免的,也最强烈,是推动人们行动的强大动力。

(2)安全的需要,包括心理上和物质上的需要。比如要求劳动安全、职业安全、生活稳定、希望免于灾难、希望未来有保障等。

(3)社交的需要,也叫归属与爱的需要,是指个人渴望得到家庭、团体、朋友、同事的关怀、爱护、理解,及对友情、信任、温暖、爱情的需要。

(4)尊重的需要。尊重的需要可分为自尊、他尊和权力欲3类,包括自我尊重、自我评价以及尊重别人。

(5)自我实现的需要。这是最高等级的需要,满足这种需要要求完成与个体能力相称的工作,能有机会最充分地发挥自己的潜在能力,从而实现个体的人生理想。因此,自我实现的需要其实是一种创造的需要。

上述5种需要呈梯次排列,当低层次的需要基本得到满足以后,它的激励作用就会降低,高层次的需要会取代它成为推动行为的主要原因。马斯洛认为,个体都有自我实现的需要,心理学的任务不仅仅是解释人类的心理,更要充分挖掘人的潜能,满足其自我实现的需要。

人本主义心理学对社会工作的发展有广泛影响。其意义在于它使社会工作者意识到,每个人都有自己独特的理想,即"意义世界"。因此,作为助人专业的社会工作的任务就是理解案主的"意义世界"及其内在矛盾,并帮助案主恢复或重建自己的"意义世界"。

5.2.5 认知发展理论

认知心理学是以人的认知过程为主要研究对象的一个心理学分支。它主要研究注意、知觉、思维、记忆和语言等高级的内部心理过程。在社会工作领域,认知心理学是经常被援引的一门专业知识。这里主要介绍一下皮亚杰的认知发展理论。

瑞士心理学家皮亚杰(Piaget, 1896—1980)主要研究人类的认知,即人类是如何思考和理解的。这种研究其实来自他对自己3个孩子成长的观察。他不仅想知道他的孩子们懂得些什么,更想明白的是,他们是如何理解周围这个世界的。他提出的人类认知发展四阶段理论,就是用来回答这个让人疑惑的问题的。

第一阶段,感知动作阶段(约0—2岁)。处于这个阶段的个体只能通过其感官感觉,体验他周围的世界。0到2岁的婴儿只能运用5种感觉,即触觉、味觉、嗅觉、视觉和听觉;"懂得"对处于这个阶段的婴儿来说,就取决于他们的感官告诉他们些什么。

第二阶段,前运思阶段(约2—6岁)。婴儿到了2岁之后,开始进入到这个阶段,人类开始使用语言和其他符号。这个阶段上的孩子能够在精神上思考这个世界,并具有想象力。但是,这个阶段上的孩子只能做具体的思考,只能把意义赋予特殊的对象。因此,他们能告诉你哪个玩具是他们最喜欢的,但是没有能力告诉你他们喜欢哪类玩具。由于缺乏抽象能力,这个阶段上的孩子也不能判断大小、重量或体积。

第三阶段,具体运思阶段(约7—11岁)。具体运思阶段是指人类这样的一种认知发展阶段,他们第一次能够在周围环境中发现因果关系。在7—11岁之间的孩子们对"发生了什么","为什么会发生"这类问题最感兴趣。而且,他们能对单一的对象赋予更多的意义。如果你对一个5岁的小孩说"今天是星期三",他可能会说"不,今天是我生日"。这说明他只能一次使用一个符号;但处在具体运思阶段上的一个10岁的孩子则会这样回答:"对,今天也是我的生日"。

第四阶段,形式运思阶段(12岁以上)。12岁以上的孩子进入到这个阶段,在这个阶段上,人类开始进行抽象和批判性的思维。人们能够进行抽象的推理,而不再只进行具体的思维。所以,如果你问一个7岁的孩子"长大后你想做什么"这个问题,他可能会说"我想当一个教师"这样一个具体的回答;但12岁以上的孩子则可能这样回答,"我想有一个能帮助别人的工作。"

在以皮亚杰为首的认知心理学看来,人类行为主要不是受制于潜意识中的本能,也不纯粹受制于外部环境的刺激,而是受制于理性思考。人类行为过程中的各种环境主要是由于理性认知方面的缺陷造成的。根据这一理论,社会工作的主要任务是帮助案主培养良好的认知能力,建立对自然和社会的正确认识。社会工作实务工作中的"认知行为介入"(CBI),就是建立在这种理论基础之上的。

5.3 生命周期与行为与社会环境

对人类行为的评估除了在横向角度进行之外,还可以从纵向的角度上落实。从生命周期的角度出发,讨论人类个体每一个发展阶段上的行动与环境之间的关系,因此是一个较好的评估维度。这方面的内容,发展心理学,如皮亚杰(Piaget)的认知发展、科尔博(Kohlberg)及其同事季礼根(Gilligan)分别就男女的道德评判能力而展开的道德发展理论、埃里克森(Erikson)的生命周期理论,以及米德(Mead)的自我发展理论,都与本节内容有关。这里,我们主要介绍埃里克森的生命周期理论。

5.3.1 人类生命周期的八阶段理论

在生命周期理论中,埃里克森把人类的发展阶段区分为8个截然不同的阶段。与其他特别强调儿童期对整个人生的重要意义的学者不同,埃里克森认为,虽然儿童期十分重要,但人的一生在不同阶段上都有不同的挑战;他也借此说明了不同阶段上人类是如何与环境相互作用的。

第一阶段,婴儿期。这个阶段大概处于从出生到18个月。婴儿期的挑战是如何获得信任的意识以相信这个世界是安全的。从环境角度看,家庭成员,尤其是婴儿的父母所起的作用是最大的。

第二阶段,学步期。这个阶段从 18 个月一直持续到 3 岁。学步期最大的挑战,是孩子必须发展出技能,自信地应付周围的世界。如果在这个方面失败了,就会导致孩子怀疑其自身的能力。

第三阶段,学前期。4—5 岁的孩子处于这个阶段。学前期最大的挑战是他们必须参与到周围环境中去,包括家庭之外的人群。如果他们的行为不能满足其父母或其他人的期待,他们就会产生愧疚感。

第四阶段,前青春期。这个阶段大概在 6—13 岁之间。前青春期的孩子开始进入学校,开始交朋友,越来越要求独立。这个时期最大的挑战是他们必须学会努力、用功。他们会为自己取得的成就(如好的学习成绩)感到骄傲;反之,就会怀疑自己的能力,担心自己赶不上其他人。

第五阶段,青少年期。这个阶段是指 10—20 岁这个时期。青少年期最大的挑战是他们必须发展出自己的"自我",不然就会陷入到自我身份的混乱状态中。很重要的一点是,青少年能认同他人,但他们也想成为具有鲜明个性的、与众不同的人。在发展自己的自我身份过程中,埃里克森认为,几乎所有的青少年都会经历某种程度上的身份混乱。

第六阶段,前成年期。这个阶段指青年期,大概在 20—35 岁之间。前成年期的挑战在于社会个体必须建立亲密关系,不然就会形成隔离,形成孤独感。如果不能与人建立并维持爱情关系,或与其他个体形成和维持亲密的好朋友关系,孤独感就会出现。

第七阶段,中年期。这个阶段指 35—60 岁之间。中年期的挑战在于个体是否能对家庭、所服务的机构及社会整体做出自己的贡献,体现自己的价值。如果不能做到,那么,个体就会发展出自我取向的个性,只关心与自己有关的有限的事情。

第八阶段,老年期。这个阶段指 60 岁之后,这个阶段上最大的挑战在于,个体在回顾自己的一生的时候,是否能够感到自豪和满足。那些发展了自我取向、自我中心的人,老年期对他们而言,只能是一种时不再来的绝望。

5.3.2 对生命周期理论的评论

埃里克森把人格发展的过程看作是一个延续一生的过程,在每个阶段上的成功,比如在婴儿时期成功应对了建立信任的挑战,都是下一个发展阶段上取得成功的平台。而且,每一阶段上的人格发展,都与个体同社会环境的关系有密切的关系,这与弗洛伊德着重强调潜意识中的本能冲动、皮亚杰着重强调人类理性的观点,形成了鲜明的对照。这种观点,对社会工作的意义十分重大。按照这种理论看,人在任何一个发展阶段上都面临着特殊的任务,而应对这种挑战时是否能够成功,取决于个体能力和社会所能提供的机会及资源。所以,社会工作者在面对案主的时候,要分析案主的内在和外在行动,更为重要的是,要同时分析案主所身处的社会环境。"人在环境中”的介入手法，明显带有受生命周期理论影响的痕迹。

但是，不同文化、社会中的社会个体是否都要经历埃里克森所描绘的8个人生发展阶段，是值得我们疑问的。由于文化的差异，不同文化对年龄本身就有不同的定义；至于其他的概念，如爱情、亲密关系、成就等，在不同的文化中，也有不同的定义。因此，身处中国文化中的社会工作实践者，在面对同样身处中国文化脉络中的案主的时候，不应该全然接受埃里克森的观点。

另外，按照埃里克森的观点，某一特定阶段上的失败，会对个体随后的发展造成负面的影响。但是这一点是否成立，还是有疑问的。我们应该对任何以必然性面目出现的理论持怀疑的态度。摆脱埃里克森的这种观点，对社会工作实践具有很重要的意义。社会工作相信人的能力，相信人的改变的可能；即使案主在人生发展的某一阶段上曾经经历过失败，但是，只要我们相信改变的可能性，社会工作者就不应该放弃对改变的信仰。

第二篇

社会工作方法

6 个案社会工作

社会工作是注重实务的应用型学科，它的目的在于运用社会工作的独特的价值观念、理论知识及工作方法与技巧来处理纷繁复杂的社会问题，以推进社会的公正与进步，促进人的全面发展。从 19 世纪开始，社会工作逐步在西方发展起来，在逐步专业化的过程中，经过长期的社会工作实践，逐步形成了由个案社会工作、小组社会工作、社区社会工作等直接工作方法和社会行政工作等间接工作方法构成的独特方法体系。

6.1 个案社会工作的基本概念

个案社会工作也称社会个案工作（social casework），是社会工作的三大传统工作方法之一。

6.1.1 个案社会工作的定义

作为社会工作的基本方法之一，个案社会工作起源最早，发展得也最充分和完备，而且是其他工作方法的基础。

关于个案社会工作的定义，各家各派的出发点和侧重点有所不同，因而形成了诸多的观点，而且很难统一。这里介绍国内外的几种有代表性的定义。

社会工作的先驱芮琪芒德（Mary E. Richmond）在其《何为个案社会工作》一书中认为：个案社会工作包含着一连串的工作过程，以个人为着手点，通过对个人以及所处社会环境作有效的调试，以促进其人格的成长。这个是个案社会工作的最早期的定义。

美国社会工作学者鲍尔斯（Swithum Bowers）认为：个案社会工作是一种艺术，这种艺术是以人类关系的科学知识与改善人际关系的专业技术为依据，启发与运用个人的潜能和社区的资源，促使案主与其所处环境（全体或部分）之间有较佳的调适关系。这个是被认为最具代表性的定义。

另一学者斯莫利(Ruth E. Smalley)在其《社会工作实务理论》中指出:个案社会工作是一种一对一的方法,经由专业关系,促使案主使用社会服务,以增进个人和一般社会福利①。这是功能派个案社会工作的代表定义。

美国社会工作者协会在1965年出版的《社会工作百科全书》中把个案社会工作定义为:"个案社会工作所注重的不是社会问题本身,而是'个案',尤其注重为社会问题所困或无法与其社会环境或关系圆满适应的个人或家庭。个案社会工作的目的是帮助个人与个人或个人与环境,适用于遭遇困难的个人及家庭,恢复、加强或改造其社会功能 。"这个定义强调了个人与环境的关系。

美国哥伦比亚大学学者霍丽斯认为个案社会工作是一个"心理—社会"的治疗方法,它既承认功能失调的内在心理原因,也承认外部的社会原因,并努力促使个人更好地去满足他的需要及更好地发挥他的社会功能。这是心理暨社会学派关于个案社会工作的定义。

1994年出版的《中国社会工作百科全书》对个案社会工作做了界定:个案社会工作是社会工作中的一种基本方法,是以个别方式,对感受困难、生活失调的个人或家庭提供物质帮助、精神支持等方面的服务,以解决他们的问题,增强其社会适应能力。

从上述界定我们可以看到,由于研究者关注的重点不同,因而对个案社会工作的认识也呈现出一定的差异。但总的来说,上述定义涵盖了以下方面的内容。

(1)个案社会工作是一种助人的专业方法和事业。

(2)个案社会工作的方式是通过与案主面对面交流的方式直接提供帮助。

(3)个案社会工作的对象是有困难的个人或家庭。

(4)个案社会工作的方法基础是科学知识与专业技术。

(5)个案社会工作的途径是在社会工作者的协助下激发其潜能及改善其环境。

(6)个案社会工作的目的是增进个人及社会福利。

我们认为,个案社会工作是专业社会工作者遵循基本的价值理念,采用直接的、面对面的沟通与交流,运用有关人际关系与个人发展的各种科学知识与专业技术,向有困难需要帮助的个人或家庭提供物质帮助、精神支持等方面的服务,协助案主调整心理、激发其潜能,并改善其与环境的关系,从而达到增进其人际协调能力,完善其人格与自我,增强其适应社会生活的能力,以维护和发展个人或家庭的健全功能,增进其福利的专业社会工作手法。

6.1.2 个案社会工作的本质特征

个案社会工作的本质特征主要包括以下几个方面。

(1)个案社会工作的关系性质是一种特殊的深度人际互动关系。其特殊性主要

① 徐震、林万亿:《当代社会工作》,第113页。中国台湾:五国图书出版公司,1985。

表现在：个案社会工作关系中工作者必须坚持自己的角色规则，同时鼓励案主保持自己的个性特点；个案社会工作关系是一种单向性的利他关系，个案社会工作的目的只为了案主的利益；个案社会工作关系是一个专业性的动态过程，工作者在遵循一定的规则之下积极与案主进行互动。

(2)个案社会工作的手段性质是一个有目的的信息沟通过程。个案社会工作的助人手段不全是物质给予，更多是情绪、情感、观念等信息沟通。这样的沟通主要发生在两个层面：一是工作者与案主的沟通，以期建立良好的专业关系；一是工作者与其他人员的沟通，以期多方面给予案主帮助。

(3)个案社会工作的目的性质是一项助人自助的专业手法。个案社会工作不是替案主解决问题，而是协助案主，挖掘案主的个人潜能，改善其社会环境，与案主一起解决问题，在解决问题的同时帮助案主恢复自助能力，而不是包办代替。同时，工作者在助人的过程中，通过与案主的互动自己也得到成长和进步。

6.1.3 个案社会工作的发展历史

个案社会工作的方法起源于宗教和慈善救济，综观其发展历史，受慈善会社、心理学、精神科学的发展的影响，经历了萌芽时期、重视社会因素影响的时期、重视心理因素影响的时期、整合的时期、拓展时期 5 个阶段。

1. 个案社会工作的萌芽时期

产业革命的爆发，给处于变革时期的英国带来诸多的社会问题，这一时期流动人口急剧增加，贫困、失业、流浪这些社会问题使社会陷入剧烈的动荡，而仅仅依靠宗教和慈善救济，已经无法解决；教权的衰落、王权的兴起，商品经济的发展，推动欧洲地区进入了民族国家时代，原来由宗教组织主持的济贫事务，部分地转移到了政府手中。国家开始考虑采取相应的措施来缓和社会矛盾①。世界上第一部《济贫法》(1601 年)正是在这样的背景下颁布的。该法是国家通过立法的形式来介入济贫事务的重要里程碑。该法最重要的做法是向居民和房地产所有者征收济贫税，以此为来源给无力谋生的贫民发放救济。但是这种帮助局限于物质的援助，对象仅为失业者、贫民小孩，被救助者也没有得到自助能力的提升，所以与专业的个案社会工作方法相去甚远。

在 19 世纪中叶欧美资本主义社会形态之下，英美慈善组织运动逐渐发展出一种个案的服务方式，并且普遍实施，这个阶段大约有 25 年的时间，堪称为社会个案社会工作的萌芽时期。

1869 年，英国开始慈善组织运动，几年后，美国各大都市陆续成立慈善组织。当时他们服务的对象多数为社会上贫穷或已遭遇问题的人，给予他们个别救助；但是在实施救助之前，求助者必须要办理申请救助的手续，提供救助的机构则随后从事家庭

---

① 郑功成：《社会保障学——理念、制度、实践与思辩》，第 121 页。北京：商务印书馆，2000。

访视和调查,以了解求助者的职业、工资、教育、健康和居住环境,证实求助者确实需要救助。经过这些步骤,才能正式进行救助的工作,救济后仍持续实施家庭访视。这种个别救助的工作方式,可视为现代社会个案社会工作的雏形。

2. 重视社会因素影响的时期

随着慈善组织运动的推动,个案社会工作在访问贫民的过程中,发现不应该将贫穷单纯归结于贫民自身道德上的缺陷,社会环境恶劣是导致贫困的重要因素。工业化社会中经常发生酗酒、犯罪、遗弃及其他非法或不道德行为的个人,探究其背后的原因,发现大部分与患病、工资不足、居住环境不良、家庭残缺、不足教育等外在因素不可分割。社会工作者或社会人士开始认识到问题的原因在社会而非个人。所以,个案社会工作开始重视促进社会因素的改善,以及促进受助者的社会关系。

1922 年,芮琪芒德完成了她的另一部著作《什么是个案社会工作》(*What is Social Casework*),在书中,她认为个案社会工作是"在人与环境相互适应之际,经由个人(工作者)对个人(案主)的有意识的影响,以推动案主人格发展的过程。"她不仅指出了社会因素与人的行为之间的关系,而且强调个案社会工作也应该逐渐注意个人的人格行为因素,认为个人的人格形态与其生活适应力关系很大,于是在助人的过程中,个案社会工作者必须借着与受助者之间的友善关系去影响受助者,以促进受助者人格发展和潜力的发挥,这是个案社会工作极为重要的一项目标 。

3. 重视心理因素影响的时期

1928 年,美国社会工作者玛丽杰·雷特研究发现芮琪芒德在《社会诊断》中所讨论的个案,其中一半以上的案主都呈现出明显的精神症状,她由此推断,个案社会工作将不可避免地转向心理学为重点。

自第一次世界大战末期至 1929 年世界大恐慌期间,个案社会工作者在处理一些退役军人和儿童的问题时发现,改善环境未必能够解决问题,似乎必须针对受助者本身做深入的探讨,才能有所帮助。时值心理分析家弗洛伊德(Freud,Sigmund)学说盛行,个案社会工作界也开始运用心理分析的方法,因此在个案社会工作发展过程中,形成了一个重视心理影响因素的工作方法的时期。该时期的特点是:认为个人行为往往受到情感与心理因素的影响,案主在产生问题的过程中,受到的内在因素影响要大于外在客观因素的影响,所以个案社会工作者必须着重探究案主问题发生的各种内在原因,分析其因果关系,然后基于分析的结果,决定处理的方法,对症下药,排除心理障碍,才是根本的处遇之道 。同时,重视"案主自决"、强调工作者在工作时的理智与客观、维持与案主的良好专业关系等观点对后来个案社会工作的发展具有重要意义,影响深远。

4. 整合时期

发展了半世纪以上的社会个案社会工作,在第二次世界大战后进入整合阶段。所谓整合主要是指个案社会工作界认为个人的人格行为,无不受其他人的心理及社会环境的交互影响,个人的问题之所以产生,是受社会环境与个人心理因素的影响所致,于是在调查和分析问题时,须同时注意这两种因素对于问题形成的关系。

本时期的代表性人物和学说有:赫利斯(Hollis,Florence)所举的心理暨社会个案社会工作(psychosocial model casework)、柏曼(Perlman,Helen Harris)倡导的问题解决法个案社会工作(problem-solving model casework)、汤姆斯(Thomas,Edwin J.)和姆拉(Mueller,Donald)所引进给社会工作界的行为矫治模式的个案社会工作(behavior modification model casework)。上述这些个案社会工作模式,无不同时重视社会环境与心理因素两者对个人的影响力。时至今日,个案社会工作的方法仍兼顾社会与心理两方面的因素。

5. 多元化发展时期

个案社会工作成为最老也是最普遍的工作方法,历久弥新。20 世纪 40 年代以后个案社会工作呈现多元化发展时期,出现了一系列的相关著作。1957 年,波曼出版了《个案社会工作:一种问题的解决过程》,1964 年霍丽斯出版《个案社会工作——心理社会治疗模式》,1967 年斯梅丽出版《社会工作实务理论》。20 世纪 60 年代个案社会工作开始积极探索新的实务方法,以避免心理学取向的工作弊端,从而发展出了家庭治疗、游戏治疗等。个案社会工作者在实践中推动个案社会工作的理论与方法向多元化发展。

6.2 个案社会工作的程序与技巧

个案社会工作程序是实施个案社会工作的操作程序与具体步骤。国内外的学者依据不同的划分标准,对个案社会工作的程序有不同的划分。一种观点是按照服务阶段来划分,诺森和康普顿把个案社会工作的过程分成开始阶段、中间阶段、结束阶段;另一种观点是按照服务内容来划分,法利等人则把个案社会工作分为研究、评估、干预和结案 4 个阶段。尽管不同的研究者对过程看法不同,但个案社会工作仍有大致的程序,而且在个案社会工作实施过程中必须始终贯彻和落实社会工作基本的价值观。目前国内大多数学者把个案社会工作分为如下 5 个基本程序。

6.2.1 接案

接案是社会工作者与求助者的初步接触并评估求助者的问题,依据所在机构的功能与求助者协商,看能否成为自己的服务对象的过程。接案是个案社会工作实施的第一步,也是十分关键的一步,它是社会工作者与案主建立起温暖信任的专业关系的重要阶段。

每个求助对象来到服务机构请求帮助的愿望是不一样的,有的是主动申请者,即个人、家庭遇到了无法解决的问题,他们自发地寻求社会工作者的帮助;有的是被动转介者,即由有关的机构、社区组织转介过来的;而且每个求助对象与服务机构接触的经验也不同,有的是第一次寻求帮助,有的具有失败的求助经验。所以,社会工作者针对不同求助者,需要首先了解他们的基本情况,进行简要的评估,确定是否需要立即给予必要的帮助。如求助对象需要什么帮助、需要帮助的迫切程度。

在社会工作者对求助者所带来的问题进行了初步的评估后,认为机构和工作者能够为求助者提供适当的服务,同时求助者也明确希望得到机构帮助的口头或者书面承诺,这时,求助者才从“潜在的案主”转变为“现实的案主”。而那些超出本机构或者个人所能提供服务的求助者,经过必要的程序,而转送到其他机构或者个人,使求助者得到适当的服务,这个过程叫做转介。转介是对案主负责,避免打击其求助的自信心。

在接案过程中,工作者需要适当采用一些技巧。

(1)接案是从社会工作者与案主的面谈开始的,所以在面谈中工作者要注意切忌把求助者作为“问题人”来对待,避免问求助者“你有什么问题”,而应使用“你有什么需要跟我谈的”之类的语言,以让求助者有安全感。在面谈中,要注意倾听的技巧,因为专注的倾听既表达对案主的尊重,又可以帮助工作者把握案主陈述中的重点,关注其话语背后的信息和情绪,从而将案主内隐的(无法被他人感知到的,隐含在说话者的“内部”)的感受和体验准确表达出来。

(2)前来寻求帮助的案主,常常是缺乏自信且认为自己存在着或多或少的问题。所以,在面对他们的时候,工作者必须表达同理心与无条件的接纳。同理心指的是对个案的感受所进行的深度了解,这包括对他人感受之流动,对其所惧、所生气、所困惑以及任何所经历的,能够时时刻刻保持敏锐。这样,工作者既能准确地观察和理解求助者的内心变化,又能协助求助者表达在一般情况下不愿表达或者无法表达的各种感受。接纳是指工作者必须要放弃以自己喜好的标准来评判他人的习惯,采取非评判态度,无论求助者的什么问题,工作者都要能够充分理解和尊重,尤其是那些与自己的价值观不一致的方面,工作者不应该采取排斥和拒绝的态度,否则会影响到专业关系的建立。

(3)服务对象来向社会工作者求助,常常是带有一定的期望,期望过高机构无法实现,期望过低降低了工作的效能。同时,案主也容易忽视自身的责任,把改变的希望完全寄托在工作者身上。所以,接案过程中社会工作者要澄清双方的期望和应尽的责任。工作者可以通过与案主的协商,尽量准确把握案主的动机,澄清服务对象对自己的期望和对工作者的期望,通过协商减少差异,达成一致。同时,工作者也要将双方的责任明确,告诉案主改变的主体是他自己,以避免在工作一段时间后才发现彼此的不同期望,而伤及双方的专业关系。工作者切忌过早或过多承诺。工作者要根据当事人面临的问题以及自身的能力,同时也要考虑到问题解决过程中可能出现的复杂性问题,避免因过早或过多承诺,使求助者产生错误期望。

6.2.2 预估

所谓预估即是:收集与服务对象有关的详细资料、了解服务对象问题的形成,同时对案主和环境的互动等方面进行综合的分析判断,形成一个暂时性的基本评估的过程。预估可以为找到解决问题的焦点和方向、制订相应的介入计划奠定基础。预估是一个社会工作者与案主互动的、持续性的、多面向的动态过程。

搜集资料是预估的基本工作,主要包括以下3种方式。

(1)会谈。与案主本人的会谈是个案社会工作过程中最重要的获得资料的方法。通过与案主面对面的会谈,不仅可以直接从案主口中获得案主的个人史、家庭史与案主的问题,以及案主对自己问题和其他有关事件的看法,同时还能直接观察案主的态度与了解案主的心态。还可以就案主就有关的背景系统进行询问,例如案主的家庭成员和其他有关人员,如学校老师、同事等,以便对案主和他的问题有更多的了解。

(2)咨询。为了作出准确而全面的预估,社会工作者也需要向其他专业人士咨询意见,以求判断的正确与科学。例如,社会工作者为戒毒对象服务时,就需要向医学专家了解吸毒的病理和临床治疗知识,以求获得科学的认识。

(3)家访。在家访中,社会工作者有机会观察服务对象在自然的家庭生活环境中与其家庭和相关社区系统的互动,观察和了解到很多在会谈中无法发现的东西。

单纯的资料收集是无法发现问题的,要使资料有意义,需要对资料进行整理、分析,找出其中的逻辑关系,加以解释,以确定案主存在的主要问题。这个过程是预估过程中的问题判断。

问题判断主要包括以下方面的内容。

(1)案主的主要问题。案主的问题可能很多,而且可能交织在一起,工作者要分清案主面临的问题当中哪些是主要问题,哪些是次要问题,以及问题的主要方面以及次要方面。

(2)产生问题的原因。包括问题在什么情况下产生,产生的时间与先后次序等。

(3)案主做过的努力,案主是否尝试解决此问题,如果尝试去解决了,其效果如何。或者是案主不能解决问题的原因,是个人看法的影响还是处理方法的影响,社会工作者能够从中吸取经验和教训。

(4)案主的发展阶段。了解案主的发展阶段与状况能够帮助社会工作者加深对其问题与需要的认识和理解。

(5)案主的资源状况。包括案主解决问题的动机强度、学习的能力、有形的资源和时间等。

除了以上介绍之外,社会史、家庭结构图、社会生态系统图和社会网络表等方法简明而直观,也是常常用到的预估方法。

通过资料收集和确定问题,社会工作者对服务对象的情况有了一个全面的掌握,就可以进入下一个过程。

6.2.3 计划

在预估的基础上,可以制订治疗方案即服务计划。计划是一个理性思考及做决定的过程,包括制订目标以及选择为了达到目标而采取的行动。

制订计划是一个颇为复杂的过程,它是社会工作者能够成功介入,并取得成效的前提,以下原则必须遵循。

(1)要有服务对象的参与。社会工作的重要本质是“助人自助”,所以,在服务过程中特别应该注重服务对象的自我成长过程和对解决问题的贡献。所以,要注意发挥服务对象自身的作用,让他们参与整个计划的制订。

(2)要尊重服务对象的意愿。目标制订过程中,如果服务对象与社会工作者双方的目标一致,必须让服务对象对目标有一个明确认识;如果双方的目标有偏差,工作者需要尊重服务对象的意愿,听取服务对象的意见,进行讨论与协商,直到取得一致。

(3)计划要详细而具体,便于总结和评估。详细而具体的计划可以给社会工作者和服务对象提供行动的指示,更具操作性。而一个具体的目标也可以使服务对象时时可以看到自身的改变,比一个模棱两可的计划更具可比性。因此,在制订计划时,就要考虑到如何进行评估。

服务计划的制订一般有以下工作。

(1)设定目的和目标。目的是服务的总体方向,是努力的方向。为了实现目的,还需要设定许多具体目标,这些目标应该是可行和可测的。

(2)构建行动计划。目标设定后,需要建立具体的行动计划来落实并付诸行动。

(3)选择介入系统。根据“人在情境中”的理论,关注服务对象的问题,包含关注案主的宏观系统,关注案主的正式和非正式社会网络与支持,从而发展可能的工作途径。一般可以通过直接介入或者间接介入。

(4)选择行动内容。服务对象遇到的问题各有不同,所以可以选择不同的行动内容。行动内容大致包括:服务对象遇到突发性事件时,比如暴力虐待、自杀、人身伤害等问题时,社会工作必须立即介入,称为危机介入;服务对象因为资源的缺乏而无法解决面临的问题时,社会工作者对服务对象可以利用的资源进行挖掘和串连,指导服务对象该如何使用这些资源,称为资源整合;服务对象因为收入方面的原因而需要常规性的经济援助,或者是紧急医疗救助、特别教育补助等临时性的物质帮助时,社会工作者可以通过经济援助的行动;还有一种行动内容称为安置服务,是指将服务对象带离原有的生活场所进行暂时或者替代性安置的服务,有为老人提供服务的老人养老院、社区养老照顾中心等,有为儿童提服务的儿童福利院、寄养家庭等,有为吸毒者提供服务的戒毒所等。安置服务可分为暂时性安置、短期安置、长期安置和永久安置。社会工作者还可以在有关社会福利和社会救助的政策、法规、资源系统方面为服务对象提供咨询。超出工作者专业范围时,可以转介或者安排相关专家进行咨询。

签订服务协议是在形成行动计划的基础上进行的,它是服务对象和社会工作者相互协商的结果。包含计划的目的与目标、双方各自的角色和任务、对达到目的与目标所采取的步骤方法与技巧、期望达到的结果,以及总结、测量和评估的方法。双方对服务协议的认可,表明各自对自己所承担的责任和任务有了解,而且愿意一起合作,共同致力于问题的解决和目标的实现。服务协议有多种形式,如口头协议或者是书面协议。

6.2.4 介入

介入也称社会工作的实施、行动、执行，是助人过程中的重要阶段。主要的工作是工作者和服务对象采取行动，按照服务协议落实计划的目标，帮助服务对象解决在预估中确认的问题，是双方互动合作的重要环节。

介入方式可以分成直接介入与间接介入两类。直接介入是从案主本身入手的一种方式，通过案主与工作者的直接接触，运用两人建立的关系，由工作者协助案主调适并发展人格，发挥案主自立自助精神及运用潜能以解决问题；间接介入则从环境着手，通过改良环境来发展人格，这里包括各种改善案主环境的措施，如经济补助、就业辅导、免费就医等。

无论是哪种介入方式，以下原则必须遵守。

(1)服务对象自决。个案社会工作要杜绝包办代替，只有让案主积极参与，才能达到助人自助的目的。服务对象自决意味着案主有自己选择和决定的权利。社会工作者在此应该尽到支持、分担、提示的责任，而案主是否接受建议或者选择何种途径则由其自己决定。除非案主年龄太小或者精神不健全，或者案主的行动可能违反法律、道德，对他人或者自身造成直接威胁，才需要限制案主的自觉权。

(2)个别化。将案主始终作为一个独特的个体看待，能够帮助工作者了解案主的处境和想法。个案社会工作的对象是人，不可能有刻板的模式去套用，所以认同每个服务对象的独特性，能够得到案主的认可，也有利于个别化地解决问题。

(3)物质帮助与精神支持并重。除了经济援助、物质支持等物质帮助方式外，个案社会工作更要注重非物质性的服务，例如对案主的尊重和支持、建立支持网络、进行技巧训练、辅导服务等，这些更高层次上的服务是社会工作区别于其他救助方式的重要特征。

6.2.5 结案与评估

结案与评估是整个程序中的最后一个阶段。一旦案主的问题得到解决，或者案主具备了解决他自己问题的能力时，就可以结案。结案意味着社会工作者与服务对象之间的专业关系可以告一段落，但并不是结案工作都可以简单处理。作为个案社会工作过程的重要一环，结案工作有其独特方式和意义。

结案时的主要工作包括：工作者协助案主回顾从接案开始以来的整个个案的社会工作过程，总结取得的成绩，以强化服务对象已有的改变；与案主重点讨论他最关心的几个问题，解答一些案主仍存疑惑的问题；提出今后继续努力的方向或应该注意的事项，表达积极支持的态度，工作者要使服务对象相信他们自己有能力处理将来遇到的问题；最后，工作者告诉案主个案社会工作到此告一段落，但以后若有问题发生，仍随时随地愿意再次协助案主。工作者在结案时须留意案主是否出现离别焦虑，如有的话，则须做适当处理。

评估是指对案主提供的服务的有效性进行评定①。评估是个案社会工作活动中的一个重要环节。整个个案社会工作结束后,工作者应该抽时间对这一阶段的工作进行认真的评估或评价,以考查个案社会工作的介入效果、服务对象的进步情况及介入目标的实现程度,同时总结工作经验,检讨自己工作中的成败得失,以作为日后工作的参考。还可以将实践经验汇总、检验、分析,作为社会工作研究的依据。

6.3 个案社会工作的理论与模式

个案社会工作在其长期的发展中形成了不同的理论派别和不同理论取向的个案社会工作实施模式。这些模式在工作程序和服务方法上差别较大。本节主要介绍心理与社会学派、认知行为修正学派、危机干预模式、任务中心取向模式。

6.3.1 心理与社会学派

心理与社会学派个案社会工作起源于芮琪芒德的《社会诊断》。最早使用"心理社会"这个概念的是美国史密斯学院的汉金斯。1937 年,汉密尔顿(Gorden Hamilton)在《个案社会工作基本概念》一文中首次对这一理论进行了系统阐述,并发展成为"心理与社会学派"个案社会工作,称为"诊断派",与当时的"功能派"分庭抗礼。20 世纪 60 年代,美国哥伦比亚大学的霍利斯对该学派的理论进行总结综合,将个人社会功能的丧失或者不良求助者内在和外在因素共同作用的理论发扬光大。

1. 心理与社会学派的理论假设

心理与社会学派是具有开放性的学派,它注重对各种理论的兼收并蓄。它以行为科学为基础,涵盖精神分析的人格理论、认知理论、家庭理论、文化人类学理论、角色行为概念、小团体理论、系统理论、沟通理论与危机理论等,形成自己独特的理论模式。它的理论假设主要包括以下 4 个方面的内容。

(1)对人的成长发展的假设。心理与社会学派把人的行为及其障碍放在社会中考察。它认为人与环境是一个互动的体系,人在特定的环境中生活成长,人所遭遇的问题也是人与环境互动的结果。所以只有结合人与环境的互动,即考察"人在情境中的状态",才能真正理解人的行为。它认为影响人的行为的因素包括生理、心理和社会 3 个方面。这 3 个方面相互作用,共同推动人的成长与发展。心理与社会学派为理解人的行为提供了一个系统的理论框架。

(2)对服务对象问题的假设。心理与社会学派受心理分析学派的影响较大,所以它重视对于人的深层心理结构与行为机制的剖析。它认为,人的行为的失调与障碍并不是一种偶然行为,往往是内在人格缺陷与自我不完善的外在表现。导致服务对象出现问题主要有 3 个方面的原因:首先,成长早期未实现的欲望或诉求压抑,对

---

① 许莉娅:《个案社会工作》,第 142 页。北京:高等教育出版社,2004。

服务对象当前的生活和人际交往形成压力；其次，当前的压力，迫使早期的问题显现出来；第三，对外部环境的应对能力和自我情绪控制能力的欠缺而无法有效应对外在环境的要求。所以，要真正解决问题，必须理解人的外在行为的内在心理机制，这样才能有的放矢地矫正不良行为。这种重视“诊断”，实质上就是强调在治疗前必须透彻理解行为的内在心理机制，并以此作为治疗的出发点。同时，该理论也重视对特定的环境研究。所以，该理论认为个案社会工作的首要任务在于调整人的人格体系，并配以环境的调整，从而促进人格的成长与适应。

(3)对人际沟通的假设。心理与社会学派受心理分析学派十分重视人际沟通的状况，认为人际沟通是形成个人健康人格的重要条件。所以，该理论重视与服务对象良好专业关系的建立。

(4)对人的价值的假设。心理与社会学派受心理分析学派对每个人的价值作了充分的肯定，相信即使是面对问题的服务对象，他们也有自我发展的潜力。所以，该理论认为个案社会工作的目标就是帮助服务对象挖掘潜能，增强应对能力，促进健康成长。

2. 心理与社会学派的治疗过程与技巧

首先是心理与社会调查过程。这一阶段主要是收集受助者的困难、问题及求助动机、家庭背景、个人发展史等资料。还包括对求助情绪的把握，是否存在恐惧、忧虑、敌意的感受。同时，要让服务对象对自我形象有清楚的了解，正确认识自己。会谈是进行调查的主要途径，所以社会工作者在与受助者建立专业关系时，特别要注意以诚恳、支持的态度，通过语言与非语言的动作让受助者感受到尊重、了解和支持，使受助者在产生信任之后订立工作契约，以利工作的开展。

其次是心理与社会诊断过程。主要是将收集到的资料加以整理、分析、归纳，然后针对问题的性质做出推论，对服务对象的生理、心理和社会因素作出全面的临床评估，科学地决定适合受助者情境的服务方式，并根据不同的发展阶段和服务对象自身的资源不断修正治疗方案。在该阶段，多层次、多角度、多因素的分析研究才能准确找出服务对象所遇困扰的真实原因。

最后是治疗过程，也就是采用多层次的服务介入方式帮助服务对象，主要包括对服务对象的心理困扰和人际关系失调的各方面因素进行调整和修补，例如增强服务对象的适应能力、改善服务对象的人际交往等。

6.3.2　认知行为治疗学派

行为学派兴起于19世纪初期，其奠基者可以追溯至俄国生理学家巴甫洛夫总结的经典条件作用理论。20世纪30年代，美国心理学家斯金纳提出了操作性条件作用理论。但由于当时心理分析正大行其道，所以行为学派的影响不大。20世纪70年代另一位美国心理学家班杜拉创立了社会学习理论，强调人的认知在学习中的重要作用，从而形成一种新的行为治疗方法——认知行为治疗。特别是史华哲出版的著作《社会个案社会工作——一种行为的途径》总结了认知行为治疗模式，从而也标志着个案社会工作行为修正模式的形成。

1. 认知行为治疗模式的主要内容

认知行为治疗模式的主要内容涉及3种学习理论，即经典条件作用理论、操作性条件作用理论和社会学习理论。

(1)经典条件作用理论。由苏联的巴甫洛夫提出，主要强调“刺激—反应”公式。认为行为的学习过程是一个在刺激与反应之间建立关系的过程，通过让某一刺激与某一反应同时或很相近地出现，就可建立起刺激与反应之间的关系。人类的语言能力，使其具备可建立以语言为基础的复杂的条件反射系统。

(2)操作性条件作用理论。主要由斯金纳创立，认为行为模式能否建立，以及行为模式的方向均由行为的结果决定。有些行为结果增加行为再发生的次数；有些行为结果则削弱行为，所以只要改变行为的结果就可以改变行为。斯金纳有个著名的实验，把饥饿的老鼠关进笼子，老鼠在笼子中乱窜，有可能会踩踏到笼子中的杠杆而得到食物。老鼠经过多次踩踏而得到食物这一结果强化后，只要一饥饿，老鼠就会踩踏杠杆。

(3)社会学习理论。社会学理论由班都拉(Bandura)提出，观察学习是一种重要的方式，观察学习或模仿学习是人类具有的能力。以儿童为例，他们透过观察别人行为、了解行为间的因果关系而学习适当行为。

2. 认知行为治疗模式的理论假设

认知行为治疗模式的理论假设是以上述3种学习理论作为理论基础的。他们共同的基本认识形成了认知行为治疗模式的理论假设：一是以行为作为理论研究的起点，重点探讨行为的习得和改变的规律；二是重视学习的作用，认为学习是改变、实现治疗的手段；三是同样重视环境在行为习得中的作用，外部环境的改变会刺激行为的发生。

3. 认知行为治疗模式的治疗技巧

认知行为治疗模式的技巧比较多。这里介绍比较重要的5种，即系统脱敏、漫灌疗法、厌恶疗法、模仿和果敢训练。

(1)系统脱敏。系统脱敏主要用于消除各种恐惧症状。在使用系统脱敏技巧之前，首先对服务对象担心焦虑的程度从低到高排成不同的等级。然后安排服务对象在放松的状态下逐渐接近恐惧对象，恐惧等级不断提高，而服务对象要保持轻松状态，最终克服恐惧。社交恐惧、考试焦虑等均可采取此种疗法。

(2)满灌疗法。满灌疗法是针对系统脱敏耗时长的缺点所作的改进。它直接将求助者置于最严重的紧张状态中，迫使服务对象直接面对最恐惧的处境，直到服务对象对害怕的处境变得习以为常。洁癖、恐惧等可以采取此种疗法。

(3)厌恶疗法。当服务对象出现某个不适应行为时，将该行为与某种厌恶性反应建立联系，让服务对象体会到不愉快的经验从而渐渐放弃不适应行为。此种疗法常常用于治疗酗酒、抽烟等不适应行为，厌恶性反应的刺激一般是想象、药物和电击。

所以,使用厌恶性疗法必须与服务对象深入沟通且必须取得同意。

(4)模仿。模仿是运用很广泛一种治疗技巧,先由服务对象观察社会工作者或者其他工作人员的示范行为,然后求助者在工作者指导下练习。通常由于条件的限制,有时服务对象能够在观察后模仿练习,称为主动模仿。而没有练习机会,只限于观察学习的称为被动模仿。

(5)果敢训练。果敢训练常用于人际关系的调整,主要是帮助服务对象在人际交往中能够顺利表达原本自己难以表达的各种正面或负面的感受,所以又称为果断训练或者自信心训练。其主要步骤为:了解人际交往中的障碍;分析产生障碍的原因;提升服务对象改变的动机;帮助服务对象寻找有效的行为;通过角色扮演、模仿、预演等方式进行果敢训练,帮助服务对象掌握积极有效的行为方式,改善人际关系。

6.3.3 危机介入模式

危机介入模式(crisis intervention)始于1943年林德门(Lindeman)对于波士顿火灾难民及其遗族所作的适应研究。它以短期干预为导向,针对服务对象的危急状态而开展的调试和治疗的专业方法。20世纪50年代,美国最早建立了预防自杀的危机介入中心。此后,雷波特在20世纪60年代首先将危机干预理论运用于社会工作实务,70年代美国将危机介入模式正式列入社会服务的重要项目,80年代后以危机干预为主的短期干预工作模式已普遍融入社会工作实务中。

1. 危机的含义及其理解

危机是指一个人的正常生活受到意外危险事件的破坏而产生的身心混乱的状态。危机通常可以分为两类:一是成长危机,即每个人在成长过程中需要面对不同的任务而产生的危机,例如入学、成长、结婚、生子、更年期或退休等所导致的危机;二是情境危机,即因生活情境的突然改变而引发的危机,例如,受暴力伤害、致使性疾病、失业、离婚、家庭遭遇灾难和亲人意外死亡等事件引起的危机。关于危机的含义,可以从以下4个方面理解。

(1)危机是一种对平衡稳定状态的改变,换句话说,危机是人的自动平衡状态被破坏或被打乱的状况。只有当人的生活被某些事件、变故打乱,人感觉自己陷于一种无助的状态,原先的应对方法不再起作用,人的心理防线变得极为脆弱时才是危机。

(2)危机可以是一种正常状态。危机不一定非得是不寻常的或灾难性的事件,它们可以是一种正常发展过程中的状态。在危机发生时,人们惯常解决问题的方法失灵,在新情况和突发事件面前束手无策或应付失败。

(3)危机是一个过程。危机有开始、中间发展和结束。开始阶段,先是因为压力的影响而产生紧张,这时会使用惯常解决问题的方法,如果努力失败,紧张会进一步加剧,这种状况持续下去,就会发展到最后阶段,重新定义问题,寻找新的解决办法或者让自己远离它。可以看到,危机有一个顶点或转折点,达到最高点后,紧张就会缓解下来或者产生另一种应付能力。在恢复阶段,人们容易接受帮助,因为这时他们较少防卫而且渴望恢复他们期待的生活。

(4)危机是危险与机遇并存。危机是一种威胁,一种失落,同时也是一种挑战。将危机看作挑战,危机就不仅是危险,也是一种机遇,利用解决危险的过程,我们获得了一个成长的机会,特别是当发现了解决问题的新方法及发现自己具有应付问题的能力时,人就得到很好的成长了。

2. 危机介入模式的过程

首先,开始阶段。第一次会谈时要通过问一些开放性问题来搜集案主的基本资料。会谈应集中在正在经历的危机事件上。比如问"发生了什么事?",可以带领案主进入危机事件情境中,理清自己的感受,找出是什么原因引发了问题。

知道了案主的基本情况及资源后,第二步接着问:"压力最大的问题是什么?"或"什么最使你不安?",从而把问题集中在目标上,迅速了解服务对象的主要问题。为证实工作者的判断,可以问:"这么说来,你最大的问题是……"。然后,做一个口头协议,"我们把问题集中在……,你努力……,我……"。因为服务对象的情绪在危机中通常是不稳定的,表现出紧张、不安、迷茫、无助和沮丧。工作者要以乐观的态度帮助案主减低焦虑,减少无助感,与服务对象建立信任合作的关系。当案主的思想开始澄清时,可以通过布置任务让他感觉自己有了自主能力。可以问:"你觉得什么时候我们再谈好?",让他觉得自己有做决定的能力,以重建自信。

其次,中间阶段。工作者进一步搜集资料,如问"你能告诉我更多关于……吗?",重点还是放在当前的问题,但可以适当地把现在发生的事情与案主过去的生活经历相联系,指出前后的因果关系,以帮助案主改正对问题的认识。

当服务对象的情绪稳定后,这时工作者要做案主的榜样,让案主学习怎样解决问题。可以给案主布置作业:"下次见面前,你先想想怎样才能……",促使他改变思考方式,换个角度看问题,从而改变感觉和行动。

最后,结束阶段。在危机介入的最后阶段,回顾一下开始时双方协议要做的事执行得如何,达到了什么目标。这时可以提醒案主结束工作关系的时候到了,与案主一起回顾已取得的进步,征询案主对今后生活的想法,如果案主说:"我行了,不用再见你了",这标志着案主已经可以重新自主生活,危机结束了。

3. 危机介入模式的基本原则

危机介入模式是一种短期介入方法,为了在有限的时间内快速、有效地帮助服务对象。以下的4个基本原则必须掌握。

(1)及时处理。危机的特点就是意外性和危害性,要求社会工作者有敏锐的应对能力,及时接案,迅速处理,能够最快地把握工作的最佳时机。

(2)集中目标。危机介入模式的首要目标是帮助服务对象度过危机,降低危机的危害,要求工作者必须在工作过程中把工作的目标集中在最重要的一点上。

(3)提供支持。处在危机中的服务对象常常是迷惘、无助,情感上的无望和物质上的匮乏,需要社会工作者及时调动服务对象自己或者周围资源,为他们提供支持。

(4)培养自主能力。处在危机中的服务对象往往容易依赖工作者,但是社会工作者不能忽视服务对象的自主能力，危机介入的过程是工作者帮助服务对象不断增强自主能力和克服危机的过程。

6.3.4 任务中心取向模式

任务中心(task center model)个案社会工作由雷德(Reid)和艾普斯坦(Epstein)两人提倡，是综合危机干预、问题解决及功能学派等理论而形成的助人方法。此法是为了回应个案社会工作服务过程中效率低下的问题。具体做法是确定目标问题，再分析并诊断问题的原因，然后确定受助者的任务并确定任务完成的期限。此法具有短期个案社会工作的特征。

1. 基本假设

效率是任务中心模式最关注的内容。该模式认为高效的介入必须符合5个基本要求：①介入时间有限；②介入目标清晰；③介入服务简要；④介入效果明显；⑤介入过程精密。

服务对象的自主性是任务中心模式致力开发的内容。它认为个人都有解决问题的能力，工作者可透过专业服务过程增强受助者解决问题的能力。受助者是解决问题及改变的主要媒介，工作者只是扮演资源提供者和连结者的角色。

2. 工作步骤

首先，订立合约，其特色是简要与时限，其处理程序开始于受助者同意进行短期评估，目标达成就可结束专业关系。因此，工作者在确定问题后，需针对问题做进一步探究。其次，履行合约，工作者和受助者根据合约阶段所订任务开始履行，并依计划完成任务。最后，结束合约，工作者与受助者要了解过去与现在的目标行为所改变的情况，规划未来计划，确保正确结束或设定新问题或新任务的过程，明确结束专业关系，或转向长期干预目标，或转介其他机构接受服务。

3. 任务中心模式的基本原则

(1)系统分析。社会工作者要根据介入阶段以及由此确定的目标和任务安排服务对象的活动，在这个过程中要目标明确，焦点集中，不节外生枝，同时又与整个过程紧密联系。

(2)合理界定。任务中心模式强调合理的任务才是可行的，对所有任务的界定都必须把握好服务对象的问题是什么，服务对象解决这个问题的能力如何，服务对象的意愿是否强烈这样的3个问题。

(3)及时回应。社会工作者要时时对服务对象保持积极支持的回应，鼓励服务对象表达其想法和意见，使服务对象能感受到尊重和关心。

附：个案社会工作的程序分析示例

一、案例

某小学三年级王老师这半年来，经常发现自己班上的学生小玲身上有淤青，三天前，王老师在学校门口还亲眼看到小玲的母亲张女士在打小玲，于是，王老师来到了社区的儿童保护中心，要求社会工作者介入。如果你是一名专业的社会工作者，请按照个案社会工作的程序设计一下社会工作者在各阶段的工作要点。

二、分析

在本案例中，向社会工作者求助的是小学的王老师，她反映的是班上学生小玲可能遭受母亲虐待的情况。但是，在本案中的案主是小玲和她的母亲张女士。所以，社会工作者应该在与王老师会谈、初步了解事情的基本情况后，与张女士接触，深入了解事情的来龙去脉，开展个案辅导。

(1)接案阶段。社会工作者约见张女士，了解情况。在这个过程中，社会工作者需要运用同理心、尊重、真诚等技巧，以接纳、非评判的态度与张女士建立起良好的专业关系；同时，在会谈中，营造安全、舒适的氛围，帮助张女士在放松的状态下说明事实，澄清期待，将潜在的案主转化为现实的案主。同时，社会工作者在会谈中对所掌握的事实进行初步的判断，评估问题的成因、频率和严重程度等。

(2)预估阶段。在掌握的现有资料的基础上，进一步全面收集资料，和张女士一起确定问题与需要。资料的收集关系到下一步计划的实施。社会工作者发现张女士的问题属于行为和心理两个方面。心理方面主要是张女士在离婚以后的生活压力加大，一个人抚养女儿的过程使她性格变得暴躁易怒，而且最近工作上也有诸多的压力，造成了精神紧张。行为方面主要是缺乏与女儿的沟通交流技巧，在女儿不听话时只会用打骂的方式处理。另外，女儿在父母离婚后对母亲有一些怨恨情绪，变得越发不听话，她也需要进行适当的情绪辅导。

(3)计划阶段。社会工作者协助张女士一起设定个案辅导的目标和计划。首先，需要确定个案辅导的总目标，经过与张女士的协商，将辅导的总目标确定为改善张女士的心理压力和教养方式，帮助其用恰当的方式来排解压力，学习正确的教养方式对待女儿；同时，处理小玲和张女士之间紧张的亲子关系，解决女儿因为被打带来的情绪问题。为了达成这个总目标，社会工作者需要对张女士进行心理辅导和行为修正。首先，协助张女士宣泄积压于心头的负面情绪；其次，帮助张女士学习恰当的情绪宣泄方式及压力管理技巧；再次，改变张女士的教养方式，辅导其亲子沟通的技巧。与此同时，对小玲进行必要的辅导，处理被打的情绪伤害，教导其正确看待父母的离婚问题，辅导其与母亲的沟通技巧。

(4)介入阶段。根据计划展开服务，并根据实际情况进行调整。可以围绕 3 个方面进行：①增强案主的力量，处理张女士的负面情绪，教导其正确看待离婚这一事件，学习处理压力的技巧，学习教养孩子的技巧；②处理小玲的情绪伤害，帮助她理解母亲的辛苦和对她的爱，教导其与母亲的正向沟通；③改善案主的环境，强化家庭与学校对张女士及其女儿的支持，特别是帮助小玲建立良好的支持系统，在学校的关心、老师的帮助、同学的联系下改变成长。

(5)结案与评估阶段。社会工作者对整个辅导过程进行回顾，巩固已经取得的辅导效果。在张女士表现离别的依恋和对未来的担心时，社会工作者要处理好她的离别情绪,并且坚持鼓励她能够充满信心地迎接新的生活。社会工作者还需要对个案辅导的过程进行成效评估、过程评估和满意度评估,全面总结在此过程中案主的改变和辅导过程的效率效果,以期总结经验。

(6)跟进阶段。个案辅导结束后,有需要的话可以进行跟进。每隔一段时间进行回访,了解张女士的生活现状;并且与学校建立联系,了解小玲的情况,希望学校给予她更多的关心与帮助。

7

小组社会工作

小组社会工作也称团体社会工作，属于中观层面社会工作，是社会工作的一个基本子系统。

7.1 小组社会工作概述

小组社会工作是社会工作的专业方法，是以群体方式开展的社会工作，又是社会工作在群体处境中的应用，是群体与社会工作方法的结合体。我们每个个体的存在都离不开群体，家庭、学校、单位都是与我们密不可分的群体。在群体中，个体与人交流、认识自我、获得成长。科诺普卡认为，无论什么样的人，只要能慢慢地融入团体的情境中，自然能和他人发生相互作用，也就能在其中慢慢改变自己。小组社会工作正是在此意义上认为，个体只有在群体中才能获得生存，才能获得社会意义；个体只有通过群体才能达到发展的目标，才能实现自身能力的提升。

7.1.1 小组社会工作的概念及特点

1. 小组及社会工作的小组

根据社会学家的观点，群体是指不同社会地位、角色人群之间的相互关系模式和结构化社会关系，不同的社会群体关系反映不同的社会利益结构，说明不同社会群体内部与之间的相互关系。小组社会工作并不是关于群体的工作，在小组社会工作理论中所使用的小组概念与一般的群体概念相比具有一定的特征。香港学者何洁云等认为，“小组”应具有以下特征：①有一个人以上；②形成关系；③有共同的目标和利益；④成员之间相互影响；⑤地位和角色的演变；⑥成员有归属感；⑦小组有发展阶段；⑧有规范、准则等社会控制；⑨小组文化与气氛。小组社会工作中的小组需要小组社会工作者的引导，小组中成员的互动是推动小组发展的动力，小组有一定的规范等，使小组工作中的小组区别于一般的群体概念。

2. 小组社会工作

那么，什么是小组社会工作呢？海伦·诺森认为，小组社会工作“通过小组成员的支持，改善他们的态度、人际关系和他们应付实际生存环境的能力。这种方法强调小组过程及小组动力去影响案主的态度和行为。小组成员解决问题的能力和潜力是通过成员间的分享、相互分担和相互支持而发挥出来的，当然，这需要小组社会工作者按照既定的目标进行指导。①”格雷斯·柯意尔(Grace Coyle，1954)则认为：“在小组社会工作者的协调下，于闲暇时间内实施。其目的是在小组中通过个人人格的互动，以促进个人成长；以及为了达成共同目的，而促成小组成员间互助合作的集体行动，以创造小组的情景。”②除了以上两种概括，米德曼和戈德堡从小组过程的角度，指出了小组社会工作的4项基本要素③：①帮助成员形成一个互助体系，组员之间相互协作，形成自我发展的助力；②工作者和成员彼此沟通、表达自己的感受、发展相互关系、相互影响、共同解决问题；③协助组员自动发挥小组功能，特别是组员自主性的提升，促进小组动力的产生，推动小组向前发展；④协助组员认识小组社会工作的各个阶段，应对各个阶段的任务和期待，结束时特别要进行总结评估，巩固已有的成果。因此，小组社会工作是在小组社会工作者的带领下，建立与组员之间的关系体系，协助小组成员在互动中达成经验分享、相互支持、教育和治疗等，从而带来小组成员的行为和思维方式的变化。所以，小组社会工作既是小组社会工作者工作的过程，也是小组成员改变的方法和手段。

3. 小组社会工作的功能及意义

关于小组社会工作的功能，有的学者关注小组的整体性，较少强调小组中的个体成员；有的则强调个体成员的改变。这两种观点都有其合理性。因为关注整体，可以完善小组的功能，确保组员在小组过程中获得成长，从而促进小组的发展；强调个体，则重视帮助个体实现各自的目标。同时，对小组之外的环境进行评估，以确定是否帮助个人或小组改变外界环境。所以，在总结小组社会工作的功能时常常可以从个体到小组、从小组到社会进行思考。

(1)对个体而言，小组历程是其社会化的过程。个体在小组中，学习群体经验、承担社会角色，达到自我认知，发展潜能，如协助组员学习良好的亲子关系。当个体在情绪、认识和行为上出现困难和障碍时，小组协助其得到支持，恢复社会功能。如帮助组员在遭遇重大生活危机后恢复。当个体出现失范行为时，小组协助个体改变行为，实现再社会化，如协助网络成瘾青少年回归正常生活。

(2)对小组而言，小组历程是其完成社会任务的过程。组员的合作精神，不仅使

① 何洁云、谢万恒：《社会工作实践——小组社会工作》，第3页。中国香港：香港理工大学出版社，2002。
② 白秀雄：《社会工作》，第237页。中国台湾：三民书局，1986。
③ 赵 芳：《团体社会工作》，第13页。北京：知识产权出版社，2005。

组员得到美好的情感体验，更能够解决一定的社会问题，完成一定的社会任务，提供人们必要的是社会性资源。如协助青少年活动中心推行青少年服务计划、协助残疾人获得必要的社会福利服务等。

(3)对社会而言，小组历程是其环境得到改善的过程。小组可以通过改善小组外环境，增进社会政策的分析和执行，促进社会公平与正义，如协助弱势群体赋权运动的开展等。同时小组成员间的互动可形成一定的相互支持的网络，对社会整合和发展也具有积极意义。

小组社会工作作为社会工作的一种专业方法，有其特殊的意义，主要表现在以下3个方面。

(1)小组社会工作是微观与宏观社会工作方法的联结点①，与个案工作、心理咨询等一对一的工作方法相比，小组社会工作也带有临床取向，可以为服务对象直接提供服务，与社区工作、社会政策等宏观取向的工作方法相比，小组社会工作也是宏观社会工作实践最主要的场所。所以小组社会工作具有将微观治疗取向与宏观管理取向有机结合的意义。

(2)小组社会工作具有广泛适用性，小组社会工作以其开放的工作方法，在诸多领域内开展工作，它的一个发展趋势是越来越符合现代社会群体发展的需要，例如香港的小组社会工作在20世纪60年代主要是娱乐与教育，随后转向辅导与教育，到了80年代，小组社会工作更关注离婚、家庭暴力、老人照顾等问题。到了90年代，小组的目标是促进个体的成长，培养公民意识和社会参与，内容也更加多元化。

(3)小组社会工作是社会政策的载体。社会政策的基本目标是解决社会问题，关注的是群体福利。小组社会工作在政策实践中扮演重要角色，各项政策需要通过小组社会工作和其他方法去实践贯彻。在具体的服务领域，如老人、残疾人、儿童等需要帮助的弱势群体，小组社会工作成为了实际具体的工作方法和服务内容。所以，小组社会工作既是具体的福利服务实践，又是社会政策的直接反应。

7.1.2 小组社会工作的历史发展

小组社会工作注重小组特有的小组互动来实现个人成长的目标，它的历史发展是一个不断顺应社会发展的过程，其历史发展可以分成3个阶段。

1. 小组社会工作的起源阶段(19世纪30年代—20世纪20年代)

19世纪中叶，工业化和城市化在给欧美国家带来大发展的同时，也使得社会问题处于高发阶段。1844年英国威廉斯(George Williams)创立的基督教青年会(Youth Men's Christian Association，简称为YMCA)，用小组社会工作的方法从事各种宗教、社会及有助于青年身心发展的活动，并开展对贫苦者的社会慈善活动等。小组社会工作的方法成为宗教活动和社会慈善活动沟通的“桥梁”之一。男女青年会的成立为

① 吕新萍：《小组工作》，第23页。北京：中国人民大学出版社，2005。

年青人提供了智力、身体、社会各方面的服务，促进了青少年的发展。同年，塞缪尔·巴尼特在英国伦敦建立了汤恩比馆，这是世界上第一个睦邻组织，旨在号召青年们了解贫民生活状况，义务为社区服务。1866年，美国人史泰森和查尔斯开始发展睦邻组织。1889年，简·亚当斯效仿汤恩比馆，在芝加哥建立了赫尔馆，此后这种形式的服务开始在美国推广。在专业发展上，20世纪初，1905年，普拉特（Joseph Hersey Pratt）尝试把小组社会工作运用于教育和精神健康教育；1907年，戴维斯（Jessie B. Davis）用小组社会工作开展职业价值观的指导；1909年，精神病医生科蒂·马希（Cody Marsh）给医院的病人开展心理教育的小组社会工作。在这一阶段，小组社会工作主要用于改善人们的生活条件和提高人们的素质，还没有形成一套专业的知识体系和实务技巧，没有产生专业化和职业化的认同感。

2. 小组社会工作的成长期（20世纪20年代—20世纪60年代）

这一阶段的小组社会工作是开始走向专业化和职业化的过程。20世纪20—30年代，小组社会工作在理论上受杜威的民主教育思想影响颇大，被看作是民主实践的过程，注重社会参与、社会行动等，形成社会目标模式。从专业化的发展看，1923年美国的俄亥俄州把小组社会工作正式纳入大学社会工作的专业课程，但是专业社会工作却一直不接纳它。因为当时个案社会工作是社会工作的主流，他们认为不重视个体内在动力的小组社会工作，不符合社会工作的实质，他们不相信游戏、露营等方式会对恢复个体的社会功能有益处。1935年全美社会工作会议专门增列了"小组社会工作部"，直到1936年全美小组社会工作者协会成立，才确定了小组社会工作的理念及临床工作的发展。

到20世纪30—40年代，小组社会工作在理论上深受弗洛依德精神分析学的影响，小组社会工作者接受了诊断和治疗的医疗模式，开始进入众多不同的机构。除了传统的社区、邻里青年机构外，他们还进入心理医院、儿童辅导中心、监狱等。小组社会工作的目标从改善社会的大目标转换成关怀小组中接受治疗的个体。在专业化的发展上，1946年，美国纽约水牛城召开的全美社会工作会议上，小组社会工作研究协会的代表柯意尔发表了题为《迈向专业化》的演说，明确指出小组社会工作是一种社会工作方法，在全美社会工作协会决定小组社会工作是一门专业的同时，小组社会工作也正式被社会工作接纳。

20世纪50年代小组社会工作方法被广泛引入家庭治疗领域，试图通过家庭成员沟通与互动来解决家庭问题，心理治疗、家庭治疗、治疗小组、小组治疗等治疗化取向盛极一时。随后小组社会工作的互惠模式、发展性模式相继出现，形成了自身独特的知识理论体系，标志着小组社会工作走向了成熟，小组社会工作者的专业归属感和成就感也越来越强。

3. 小组社会工作的新发展（20世纪60年代以后）

20世纪70年代以来，小组社会工作出现了微观化、多元化、整合化的发展特点。

（1）小组社会工作服务更加专注于小型群体的研究。小型群体由于其组员间互动性高,而被认为相互作用越密切,影响程度越高。通常7~9人的成人小组是最佳人数,再多的人会影响治疗的效果。

(2)小组社会工作的服务对象、理论模式和服务工作方法出现多元化的特点。例如,受到后现代思潮影响,贾尼斯(Janis)等人对小组社会工作中的"话语权"提出质疑,认为"小组意识"会对小组成员产生控制。正是基于这种考虑,发展性和协调性的小组社会工作模式日益占据重要地位。除此之外,行为主义、危机干预、社会角色理论等理论也在影响小组社会工作的发展。

(3)小组社会工作也积极探索与个案工作、社区工作、社会行政等不同社会工作方法的融会贯通,将微观取向与宏观取向的方法有机整合起来,以建立综合化的工作模式。与此同时,小组社会工作的对象也从儿童、青少年扩展到老人、妇女等人群,基本覆盖所有人群。在扩展服务对象的同时,关注"特殊群体"问题,例如,抑郁症、厌食症、爱滋病人等群体的治疗与研究。

7.2 小组社会工作的价值观和职业伦理

社会工作是一门以专业理念和价值为先导的专业,小组社会工作作为社会工作的基本子系统,实践着社会工作的理念和价值,同时又有着自己独特的价值观和职业伦理。

7.2.1 基本价值观

小组社会工作者在实践中遇到价值观的冲突是一种十分普遍的现象。按照克拉斯迈赫(Glassmanhe)和坎特斯(Kates)所述,小组社会工作基本价值观主要包含:不论种族、阶级、地位,也不论物质条件和心理条件、年龄和性别,每个人都有内在的价值和能力,这就是要坚持高度个别化原则,差异性可成为丰富的资源,生活的境遇都有其"合理性";人是互相有责任的,社会生活是一种自然和必须的人类特征,这就要坚持互惠互助的原则,小组社会工作者和组员之间以及组员和组员之间都是互惠互助的关系;人有归属和被接纳的权利,人也有权参与和倾诉,人有言论自由和表达自由的权利,这就要坚持激发组员的民主参与意识和决策意识的原则,组员才能在不断冲突中学习并进行新的社会化;组员有权利去质询和挑战那些被认可的专业人员,这就要求坚持增权的原则,敢于去挑战权威,敢于去与原来的生活境遇决裂,敢于去开创新生活前景①。

7.2.2 职业伦理

职业伦理是对众多成功的实践反思而形成的小组社会工作的实践性原则,对小组社会工作的实践具有指导性作用。综合国内外学者关于小组社会工作职业伦理的

① 何洁云、谢万恒:《社会工作实践——小组社会工作》,第26页。中国香港:香港理工大学出版社,2002。

论述,可以归纳为以下几点。

(1)高度个别化。认可每个人都是独特的,每个小组及相应的行动也是独特的,这是个别化原则的要求。小组社会工作者必须面对每位组员的特殊需要,有针对性地设计适合于每个组员的不同干预方案。小组社会工作者在目标设计和计划执行中要因人而异。

(2)互助互惠。在工作者和成员之间建立有目的的助人关系,并促使小组成员之间实现有益的合作关系。同时,工作者引导组员之间建立团结合作的关系,共同实现自己制定的目标。工作者见证组员的成长,组员是相互成长的影响者和陪伴者。

(3)尊重组员的权利和能力。适当地修正小组社会工作过程,鼓励小组成员按照其能力大小去参与以使自己更能胜任。小组的目标与方向,可以与小组成员共同来协商,给予组员选择权。

(4)增强权能。让小组成员通过冲突去体验日益改善的工作方式,这是"增权"原则的要求。工作者鼓励小组成员积极面对冲突,学习用不同的策略和技巧来解决冲突,社会工作者更多的是协助者而不是决定者。小组成员问题的解决最终还是要靠其自身能力的提升。

(5)限制。在诊断个人和整个环境的时候,明智地运用限制,这是资源有限原则的要求。为了保证小组社会工作的目的性、灵活性和有效性,小组成员要学习面对限制因素,并能够接受限制存在的现实。

(6)保密。工作者要最大限度地尊重小组成员的隐私权,对个人隐私及相关资料要保密,例如,要录音或录象等都必须取得小组成员的书面同意,如非该小组活动之必须不得随意使用小组社会工作过程中的资料,除非用于教学和科研。

除此之外,小组社会工作者在具体的实践过程中必须提升实务工作的技巧。小组社会工作者要具备自我洞察力和对事件的反思性,不能把自己的价值观强加给小组成员,要用多元思维的角度来分析事件的"情景合理性";要有自知之明,量力而行,小组社会工作不是"万能的",是具有一定适应性的;要目标明确,突出重点,工作者在小组社会工作中,要让小组成员知晓自己的期望,防止压迫关系的出现,反复向小组成员强调小组的保密原则①。

7.3 小组社会工作的模式

小组社会工作的实务性特征使其在实务工作中形成了一定的工作模式。工作模式是实务工作的总结和提升,又能够规范工作。小组社会工作的模式主要经历了从关注社会结构层面到关注人际关系层面,再到关注个人治疗层面,最后到关注个人发展层面的演变过程,形成了社会目标模式、互惠模式、治疗模式和发展性模式 4 大实

---

① 刘梦:《小组社会工作》,第 23 - 25 页。北京:高等教育出版社,2003。

务模式。前3种模式的研究集中在柏普(Papell)和罗斯曼(Rothman)1966年发表的"小组社会工作的三大模式"论文。波士顿大学的伯恩斯坦(Bernstein)在1965年研究了第四种模式,而特罗普(E. Tropp)则于1968年把该模式推向整合的方向。

对工作模式的分析,此节从工作模式的主要内容、工作模式的实施原则和工作模式的优势与局限性3个层次进行,以此介绍4种模式。

7.3.1 社会目标模式

社会目标模式是最早的小组社会工作模式,且贯穿于小组社会工作的整个发展历史。

1. 社会目标模式的主要内容

社会目标模式认为,小组社会工作的目标就是推动社会行动的产生,最终实现社会变迁,关注社会秩序和社会公正的价值观,其理想就是要构建"以社区为本和注重公民整合的社会"。社会目标模式的理论来源于系统论、生态系统论、教育理论等。主要强调的是通过一系列的原则和方法培养公民的社会责任感、社会良知和社会意识。在强调民众参与、形成社会共识和完成共同任务方面,它与社区工作的方法有相似之处。社会目标模式认为社会的每个成员都有参与社会生活的动机和潜能,也鼓励弱势群体参加到小组活动中。在小组活动过程中,工作者扮演着多种角色,常常既是使能者和推动者,又是示范者和引导者。在小组活动结束阶段,工作者是一个鞭策者,鼓励小组成员成为有社会责任心的人。

2. 社会目标模式的实践原则

社会目标模式常常是在社区层面组织和运行,关注社区内问题的解决。所以,在该模式下,首先要评估小组的目标与社区的目标是否契合,而且要对小组的工作方式以及产生的后果有预先考虑。其次,要强调民主参与,组员共识,引导不同背景、性别、阶层的组员为共同目标积极投入。再次,工作者特别要注意不能将自己的价值观以任何方式强加给组员,给予组员充分的自决。最后,工作者在成为社会变迁目标的促进者的同时,鼓励组员克服机构和社区的限制,充分挖掘资源以实现目标。

3. 社会目标模式的优势和局限性

社会目标模式的最大优势是体现了社会工作的最初追求社会公平与社会关怀的理想,将解决个人问题与解决社会结构问题联系起来。同时,该模式对民众参与的注重,能够激发民众的社区意识,使该模式具有强大的生命力。其局限性是有泛政治化的倾向,理论基础比较薄弱。过分依赖意识形态的作用,过分注重组织的力量,而忽视个人动力的开发。同时,这个模式为了追求形成小组的统一目标,往往忽视对小组成员的个别化需要的满足,追求群体目标的解决先于解决个人问题。

7.3.2 互惠模式

互惠模式又称作交互模式或者互动模式,强调在助人的过程中个人之间和个人与社会之间关系的构建,希望通过个人、小组和社会系统之间的开放和相互影响达到增强个人和社会功能的目的。

1. 互惠模式的主要内容

互惠模式的理论基础主要有系统理论、场域理论、社会关系和社会结构理论等。互惠模式下的小组是基于人与环境和人际关系而建立的,目的是使组员在社会归属和相互依存中得到满足,在组员之间、小组之间和有关社会系统间达到互助和开放。该模式强调的是组员在小组中互惠的动机和能力的培养和激励,通过组员之间的沟通联系对小组目标达成共识,以实现目标并获得个人帮助,在此过程中强调组员间的平等和个体的独立性。由于该模式没有治疗目标,也不存在政治方面的诉求,注重的是情感交流和心灵约定,以组员和谐的人际关系为立足点,所以工作者不需要去设计方案,也无需直接控制小组,而是协调组员之间的关系,协助组员之间的互动、支持,工作者自己也在小组中成为“被影响者”。

2. 互惠模式的实践原则

互惠模式的动力在于组员之间的密切关系,所以在实践中工作者首先要注意启发组员主动考虑问题,寻找共同点,自主确定问题并强化发展目标。其次,要注意向组员阐释自己在小组中的角色,订立契约。再者,工作者作为协调者,要以严谨的态度为组员提供信息,为组员联结资源,为实现小组目标服务。

3. 互惠模式的优势与局限性

互惠模式注重互助系统的构建,重视小组成员的互动与讨论,充分体现社会工作助人自助的理念,小组成员能够选择更加符合其自身的介入策略来解决自己的问题,体现了尊重组员的自决权,也减弱了外界的价值干预。其局限是此种模式常常忽视组员的个别需要,由于工作者的权力很小,容易陷入希望通过权力去影响小组过程而权力不够的两难困境。

7.3.3 治疗模式

治疗模式又称为预防与康复模式或者临床模式。以治疗、解决个人问题作为小组社会工作的任务,同时也进行个人的预防与康复的一种干预方式,广泛运用于精神病治疗、心理治疗和青少年不良行为的矫正等领域。治疗模式是社会工作的一大传统模式。

1. 治疗模式的主要内容

治疗模式的理论基础是经典的精神分析理论、行为认知、人本主义,同时还有许多不同的治疗流派,例如阿德勒式疗法、心理治疗、现实疗法小组、完型治疗小组、交流分析小组等。该模式把个体治疗作为最终目标,认为小组、他人、社区和环境对小组成员会产生影响,帮助组员个人在心理、社会和文化适应方面得到康复和完善,并预防对个人造成不良影响的消极因素的出现。治疗模式不同于其他模式的是,强调小组社会工作者能够激发引导小组内的力量来建立一个结构化的影响系统,承担起为小组成员引导的任务,着眼于小组成员的矫治、治疗和人格重建等任务的完成过程。由于组员一般有较严重的情绪问题、行为障碍、人格问题、精神异常或者有社会偏差行为，所以该模式着眼于治疗、矫正、人格重建等过程，需要工作者有足够的专业能力，通常是临床心理学家、精神病医学家或者临床社会工作者。重视专家的权威，通过对小组成员发挥权威的影响力来达成对小组成员的指导，其治疗取向对工作者的判断力和专业化的要求很高。

2. 治疗模式的实践原则

治疗模式的小组组员是有特别需要的人，所以该模式与个案工作的方法密切联系。许多个案工作的方法可以借鉴使用。工作者在组建小组之前必须有充分的准备，首先要收集全面的案主资料，做好入组前的评估，设定每个组员的个体目标和综合组员的目标，形成小组共同的目标，还要对未来可能出现的情况作好充分准备。其次选择好小组需要运用的理论和特定的技术，每次聚会的内容必须安排恰当。作为工作者，要强调自己的专业理论和实务方面的专业训练，扮演的是治疗者和专家的角色，比较强调“为案主”工作而不是“与案主一起”工作。

3. 治疗模式的优势和局限性

治疗模式是小组社会工作的经典方式，其优势是对心理学、精神病学等理论的兼收并蓄和相对完整的实证研究方法，在对小组成员的诊断上比较具有“科学性”，是一种经典的工作方式。其缺点是这种模式理想化的诊断标准和现实的操作有脱节现象，并不适用每一个独特的个体；而且该模式不太重视组员之间的互助，组员的潜能的发挥受到限制，而工作者的权威过大会导致小组成员依赖性加强，也会形成工作者对小组成员的“侵权”。

7.3.4 发展性模式

发展性模式，又称过程模式，是较晚发展起来的一种小组社会工作模式。产生于20世纪40年代以后，美国波士顿大学的伯恩斯坦是该模式的集大成者。1977年，特罗普(Tropp)发表了《小组社会工作：发展的模式》并被收录到《社会工作大百科全书》，标志着小组发展性模式的正式确立。它以关注人的社会功能的恢复，预防人的社会功能的缺失，发展人的社会功能为目标。

1. 发展性模式的主要内容

发展性模式以发展心理学、社会结构理论、小组动力学为理论基础，把人的发展作为小组社会工作实践的核心。该模式关注小组组员个人的社会功能性而不是有关病理方面的因素，重视自我实现而不是治疗工作。发展模式鼓励组员积极参与并推动小组的发展，表达并找出组员共同的兴趣与目标，在组员之间形成协助关系，以促进组员与小组的共同成长。发展模式既可以是救助性的，也可以帮助一些缺乏信心或社会适应有问题的人，培养他们的自信心，协助他们的成长，该模式还常常用在培养领袖人才方面。在小组的前期，工作者主要发挥支持者的角色，与小组成员一起来选择和完成小组的特定任务，从而实现整体目标。在小组中期，工作者的角色是推动者，协助组员保持良好的人际关系，激发小组成员的团结合作精神。在小组的后期，工作者是媒介者和评估者，帮助小组成员追求自我价值的实现。

2. 发展性模式的实施原则

发展性模式能够运用到各种服务对象和人群中，其重要的实施原则主要包括几个方面：①发展组员的认知，形成小组共识；②建立小组目标，形成小组动力；③激发小组组员的潜能，增强组员的能力。

3. 发展模式的优势和局限性

发展模式的最大优势是实现了小组社会工作理念的整合，把治疗、预防和发展统一起来；不是"问题为本"的取向，小组成员没有外在的压力感。该模式广泛的适用性在实践中已经得到了验证。不足之处是过于重视"发展"概念，而在实际操作中"发展"是很难被测量的。这种模式也被批评为缺乏"科学性"。

7.4 小组社会工作的基本类型和发展阶段

在小组社会工作中，小组的差别性取决于小组的目标和服务对象的特点，由此采用的模式与具体技巧也各有特点。

7.4.1 小组社会工作的基本类型

1. 小组的类型

人们可以从不同角度对小组进行分类。

(1)从形成方式分类，可以分成自然小组和组成小组。自然小组是由于一些自然事件、成员间相互吸引或者感觉需要等因素而聚集成的小组；组成小组是通过外部的影响或干预而组织的小组，有较强的目的性和结构性。

(2)从小组成员参与的动机分类，可以分成自愿小组和非自愿小组。自愿小组的特征是所有小组成员都是自愿参加的，典型的例子是志愿者小组等；而非自愿小组的组员参与小组活动是基于外在的强制性，例如戒毒小组等。

(3)从小组组员间的联系分类，可分成基本小组和次层小组。基本小组是互动频率较高，联系紧密，相互之间能够形成直接影响；次层小组是联系较少，关系不很密切的小组，如同事之间的关系等。

(4)从小组的结构划分，也可以分成正式小组和非正式小组。正式小组是有正式的结构、特点的目标去指导示范小组成员的行为，小组成员有相对确定的角色和地位；非正式小组主要是那些没有特定组织结构和明确目标，相互的交往以满足个人需要为目的。

(5)从小组界限的封闭性划分，可以分成封闭性小组和开放性小组。前者界限是封闭的，从小组聚会到结束组员的数量不会增减，一般有很深互动和特殊治疗关系的小组常常是封闭的；开放性小组主要使用于社会性目标的小组，这类小组的开放性很高，成员可以随时加入或者离开，例如社区中争取社区居民利益的"维权小组"。

2. 小组社会工作的基本类型

我们可以从不同的角度对小组社会工作进行分类。根据小组的性质与目的，以下是小组社会工作实务中最常见的几种类型。

(1)成长小组,此种小组的目标是帮助组员了解、认识和探索自己,帮助组员最大程度挖掘自己的潜力,解决问题,促进个体正常健康的发展。成长小组从社会化的角度,可以包括两种形式:一是自我认知的小组;二是技能达成的小组①。自我认知的小组的主要目标是协助成员认识自己、欣赏自己、接纳自己,把握自己的价值和需求,例如在大学新生中开展的新生成长小组;青少年的野外拓展训练营等。技能达成小组的主要目标是促进组员社会技能的学习和运用,更好地扮演社会角色,例如在初为父母的年轻人中开设的学习教养孩子技能的小组。

(2)治疗小组,此种小组是一种临床模型。该小组的组员通常都是在生活中有过创伤,并且影响到当前的生活,表现为在生理、心理方面与外在环境适应不良,或者外在环境无法满足其需求。该小组的目的是帮助组员治疗创伤,降低不良症状,促进行为和人格改变。例如为情绪障碍的患者提供服务的小组,为戒除毒瘾提供服务的小组,同性恋小组等。这种小组一般在心理卫生机构或者矫治机构中运用,对工作者的素质要求也相当高。

(3)支持小组,此类小组是把具有共同问题的成员聚集在一起,通过相互支持的方式,达到解决问题和成员改变的目的。支持小组注重的是组员之间的相互理解与支持、经验的交流和情感的共鸣,建立起解决问题的策略和方法。典型性支持小组有灾难事件(自然灾害、飞机失事)的受害者和他们的亲人的支持性小组、单亲家庭支持小组、癌症病友小组等。

(4)社会行动小组,此种小组利用小组资源,集结社会力量,达到社会改变,从而维护组员或者社区的利益。社会行动小组强调个人的社会意识和社会责任,以任务为中心,具有趋向于社区工作的特点。例如倡导关心社区独居老人问题的小组,推动外来人口融入城市生活的小组,保护社区环境的小组,等等。社会行动小组的一个重要特点是组员可以来自各个层面、各个年龄阶段。

7.4.2 小组社会工作的一般发展阶段

小组在产生、发展、成长、变迁的过程存在特定的阶段性,工作者可以利用对小组发展阶段的划分去安排小组目标、预测未来的发展趋势,但是小组的实际过程却不一定十分精确地符合理论上的划分,也没有非常明确的时间段。关于小组社会工作的发展阶段。不同学者根据不同理解提出不同的阶段理论。

1. 四阶段说

西伦和迪克曼(Thelen and Dickerman)提出了四阶段说。第一是小组聚集期。小组成员期望有权威的领导出现,渴望每个组员都能参与小组活动,希望个人能尽快融入小组并有所作为。这个阶段,组员们不会轻易暴露自己的真实情感,有可能将自

---

① 赵 芳:《团体社会工作》,第57页。北京:知识产权出版社,2005。

己一些过去的经验带进小组。第二是小组冲突期。小组成员一方面期待领导者的负责,但也希望自己能取而代之,以便能控制小组的发展方向,接踵而来的就是冲突和挫折感的出现。这个时期的组员常怀有既服从领导又敌视领导的矛盾情感。第三是小组维持期。这个时期,小组成员之间开始发展出认同的情感,开始意识到小组团结和谐的重要性,也努力去维持这种氛围,以避免冲突的发生。这种维持常常会使小组处于停滞不前的状态中,小组缺乏前进的动力。第四是小组成熟期,这个时期强调维持以小组为中心,小组成员能意识到小组中个人权利和相互影响的关系,把小组目标的完成放在首位。

2. 五阶段说

最流行的阶段理论是由加兰德(James A. Garland)、琼斯(Hubert E. Jones)和克洛德尼(Ralph L. Kolodny)提出的五阶段理论。这个理论最重要的观点是认为小组是以螺旋式非线性的发展而非简单的线性发展。

第一阶段,熟悉与亲近。这个时期小组成员的熟悉、亲密是重点,由于小组成员之间缺乏沟通交流,常常以自我为中心,处于亲近又不想过于亲近的两难心理,缺乏相对安全感。小组社会工作的重点就是要“破冰”,通过一些辅助活动让小组成员表达各自的期望,增进组员之间的了解。

第二阶段,权利与控制。小组的初步结构已经形成,小组成员开始试探小组的自由和民主程度、小组的规范和限制等,以界定自己在小组的地位和组员之间的关系。这个阶段的特征是冲突和妥协、权利与控制、角色调整、关系重组和制度创新等纷争不断。小组社会工作者的工作重点是要促使小组成员之间形成相互支持的关系,防止有意或无意地伤害别人。

第三阶段,亲密期。小组的权力结构基本形成,成员的角色地位也基本确立。小组成员更加开放和投入,组员开始愿意分享自己的感受并获得与他人交往的满足感。在这个阶段小组有能力设计和实现小组计划,小组成员也能够从互动中体验到小组经验的意义,认识到个人在小组中的成长与改变。

第四阶段,差异期。小组成员之间凝聚力由于沟通的深入而更高,他们能够相互接纳为独特的个体,承认相互之间的差异性。小组的权力关系得到澄清,小组的规范基本建立,成员逐步建立很好的小组认同感和归属感,成员们能够自主地做出面向现实的决定,或实施大型的小组计划。对于小组社会工作者而言,主要是担当使能者和资源提供者,让小组成员自主开展工作,同时巩固小组成员在小组中学到的经验。

第五阶段,分离期。小组的任务目标基本完成,小组成员需要面对分离,必然会产生成员之间分离的焦虑,主要表现为否认、倒退、重演和逃避等。小组社会工作者在这个阶段的重点是处理好离别情绪,帮助小组成员表达情感,鼓励把小组经验中的“学习”迁移到新的社会环境中,同时对于有需要的组员继续跟进或者转介。

3. 六阶段说

以下是崔克尔的六阶段说。

开始阶段:小组成员的第一次聚会。

初期阶段:小组成员出现一些小组感觉,制定计划与方案。

早期阶段:团队、目标与凝聚力的发展。

中期阶段:强烈的小组感觉,目标完成。

后期阶段:兴趣衰退,小组感觉降低。

结束阶段:考虑小组是否继续。

除了以上这些学说,还有许多学者提出了自己的观点,限于篇幅,不再一一叙述。

7.5 小组社会工作方案设计

小组社会工作是一项专业的工作,为了能使工作有目的、有计划的开展,进行方案设计是非常必要的。一份完备的方案设计使实际工作的开展有明确的目标和清晰的思路,同时可以赢得机构的支持和肯定,还能够为将来的评估总结做准备。

7.5.1 小组社会工作方案设计的基本原则

一份良好的小组社会工作方案设计应当是工作者、服务对象、机构和环境等因素的良性互动,必须是实际可操作,同时又可以适当调整变化的。一般来说,小组社会工作的方案设计需要遵循以下原则。

(1)小组的方案设计必须与组员的独特性相结合。首先必须考虑到成员的需要。成员的需要是选择活动最核心的理由,所有的活动都是在对成员需要的评估基础上发展起来的。成员的需要有时与成员的自然属性(如性别、年龄等)和社会属性(如社会、经济、文化地位等)有关。其次必须考虑到成员的能力和兴趣。这就需要选择成员力所能及的活动,要考虑到成员能否在活动中和活动后体验到成功感。如果超出小组成员的能力和兴趣范围,则可能会使他们受到挫折和伤害。再次必须考虑成员的心理社会发展阶段。任何活动如果撇开成员现有的心理社会发展阶段,都不会成为成员改变和成长的媒介,甚至可能给成员造成伤害。例如,处于不同心理社会发展阶段的成员,对小组活动的适应能力是不同的。

(2)小组的方案设计必须考虑工作者的个性和特点。工作者的独特性包括他们的特质、能力、个性、领导风格、学业背景、优势经验等。在设计方案时要将这些因素结合起来考虑,使工作者更能发挥所长,促进小组的发展。例如工作者如果是一个缺乏经验的新手,那么单独带领一个深层次的治疗性质的小组就有相当大的风险,配备一个资深的督导非常必要;如果工作者是一个不善沟通、个性沉稳的人,那么设计活动性太强的活动时就必须考虑该工作者的特质,他可能无法胜任。

(3)小组的方案设计必须将游戏与分享相结合。游戏在小组社会工作中运用的优势主要是:以富有趣味性的创意方式吸引小组成员参与到活动中来,以“无压力”的情景尝试面对“真实”生活,从而可以有更多的勇气来面对现实生活中的困局。但是,小组社会工作实践中的游戏不应当是纯粹的玩乐和活动,而是具有特殊的目的——通过设计好的游戏活动,来达成小组成员的成长与发展。所以,在方案设计中应当以"小组目标"为导向,切忌为了游戏而游戏。实现游戏目的的途径就是将游戏活动与语言分享结合,小组要从单纯的感官体验转向深入的心灵探索,要在游戏中体会活动的意义。游戏只是小组社会工作的工具或者手段,而不能成为目的。

(4)小组的方案设计必须与小组的发展阶段相结合。在小组的不同发展阶段,由于组员的特点和需要不同,小组活动也相应地有所区别,这就要求小组的方案设计和活动安排要体现出针对性和层次性。例如,在小组初期可以通过一些"破冰游戏"来拉近成员的距离,消除彼此间的陌生感;随着小组的发展,组员由陌生到熟悉,小组逐步步入成熟阶段,这时可安排一些"自我探索"类的游戏,使成员有更多的自我揭露和经验分享。小组工作后期的活动应该更多地促进组员的自立、自理、自我管理的能力,而在小组临近尾声的时候,需要适当设计一些处理临别情绪、巩固成果的活动。在方案设计时特别讲究由浅入深、由表及里的顺序,同时注意活动的前后衔接和总结巩固。

(5)小组的方案设计必须准备充分。首先包括对活动开展的可行性准备,特别是一些新活动,工作者一定要保证安全,必须在带领小组之前进行实际演练,以防在实际操作中出现无法控制的问题。其次,必须注意方案的设计要注意与现有资源的协调,例如机构的财力物力、活动场地的限制、时间的安排等,要在活动之间做到心中有数。最后,由于现实与理想的差距,在实际活动中可能会出现一些无法预料的情况,所以方案最好准备一些备用活动,或者是出现无法预料情况时的应急预案。

7.5.2 小组社会工作方案设计的主要内容

小组社会工作的方案设计虽然没有固定模式和程序。但是完整的方案还是要有一些必须包括的项目。根据香港理工大学何洁云教授等学者的观点(何洁云等,2002),小组方案应包括以下内容。

(1)理念阐述,包括机构的背景、组成小组的原因、理论构架。理论架构切忌大而空,而应该与小组活动紧密相关。例如,人际沟通训练小组的理论架构可以是社会学习理论和交互理论,情绪管理小组的理论架构可以是认知理论和理性情绪治疗法。

(2)目标及明确的目的:小组社会工作者应该有明确而实际的目标。有了目标,小组的具体活动才能有一个方向。

(3)小组组员,包括各成员的特征、年龄、性别、教育背景、各自问题和需要。组员的不同特征决定了方案设计能够针对他们的特点,使工作过程更为有效。

(4)小组的特征,包括性质、规模、组合、持续时间、聚会频率、聚会时间。小组性质主要可以分为强制型、自愿性、封闭型、开放型、成长型、支持型、治疗型、社会行动型、自助型这几种。小组活动的小组规模一般以 2 人以上或 16 人以下。小组规模太大,组员之间的交流深度就会"打折扣"。小组的组合分为同质性小组和异质性小组。同质性小组的凝聚力更强,异质性小组能够使组员得到更多的不同经验。小组社会工作活动的时间,一般来说小组活动的次数是 6 到 10 次,基本上是 1 星期 1 次,每次的时间为 90 ~ 120 分钟。

(5)初拟的程序计划和日程,这里主要涉及每次聚会的计划草案,程序活动,日期、时间及每次聚会的地点,每节活动的具体目的,工作者的责任,活动的准备,所需器材,每次聚会所需资金等。

(6)招募计划,在小组社会工作方案必须要有招募计划,这是小组顺利展开的关键之一。主要包括以下内容:按照机构规则订立小组建立的程序;组员的来源;宣传、招募方法;允许招募时间;招收方法等。

(7)需要的资源,涉及相关器材、地点和设备、人力资源(是否需要志愿者等)、特别项目等。

(8)预料中的问题和应变计划,包括小组组员的问题、小组社会工作者或机构的问题、其他来源的问题。对这些问题的事先准备可以在遇到实际问题时不惊慌失措,有足够的能力去处理。

(9)经费预算,一般包括收入和支出两个部分。支出主要包括活动程序、器材、交通等费用的总和;收入部分主要有有偿服务费用或小组组员会费。

(10)评估方法,包括设计项目指标体系、评估的范围、评估的方法。

附:小组社会工作方案设计示例

一、小组方案设计

小组名称:大学生人际交往技能训练小组

1. 理念

人际交往能力就是在一个团体或群体内的与他人和谐相处的能力,人是社会的人,离开了与他人交往,人的生活将会怎样?当我们走上社会的时候,我们会与各种各样的人物打交道,封闭自我会对自己的学习、生活、工作和心理造成极大的障碍。尤其是我们青年大学生在特殊的生理心理发育时期,一方面渴望获得朋友和建立良好的人际关系,另一方面又有很强的自我意识和独立性,使得不少学生尤其是心理素质较差的学生很难适应大学生活环境和复杂的人际关系。

现在大学生很多是独生子女,他们从小在父母的关爱下长大,在家里没有兄弟姐妹。这样他们很少有机会与其他人沟通交往,久而久之人际交往能力越来越差。另外,现在的大学生在上大学以前很少单独出远门,更没有单独在异地生活很长时间。因此,上大学后会比较小心,比较回避与别人交往。还有大学时间相对来说是很充裕的,这也使得有些同学感觉自己在虚度光阴,看到别的同学过得很充实,自己既羡慕又嫉妒,这都会给他们带来很大压力。由于受中国传统思想的影响,很多学生一味追求书本知识的学习,追求高成绩,注重排名等,这不免会使得一些学生忽视人际交往。有的学生沉迷于网络游戏,有些同学自我封闭,产生自卑感与他人保持距离。例如有些同学遇到班级活动或系部活动是能躲就躲,就是勉强参加也表现的比较被动和压抑,在众人面前发言很紧张,甚至脸红、说话结巴等。从近几年心理辅导的调查看,在影响大学生心理问题健康的诸多因素中,人际问题所占的比重越来越高,相当数量的大学生处在冷漠、疏远的人际关系中。他们心情不愉快,与人交往处于紧张状态,有时还产生敌对、憎恶的态度，从而导致攻击性行为，有损身心健康。

从以上种种现象看，提高大学生人际交往能力势在必行。

我们强调和承认每个人都是有与他人交往的内在需要而且有处理好自己的人际关系的潜能。如何提高人际交往能力是书本中学不到的，它要求我们去实践、去探索、去感受。我们知道小组社会工作在这方面有天然的优势，在小组的互动过程中，在与其他同学的交往中，同学们在这方面的能力得以提升，它可以使同学们在一个小群体中走出封闭、狭隘的自我，树立良好的群体意识。

2. 理论架构

本小组属于成长性小组，在活动的过程中主要采用的是发展性模式。特罗普指出发展性模式的基本原则有两点：小组社会工作关注的是人的社会功能的提高，社会功能性实际上是一种自我管理方式，以完成自己的社会任务和各种社会关系；它关注的是个人的社会功能性，而非病理性因素，注重自我实现，而非治疗过程，强调怎样发掘个人的能力，寻求解决问题的方式，而非关注个人的弱点，解释人们的防御机制。

因此，在小组过程中我们更注重一种引导的作用，帮助组员了解自己在人际关系上存在问题的形成原因，如何解决，如何提升自己这方面的能力，并通过与小组成员之间的交流来锻炼自己。另外，观察学习在这里也起了很大作用。

有很多同学的人际关系不好是因为害怕与他人交往，不敢去尝试，因此在本小组社会工作中将会教组员在这方面的相关技巧与注意点，并鼓励组员在小组活动中勇敢地走出第一步，增强自信心。

美国著名心理学家马斯洛的五阶段需求层次论中的第三层次中就指出，每个人都有与他人交往的需求。这使我们认识到每个人都是有这方面的心理渴求的，只要我们能做好鼓励引导工作，本小组的成功率是很高的。因此在小组活动中我们会借鉴治疗模式中运用的技巧，比如沟通的技巧，还有互惠模式的中的一些工作原则等。

在小组中，工作员会较多地运用正增强和模仿。如果组员在小组社会工作过程中表现良好，工作员将会给于具体及时的表扬，可以是口头的精神奖励，也可以是物质奖励。当组员遇到困难难以理解工作员的信息时，工作员将以角色扮演的方法来模仿示范，或者组员之间也可以通过观察学习来模仿其他组员。

3. 目标及目的

目标：提高组员的人际交往能力，改善组员的人际关系，促使其更健康成长。

目的：有以下几种。

(1)提高组员对人际交往的认识，使组员认识到自己人际关系中存在的问题及形成的原因。

(2)学习与他人交往的技巧，如聆听、沟通。通过这些技巧的学习，使组员掌握基本的人际交往能力。

(3)通过小组成员的互动，使组员能比较熟练、轻松地与他人交往。

4. 服务对象

资格：南京某学院一年级到四年级的、在人际交往中有障碍且有改变这种状况渴望的同学。

5. 小组特征

(1)性质:成长小组。

(2)节数:4 次。

(3)日期:2006 年 6 月。

(4)频率:每周六下午 2:00—3:00,每周一次。

(5)地点:学校大学生活动中心。

(6)人数:10 人。

6. 招募方法

(1)在学校宣传栏中张贴海报,自愿报名。

(2)利用 4 月的周末时间于学校广场前发放宣传单,邀请参加。

(3)若报名人数不足,则亲自致电招募对象宣传并邀请参加。

二、活动计划

主题:认识你我他。时间:6 月 13 日。

个别活动时间	地点	目标	内容	所需物质
5 分钟	活动室	组员对小组有初步的认识,使组员更早地融入小组活动中	工作员向组员介绍小组的性质目标,工作员角色介绍,组员角色及规范介绍	
10 分钟		让工作员及组员之间互相认识	自我介绍(包括姓名、兴趣、特长、人际对象的类型对小组的期望)	
15 分钟		进一步增强组员之间的认识,让组员学会倾听	游戏:为其他组员取绰号,并解释原因	
10 分钟		增强组员提高人际交往能力的需求	工作员为组员介绍人际关系成功与失败的案例	
10 分钟		1. 培养组员倾听与观察的能力 2. 缩短组员之间的心理距离	游戏"赞美词的表述":设定一段时间,让伙伴自由去和每一位同组的伙伴握手,并针对对方的穿著、谈吐、特征想出并说出一句赞美的话	纸笔若干
10 分钟		鼓励组员积极主动进行人际交往	家庭作业:在一周内认识一位新朋友	

三、活动内容一

主题:建立信任感。时间:6月20日。

个别活动时间	地点	目标	内容	所需物质
10分钟	活动室	1. 了解组员是否积极参加小组活动 2. 让组员认识更多的朋友 3. 促进其社会交往能力	作业回馈:向其他组员介绍认识的新朋友,并向组员介绍认识方法	
25分钟		1. 加强组员的人际交往 2. 培养默契感和信任感	游戏“盲人走路”:两人一组,A用布蒙住眼睛,B为帮扶者,A仅须在B引导下绕过障碍物最终到达目标,结束后分享	障碍物 黑布条
15分钟		1. 培养组员间的相互信任 2. 自我公开 3. 锻炼组员解决问题的能力	游戏“自我解剖”:将组员分两大组,然后列出“我最开心的事”、“最难过的事”、“最尴尬的事”、“最后悔的事”等几项,要求组员分别写下自己的内心事件,并在组内交流	纸、笔
10分钟		1. 巩固在小组中所学所感 2. 改善以后小组活动	让组员自由发表对本次聚会的感受,并对小组提建议	

四、活动内容二

主题:接纳他人。时间:6月24日。

个别活动时间	地点	目标	内容	所需物质
10分钟	活动室	增强组员的归属感	要求组员用最简单的话真切地描述我们的小组	
10分钟		1. 学习发现别人的优点并加以欣赏,促进相互肯定与接纳 2. 增强个人自信心	游戏“我的优点你来说”:其中一位组员站在中间,由其他成员通过自己的了解和观察来描述他(她)的优点或欣赏之处。游戏结束后分享	
25分钟		1. 增强同理心 2. 学习解决冲突的能力	游戏:角色扮演(扮演朋友间冲突的情景)及分享	
20分钟		处理离别情绪	提醒小组成员小组已经接近尾声	

五、活动内容三

主题:走出小组,走入社会。时间:7月1日。

个别活动时间	地点	目标	内容	所需物质
15分钟	活动室	训练组员处理问题的能力	针对前面的游戏或增加其他情境,用"大脑激荡法"鼓励组员寻找解决方法	纸、笔
30分钟		1. 考查组员在小组中的收获情况 2. 让成员能够学有所用	游戏"大家一起找朋友":大家从活动室走出去,利用小组中所学和平时的方法去现场找一位朋友,并记下新朋友的姓名、系部、来自哪里、兴趣爱好等,也可以留下联系方式以便以后更深的认识。半个小时后回到活动室向大家介绍	
10分钟		利于组员反思和成长	请组员说出其他组员在参加小组前后的改变和收获,并举例	
5分钟		总结活动	工作者给组员介绍关于人际交往的书籍	

所需资源如下。

(1)人力:组长一名,活动时后勤工作人员一名,活动进行过程中记录人员一名,机动人员一名。

(2)物资与财政预算:纸笔若干,黑布条3条,带子若干条,资料打印、复印费15元。

六、应变计划

1. 组员招募人数不足

(1)增大在学校的宣传力度。

(2)邀请其他同学或校内朋友帮助。

(3)组织者上各学生公寓招募。

2. 活动中组员不能融入小组

在活动前仔细构思小组的流程安排,多方阅读各种资料,使组织者在活动前充分了解和掌握应对各种可料想局面出现的解决办法和技巧,做到胸有成竹。

七、评估方法

(1)在小组开组前及小组最后一节时,组员将被安排完成一份问卷,以比较他们在参加小组前后的人际交往方面有什么变化。

(2)在小组的最后一节,小组成员分享感受。

(3)请督导老师做评估。

(4)依工作员在小组活动进行时的观察和分析。

(5)透过与组员的倾谈来了解他们对小组的感受和意见。

8 社区社会工作

社区社会工作,与个案社会工作、小组社会工作并称为社会工作直接服务的三大手法,都侧重于直接为案主服务的实务理论与技巧。但与后两者不同的是,社区社会工作不直接解决个人与家庭的社会问题,而是以整个社区为工作对象,从更宏观的角度分析社会问题、更广阔的层面解决社会问题。

8.1 社区

自F.滕尼斯在1887年出版的《共同体与社会》以来,"社区"日益成为社会科学领域中一个极为重要的概念。而在我国古汉语中,并不存在"社区"这一词汇,可见它非本国情境所生,而是西方的舶来品。正因为如此,对于我国社会工作从业人员和在校学生来说,能否准确把握社区概念、科学掌握社区分类,显得尤为重要。

8.1.1 社区的概念

1.社区概念的提出

最早将社区作为社会学的一个基本概念和学术用语来使用的当属德国社会学家F.滕尼斯。在他1887年出版的成名作"*Gemeinschaft und Gesellschaft*"(译为《共同体与社会》)中首次提出了"社区"一词,在他那里,社区是指那些有着相同价值取向、人口同质性较强的社会共同体。中文"社区"一词是由我国著名社会学家费孝通先生在20世纪30年代翻译过来的,并在其1948年发表的论文《二十年来之中国社区研究》后逐渐被大众所接受。

2.社区概念的界定

纵观社区百余种概念,大致可分为地域说、功能说、文化说等不同流派,尽管目前学界大多数学者都已认同社区姓"社"又姓"区"的综合论观点,但要真正给社区下个定义却实属不易。在下面,介绍两个具有代表性的概念。

(1)南京师范大学吴亦明教授的观点,他认为“社区是指聚集在一定地域内的个人、群体和组织在社会互动的基础上,依据一定的社会文化规范结合而成的社会生活共同体”①。

(2)华东理工大学徐永祥教授的观点,他认为“社区是指一定数量居民组成的、具有内在互动关系和文化维系力的地域性的生活共同体”②。

之所以认为上述两者观点具有代表性,其主要理由是它们符合“社区综合论”的发展趋势,抓住了社区的本质属性,即地域、人口、组织结构和文化四个基本要素。在这四个要素中,地域是社区的空间载体,人口是社区发展的主体要件,组织结构是社区成员的互动平台,而文化则是社区整合的精神纽带。

1)地域要素

作为一个微型的区域性社会,社区必然占据一定的地域,存在于一定的地理空间中。无论是自然形成的,如村落、居民点,还是行政划定的街道、行政村,都可以界定为范围不一的社区。但需要注意的是,社区的地理界限不能太大,应限制社区居民日常生活能发生互动或限定在能满足生活设施、组织结构可以发挥作用的范围之内。

2)人口要素

人是社区的主体,是社区的第一要素。一定规模的人口是社区存在的前提,社区的要义在于人,没有人口,地域再大,也不能称之为社区(如无人居住的大沙漠)。社区构成中的人口要素是指本区域内的居民(如租户),而非居民人口(如小区的保安)则应排除在外。

3)组织结构要素

社区组织结构主要指社区内部各种团体、组织之间的构成方式及其相互关系,它是社区成员进行互动的载体和平台,如果光有地域和人口,而没有社区居民的互动,那不能称之为真正意义上的社区。

4)文化要素

社区文化是社区得以存在和发展的内在要素,主要包括风俗习惯、社区公约、生活方式、社区意识等。这些要素在社区居民长期持续的互动中,逐渐形成了一种所谓的“文化维系力”,它是社区的黏合剂,是社区整合不可或缺的精神要件。因此,大力加强社区文化建设已成为目前社区工作中的一项重要任务。

上述社区构成的四个要素相互依赖、相互影响,是一个有机整体,任何一个地方只要具有这四个条件,就可以形成一个相对独立的社区。

8.1.2 社区的分类

虽然我们可以通过社区的四个构成要素去解读每一个社区,但不同的社区之间

① 吴亦明:《现代社区工作:一个专业社会工作的领域》,第44-47页。上海:上海人民出版社,2003。

② 徐永祥:《社区工作》,第8-10页。北京:高等教育出版社,2004。

却有着很大的不同。若要深入研究社区,还应当将不同的社区进行区分归类。

1. 社区分类的方法

社区分类的方法多种多样,概括来说,主要有以下几种划分方法①。

1)地域区分法

这是目前最常见的划分方法,它主要是根据地理条件和地理特征来划定的。据此,可将社区分为农村社区、集镇社区和城市社区3大类型。其中,农业社区又可分为山村农业社区、平原农业社区、高原农业社区等;而城市社区亦可分为沿海沿江社区、内陆型社区等。

2)功能区分法

这是目前比较流行的划分方法,它主要是根据社区特别强调或主导性的功能性特征来划定的。据此,可将社区分为经济社区、政治社区、文化社区、军事社区和其他特殊社区。

当然,社区的分类方法还有很多,如将社区分为板块型社区、小区型社区、单位型社区和功能型社区4种类型,至于采用哪种方法为宜,关键要看使用者的目的和用途,甚至可以根据自身需要创造性地进行分类。

2. 我国社区的3种基本类型

在目前社区的分类中,城市社区、集镇社区和农村社区的划分并不仅仅是地域区分法的功劳,它还融合了功能区分和文化区分的方法。所以,城市社区、集镇社区和农村社区3种不同类型社区的划分所依据的是一种综合的标准,因而它们是当代我国社区的3种基本类型。

1)城市社区

随着单位制的日趋瓦解,城市社区的地位逐渐凸显;随着政府管理重心的下移,城市社区的重要性日益显现。它是指在特定区域内,由从事非农业生产劳动的密集人口所组成的社区,具有人口密度大、异质性强、人际关系松散、组织形态和生活方式多样化等基本特征。

2)农村社区

而随着国家对"三农"问题的重视,随着政府"新农村建设"的深入,农村社区必将成为学界实务工作和学术研究的一个重要场域。它是指在特定区域内,由从事农业生产劳动的人口组成的社区,具有人口密度大、同质性强、人际交往以血缘和地缘为主、组织形态和生活方式相对单一的特点。

3)集镇社区

集镇,又名市镇或城镇,是介于城市与乡村之间的一个过渡区域。集镇社区即城镇社区,它是介于城市社区与农村社区之间的一种过渡型社区,兼有城市社区和农村社区的特点。

---

① 徐永祥:《社区工作》,第10-11页。北京:高等教育出版社,2004。

8.2 社区社会工作概述

社区是一个区域性的微型社会,是整个社会系统中的一个基本单元。它具有社会化、社会控制、社会参与、相互支持等多重功能①,因此以社区为对象的社区社会工作,其重要性就不言而喻了。

8.2.1 社区社会工作的基本概念

1. 社区社会工作的定义

由于社区概念的多样性,使得社会工作的定义也颇有争议。据 20 世纪 90 年代初的统计,学界提出的有关社区社会工作的定义多达几十种甚至上百种②。综合社区工作的各种界说,本书认为,社区社会工作是指以社区和社区居民为工作对象,合理运用专业知识和技能,注重培养居民自助互助的精神,充分调动和利用社区资源去解决或预防社区问题,提升社区福利水平的专业手法和过程。

2. 社区工作的相关概念

社区组织是指联系和统筹不同的区域性组织,共同为本地社区提供各种服务、满足社区多样化需求的一种组织活动③。"社区发展"的概念是美国社会学家 F. 法林顿在 1915 年的著作《社区发展:将小城镇建成更适合生活和经营的地方》中首次提及,但作为一个被广泛认知的概念,则是在 1955 年联合国社会局发表了《社会发展经由社区发展》后。尽管社区组织和社区发展的最终目的都是为了实现社区更好地发展,但是不同国家和地区在概念的理解和使用上却不尽相同。在北美地区(如美国、加拿大),通常使用"社区组织"来表达"社区工作"的意思,而"社区发展"则被视为社区工作中一种具体的工作模式;在英国、澳大利亚等国家,普遍使用"社区工作"的称谓,但在 19 世纪 80 年代后主流用语改为"社区社会工作";在我国香港地区,"社区工作"与"社区发展"同义,但以"社区发展"为正规用语;而在我国台湾地区,"社区工作"、"社区组织"和"社区发展"三者之间并无严格区分。

8.2.2 社区社会工作的发展历程

了解社区工作本身的发展历史,对于准确把握社区工作的内涵非常必要。但由于世界各国经济社会发展不同步,社区社会工作的发展历程不能一刀切,因此,在这里将从世界范围社区社会工作的发展历史、我国社区社会工作的发展历史来讲解。

1. 世界范围内社区社会工作发展简史

1)社区社会工作的早期发展

社区社会工作的产生与早期社会工作的产生紧密相关,早在社会救助制度发端

① 夏建中:《社区工作》,第 5 - 7 页。北京:中国人民大学出版社,2005。
② 王思斌:《社会工作概论》,第 115 页。北京:高等教育出版社,1999。
③ 夏建中:《社区工作》,第 11 页。北京:中国人民大学出版社,2005。

时，虽然还没有社区工作这一概念，但大量的福利性救助工作都是通过社区来实施的，而这些早期救助活动通常被认定为是专业社会工作的渊源，因此也可以将此作为社区社会工作的源头①。

基于这种认识，学术上把德国的汉堡制和爱尔伯福制、英美的慈善组织会社和社区睦邻运动当作社区社会工作的渊源②。

2）专业社区工作的发展

由于社会工作的专业化发端于个案工作，并一度深受精神分析理论的影响，所以专业社区工作在社会工作专业化初期遭受冷遇。第一次世界大战和19世纪30年代的全球经济危机的爆发，使社区社会工作开始受到重视。直到1939年《兰尼报告》的推出，社区社会工作逐渐被大家接受，并与个案社会工作、小组社会工作同列为社会工作的三大基本方法。之后，社区社会工作的课程建设、专业教育的发展进一步推动了社区工作的专业化进程③。

3）当代社区社会工作的发展

随着社区工作专业化的不断提升，社区工作在内容上和方向上都呈现出多元化趋势，如发展中国家的社区发展运动、美国的社区发展合作组织、英国的社区照顾、德国的邻里之家等④。除此以外，社区矫治、社区康复都是专业社区工作的新领域。

2. 我国大陆社区社会工作发展简史

我国是较早引入和研究社区理论的发展中国家，也是较早结合国情开展社区工作的发展中国家。在这里，暂且把社区社会工作在我国大陆的发展历史大致划为解放前、计划经济时期、改革开放后3个阶段。

1）解放前的社区社会工作

20世纪20—30年代，一批有识之士提出中国的发展要以农业带动工业，而农业的发展要从农民的文化教育入手，为此倡导并开展了著名的乡村建设运动。乡村建设运动可视为现代意义上我国专业社区工作的起点。

2）计划经济时期的社区工作

在计划经济时代，社区的管理和服务工作都是根据行政指令统一安排，社区的政治化和行政化程度极高。我国城乡基层社区并没有真正独立自由的社区工作，加之社会学在1952年被取消，使我国的专业社会工作被“强行断奶”，处于停滞状态甚至出现了倒退现象。

3）改革开放后的社区工作

改革开放后，随着经济体制的转变，我国社会发生了深刻而微妙的变化，加上

① 吴亦明：《现代社区工作：一个专业社会工作的领域》，第82页，上海：上海人民出版社，2003。
② 徐永祥：《社区工作》，第29页。北京：高等教育出版社，2004。
③ 夏建中：《社区工作》，第54页。北京：中国人民大学出版社，2005年。
④ 徐永祥：《社区工作》，33-39页。北京：高等教育出版社，2004。

1979 年社会学的恢复,专业社区工作在慢慢修补计划经济时代留下的“断层”。20 世纪 90 年代后,社区建设的开展和推广、社区直选的广泛实行,尤其是“和谐社区建设”和“新农村口号”的提出,给我国社区工作的发展提供了更为广阔的空间。2006 年 7 月,社会工作者被纳入了专业技术人才范畴,标志着我国社会工作包括社区工作的专业化进程将大大加快。同年 10 月,在党的十六届六中全会上提出了“建设宏大的社会工作人才队伍,造就一支结构合理、素质优良的社会工作人才队伍”①的口号,这充分预示了社会工作专业的春天来了。

8.3 社区社会工作的目标及其价值观

8.3.1 社区社会工作的目标分析

社区社会工作的目标是培养社区居民的互助合作精神,鼓励他们通过提高自身能力和素质去解决社区问题、满足社区需要,进而提高社区居民的生活质量、提升社区福利水平。

1. 社区社会工作目标的分类

1)国外学者的“两分法”

美国学者罗斯曼(Jack Rothman)从目标及其达成的角度将社区社会工作的目标分为“任务目标”和“过程目标”两大类。任务目标侧重于解决一些特定的社会问题,包括完成一件具体任务、满足某项社区需要,如维修下水管道、举办社区晚会等。而“过程目标”则注重培养社区居民的一般能力,包括建立社区组织的合作关系、居民参与社区事务的能力等。

20 世纪 80 年代,英国学者托马斯(D. N. Thomas)提出了另一个比较有影响的分类方法,他将社区社会工作的目标分为“分配资源”和“发展居民”两大类。资源分配的主要任务是合理而公平地配置社区的资源,以满足社区居民的需要,保证其合法权益。而居民发展的主要任务是努力增进社区居民间的交往,增强他们参与社区事务的能力,从而提升他们对社区的认同感和归属感②。

2)国内学者的“两分法”

国内一些学者将社区社会工作的目标分为终极目标和具体目标两大类,另一些学者将社区社会工作的目标分为总目标和分目标。这两种分类法,在本质上同属一类,都是按照总体目标和细分目标的思路划分的,虽不太学术化,但相对比较符合我国的国情。

---

① 中国共产党第十六届中央委员会第六次全体会议:《中共中央关于构建社会主义和谐社会若干重大问题的决定》,2006 年 10 月 11 日。

② 王思斌:《社会工作概论》,第 117 页。北京:高等教育出版社,1999 年。

2. 社区社会工作目标的实现

要实现社区工作的目标,就必须把握社区工作的基本原则并熟悉社区工作的一般过程。

1)社区社会工作的基本原则

在借鉴上述学者研究成果的基础上,结合我国的国情,总结出了5条社区社会工作的基本原则:①以人为本;②以社区整体发展为考量标准;③强调居民参与;④尊重社区自决;⑤因地制宜。

2)社区社会工作的一般过程

要顺利实现社区社会工作的目标,除了要严格遵循上述5个基本原则外,还应当熟悉社区社会实务的一般流程。从一线社区工作者长期的实务经验看,社区社会工作的过程通常可分为调查研究、制订计划、具体介入和评估总结4个阶段(如图8-1所示)。

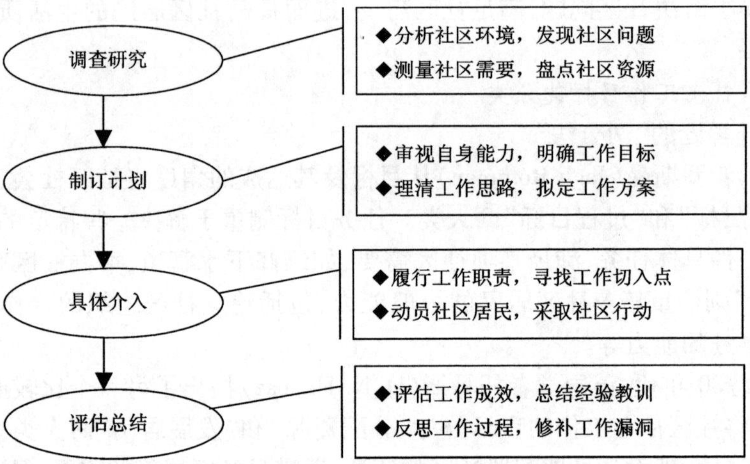

图8-1 社区社会工作的过程及主要任务

8.3.2 社区社会工作的价值观

社区工作的价值观对社区工作者来说是非常重要的,因为它既是社区工作实践的灵魂和方向,也是社区工作者投身于社区工作的主要动力和评判工作成效的主要标准①。社区社会工作是社会工作三大直接手法之一,所以它首先应当秉承社会工作的基本价值观。

1. 工作的基本价值观

社会工作价值观是社会工作的灵魂,是社会工作者持有的助人的观念。国际社会工作界将社会工作的基本价值观归纳为服务、社会公正、个人的尊严和价值、人际

① 夏建中:《社区工作》,第74页。北京:中国人民大学出版社,2005。

关系的重要性、诚信和能力6个方面①。

2. 社区社会工作的价值观

社会工作价值观与社区社会工作的价值观是一种一般与特殊的哲学关系。所以在社区社会工作领域内，除了要秉承社会工作的基本价值观，还应当秉持社区工作所特有的价值观②。

1）互助取向的助人服务

社区问题单靠社区工作者的个人能力、单凭社区居民的个人力量是很难解决的，因此，改善邻里关系、建立社区互助网络、增加居民社会资本便成为社区社会工作的一个重要目标。

2）集体取向的人的尊严和价值

社区工作是以"整个社区和全体居民"作为工作对象和介入单位的，它所关注的始终是由社区和社区居民组成的整体，所要达到的则是"集体充权"的目的。因此，当社区功能提升时，社区居民则实现了"集体充权"，即提升了每一个社区居民的尊严和价值。

3）制度取向的社会正义

制度取向的社会正义，非常重视社会制度对社会成员提供机会的平等和提供福利的责任，并认为个人的生活处境问题是社会不平等制度的产物或是社会变迁中某些负面因素的结果，并非个人所能控制的；所以通过国家制度和社会政策的调整是实现社区成员某些基本权利的重要途径。

4）民主取向的社会参与

通过民主参与，可以更准确地发现社区居民的真正需要；通过民主参与，可以使社区资源得到充分挖掘和利用；通过民主参与，能降低社区决策的风险。总之，通过民主的社区参与，能大大促进社区居民对他人和环境的关注，增强他们对社区的认同感和归属感。

5）集体行动取向的工作策略

由于社区问题的解决、社区需要的满足很难单靠个人的能量去完成，所以社区社会工作常常以集体行动的方式表现出来。

社区社会工作的价值观是社区工作实践的产物，随着时间条件和社会情境的改变而发展变化。但不管怎样，社区工作者在从事社区实务工作时，必须有一套专业的价值理念作为专业服务的指南。

---

① 社会工作者职业水平考试辅导教材编写组：《全国社会工作师职业水平考试辅导》（中级），第21页。北京：中国社会出版社，2008。

② 徐永祥：《社区工作》，第50－52页。北京：高等教育出版社，2004。

8.4 社区社会工作实务模式

社区社会工作的实务模式可分为过程模式和策略模式两大类。过程模式①只适用于低层面社区工作的用途，所以绝大多数学者都不太论及而把重点放在策略模式上；策略模式实际上并不是一套可以适用于不同场合及环境的模式，而是一套供社区工作者灵活使用的工作技巧②，其中最具代表性的就是罗斯曼在 1979 年提出的地区发展模式、社会策划模式和社会行动模式三大工作模式。

8.4.1 社区发展模式

罗斯曼认为，社区的变迁可以乐观地通过当地社区居民参与社区发展的目标决定和行动来实现。在这一理论假设下所形成的地区发展模式十分强调当地居民的团结合作、民主参与、自我组织和自力更生，其原型来自于联合国有关社区发展的文献。

1. 地区发展模式的概念

地区发展模式是指通过调动社区居民的参与、互助合作，再加上上级政府和外界机构组织的协助和支持，动员社区内外资源，解决社区问题，满足居民需求的一种工作模式。从其定义中，我们不难得出地区发展模式具有两大鲜明的特征：社区参与为主，外部援助为辅；人的素质培养重于物质环境建设。

2. 地区发展模式的目标

地区发展模式在实际运用中兼顾了社区硬件环境建设和社区居民发展双重目标，但特别指出，社区发展中人的培养比简单的物质环境的建设更为重要。也就是说，地区发展模式兼顾“任务目标”和“过程目标”，但以“过程目标”为主。所谓“任务目标”是指完成社区中具体的实质性工作或是解决具体的社区问题，而“过程目标”则是指在社区事务参与过程中，居民个体、人际关系、社区整体等得到发展和增强的目标。

3. 地区发展模式的策略

在罗斯曼那里，地区发展模式的基本策略是“让我们聚在一起商量”，即调动社区居民的积极性，让他们尽可能参与到决定他们需求、解决他们问题的事务上来。具体的策略如图 8-2 所示。

4. 地区发展模式下的实务技巧

地区发展模式是社区社会工作中主流的基本工作模式，同理，地区发展模式下的工作过程与方法也是社区工作者所需掌握的主要实务技能。在这里，我们把地区发

① 作者注：过程模式把社区工作的整个过程分为开始、中段和结果 3 个阶段，认为每个阶段都有自己独特的目的、工作方法和作用，所以要根据不同的阶段来决定具体的工作内容。

② 周永新：《社会工作学新论》，第 143 页。中国香港：商务印书馆，1994 年。

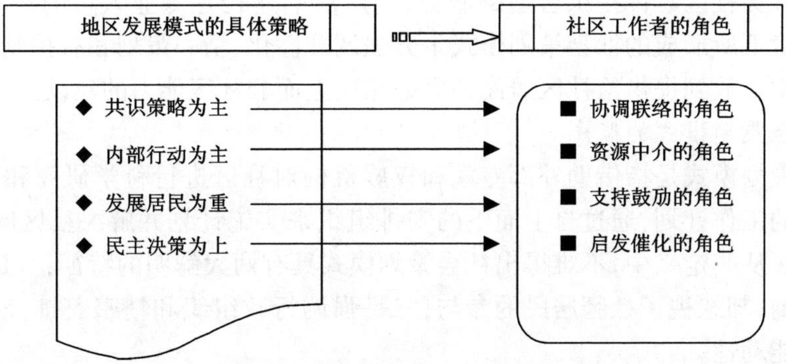

图 8-2 地区发展模式的策略与社区工作者的角色

展模式下的实务技巧分为以下 4 个部分来讲解①。

1)进入社区阶段的技巧

这一阶段社区工作者的主要任务是熟悉社区环境,体验社区生活,让社区居民了解你的工作任务和目的并与之建立初步信任关系。为此,社区工作者可以通过拜访社区关键人物、参加社区公共活动、介入社区公共问题等方法快速融入当地社区。

2)社区调查研究的技巧

在这一阶段,社区工作者的主要任务有社区环境和社区资源的分析、社区问题的发现与界定、社区工作计划的制定等。为此,社区工作者可以通过社会调查方法来分析社区,运用社区理论来界定问题等。

3)发展居民组织的技巧

在这一阶段,社区工作者的主要任务是将广大社区居民发动起来、通过建立社区自治组织的方式把居民有效地组织起来。为此,社区工作者必须合理设计居民组织的组织结构并做好工作分配、居民激励、领袖培养、资金筹集、公共关系等基础性工作以保证居民组织的正常运转。

4)社区项目管理的技巧

尽管地区发展模式是以过程目标为导向的,但社区问题的解决、社区居民的发展都离不开一个个具体的工作项目,因此掌握社区项目管理的基本技巧是社区工作者的一项基本技能。项目管理的技巧主要包括项目策划技巧、项目基金筹集技巧、项目执行技巧以及项目的评估技巧等。

8.4.2 社会策划模式

在罗斯曼看来,社区问题的产生源于社区缺乏制定和实施科学计划的能力,只有专业的策划者运用专业的知识和技术才能制定合理的社区发展计划,引导复杂的社

① 徐永祥:《社区工作》,第 83 – 91 页。北京:高等教育出版社,2004。

会变迁过程为社区居民提供合适的服务,而解决的途径是专业人员的参与①。在这一理论假设下所形成的社会策划模式十分强调理性化、精心策划和有控制的变化,并把关注的重点放到提供给社区居民的服务品质上而非社区能力的建设。

1. 社会策划模式的概念

社会策划模式是指借助外部专家和权威机构对社区进行科学研究和论证,选出一个最优的工作计划,通过自上而下的安排组织来实施计划并解决社区问题的一种工作模式。从其定义中,不难得出社会策划模式具有两大鲜明的特征:一是强调科学理性的规划,却忽视了社区居民的参与;二是强调行政组织和精密安排,却忽视了社区居民的能动性。

2. 社会策划模式的目标

从上述基本概念中不难看出,社会策划模式把社区工作的焦点对准社区中的具体任务和具体问题的解决,如社区救助、社区安全等。可见,这一模式重视"任务目标"胜于"过程目标"。在西方国家,社区社会策划主要是指针对社区存在的社会问题,评估需求和目标,然后设计提供具体的社会服务项目来满足社区居民的需求;而我国的城市社区规划不但包括社会服务项目的规划,还包括社区建设范围、社区组织建设、社区运作机制、社区服务等几方面的规划建设②。

3. 社会策划模式的策略

在罗斯曼那里,社会策划发展模式的基本策略是"让我们获得事实真相并采取合乎逻辑的下一步",即借助专业人员的专业技能去收集相关资料,采取严格的逻辑步骤,进而设计出合理可行的服务方案。从社会策划过程的角度出发,我们可以将社会策划模式的策略简单地分为决策策略和实务策略两种。

1)决策策略

决策策略的具体方法有3种:第一种是由西蒙提出的有限理性决策;第二种是由林德布洛姆提出的渐进主义决策;第三种是由德罗尔提出的综合决策或艾兹奥尼提出的综视决策③。

2)实务策略

实务策略的具体方法可分两类:一是技术性措施,包括调查社区问题、收集资料、选择最优方案以及方案的执行、监督与评估等;二是社会关系措施,根据社区工作实际情况的不同可选择冲突性措施(如游说、谈判、示威等)或共识性措施(协商、沟通、合作等)。

4. 社会策划模式下的实务技巧

社会策划是一个技术含量很高的过程,这一过程通常由情境分析、计划制定、项

① 夏建中:《社区工作》,第101页。北京:中国人民大学出版社,2005。
② 徐永祥:《社区工作》,第100-102页。北京:高等教育出版社,2004。
③ 张　曙:《社会工作行政》,第103-105页。北京:社会科学文献出版社,2002。

目执行、方案评估四个步骤构成(如图 8-3)。而每一个步骤都有其特殊的方法与技巧,所以,我们这里把社会策划发展模式下的实务技巧分为以下 4 个部分来讲解。

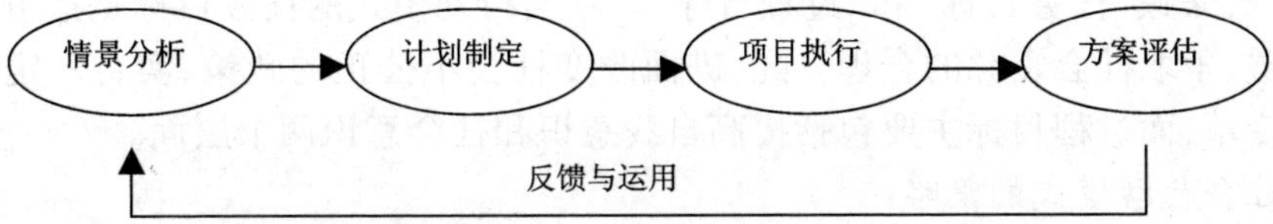

图 8-3 社会策划的一般过程

1)情景分析技巧

情景分析主要包含认清自己和认清社区两个层面。认清自己,就必须对自己的能力和社工机构的资源进行合理估量,而认清社区则要求广泛收集资料以了解社区问题的成因、性质与严重程度,并通过摸底调查盘点社区的可利用资源,从而初步理清解决社区问题的思路。

2)计划制定技巧

一个完整的社区工作计划一般由服务目标、服务对象、介入步骤、经费预算、备用方案等几个要素组成。这一阶段的主要技巧有:通过社区问题的描述确立一个切实可行的目标,通过社区问题的影响范围界定社区服务方案的对象,通过效率、效果、重要性等指标筛选最佳介入策略,通过方案预算法或零基预算法做出合理的经费预算等技巧。

3)项目执行技巧

社会策划模式重视的主要是"结果目标",所以社区服务项目的执行非常关键。这一环节的主要工作技巧有:通过线性责任图(LRC)来合理分配任务,通过三时估算法、甘特图等方法进行时间管理,通过鱼骨分析法来监督项目执行过程等。

4)方案评估技巧

在具体的评估工作中,应掌握评估指标体系的设计、评估工作流程的安排、评估报告的撰写等技巧来保证社区服务方案评估的科学性和公正性。

8.4.3 社会行动模式

罗斯曼认为,很多社区问题产生的根源是现有制度不公引起的利益冲突。而这种冲突很难利用正规途径和温和方式来解决,因此,想要实现社会公平和公正,那必须通过集体行动来争取和维护自身的合法权益。

1. 社会行动模式的概念

社会行动模式是指发动和组织社区居民,通过抗争的策略来争取和维护社会弱者的合法权益、改变社会结构和制度、促进社会公平和正义的一种工作模式。从其定义中,不难得出社会行动模式具有两大鲜明的特征:一是采取马克思主义的行动策略;二是关注社会公平和正义的价值理念。

2. 社会行动模式的目标

社会行动模式在实际运用中既关注实际利益的争取，也关心社区居民能力和意识的提升，兼顾"任务目标"和"过程目标"。社会行动模式的任务目标是指争取自身合法权益、争取社会资源的合理分配，进而改变社会不公正的政策、实行一定程度上的社会变革，而过程目标主要包括提高自我意识和社会意识两个层面。

3. 社会行动模式的策略

在罗斯曼那里，社会行动模式的基本策略是"让我们组织起来对反抗我们的压迫者"，即发动社区居民组织起来，针对社区中存在的社会问题，通过抗争的策略来维护自身的合法权益。抗争的策略具体有以下 4 种形式①。

1）对话性行动

对话性行动是社会行动的首选策略，也是最温和的社会行动策略。它是在认可当权者合法地位、信任对方的前提下进行的，问题的解决也都是在现有的组织框架内进行的。对话性行动的主要形式有游说、请愿、谈判协调等。

2）抗议性行动

抗议性行动主要是用特别的或建制以外的方法表达和处理问题，目的在于吸引媒体和社会关注，制造社会舆论压力，以此来向当权者施加压力并迫使其作出让步。抗议性行动的主要形式有游行、集会、静坐、媒体曝光等。

3）对抗性行动

对抗性行动一般是通过集体行动直接影响当权者的利益，或者使他们不能正常运作，或者使他们有所损失，进而逼迫他们重新开启对话。在我国，它的主要表现形式有罢工、怠工、拖欠或拒交等。

4）暴力性行动

暴力性行动通常是情急之举，不得已而为之，具有很高的风险性和破坏性。这类行动在我国较少出现，主要形式有投掷石块、挥动棍棒等。

4. 社会行动模式下的实务技巧

社会行动的过程通常可分为酝酿期、组织宣传期、行动期和总结期，因此社会行动模式的实务技巧也分下列 4 块。

1）酝酿期的技巧

这一阶段社区工作者的主要任务是进行初步的资料搜集，找出居民共同关注的问题，估量群众的反应及参与意愿，初步制定争取事件的目标并了解对手的反应。为此，社区工作者应当掌握社会调查和收集资料的基本方法、准确评估社区居民反应的技能、制定广泛认同的目标技巧等。

2）组织宣传期的技巧

组织宣传期的主要任务包括广泛宣传社区问题，召开居民会议，成立相应的组

---

① 徐永祥：《社区工作》，第 124－126 页。北京：高等教育出版社，2004。

织,制定争取的目标,统一步调、鼓舞士气。为此,社区工作者必须掌握召开居民会议的方法、物色集体行动骨干分子的能力、激发社区居民斗志的技巧等。

3)行动期的技巧

在具体行动过程中,社区工作者必须拥有统领集体行动的组织能力、掌控社会行动节奏和方向的方法、争取中间力量的技巧、开展公关活动和处理突发事件的能力等。

4)总结期的技巧

总结期的任务很明确,就是全面审视行动的过程,改善行动中存在的问题与不足。因此,社区工作者必须具有客观评价整个行动得失的能力、找到行动成败原因的方法、积极筹划开展后续行动的技巧等。

值得一提的是,罗斯曼的三大模式是实践中概括出来的理论模型,作为社区社会工作者应该认识到这些模式之间的关系并根据社区的具体情况加以灵活运用,切不可过分依赖某一个模式而排斥其他模式①。

8.5 社区社会工作的介入过程

社区社会工作具有很强的实践性,它是社会工作者参与社区社会事务、解决社区问题、发展社区居民的一个专业工作过程。这一过程大致可分为专业关系建立、社区资料收集、社区计划拟定、实际问题介入和工作成效评估5个阶段。

8.5.1 建立初步的专业关系

建立初步的专业关系是社区工作介入过程的第一步,它要求社区社会工作者在做好充分准备的前提下,与社区成员建立起的富有建设性的关系。

1.做好各种准备工作

俗话说得好,"有备无患",只有作好了充分准备,才能应对各种可能发生的事件。在这里,主要的准备工作包含"心理准备"和"专业准备"两个层面。

1)心理准备

在我国,社区社会工作往往被等同于"居委会的工作",社会地位较低、经济收入也偏低,加上工作本身不容易产生成就感,所以社区社会工作者首先要过心理关。

2)专业准备

社区社会工作者应当熟练掌握有关社区社会工作的专业理论和实务技能。相对于个案工作和小组工作而言,社区工作弹性大、没有明确的套路,难度高,加之工作涉及面宽、工作责任重,所以社区社会工作者必须拥有扎实的理论功底和过硬的专业技能。

---

① 周 沛:《社区社会工作》,第202页。北京:社会科学文献出版社,2002。

2. 建立富有建设性的关系

社区社会工作者进入社区后，首先要消除社区居民的疑虑和排斥心理，让他们知道“你是谁”、“来干什么的”；只有当得知你“和他们是一起的”、确保立场和利益与他们保持一致时，才能真正与之建立起富有建设性的专业关系。

1）告知社区居民“你的到来”

当陌生人进入一个社区后，居民们自然而然都有一种警惕和排斥心理，这是一种正常的心理现象。要消除这一现象，社区社会工作者就必须自报家门，向全体居民告知你的工作角色和工作职责，让他们明白“你对他们的价值和意义”，使自己尽快地融入到这个社区中去。

2）建立建设性的专业关系

当社区居民明白社区社会工作者不但不与他们的实际利益相冲突，而且是来为社区、为他们服务时，他们很快就会接纳，把你当成自己人。所以，与社区居民建立起良好的专业关系十分必要。

8.5.2 收集社区资料

“没有调查就没有发言权”，资料收集的重点应适合社区居民的需要，因为如果所提供的服务不契合社区居民的需要，那么社区社会工作就会失去存在的价值和意义。因此，当务之急是如何准确把握社区居民的需要。

1. 识别社区需要的方法

英国约克大学社会工作行政学教授布兰德肖（Bradshaw）在1972年提出了4种不同的需要类型，即感觉到的需要、表达的（expressed needs）的需要、规范的（normative needs）的需要和比较性的需要。这4种需求几乎囊括了所有社区需求的类型，只要好好掌握就能准确识别出社区的需要。

2. 测量社区需求的视角

正确识别出社区的需要，仅仅回答了“需不需要”的问题，接下来社区工作者还必须弄清楚“需要什么”、“需要多少”等问题，即准确估算出社区需求的总量。由于总量具有量和质的双重规定性（如图8-4），所以社区需求总量应从量和质两个层面进行分析。

社区需求的总量 = 社区需求的数量 × 社区需求的质量

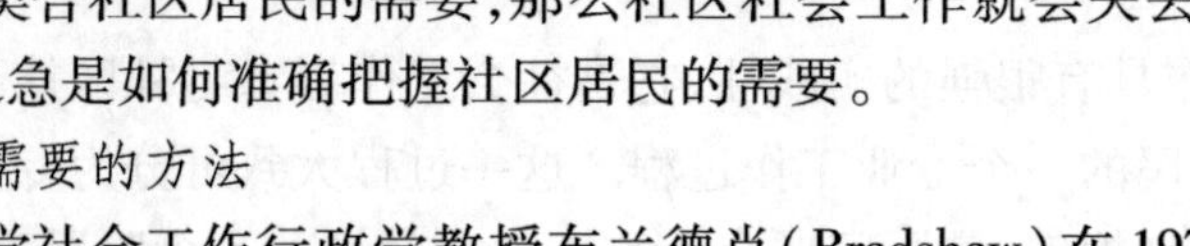

图8-4 社区需求的计算公式

8.5.3 拟定社区工作计划

当有关社区需求的资料收集完毕，就可以着手制订社区工作计划。一份完整的工作计划应包含名称、缘起、目标、主客体、任务分配、时间管理、经费预算、备用方案等。在这里,我们不再一一讲解,而是选择其中几个要素进行分析。

8.5.4 介入社区问题

在具体介入时,工作者应在遵循介入原则的前提下,准确把握社区问题的介入时机并灵活运用各种介入技巧。

1. 遵循社区问题的介入原则

社区工作者在介入社区问题时,应遵循 3 个基本原则:第一,介入的问题具有公共性质,这是由社区社会工作"注重全面利益原则"所决定的;第二,介入前应弄清社区问题的成因;第三,介入时要带动社区成员参与,这是由"强调社区自助"的工作原则决定的。

2. 把握社区问题的介入时机

准确把握社区问题的介入时机,是解决社区问题的一个关键步骤。介入时间不宜过早,也不宜太迟,因为介入过早剥夺了居民独立思考问题和单独解决问题的机会,也不利于触动更多的社区居民参与到社区问题的解决中来;而介入太迟往往会增加社区问题处理的难度,甚至会使更多的人遭受社区问题的负面影响。至于具体介入的时机则主要受问题性质、问题的严重程度等因素的影响,应综合考虑(参见图 8-7)。

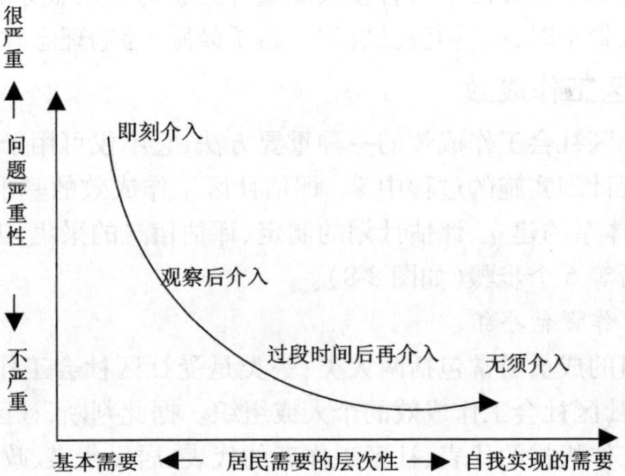

图 8-7 社区问题介入时机与其他因素的关系

3. 讲究社区问题的介入技巧

社区问题的处理在本质上是一个利用社区资源满足社区需要的过程,所以社区问题的介入技巧实际上就是社区资源的联结技巧。通常,社区资源可分为人力资源、物力资源、财力资源以及政策资源等,在这里我们重点讲述社区人力资源的挖掘和利用技巧。

(1)社区传媒的运用

社区媒体是一种在社区范围内传播和交流信息的媒介，常见的形式有社区报、社区板报(黑板报或布告栏)、社区广播、社区网站等。社区工作者在使用社区传媒时，应顾及社区内的人、财、物资源和居民接受信息的习惯方式①。

(2)社区会议的组织

社区会议的组织是社区工作者必备的一大技能。通常，社区会议可分为会前准备、会中主持、会后落实3个阶段(如表8-8)。

表8-8 社区会议的过程

步骤	任务	技巧
会前准备	安排会议内容、通知参加人员、准备会议资料、安排会议场地、会前接待和组织	会议内容契合社区焦点、会议人员的选择技巧、会议时间的考虑、场地安排的方便性
会中主持	掌握会议进程、突出会议主题、调解会场气氛、组织居民讨论	倾听、提问、引导、澄清、综合等技巧、注意非语言信息
会后落实	整理会议纪要、落实会议决定	会议决议的任务分配、会议决议落实情况通报

(3)社区骨干的培养

社区骨干是指那些在社区中具有较大能量并愿意为社区服务的核心人物。社区工作者在培养社区骨干时，应讲究提供机会、给予鼓励、灌输理念和养成习惯等技巧。

8.5.5 评估社区工作成效

评估是检验社区社会工作成效的一种重要方法，它不仅可用于社区工作结束后，也可用于社区发展计划实施的过程中②。评估社区工作成效的基本过程可分为评估小组的组建、评估体系的建立、评估计划的制定、评估信息的采集、工作成效的计算以及评估报告的撰写等6个步骤(如图8-8)。

1.组建社区工作评估小组

社区评估小组的成员通常包括两大类：一类是受社区社会工作影响的个人或组织；另一类是影响社区社会工作成效的个人或组织。据此判断，社区工作评估小组的成员一般由社会工作机构的代表、社区工作者的代表、居民代表、政府部门的代表、社区单位的代表构成。

2.建立社区工作评估体系

社区工作评估体系的建立是一个复杂的系统工程，它包含评估指标、指标权重和评估标准3部分内容。

---

① 徐永祥：《社区工作》，第195页。北京：高等教育出版社，2004。

② 朱眉华、文 军：《社会工作实务手册》，第119页。北京：社会科学文献出版社，2006。

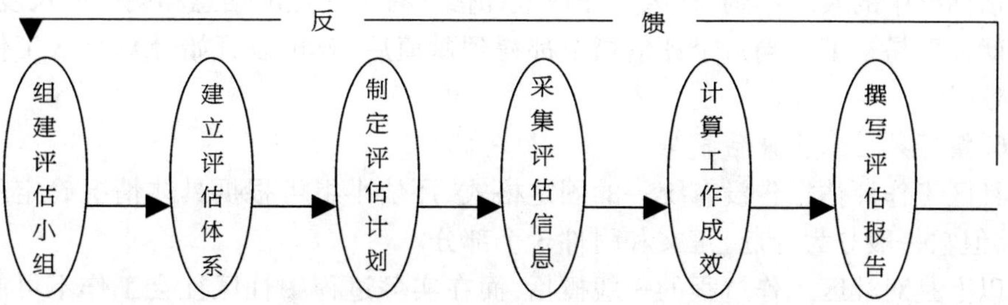

图 8-8　社区工作成效评估流程

1)社区工作评估指标的建立

社区工作成效的评估应从社区工作者的专业要求、社区工作的实际成绩和社区成员的反应3个模块入手。其中,对社区工作者的评价可以从知识、态度、技能3个方面设定指标,对社区工作成绩的评价可以从政府协助事务、社区自治事务两个维度去设定指标,而社区成员模块则可以从参与率、满意度两个层面去设定指标。

2)社区工作指标权重的设置

在社区工作指标权重的设置过程中,指标权重的大小应与其包含的信息量大小、可控性程度、敏感度高低成正比关系。至于社区工作成效指标的权重具体设为多少,可根据评估的目的和性质决定,但通常"社区工作成绩"板块的权重设得最高。

3)社区工作评估标准的制定

从社区工作成效评估的目标出发,先确定社会工作机构对社区工作者、社区工作业绩和社区成员反应的总体要求;再根据这3个模块不同的要求,分解出若干个基本的评估标准;然后制定相应的实施细则并细化为详细的评分标度,使每个指标的赋值都有根有据。

3. 制定社区工作评估计划

社区工作评估计划是为顺利完成评估任务而进行的系统的预测安排,它为具体评估活动如任务分配、时间安排、资源配置、成本费用提供了一条基线。一个完整的社区工作成效评估计划应包括任务陈述、目标分解、总体方法、任务进度、职责分配、资源清单、经费预算等7项内容。

4. 采集社区工作评估信息

常用的信息采集方法有实地考察法(以笔录、拍照、录像、录音等形式及时准确记录)、资料查阅法(如有关的会议记录、重大事件记载、历年考核材料等)、问卷调查法、访谈法(有电话访问、登门拜访、街头谈话等形式)、居民会议法等,由于不同方法各有所长,所以在实际运用时应学会配合使用。

5. 计算社区工作的成效

社区工作评估小组对采集到的信息做进一步的提炼和梳理,使社区工作评估的信息库与社区工作评估指标体系形成一一对应的关系,再借助信息库中的信息并对照评估标准中的实施细则，社区工作成效评估就有了充足的信息和明确的尺度，指标赋值就轻而易举了。当每个评估指标都得到赋值后，就可以开始计算社区工作的整体成效了。

6. 撰写社区工作评估报告

社区工作评估报告没有统一的固定格式，评估小组可根据具体情况确定所需的格式，但它一般分为缘起、正文和附件3个部分。

以上是对社区工作过程的一般概括，而在实务过程中社区社会工作不可能如此明确地划分为5个阶段，因为各个阶段的内容往往相互交叉、相互混合，因此，社区工作者在实际工作中不能死守固定的程序不放，而应学会灵活应用①。

① 吴亦明：《现代社区工作：一个专业社会工作的领域》，第201页。上海：上海人民出版社，2003。

9

社会工作行政与社会工作督导

社会工作行政和社会工作督导是间接的社会工作专业方法。不同于个案工作、团体工作、社区工作等直接工作方法,社会工作行政和督导不直接面对受助者,而是通过一定的行政程序和有效督导社会工作者的方法来促进专业社会工作的开展。社会工作行政就是社会工作机构制定、执行、实施社会政策,其目的是提高服务机构的工作效率及服务品质。社会工作督导则是社会工作培养人才,塑造适应专业要求的社会工作者的传统方法。

9.1 社会工作行政

社会工作行政是现代福利国家公共行政的一个重要组成部分,也是现代社会工作的专业方法之一。社会工作行政不直接面对工作对象,它是通过行政程序来实现社会服务的目标。在现代社会中,由于国家与政府在社会福利实施中的作用越来越大,社会工作行政在社会工作中的地位也越显重要。

9.1.1 社会工作行政的涵义和特征

1. 社会工作行政的涵义

社会工作行政(social work administration),又称为社会行政或社会福利行政,关于社会工作行政的概念,迄今为止在学术界并没有一个统一的观点。一些学者从不同的角度出发提出了自己的看法。

如作为最早把社会工作行政当作实务的学者之一的基德内(John C. Kidneigh)

认为“社会工作行政可称为转化社会政策成社会工作行政的过程。①”这一定义还包括利用转化社会政策成社会服务所获得的经验以建议修正社会政策的过程。因此，它是一种双向的过程：转化社会政策成为具体社会服务的过程以及利用经验以建议修正政策的过程。这一定义强调的是政策分析、策划、制定及实施。

斯宾塞则认为，社会工作行政是促成社区资源（人力和财力）转化为社区服务的过程。这个使资源转为服务的过程涉及委员会（或立法团）、行政官员、工作人员、志愿人员或赞助者不同程度的积极参与。社会工作行政涉及重大计划制定与目标形成，且不仅仅依据外部机构提供的计划去进行管理和运用资源。这一定义侧重于社会服务机构的内部管理②。

崔克尔（Harleigh B. Trecker）认为，社会工作行政是一个连续的行动过程，这一过程的运作是为达到共同的目标，在这一过程中要善于发掘并运用人力和物力资源，为实现共同目标必须运用协助与合作的方法，这是一个计划、组织和领导行政运行的过程③。

台湾学者白秀雄认为，社会工作行政一方面是政府公共行政的一个部门，另一方面作为社会工作的一种间接方法。就前者而言，它是指一个政府根据其立国理念和社会政策，顺应社会福利世界潮流，并参照当前社会需要与状况，所从事的有关社会福利的措施及活动，其目的在于发挥政府福利工作的功能，履行国家福利工作的责任，以保障人民的福利权和社会权（welfare/social rights）。就后者而言，社会工作行政作为社会工作的专业方法之一，它通过行政程序以确保服务的功效、实现社会福利的目标④。

总结上述学者的观点，我们可以看出，社会工作行政至少有3方面的作用：其一，进行有关社会福利的政策分析与策划，把社会的要求转化为可以运作的政策；其二，通过社会服务机构把社会政策转化为具体的服务过程；其三，运用行政学、管理学的方法与技术以提高社会服务机构的工作效率与服务品质。即是说，社会工作行政是把社会福利、社会保障政策转变为各种社会服务活动的程序。具体地说，就是通过各级政府的社会工作机构、国家与社会的福利保障单位、基层社区自治组织等的管理，把社会政策转化为社会服务活动，其中包括对各种团体、群众性社区组织和大量群众性社会工作活动的组织、领导、管理和提供服务，以使社会工作机构顺利实现工作目标，同时也确保其工作对象得到合格的服务。

综上所述，我们认为，社会工作行政是一种间接社会工作方法，其中，政府社会福利部门或社会服务机构根据社会福利的政策、立法或决策，按照一定程序将之转化为

---

① John C. Kidneigh, “Social work Administration – an area of social work practice?”, *Social Work Journal*, 1950 (4):58.

② 宋林飞主编：《社会工作概论》，第144页。南京：南京大学出版社，1994。

③ 王思斌：《社会工作概论》，第130页。北京：高等教育出版社，1998。

④ 白秀雄：《社会福利行政》，第22－23页。中国台湾：三民书局，1989。

实际服务;作为一个有诸多策略合成的过程,社会工作行政旨在保证政策对象的福利权利,发挥社会福利的功能①。

1958年伯恩斯(Burns)在国际社会工作会议所作的“社会工作是我们的承诺”的讲演中指出,有3个障碍使社会工作难以实现有关社会福利的诺言:①社会工作的技巧与知识(指直接社会工作的方法)很少能够影响福利服务的结构;②社会工作缺乏公共政策的影响力与政治权利;③社会工作没有提出明确的社会福利的观念。社会工作的目标如仅仅停留在个别案主的救治上,而忽视从根本上解决各种问题,那么其效果与影响显然是有限的。因此,对社会工作者来说,掌握传统的工作方法固然必要,但为了适应现代社会对社会工作的要求,还要注意的是加强计划方案设计以及社会政策分析方面的训练。

在现代社会,社会工作行政实施范围很广泛,凡是有关社会服务活动的地方都要运用社会工作行政的方法,如在我国大陆,民政、劳动、卫生、教育、司法、工会、青年团、妇联等机构的社会工作都要应用社会工作行政专业的方法与技术。

2.社会工作行政的特征

分析社会工作行政的特征可以从多个不同的角度考虑。

(1)社会工作行政在不同国家,甚至同一国家不同地区的发展也有所不同,其形式是多种多样的,这是社会工作行政的形态特征。

(2)作为“行政”管理,它与社会管理、公共行政相区别。王思斌教授对这三者的关系进行了如下概括:就涉及范围而言,社会管理是针对整个社会的,公共行政则涉及社会的公共领域,社会工作行政涉及的是所遇到的社会问题的一部分;就直接目标取向而言,社会管理追求整个社会的协调运行,公共行政关心的是全体公民的公共福利,社会工作行政关心的主要是社会弱势群体的合法利益;就其执行者来看,从事社会管理的是对整个社会运行负有责任的部门,如整个政府及其综合管理部门,公共行政的承担者是与公共福利有关的政府有关部门及其下属机构,社会工作行政责任的承担者是社会福利行政机关及其他社会福利机构②。

(3)由于社会工作行政的内容多涉及社会福利,其宗旨在于最大限度地使国家的社会政策能得到贯彻、落实。因而,其服务行为不存在营利的目的。非营利性并不意味着非经营性或无偿服务。社会福利服务同样应该是一种经营活动。社会福利机构的资金运作越成功,机构的经济实力越强,机构服务的受益人群越多。因此,非营利性的关键是看机构将资金做什么用以及怎样用。

(4)从方法层面看,社会工作行政服务在手段上具有专业性。作为社会工作专业方法之一,社会工作行政虽然不直接面对工作对象,但社会工作行政的执行者多带有社会工作者的特征,在具体实施福利服务时,更具有社会工作专业化的特点。它要

① 王思斌:《社会工作概论》,第201页。北京:高等教育出版社,1999。
② 王思斌:《社会工作概论》,第131页。北京:高等教育出版社,1999。

求有专门的社会工作团体及从事福利服务的机构，有公认的职业守则、执行的审核标准和证照制度，有专门从事社会工作教育的院校和实用的系列训练课程，有保证工作顺利进行的工作程序和必要的职业权利保障等。

9.1.2 社会工作行政的历史演变

社会福利与行政思想和制度起源都很早。就行政思想来说，西方社会的社会福利思想可以追溯到古希腊人的“幸福论”、古罗马人的“责任观念”以及希伯来人的“公正观念”。我国早在春秋战国时期，《礼记·礼运·大同篇》就提出了“大同社会”的理想，《周礼》则记载“保息六政（慈幼、养老、赈穷、恤贫、宽疾、安富）”之说，《管子》则有“九惠之教（老老、慈幼、恤孤、养疾、合独、问病、通穷、赈困、接绝）”的主张①。就制度层面来说，在资本主义出现以前是没有制度化的社会工作行政的，西方国家社会工作行政的起源可以追溯到1601年伊丽莎白《济贫法》，该《济贫法》的颁布可以看作是英国也是世界各国公共救助行政的起源。德国在工业革命后，也陆续推行了“汉堡制度”、“爱尔伯福制度”以及“新汉堡制度”等制度，促进了救济行政的发展。而在中国，汉宣帝时代所设置的“常平仓”和后来的“义仓”、“社仓”等，以及周代至清代的“保息荒政”、历代的“仓储制度”等措施，都是我国古代救济事业的重要制度安排。这些不同的救济措施可称为我国古代的救济行政。

西方以及中国古代的这些救济行政制度可被看作是社会工作行政的最早起源。但是，真正现代意义上的社会工作行政概念，则应该追溯到慈善组织会社和睦邻组织运动时期所发展出来的“机构间的合作”以及“社区组织”的概念，这些概念和组织形式是真正意义上的现代社会工作行政的雏形。

随着工业的发展和社会的进步，西方发达国家的贫困、失业、犯罪等问题日益严重。曾经在社会福利和社会救济中扮演主要角色的志愿性慈善团体无力应付新的社会危机，于是政府开始担负起急难救济的责任。政府通过立法和设立专门机构的方式广泛介入社会福利与社会保障领域，此后，政府成为社会福利与社会保障的主要力量。与此同时、社会观念也发生很大变化，公民的生存状况不再单纯是公民个人的私事，也不是社会民间志愿团体出于慈善的动机而进行的补偿性工作，社会保障与社会福利逐渐被看成是国家对公民应尽的义务，是公民应该享有的基本权利。由于社会工作与行政的关系越来越密切，作为间接社会工作方法的社会行政工作在社会工作中的地位与作用越来越大，并终于成为社会工作的一种重要方法。1914年，社会工作行政在美国首度成为社会工作学院学生的训练课程之一。1944年，美国社会工作教育协会课程委员会将社会福利行政作为训练学生的八门基本课程之一。1978年，美国社会工作教育协会提出将社会工作行政置于优先发展的地位，从而使社会工作行政方法受到前所未有的重视②。

---

① 范志海、阎更法：《社会工作行政》，第8页。上海：华东理工大学出版社，2004。

② 萧洪恩：《社会工作行政》，第19页。武汉：华中科技大学出版社，2005。

在我国，由于社会工作是一个新兴的专业，还相当不成熟，社会工作的专业人才普遍缺乏，社会福利方面的立法不够完善，社会福利机构严重不足。而且我国人口基数大，社会问题层出不穷。这些因素决定了我国社会工作专业教育培养的目标应更侧重于宏观方面，而不是治疗性的个人辅导方面。宏观工作包括政策分析与策划、政策与计划的制定、社会问题的研究、服务及机构的管理等，这些方面大多属于社会工作行政的范畴①。由此可见社会工作行政对我国社会工作专业发展的重要性。

9.1.3　社会工作行政的主要功能

关于社会工作行政的功能，从不同的角度出发有不同的认识方向。这里简单介绍两种认识角度。

很多学者认同将社会行政的功能分为3个层次来把握。

一是制度的层次。制度层次主要是宏观控制，这是建立社会福利体制方面的功能，即转化社会目标成为社会服务行动方案，其中包括认定社会福利需要，提出解决社会问题的方案，把社会方案转化成社会政策或设置特定的机构以处理特定的问题等。

二是管理的层次。这是行政管理方面的功能，其目标是提高效率与减少浪费，使人力、物力发挥最大的功效，其中包括资源的筹措与合理安排、具体机构组织与结构形态设计、一般原则的制定、人员的招募、训练与督导等。

三是技术的层次。这是专业服务提供方面的功能，其目标是提供优质的专业服务，其中包括确定机构的服务方案、提供与执行具体的服务项目，如个案转介、案主辅导、执行、评估工作成效、资金预算等。

张曙则提供了另外一种分析思路，她认为，社会工作行政的功能包括3个方面。即实施社会政策，进行有效管理以及总结经验、修订政策。她认为，社会政策原则和措施的实施，必须依赖于社会工作行政。其中包括解释社会政策，策划社会政策落实的具体方案，推动方案的实施，提供优质专业服务等。在这个过程中，必须对社会工作机构的服务活动进行有效组织、管理、协调和控制，以合理配置各种社会资源，督促社会服务进程，提高服务效率。同时，在社会政策的贯彻过程中，应根据实际情况，总结经验，对已有的各项政策进行修订和完善。而社会工作行政人员在执行实施政策的过程中，对社会服务实际情况如果有深人的了解，他们就具备了评价社会政策合理性与可行性的能力。因此，社会工作行政具有合理调整社会政策的功能②。

9.1.4　社会工作行政人员

社会工作行政同样是由社会工作人员实施的社会工作方法，社会行政人员一般是社会机构的领导者，他不直接提供服务，而是领导整个机构提供高质量的服务。所

① 张乐天：《社会工作概论》，第173页。上海：华东理工大学出版社，2005。
② 张　曙：《社会工作行政》，第11－12页。北京：社会科学文献出版社，2002。

以社会行政人员所提供的服务、所做的决定,对于受助者有很大的影响。所以,一个社会福利行政人员、必须具备相当的条件与能力,他不仅要具有社会工作方面的知识,同时也须具有行政学方面的知识。

美国全国社会工作者协会为社会福利行政人员制定了一个标准,认为他们应具备下列各项技术与能力:①事前有合乎实际的思考和计划;②评估某项计划的可行性;③考虑实行有无其他方式;④预估这一决策所带来的影响;⑤定出事情的轻重缓急;⑥做决定;⑦同时处理多重角色的工作;⑧维持个人的心理平衡;⑨了解官僚制度的功能及组织理论,并运用这一知识完成机构目标;⑩使其他人能发挥其个人及团体的特长,有效率地工作,并弥补其所受限制之处;⑪妥善运用权力及授予权力;⑫能有效地与他人沟通;⑬做事果断。①

由于社会工作行政人员担负着十分重要的职责。各国都很重视对社会行政人员的选拔和培养。社会工作行政人员要具备渊博的知识,其中包括有关机构目标、政策、服务及资源方面的知识,人类行为的知识,专业工作方法的知识,管理原则、过程及技术的知识,社会工作专业组织的知识,组织理论知识,有关评估过程及技术的知识等等。此外,社会行政人员还必须具有较高的道德修养,乐于为大众服务。

9.1.5 社会工作行政的一般内容

社会工作行政是一个系统的过程。社会行政的实施包括方案策划、组织、人员部署、领导、沟通与协调、督导与激励、公共关系与报告、资金运作、评估等内容。

1. 方案策划

任何福利机构的目标和政策的实施,都必须有综合性的研究分析和行动方案。方案策划就是行政机构工作人员依据部门或机构的目标,提出若干工作方案,并决定合适方案的过程。它是社会工作行政的首要任务,是保证工作成效、对资助者及公众负责以及激发工作者热情的重要手段。良好的方案应具备几个特征:①实际性,要以实事求是的精神进行实地调查和资料收集工作,不可凭主观臆造;②可行性,计划必须切合实际需要,切合能力,不可过高;③具体性,计划内容要具体确实,不可含混笼统;④明晰性,计划的文字要明白清晰,体系内容要完整,系统要分明;⑤适应性,计划要有弹性,以适应预测不到的一些情况变化;⑥整体性,计划必须成条理,有系统,不能支离破碎或冲突、矛盾。②

方案策划有一定的工作步骤。首先,整合上下需要,事先决定行动的主题。其次,内部工作者及外部专家整合各种信息,提供各种可行方案,并对其步骤和人力、财力、物力要求及时间要求、可能的正反效果等进行说明。所有工作者参与整个决策过程是提高方案成效的重要手段。最后,由主管人员或部门权衡各种方案的利弊,进行最终选择,确定实际运作方案。一般而言,集体决策是避免个人局限和保证方案效果

① 隋玉杰:《社会工作:理论、方法与实务》,第152页。北京:中国社会科学出版社,1996。

② 隋玉杰:《社会工作:理论、方法与实务》,第151页。北京:中国社会科学出版社,1996。

的有效手段。①

2. 组织

组织是指为了推行社会福利事务，对工作人员工作过程中的职权分配所形成的管辖体系，其目的在于分工合作，分层负责，以有效地发挥专业服务的实际功效，提供社会成员所需的服务。

3. 人事部署

人员部署是指包括社会福利机构中有关人员的约聘、任用、训练、进修及管理等人事政策的实施，使人尽其才，事尽其功，是落实工作方案、达成工作成效的体制准备。量才录用、人事最优结合、考训用结合和奖赏分明是人事部署应遵循的基本原则。在人事部署中，工作者的选择极为关键，一般而言，社会工作者应该具有智能、生活哲学、现实取向、动机、成长和改变能力、建立关系的能力等方面的优秀综合素质，需要专门的教育和训练。

4. 领导

领导是机构行政主管的职责，成功的领导者更应该有优秀的综合素质，他(她)应该有丰富的知识和技能、创造性的领袖才能、勇于面对和承担的胆识。领导者应该使工作人员对其充满信心，完全信赖，并乐意与其合作。领导者还必须熟悉专业方法，尊重工作人员的人格，经常与工作人员交换意见，改进工作方法、工作内容，并通过公平的考核与待遇，以获得工作人员对他的信赖。社会行政要采用民主方式的领导，以调动每个人的主观能动性，分工合作来为受助者提供最好的服务。

5. 沟通协调

沟通协调可以提高内在的行政效能。沟通旨在统一工作人员对机构目标、工作任务等方面的认识，是信息的传递、理解和反馈。沟通有领导者与所属人员间的垂直沟通，工作人员间相互的水平沟通以及双向沟通 3 种方式。清晰、完整、精确、具体和正确是沟通的五大要领。

协调就是使机构的各部门间，各工作人员间能分工合作，协同一致地达成机构的目标及任务。沟通是协调的前提，协调则是沟通的结果。沟通是思想上、意见上的共同了解，协调则是力求行动上的一致。社会工作机构在内部人员的协调方面，需要对每一位工作人员的职权有明确的划分，并树立权力与责任的限度。在对外与其他机构的协调方面，不但要避免机构之间的对立与冲突，或是职权与工作上的分歧，更要力求配合，集中力量以发挥最高的行政效率，促进整体的福利。

6. 督导与激励

督导是领导或管理人员对下属的工作给予指导、协调、强化和评价，是渗透了社会工作价值观、工作技能、人际关系、工作规范的综合性活动。资深工作人员通过个别或集体督导方式，对不很成熟的下属或新手进行示范、指导或启发，对比较成熟者

---

① 王思斌:《社会工作导论》，第 203 页。北京:高等教育出版社，2004。

给予适当辅导和支持，对相当成熟者由其自主完成工作，从而帮助工作者增加专业知识、提升专业态度、克服工作困难和强化心理能力。

激励就是激发员工动机，诱导其行为，发挥其潜力，满足工作者的成就需要、权利需要和归属需要。部门与机构可以设立恰当而具有挑战性的目标，激发员工的积极性；可以对某种理想行为进行奖励，以体现公平原则，并鼓励其重复此类行为，对其他人产生示范作用。货币、物质、荣誉、提升、学习机会等都是激励员工的有效形式。

7. 公共关系

社会工作机构想要增加一般民众对机构的认识，就需要搞好公共关系与宣传，以得到民众在物质上及精神上的支持。公共关系与宣传就是与其他服务机构、政府、媒体和大众进行积极联络。信息沟通、资源整合、经验分享、人员往来、媒体分布、居民大会等都是获得外来支持和强化外在资源的重要策略。提出报告是说明机构工作及做好公共关系的最有效办法。社会工作机构所提出的报告要根据有系统的记录、说明、统计及研究，并通过大众传播媒介向大众报道，使人们了解机构的价值。一个简明的报告，可获取社会大众对福利的关心、理解以及对社会服务项目的支持。

8. 资金运作

资金运作涉及经费募集、预算、会计和审计等方面的内容。

资金募集是社会服务机构的重要任务。与政府服务部门不同，社会服务机构的经费来源不稳定，经常需要募捐才能够得到足够经费。募捐有对内和对外两种形式，前者来自工作人员及其网络的捐助，后者需接触政府、组织、私人公司和大众群体。媒体宣传是提高募集效能的有效手段。

预算是指在一个时期内收支平衡的计划，它的功能是为个人或机构的财源加以运用支付及稽查。预算是行政计划中的重要项目，它包括良好的会计制度、年度账目、审核手段、经费分配与使用等。财会部应定期报告和说明有关预算和会计事项，求得工作机构及其人员的理解、支持和控制。审计就是对资金运作情况进行检查，从而对资助者、主管部门和公众有所交代。良好的会计制度是审计成功的有效保证。

9. 评估

评估就是机构行政人员、服务对象、主管部门和专家利用科学的评估技术，从多方面对社会工作行政进行评价和测量，对机构的各项方案、行政措施和执行情况等加以评定和审查的过程。

社会工作的评估实际上包括预估与评价两类。预估是事先的预测，而评估则是事后的总结。评估可分为对机构的评估和对服务方案与服务质量的评估3种。机构评估就是针对机构目标、立法授权、经费来源、行政结构、人员资格、服务对象的适当性等进行研究；对服务方案与服务质量的评估，也可以称为活动评估，就是用投入分析、过程分析和结果分析模式判断活动的合理性、成效及效率。所有评估工作都应使用专业技术与方法，使其具有客观性、公开性和切实性。但是由于服务项目的投入和产出很难用统一的指标计算，因此评估本身就是极其复杂和困难的。

9.1.6 社会福利行政体制

通过对世界上有代表性的一些国家进行全面考察和比较分析，社会福利行政体制大致可划分为以下5类。

(1)独立的社会福利行政体制，如澳大利亚和新西兰政府的社会保障部，菲律宾的社会服务和发展部，新加坡、瑞典和挪威的社会事务部等。

(2)社会福利行政与公共卫生行政合一的体制，如英国的卫生与社会保障部，法国的社会事务部，改革前的日本厚生省等。

(3)社会福利与劳工行政合一的体制，如德国的劳工与社会事务部，一些国家的劳工与社会保障部等。

(4)社会福利与劳工及其他公共行政合一的体制，如泰国的内政部，改革后的日本厚生劳动省等。

(5)分立的社会福利行政体制，如中国的社会福利行政体制①。

9.1.7 我国的社会工作行政研究

我国国内社会工作起步较晚，社会工作的职业化和专业化远未完成。就局部看，我国专业社会工作实践存在这样两种情况：一方面西方的社会工作理论很难指导中国的社会工作实务；另一方面中国社会工作者积累的很多鲜活经验没有被概括和提升。这种理论与实务分离的状况在我国的社会工作行政研究领域有充分的体现。目前国内对社会工作行政的研究，可以大致划分为以下3种形态。

(1)应用说。这种观点认为行政学与社会工作行政是一般与特殊的关系，社会工作行政是一般行政学原理的应用和发展。

(2)替代说。这种观点认为，社会工作行政人员的工作，与私营企业行政人员和经理并无分别，因此，可以用管理取代行政。

(3)范例说。这种观点认为，社会工作行政既不同于一般的行政管理，也不同于工商行政，社会工作行政是一种独特的“范例”或“范式”。作为一种行政范例或者一个新的研究领域，意味着社会工作行政既不同于一般的行政范畴，也迥异于工商行政，它有自己独特的内涵规定性。

9.2 社会工作督导

社会工作督导是一种间接的社会工作方法，是社会工作机构人力发展与人才培养的传统方法，也是社会工作机构服务质量的重要保证。它是由社会工作机构内资深的专门人员通过一种定期的、持续的督导程序，对新进人员或实习生传授专业服务

① 李迎生：《社会工作概论》，第212页。北京：中国人民大学出版社，2004。

的方法与技术,以增进工作人员的专业水平和专业技巧,确保服务受益人的权益和服务品质。

9.2.1 社会工作督导概念

社会工作督导一词来源于英文 supervision in social work。由于专业社会工作是有别于纯粹理论研究的操作性、应用性的专业,其专业技能的掌握与熟练应用,不能仅靠课堂教学。为了确保社会工作者能够适当、灵活地运用社会工作的理论、方法与技术,从而保证受助者从机构获得高标准的服务,社会工作专业一向重视督导工作。实际上,社会工作督导早在19世纪初已经开始,西方国家和我国港台地区社会工作专业发展的历程都充分说明了社会工作专业督导在培养合格的专业社会工作者过程中的重要性。通过师徒传承式的教育方式,督导者可以把社会工作的知识和技术有效地传授给新的社会工作者或实习生,使优秀的社会工作者前后相承,更好地完成机构的任务①。关于社会工作督导的概念,很多学者们从不同角度出发给出了自己的看法。

美国社会工作者协会在1965年出版的《社会工作百科全书》中对社会工作督导的定义是:"督导是社会工作的传统方法,通过这种方法将社会工作知识和技术从训练有素的工作者传授给新进者或学生②。"我国台湾廖荣利教授认为:"督导是社会工作专业训练的一种方法。它是由机构内知识渊博、经验丰富的专业工作者,对机构内的新的工作者,通过一种定期和持续的督导程序,传授专业服务的方法和技术,以增进工作人员的专业技巧,并确保对案主提供专业服务的素质。③"这两个定义表明了督导作为专业训练手段的作用。

威廉逊(Margaret Williamson)认为,"督导是一种程序,借助这种程序以对执行机构方案计划有直接职责的工作人员,由机构指定的专业工作者协助他依照他的需要来学习,协助他尽量运用他的知识和技术,协助他增进自己的能力,以便使他更有效地工作。"威廉逊的这一定义兼顾了督导的教育与行政功能。④

张乐天认为,社会工作督导是社会工作专业的一种辅助方法,通过督导者对新的社会工作者或实习生的监督指导,以提高其专业熟练程度,增强社会工作者的服务能力,提高社会工作及其专业教育的质量,切实保障服务对象的权益。⑤

上述学者的看法各有其角度和侧重点。总结这些观点,我们认为,社会工作督导是一种专门的社会工作方法或程序。它是通过督导者对被督导者的指导、督促,使被督导者能够更有效地运用专业知识和技能并按照专业伦理开展工作,以提高服务质

---

① 黄耀明:"浅析社会工作专业实习督导的角色定位与技巧",《社会工作(学术版)》,2006年第9期。

② National Association of Social Workers, *Encyclopedia of Social Work*, p. 785, New York: NASW, 1965.

③ 廖荣利:《助人专业的专业精神》,第37页。中国台湾:台湾青少年辅导中心,1975。

④ Quoted in Charles S. Leny, "The Ethics of Supervision", *Social Work*, Vol. 18, No. 2, March 1973, pp. 14 – 15.

⑤ 张乐天:《社会工作概论》,第187页。上海:华东理工大学出版社,2005。

量,保证服务取得预期的效果。①

9.2.2 社会工作督导的功能

社会工作督导的功能可以分为教育功能、行政功能和支持功能3个方面。社会工作督导的教育功能是督导最重要的功能,是指通过督导的过程提高社会工作专业人员的专业水平和从事实际社会工作的能力,培养高质量的社会工作专业人才。在督导的实践中,督导者对受督导者进行具体的指导和帮助,受督导者则通过自己的亲身实践更加深刻地理解了社会工作的原理、社会工作的价值和各项社会工作的政策,更好地掌握了社会工作的方法、技术以及社会工作的知识体系,更深入地了解了各种社会工作机构的运作方式,更近一步懂得了如何利用机构和社区中的资源去达到社会工作的目标。②

社会工作督导的行政功能是指通过督导的过程提高社会工作行政机构和实际工作人员的服务品质,确保服务质量。行政功能的目标主要在于保证受督导者能适宜地实施服务机构的政策及程序。从这个角度来说,督导本身就是社会工作行政机构中的一项职能。如:指导新来的社会工作者如何填表,如何写报告;让受督导者明白其职责所在及机构对他的期待;视其能力、特长、兴趣等分配工作。具体地说,行政的功能在于:①对工作的实施负责任;②工作上的联系、配合与沟通;③工作的分配;④发掘并运用各工作者的能力与经验;⑤对工作的实施作评价。

社会工作督导的支持功能是指由成熟的有经验的督导者给没有经验的新工作者以情绪上的支持与指导。新工作者在刚刚参与社会工作事务时常常会产生一些负面情绪,这些负面情绪一般包括以下方面。

焦虑。没有经验的工作者常常会因自己所知有限、技巧不足而感到不安。大半的工作者会承认他们这种难以胜任的感觉,少数人则无法面对这种焦虑不安,转而出现不适当的反应,逃避、惶恐、不向他人求教、企图独力强迫自己适应等。

依赖。由于新工作者缺乏经验与常识,因而便有向督导要求不断地支持,以增强信心与勇气的倾向。

幻想自己是好工作者。几乎每一位热忱却没有工作经验的工作者常幻想自己是个全能的工作者,要来拯救这些可怜人。如果督导者能够带领他渡过这种幻想,并接纳实际情况的各种限制,他便不会因挫折和幻灭而消沉,成为优秀的社会工作者。

督导者的指导与支持有助于工作者克服困扰和挫折,加强自我认识与了解,坚定对专业价值的认同,有助于工作者专业意识的确立和合作意识的培育,对于新工作者投身社会工作,树立敬业精神,成为成熟的社会工作者有着重要的意义。③

---

① 李迎生:《社会工作概论》,第240页。北京:中国人民大学出版社,2004。
② 张乐天:《社会工作概论》,第187页。上海:华东理工大学出版社,2004。
③ 隋玉杰:《社会工作:理论、方法与实务》,第163页。北京:中国社会科学出版社,1996。

9.2.3 督导者与受督导者

社会工作督导的最终目的在于促进专业发展与提高服务品质，督导工作就是督导者通过受督导者而间接作用于服务对象。从事督导工作的人员称为督导者，接受督导训练的人称为受督导者。督导是通过督导者与受督导者的互动实现的。

1. 督导者

所谓督导者就是社会工作机构中从事督导工作的人员，他的职责是实施对受督导者的督导工作。督导者必须受过充分的专业教育，必须具备相应的实际工作经验，尤其是要对督导的知识和技术有深入的认识。严格地说，督导者必须是一位合格的专业社会工作者、机构政策和措施的支持者、具有极强事业心的职业工作者，他更需要是一个能引导他人作有效学习的人。

作为一名合格的督导者，在督导过程中应担当教育者、协调者、支持者、同行者和评估者的角色。社会工作督导应该熟知机构的政策、熟知可以利用的各种资源以及有关条件的限制；应该对受督导者的感觉和反应十分敏感，以便在适当时候给受督导者提供帮助和指导；应该具有诊断技巧，能辨认每个受督导者的特长及其发展情形，并能配合这种发展情况适时给予协助；应该让工作者感到充满希望并抱有积极乐观的态度。在从事督导工作时，督导者应把督导的过程看作是一种教与学的双边交流过程，以平等的方式与受督导者交换意见与经验，建立良好的督导关系，使受督导者乐于接受各种新的知识和经验。与此同时，督导者要善于启发受督导者内在的学习动机和潜能，帮助受督导者学会寻找解决问题的各种方法。督导者的基本工作态度是真诚、信任、尊重与关怀。由于对督导者极高的要求，各国对督导者的资格条件都有严格规定。一般来说，除了有一定的学历与经验要求外，还需要接受专门的督导培训。

督导的基本原则有以下方面。

(1)把学习的程序当作一种教与学的双边交流关系，即教与学两方面以自由平等的方式交换意见和经验。

(2)认清学习并非一种间断性的活动，而是要受学习者早期生活经验的影响。

(3)所有学习多少都伴随着抗拒心理，因此督导者须经常采取支持性和教育性的态度。

(4)学习的行为犹如一个人的生命过程一样，是无止境的，因此督导者必须经常提醒受督导者持续学习的需要与价值。

(5)学习初期的经验影响很大，因此必须与受督导者建立良好的督导关系，使他能把学习当作一种愉快、负责和独立的行为。

(6)学习对受督导者来说是有内驱力的，不须他人过分控制或推动。督导者最大的职责在于如何启发和激励受督导者自我的原有内驱力①。

2. 受督导者

所谓受督导者就是在社会工作机构中接受督导训练的人员。他们在指定的督导者定期持续的指导之下,为受助者提供具有专业素质的服务或治疗。受督导者包括已接受过专业教育的新的社会工作者、正在接受专业教育的社会工作实习学生、未接受过专业教育的社会工作从业人员和非专业的志愿工作人员4类。对各类人员的督导是有所区别的,其中对专业工作者和实习学生的督导是社会工作督导的重点。传统的督导工作主要面对的就是第一类人员和第二类人员,但随着社会的发展和社会工作专业的不断成熟,后两类人员参与各项社会服务工作的人数增多,为适应现实需要和提高服务效果,对第三和第四类人员的督导也日益引起社会工作机构的重视。

社会工作机构强调对社会工作专业人员的督导需采取严谨的态度,其主要特点是行政责任比较重;监督的立场比较明确;期待较高且要求严格;使用专业知识和技术;要求受督导者自我负责并重视执行者的态度;增进受督导者的特殊兴趣和技能;较主动、负责和自立;确立专业意识和信念。

对实习学生的督导比较富有弹性和试验性,其主要特点是:教育性的责任较重,教导的立场较明确;期待较低且有收缩性;探索专业程序和方法;要求受督导者有初步的自我认识;重视学习、探索各种方法和技术;寻求专业意识和信念。

3. 社会工作督导的方法和程序

社会工作的督导在开始时主要采用个别督导方法,后来逐渐发展出其他的一些督导方法。一般来说,机构内可以使用的督导模式有5种,即个别督导模式、集体督导模式、个案咨询模式、同辈互动督导模式和部门整合督导模式。其中,个别督导模式、集体督导模式和同辈互动督导模式是最常用的3种方法。

(1)个别督导方法。个别督导是社会工作专业训练方法之一,它是由一位督导者对一位受督导者以面对面的方式进行指导的方法,其督导方式是定期进行讨论会谈。这种会谈往往是每周或每月举行1次,每次1~2小时,前后共要延续1至2年不等。会谈的内容主要是受督导者在为案主(个人、家庭、群体或社区)提供服务时遇到的各种专业程序和技术上的困难,同时也包括受督导者在业务学习、行政措施以及社会政策等方面遇到的难题。在督导过程中,督导者还可以向受督导者布置作业。

在讨论会谈的时候,受督导者以口头或书面的形式汇报最近一段时间的工作情况和出现的问题,督导者则给予指导与支持。在这一模式中,督导具有行政、教育与支持等多重功能,但教育功能是最重要的。督导者负责业务上的协助与沟通,以及对受督导者进行评价和考核。这一模式比较适用于新的或资历较浅的社会工作者,是机构培养成熟合格的社会工作者的主要方法。在督导过程中,督导者应采用引导的方式启发受督导者独立思考,主动探索各种不同的解决方法并做出适当的选择。

---

① 隋玉杰:《社会工作:理论、方法与实务》,第166页。北京:中国社会科学出版社,1996。

(2)集体督导方法。集体督导是社会工作专业训练的一种较新的方法。是一位督导者对数位受督导者的督导。集体督导由一位督导者与数位受督导者组成一个小组,定期举行小组讨论会。会议讨论的主要内容是各受督导者在专业服务过程中遇到的难题。在每次讨论中,由小组中的1至2名受督导者提供书面或口头的工作记录和讨论要点,然后督导者主持小组讨论,以深入了解有关情况和寻找解决的有效途径。这种模式的督导团队成员在所受训练或经验方面,应当同质性多于异质性,否则成员异质性太大,易使学习重心偏离机构目标。团体讨论式的教育功能,是这种模式所强调的。

集体督导方法适合于督导者少而受督导者较多的机构,是一种经济的督导方法。当然集体方式的督导也有其独特的优越性,如节约时间,较易于宣传机构的政策和功能,能够产生集体意识和行动,能促进工作者之间的互相学习和相互合作,能增进督导者的专业权威影响力,能通过群体互动达到增强工作者的自我认识和自我提高的效果等。

(3)同辈互动督导方法。同辈互动督导没有固定的督导者,一个团体中的所有成员都以同等地位参与督导和被督导。在这种督导团体中,所有成员都有他们各自缺乏和有待学习之处。同辈互动督导的主要方式是定期举行会议,每次会议都有一个主持人,他可以是工作团体的成员,也可以是一个行政人员,主持人只负责会议的进程。同辈督导会议讨论实际的社会工作进程以及遇到的各种困难和问题,交流个人的感受与困惑,集思广益,群策群力,最后形成团体决策。在这种督导方法中,人人都是教育者,又都是学习者。

同辈互动督导要求团体成员必须是成熟的、有经验的社会工作者。他们有能力讨论与分析个案,解决各种困难和问题,并对他们的个案担负主要的责任。① 不过,在大多数情况下,团队的决定仅供个别成员参照。这种督导团体与其他单位或机构的协调与沟通,是以这次会议的主持人为代表。这一点类似于团体决策程序及其实施的一般功能。

(4)个案咨询督导方法。个案咨询督导是由督导者扮演咨询者的角色,接受工作者的咨询服务要求的方式。这种方法通过不定期的咨询会议,对工作者所提出的业务或个人适应的问题,从事一问一答和共同思考方式的督导活动。

这种模式的督导内容以个案为主,在这种督导下,督导对工作者没有很大的约束力,工作者才是抉择的关键人物。对于略有经验的、调动新职位的工作者,或是职位升迁初期的工作者来说,这种督导模式最能达到事半功倍的效果。

(5)部门整合督导方法。部门整合督导是机构中一种比较特殊的督导方式,是由异质性大、研究领域不同的人员共同举行定期持续性的会议来进行咨询和督导。督导会议所讨论的事项是成员预先拟定讨论的,每个成员都可以视其需要提出议题。

---

① 张乐天:《社会工作概论》,第189-191页。上海:华东理工大学出版社,2004。

会议讨论的决议是由团队成员共同协商而成，而非个别成员的自我决定。这种督导会议的主持人，往往是一位行政领导，他不算是督导，也没有教育成员的责任。成员之间相互学习和贡献是这类会议的最大特色。①

社会工作督导的开展有一个大致程序，主要包括以下步骤。

(1)招聘有经验的督导者，并加以相关培训。

(2)设计督导工作程序和评估指标体系，以便有计划地开展督导工作，并评估督导的绩效。

(3)实施督导工作程序，建立和维持督导双方之间的沟通和反馈，对受督导者的行为随时加以指导与调控；同时，督导者也要加强和受督导者工作中相关机构工作人员的联系，给受督导者提供更多的发展机会。

(4)与受督导者一起回顾、总结督导过程，评估与检讨督导工作的效果。②

在此过程中，要保证督导工作有效实施，需要注意两点：首先要建立明确的督导制度与计划，对督导需要、督导目标要有相应分析，督导模式与方法一经确立，要如实地贯彻下去；其次，对督导者与受督导者要建立绩效评估体系，如明确评估督导的标准，对督导工作目标的完成情况、素质提升情况等要给以评估检讨。

9.2.4 中国的社会工作督导

督导是提高社会工作专业服务水平、培养具有实务工作能力的专业社会工作者的有效方法之一。社会工作发展比较成熟的国家对专业社会工作者都有严格的督导实习规定，以保证社会工作者的专业服务能力。而我国社会工作虽然已有十多年的发展历史，并且已有近200所高校设立社会工作专业，但实务督导一直是我国社会工作教育和实践中比较滞后的领域。

长期以来，我国社会工作专业实习和督导一直是社会工作教育和发展的薄弱环节。虽然许多高校的社会工作专业的学生以不同方式和程度到政府的社会福利机构和社会团体中开展了一些实习活动，但远远不能达到专业实习的标准和要求。这方面的原因有很多，如人力问题、经费困难、实习机构匮乏等。但不可否认，没有足够的合格的社会工作实习督导教师是专业实习难以开展的最重要原因之一。这一问题首先表现在督导教师数量很少，不能满足需求；其次是实习督导教师的素质难以保证，许多教师缺乏社会工作实务的经验，甚至欠缺基本的人际沟通技巧，他们往往不能给予学生正确的指导。而我国的工会、共青团、妇联组织、基金会和其他一些民间组织，就其工作性质来说只是“准社会服务机构”，这些机构中的部分工作人员虽然有丰富的工作经验，但其指导学生的方法是零散的、随意的，并且欠缺指导技巧和意识，加之有一些工作人员对自己的工作缺乏认识和应有的态度，其工作的方式反而会给实习的学生带来负面作用。这种情况极大地影响着社会工作专业人才的培养目标和规

① 隋玉杰：《社会工作：理论、方法与实务》，第165页。北京：中国社会科学出版社，1996。

② 朱眉华、文　军：《社会工作实务手册》，第132页。北京：社会科学文献出版社，2006。

格,尤其目前我国部分地方政府开始推行社会工作职业化,对社会工作专业化服务提出了更高的要求。

目前我国社会工作专业实践的督导仍然处在引入发达国家和地区督导模式的阶段。但是,发达国家和地区的社会工作专业实践督导模式是与当地的社会工作专业实践的处境相关的,是以专业化的社会工作服务机制为条件,是长期社会工作专业实践督导经验的总结。而我国社会工作专业实践的基本处境与西方明显不同,专业化的社会工作服务机构缺乏,服务对象的专业服务要求不明确,社会工作者的专业身份欠缺以及专业社会工作服务的稳定性不足等问题的存在导致我国社会工作督导在社会工作发展过程中所承担的任务和角色也不同于西方社会。在这种情况下,如何在学习发达国家和地区的社会工作专业督导经验的基础上,探寻并发展适合中国社会现状和社会工作发展需求的督导理论和模式,以提高我国社会工作专业服务的督导效果,已成为影响我国社会工作专业化发展的重要问题之一①。

附录:一个关于督导的案例

一、内容

一位实习中的男研究生正在帮助一位38岁的抑郁的多米尼加妇女。他试图用自我心理学的模式来帮助她。

实习生在他的过程记录里写道:"Diaz夫人带着她3岁的女儿来与我见面。我问一个个案助理能否在我与Diaz夫人谈话期间照看她的女儿,但个案助理并不乐意,他当着Diaz夫人的面与我争吵起来。在个案助理把我、Diaz夫人及其女儿留在接待室之后,会谈的过程得以开始。"

二、会谈过程

实习生:不用担心,Diaz夫人,事后我们两个会消除误会的。在父母会谈期间照顾好孩子是她的职责。我能对我已经观察到的一些事情谈一谈看法吗?

Diaz夫人:可以,当然可以。

实习生:你与我们两个的争吵无关,但你却仍然为所发生的事情内疚,是吗?

Diaz夫人:我不知道……,我只是莫名其妙地感到有责任。我感到对我丈夫的抑郁、对我妹妹的不幸负有责任,也对我妈妈的不幸有责任。

实习生:喔,你为这么多人负责,你的女儿、丈夫、母亲和妹妹。

Diaz夫人点头并露出勉强的微笑。

实习生:当你试图离开Diaz先生时,是谁在那一段时间支持你?

Diaz夫人:那个时候没有任何人……即使我妈妈来了,结果也只是数落一通我的过错,所以我继续与他生活在一起。

---

① 向 荣:"中国社会工作实习教育模式再探索——建立与完善实习基地及其督导制度",《云南高教研究》,2000年第2期。

实习生:那对你来说一定很艰难。

Diaz 夫人:是的,正是如此……从来没有人支持我,包括我的朋友。

实习生:你的朋友关系如何?

Diaz 夫人:我的朋友们就像我的妹妹们一样,她们都与丈夫和孩子之间存在这些问题,她们也需要帮助。

实习生:听起来你好像是所有人的妈妈,因此负担过重。我能理解你的感觉,实际上当你走进会谈室的时候,我能感觉到你沉重的压力。

Diaz 夫人:我是所有人的妈妈。

实习生:人不应该有那样的感觉,特别是当你拥有这么多优点的时候。

Diaz 夫人:我不觉得我有任何优点。

实习生:你曾说过你的妈妈总是大喊大叫地让你收拾房间,即使你已经做了很多,是吗?你的住房看起来很漂亮。

Diaz 夫人:是的,她想让我成为完美无缺的多米尼加家庭主妇,而我的丈夫盯着墙整天无所事事。

实习生:所以你被期望为家庭做所有的事情,而你的丈夫却整天游手好闲。

Diaz 夫人:是的,我打算不再继续下去了。

实习生:我认为今天我们正在达到某个目的。

Diaz 夫人:(哭)没有人能帮助我。

实习生:我能理解这对你来说一定是十分烦恼的。你爱你的母亲,但当你需要她的时候她并不总是能帮助你。

Diaz 夫人:是的,她根本就不帮我。她把我的妹妹们和我留给我的堂兄,而她自己去纽约追寻她的梦想。

实习生:这样的母亲,你认为她是杰出的、很好的、好的,还是差的?

Diaz 夫人:我爱我母亲,她不是一个坏人……她只是……嗯,她不是很好……总是寄钱回来,因此我们有吃的和穿的,但是当我需要她的帮助时却得不到她的帮助。

实习生:那一定使你愤怒。

实习生(继续):对你来说一定很困难。在以后的两三个星期里,除了集中于日间照顾和工作训练,我们能谈论一下你和你双亲的关系是怎样影响你的其他关系的吗?

在会谈结束以后,实习生反思了这一过程,向他的督导提出了一些问题。

(1)我为个案助理当着 Diaz 夫人的面和我争吵而感到难堪,这使我不知所措并一度忘记了我正在为 Diaz 夫人使用自我心理学模式。我应该怎样在自我心理学框架的范围内处理这个问题呢?

(2)我担心 Diaz 夫人怎样看我。我是一个男性实习生,具有白人的优势。而她是一位拉丁美洲移民,一位贫穷的妇女。她与其丈夫的关系存在问题,她说她的丈夫虐待她。我应该与她处理有关性别与文化的问题吗?我能在自我心理学模式内做到这一点吗？或者我仍然没有摆脱自己的焦虑而没有集中精神去理解 Diaz 夫人？

(3) Diaz 夫人因为她妈妈早年的外出以及她所认为的被遗弃的经历而受到伤害，我因为有一些早年被遗弃的问题。当 Diaz 夫人谈论这件事的时候，我觉得与她十分相似。我担心我会超越边界，因为我非常认同她的挣扎。您怎么想？您认为我怎样才能不超越边界？

督导针对性地给出了一些问题要求实习生进行思考。

(1) 自我心理学是实务工作中一个非常好的模式，因为它演示了投入的使用。但是，你是凭直觉选择了这一理论还是在掌握某些根据的基础上选择这一理论的？

(2) 在会谈的过程中，你在大多数时间里都是高度投入的。你能够辨别在会谈的过程中你从一段投入反应时间向另一段介入时间的转换吗？你知道你在转换过程中的思想和感受吗？你怎样继续保持投入？

(3) 你在会谈的过程中说要提升 Diaz 夫人的自尊。你能思考一下怎样在自我心理学的框架内达到这一目的吗？

(4) 提出性别和文化的问题会对你的案主有什么样的帮助？你怎样看待在她的文化背景中她对婚姻的期望。

(5) 你是否开始思考怎样评估你的实务介入？

(6) 让我们就你所关心的边界问题作详细的交谈。

第三篇

社会工作实务

10 儿童和青少年社会工作

儿童和青少年时期是人格形成、心理发展、社会化、性成熟等人生的重要阶段,在生理、心理、人格和社会化等方面体现出特殊性,面临各种个人和家庭无力解决的问题。社会工作者十分重视运用专业方法干预儿童和青少年发展中面临的各种问题,倡导和促进形成有利于儿童和青少年健康发展的社会环境。

10.1 儿童社会工作

儿童是国家的未来,儿童的健康成长关系到国家的前途和命运。我国人口占世界人口的五分之一,儿童数量居世界首位。做好儿童社会工作,对促进人类进步、维护世界和平具有深远的意义。

10.1.1 儿童社会工作概述

1. 儿童社会工作概念及特征

在很大程度上,儿童社会工作就是儿童社会福利工作。

广义上看,儿童福利是指国家和地方政府为促进儿童健康成长所采取的一切措施,包括文教、卫生、医疗、保健、体育、娱乐、社区、家庭保障、儿童权益保护等方方面面;狭义上看,则专指对于家庭或父母无能力抚养和有各种问题的儿童所做的一些救助或保护措施,即对孤儿、残疾儿、流浪儿、弃婴、受虐待儿童、情绪或行为偏差儿童等的公共救助和保护。

广义的儿童福利是社会福利的一部分。旨在保护儿童的权益,其内容涵盖了以下方面:①能增进儿童健全发展的各种措施;②能防范危害儿童发展因素的预防和保护措施;③能保障儿童福利的措施;④能协助儿童处理成长和适应过程中的难题的措施;⑤能促成儿童发展潜能的措施。这是一种积极的儿童福利工作,它充分运用了一切能促进儿童发展的各项个人和环境的资源。为了实现这种儿童福利,除了要建立一种有利于儿童的社会福利政策外,更重要的是在儿童福利服务中,要有社会工作的专业服务。因为只有充分运用社会工作的专业方法与技术,才能确保儿童福利服务的功效。

狭义的儿童福利是一种事后的补救性工作,多采用机构服务的方式解决儿童所遇到的问题,较为消极。

儿童福利包括10项较具体的经常性服务活动。①

(1)为儿童提供家庭内的服务,包括为儿童的家庭成员或亲属提供身体、情绪或精神方面的服务,或为儿童经济方面和社会方面的不幸及人际关系欠佳提供调适服务。这些均会影响儿童的成长。

(2)调查与儿童福利服务有关的需求与问题,或评估服务的功效。

(3)为被忽略或被虐待儿童提供保护性的个案工作服务。

(4)为有犯罪倾向的儿童提供预防性服务。尤其注意协调社区中的人对儿童和少年的需要进行调查研究,并推动社区儿童问题组织的工作并促成社区群众参与这一服务。

(5)提供寄养服务,使一些儿童能暂时或长期从原有家庭或机构中移居寄养家庭寄养。

(6)提供收养服务,使一些儿童能长久离开原有家庭或教养机构。

(7)与学校和法庭合作,为行为偏差儿童提供专业或矫冶服务。

(8)建立社区和儿童辅导机构,为儿童及其家庭提供辅导服务。

(9)为未婚母亲提供服务并保护父母离婚的儿童的福利。

(10)从事公共关系工作,并向有关方面解释儿童福利与服务的需求。

2. 儿童社会工作的发展阶段

儿童社会工作的主要发展时期是在20世纪初。许多专家及政府官员一致认为,儿童的教育和保护工作,不仅是家庭的责任,也是整个国家的责任,政府及私人机构不但要对不幸儿童予以救济,对于一般儿童也应该关注,使他们能健全地发展。英美等国都采取了一些积极措施,如制订保护儿童的法令等。联合国成立后,附设有儿童基金会组织,经常协助各国推行儿童福利工作。

10.1.2 儿童社会工作的基本内容

1. 一般儿童的社会工作

一般儿童的社会工作是指以全体儿童为对象的社会工作,其工作范围主要有以下几点。

1)推动有关儿童的立法

儿童福利服务有赖于政府资金及人力上的投入,因此儿童社会工作的重要任务

---

① 隋玉杰:《社会工作——理论、方法与实务》,第207页。北京:中国社会科学出版社,1996。

是积极推动政府在儿童福利、儿童权益保护方面的立法，敦促政府在儿童营养、卫生保健等方面增加投入，并积极为政府出谋划策，提出更多关于儿童福利方面的建议和意见。

2)儿童的养育和保健

儿童的养育主要是指在饮食喂养、合理营养、居住环境、托儿设施等各个方面对儿童更完善、更全面和更科学的抚养和培育。儿童的保健主要包括两部分：一是妇婴保健，即通过多种努力，减少婴儿死亡率；二是学校卫生工作，即通过健康检查、身体缺点的锻炼及矫治、传染病的预防、健康教育等方法促进儿童健康发育成长，减少疾病的发生，全面提高其身体素质。

3)儿童的教育和照顾

教育是儿童社会工作最重要的内容之一。要达成对儿童的全面教育这一目标，儿童社会工作需要从多方面努力：宣传、推动、监督义务教育法的落实，让更多的孩子受到教育；运用、动员社会力量帮助失学儿童重返课堂；普及家庭教育的科学知识，提高家庭教育的质量；宣传现代化的教育思想，提高全社会的教育意识和教育思想水平。

儿童照顾是指在家庭、托儿所、幼儿园、学校等环境中给予儿童在生活、学习、成长等各方面的呵护和关怀。

4)对儿童权益的保护

儿童有不同于其他社会群体的特殊利益需要保护，而且因为未成年，他们自我保护的能力很差，就更需要社会予以特殊的保护。这主要体现在两方面：一是要保护他们的合法权益，如生命权、被抚养权、优先救济权等；二是要保护他们的健康成长，除了要引导他们健康成长为社会合格的人才外，更要教会孩子自我保护，提高儿童自我保护能力的方法。

2.特殊儿童的社会工作

特殊儿童是指生理、心理、情绪或生活上遭遇到特殊困难的儿童。他们或者表现为生活孤苦无依，或者行为反常，需要专业社会工作者的帮助。

1)不幸儿童社会工作

我们把因为种种原因，失去双亲的孤儿或被父母遗弃的儿童称之为不幸儿童。对这些儿童的社会工作，各国都非常重视，运用不同的方法，使他们都能享受幸福快乐的家庭生活。最常见的是通过院内救助、家庭辅助、家庭寄养或收养等方式来帮助他们。

2)残疾儿童社会工作

残疾儿童是指盲、聋、哑、弱智、肢体残缺以及存在着行为问题或言语障碍、精神障碍的儿童。残疾儿童社会工作是保障其生存与发展的基本权利，提供必要的医疗服务，最大限度地矫正儿童的残疾，使其得到良好的生存环境并受到良好的特殊教育，以提高其社会适应能力，获得更好发展的专业性社会工作。

10.1.3 儿童社会工作的基本理论

1. 心理分析理论

弗洛伊德是心理分析理论的创始人。他认为人类的本质是先天的，决定个人行为的力量并非是环境而主要是人的内在驱力。大部分行为的背后都潜藏着生物性的驱力，尤其是性与攻击驱力，它们会依据个人人格成熟程度的不同而以不同的方式呈现出来。他的人格理论认为人格由本我、自我和超我组成。心理分析理论使对儿童的教育不再只是一种技能和道德上的教育，认为教育也应确立一个目标，即关心儿童的适应、快乐和心理健康。

2. 心理社会理论

心理学家艾里克森是心理社会理论的创始人，他对弗洛伊德的理论加以修正，强调社会文化（而非性本能）是发展的决定因素，提出了人类要实现健康的心理适应，必须解决心理社会冲突问题。

心理社会理论认为，人类的发展是由个体的心理需求、能力，以及社会期望与要求之间相互作用的产物，假定个人的成长并不是完全任由生物与环境因素的摆布，个人有能力在生命的各个阶段为自身的心理发展而努力。这个理论很重要的一点是强调了文化对个体发展的影响。由此观点可知，在每个生活阶段中，文化的目标与抱负、社会期望与要求、文化所提供的机会，都对个体造成影响，而这些影响是由于个体与环境有重要的联系，这些联系影响了儿童发展的能力与结构。

3. 发生认识论

这个学派的代表人物是皮亚杰。皮亚杰是著名的儿童心理学家，他对各个不同年龄阶段儿童思维的发展作了深入研究，皮亚杰关于心理发展阶段的理论可概括为以下 4 点。

第一，发展过程分为几个不同水平的连续阶段。每一阶段都是统一的整体，而不是一些孤立的行为模式的总和。每一阶段都有其主要的行为模式，标志该阶段的行为特征。阶段之间不是量的差异，而是质的差异。

第二，前一阶段的行为模式总是融合到下一阶段，前后不能互换，前者是后者的准备并被后者取代。

第三，发展的阶段性不是阶梯性，各阶段有一定程度的交叉重叠。

第四，各阶段出现的年龄因人的智慧程度和社会环境教育影响而有差异，可提前或推迟，但阶段的前后次序不变。

皮亚杰根据自己的发展理论，通过大量观察和实验，把儿童的心理发展分为有质的差异的 4 个阶段。

(1)感知运动智慧阶段（出生至 2 岁）。处于这一阶段的儿童主要通过感觉运动图式与外界相互作用（同化和顺应）并与之取得平衡。该阶段只有动作活动，并开始协调感觉、知觉和动作间的活动，但尚无表象、思维和言语。

(2)前运算阶段（2—7 岁）。在这一阶段出现言语。儿童的各种感知运动图式开始内化，成为表象或形象图式。儿童开始用表象和语言进行交际，描述外部世界和不在眼前的事物，该阶段的思维有两个特点：一是表象性，儿童凭借这种表象思维进行延迟性模仿、象征性活动、游戏、绘画等活动；二是直觉性，这个阶段儿童的自我中心主义较突出。他们以自我为中心，不考虑别人的观点，不会协调自己与他人的观点，也不能进行可逆性运算，因而不能形成守恒概念，对量的判断缺乏系统的传递性。例如，儿童能理解 A = B，B = C，但不能做出 A = C 的判断。

(3)具体运算阶段(7—12 岁)。在这一阶段儿童能进行初步逻辑思维，出现具体运算图式。儿童的动作具有内化、可逆性、守恒性、整体性的特点。此时的儿童既能使感觉运动图式内化为表象图式，又能从各种具体变化中抓住概念的本质，也能正确掌握逻辑概念的内涵和外延，但一般还离不开具体事物的支持，也不能组成一个完整的结构。

(4)形式运算阶段(12—15 岁)。处于这一阶段的儿童，抽象逻辑思维迅速发展，经过不断的同化、顺应和平衡，与成人思维接近。儿童可在头脑中把形式和内容分开，根据假设和条件并离开具体事物进行复杂的推理活动。

发生认识论对儿童社会工作具有重要指导意义。

10.1.4 儿童社会工作的专业方法

儿童社会工作如今已经成为一种专业，一种需要特殊技能和专业知识的特殊职业，因此，与其他领域的社会工作一样，必须采用专业的方法，如个案、小组、社区或将三者整合起来进行。

1. 儿童个案工作

儿童社会工作中有大量的个案工作，处于发展中的儿童会出现很多成长中的烦恼，需要外力的帮助引导。在与个别儿童或家长相处时，工作者特别应具备同理心——从对象的角度看问题，设身处地从当事人的角度去考虑问题，以致我们能从对方的处境来体察他们的思想，并且了解他们如何看待自己、看待周围世界以及因此而产生的独特感受。社会工作者应学会尊重人，关爱对象，应学会与对象相处的聆听、倾诉、回应的技巧，与对象平等相处，相互理解。①

2. 儿童群体工作

群体工作是通过将具有相同或相似背景的案主组成一个群体而开展教育、引导工作的社会工作专业方法。而群体活动是儿童喜闻乐见的好形式。通过组织群体活动，不仅可以让儿童在活动中学到知识，增长见识，还可以提高能力，交到朋友。这样可以增加参加儿童的归属感和责任感，为儿童的全面健康发展提供有利条件。

---

① 李迎生：《社会工作概论》，第 306 页。北京：中国人民大学出版社，2004。

10.2 青少年社会工作

青少年时期是生命发展周期中变化最多的阶段,生理、心理方面的快速成长、个人的社会关系的不断变化,令青少年的自我探索与认同、人际关系、个人行为和社会角色等,时刻处于变化之中。加之近年社会的急速变迁、价值观的多元化,以及独身子女政策等影响,青少年问题日益增多。因此,帮助青少年认识自我、克服困惑、解决疑难、促进发展,就成为青少年社会工作的重要任务。

10.2.1 青少年社会工作概述

1. 青少年社会工作的概念

1991 年出版的《张氏心理学辞典》中关于青少年期的注明是:"由青春期开始到身心渐臻成熟的发展时期,女性自 12 岁至 21 岁之间,男性约 13 岁至 22 岁之间,儿童后期到成年期之间的大约 10 年期称为青少年期①。"我们认为,青少年指的就是从儿童期向成人转变的一个过渡时期。倘若一定要从年龄上加以划分的话,起始年龄约为 12、13 岁,即青春期开始来临的时期,而下限年龄应该止于社会成熟时期。因各地的文化和环境的差异,一般在 18 至 22 岁之间。无论怎么划分年龄段,青少年的活动主体和儿童或者成人相比较,其身心发展、个性特点、兴趣爱好、动机需求、活动空间等各方面都有很大不同,因此,面向青少年的社会工作显然与面向儿童的社会工作服务有不同的内容和侧重点。

青少年社会工作,顾名思义就是指以青少年为案主的社会工作,是指在专业的价值观指导下,根据青少年的身心特点、动机需求、兴趣爱好,社会工作者充分运用专业的理论、方法和技巧,以帮助青少年解决问题、克服困难、恢复功能和获得全面发展的一种服务活动和服务过程。

首先,青少年社会工作要注意青少年的发展特点,要坚持社会工作的价值观。青少年时期是心理和社会性发展的关键时期,是人生的"多事之秋",叛逆、对独立的诉求以及不断面临着的"心理脱乳"而带来的震荡,是这个时期的主要状态。爱出风头、标新立异、唯我独尊等是许多青少年的主要特征。因此在提供社会工作服务的时候,社会工作者要格外关注,秉持接纳、无批判、尊重与个别化等原则。

其次,青少年社会工作需要采用专业的方法和技巧来实施。随着时代的变迁,传统的政教方法已无法适应青少年的需要,因此,应基于青少年的年龄特点和行为特点,通过精心设计和安排,采用个案辅导、小组活动、社区参与等多元的服务方式,对青少年加以启发、帮助和促进,以求得突出和理想的效果。

再次,青少年社会工作要从具体的事情做起,并兼具发展性。开展青少年社会工

① 王思斌:《社会工作概论》,第 168 页。北京:高等教育出版社,1999。

作要教导青少年树立远大的理想,但不能把远大理想当作空中楼阁,它的确立和青少年的具体问题的解决以及青少年的每一个进步是联系在一起的。青少年社会工作应该从青少年成长过程中遇到的具体问题着手,帮助青少年学习和掌握克服困难的方法,逐步确立正确的人生观和人生目标,推动青少年努力把自己塑造成一个对社会、对国家、对他人的有用之人。

2. 青少年社会工作的意义

从广义上讲,青少年社会工作是指为促进青少年生理、心理、情绪、智能和社会适应等方面良好和健全发展而采取的所有措施。

从狭义上讲,青少年社会工作是指对于家庭或父母没有能力抚养管教或者遭受父母虐待的不幸少年所做的一些救助或保护措施。

青少年社会工作不同于儿童社会工作,儿童社会工作的本质主要是"保",而青少年社会工作的本质主要却是"教"。在青少年社会工作中体现的特点有以下3方面。①

(1)青少年独特的发展任务和社会因素对青少年成长的影响,决定我们要认真对待青少年的需要。

(2)以服务对象为本,避免将青少年的需要片面化,顾及各系统的相互影响,提供全面性、连贯性、多元性的服务。

(3)运用多元化的工作方法,强调社区参与,并将服务立足于社区。

3. 青少年社会工作的发展阶段

1)以教育为主的前青少年工作时期

从远古时期,人们就十分重视对下一代的培养。不仅传授知识,更重视对下一代的培养,早在中国魏晋南北朝时期就有嵇康著的《家戒》和青少年社会教育的读物《千字文》出现。公元前386年希腊诞生了不仅传授知识,而且还传授做人道理的学园。这一时期,对青少年的工作主要是教育,并不是严格意义上的青少年社会工作。

2)以救济为主的混合青少年工作时期

1601年英国《济贫法》颁布后,社会救济工作相继在西方开始有组织地兴起,而救济的对象主要是青少年。特别是进入到"辅育院"和"园艺所"中的贫民大都是青少年。这一时期,虽有面对青少年的工作,但并没有独立,因此也不能称为严格意义上的青少年社会工作。

3)以全面服务为特征的独立青少年工作时期

随着产业革命的发展,儿童至成人期的过渡日益显著,青年作为人生的重要阶段日益被社会所重视。至18世纪中叶到19世纪初,才逐渐有专门面对青少年的社会工作者出现,把青少年作为研究对象的青少年学科也相继出现。1844年,乔后·威廉在英国创立了基督教青年会,标志着青少年社会工作迈出了专业化的第一步。随

① 孙立亚:《社会工作导论》,第224页。北京:中国财政经济出版社,1998。

后各类青少年社会工作服务机构大量出现,以全面服务为特征的独立青少年工作时期正式来临。

4)青少年社会工作的蓬勃发展时期

20 世纪 60 年代初,一些国际组织,包括联合国有关机构开始倡议有关青少年的国际性政策或政策立场,这种努力一直持续到 20 世纪末。1996 年第 50 届联合国大会上正式通过了《到 2000 年及其后世界青年行动纲领》。其后,在 1998 年于葡萄牙里斯本召开的"世界青年事务部长级会议"上,各国政府代表又通过了《关于青年政策和方案的里斯本宣言》。这两个文件代表着国际性青少年政策的出现,并且已经超越了民族国家或地区的层次,形成全球社会及各合法组织共同采取专门的统一立场与措施,以解决青少年问题的一种前所未有的格局。至此,青少年社会工作进入了蓬勃发展的阶段。

10.2.2 青少年社会工作的内容

青少年社会工作的内容可以分为两大类:其一是针对青少年的生理和心理需求,提供社会资源,协助其正常发展,属发展性的服务;其二是针对已发生问题的青少年的个人、家庭、社区环境之病理因素,提供矫治为主的治疗性服务。由于青少年社会工作的本质在于教育和保护,目标在于协助青少年健康成长,所以服务的提供必须兼顾到需求与问题两种取向,同等重视青少年发展性服务和治疗性服务。设计出发展性、教育性、预防性、治疗性与补救性的服务方案,协助青少年在身心方面全面成长。具体包括以下几个方面。

1. 个人辅导服务

这是指在青少年生活和成长过程中,针对其个别性的心理、发展及信息等方面的需要,提供一定的辅导性服务,帮助其应对压力、改善环境、有效适应。由于青少年期处于身体和精神发育尚不完全成熟的状态,以及面临生活及工作上的压力,辅导性服务的需要不可避免地普遍存在于青少年之间。常见的包括思想政治教育辅导、道德及品格辅导、学业指导、健康成长指导、就业辅导、生活方式辅导、社会交往指导等。

2. 婚姻家庭辅导

婚姻恋爱是青年人生旅程中的一件大事,对青年人的生活乃至一生都有重大影响。为青年人婚恋提供服务是社会工作者的重要任务。

婚姻家庭辅导主要是协助青少年建立正确的婚恋观、处理与性的有关议题,满足青年缔结婚姻、建立家庭的需要等。

3. 特殊青少年矫治服务

青少年群体中有一部分需要予以特别的服务,如残疾青少年,社会工作者应为他们的就学、就业、康复、婚恋提供特别的服务;再如一部分违法犯罪青少年,需要提供法律保护、矫正、回归等多方面的服务。对这些特殊青少年,需要通过社会工作使其发扬长处,克服短处,使之回归社会、健康成长,从而服务社会。

4. 青少年保护服务

青少年保护服务是针对易受伤害的青少年或领域给予保护性的服务。这包括对处于家庭暴力、校园暴力、单位组织中的暴力等情境中的青少年给予保护和辅导，以及为残疾青少年、单亲家庭青少年、孤儿青少年等提供的保护性服务等。

青少年社会工作涉及青少年的全面发展，内容很多，其根本目的在于培养健康发展的青少年，使之贡献社会，造福国家。

10.2.3 青少年社会工作的理论

1. 生物进化理论

生物进化理论的代表人物是生物学家达尔文。生物进化论认为，物种可以经由改变形成新的物种，生物唯有适应环境才能生存，物种的生存是"自然选择"的结果。从进化论的观点看，青少年期的重点是人类"再繁衍的历程"，是个体开始具有生殖能力的阶段，青少年的发展与对外界环境的适应关系着人类的生存。生物进化理论的启示是，使青少年更好地适应环境，是青少年社会工作者的重要任务。

2. 心理分析理论。

心理分析理论的代表人物是弗洛伊德。他认为性和攻击本能是人类动机中最基础也是最不可缺少的。他将心理分为三部分：自我、本我、超我。他认为人的行为是由本能所驱使，而由人格结构中"自我"、"超我"所控制的。不良行为的产生源于由各种本能集合而成的"本我"同"自我"、"超我"之间关系的失衡（"本我"受到过度压抑或"自我"、"超我"发育不全等）。

在青春期中，青少年寻求独立的意识越来越强烈，越来越关注他人对自己的评价和认同，并且在决策方面会有越来越多的选择。而在童年时期，这些都是别人替他们决策的。青少年面临的决策主要有同辈的选择、解决性冲动、建立个人道德标准和明确的价值观、评价朋友们的价值，以及真正评判自己家庭的准则等。这些决策会产生巨大的压力，但成人此时已经拥有很强的自我支持和防御能力。所以，对于青少年，精神分析的主要目标是帮助他们认识到自己所面临的各种问题具有多重选择性。通过分析，青少年能够更容易接受由于对生活进行决策所带来的责任，并放弃退回到童年，一切事情由别人替他做主的愿望。换句话说，青少年治疗的主要目的是帮助他们建立自我同一性。

从经典精神分析的观点看，分析的主要焦点应该集中在如何提高青少年的自我对本能冲动的忍耐度，因为青少年经常会经历由于性本能复苏而产生的紧张状态。而且考虑到青少年在重复价值评估过程中的角色，自我必须具备抵制由超我和理想自我产生的各种严格限制的能力。

3. 行为主义理论

这是以实验行为心理学为基础而形成和发展起来的一种社会工作理论。与心理分析理论和认知发展理论相似，它也认为社会工作的主要任务就是要对服务对象的不适当行为进行治疗和矫正，但它不是应用心理分析或认知心理学，而是应用行为心理学的理论与方法来完成这一任务。它认为心理分析及认知理论将关注的焦点放在难以观察、验证的内心世界是一种不智之举,我们真正能观察到因而也能欢欣的只是个体的外显行为而已。它认为行为是个体对当前环境所作的反应,不适当的行为是个体对当前环境所作的不恰当的反映,青少年社会工作就是要帮助青少年学习和掌握恰当的反应模式。

10.2.4 青少年社会工作的方法

社会工作的一般方法——个案、团体和社区在青少年社会工作中得到了普遍的应用,并具备相应的特点。

1. 个案辅导

即以青少年个人为对象,根据其基本资料和活动记录,予以有计划和系统的辅导,使其由协助而自觉,由自觉而达于自动自发的自我辅导境界。

个别辅导的方法很多,因人而异,如:商谈与观察,用诚恳的态度协助青少年发展潜能,自觉地选择好的方法处理目前困扰的各种问题;访问,访问的对象有青少年周围的人,如家长、教师、朋友、邻居等,以深入了解青少年个体的问题,争取更好的工作效果;共同活动,与青少年个体一同参与实践活动,如参观、旅游、阅读,在实践中指导青少年个体,增加他们的经验和能力,等等。

2. 团体活动

青少年团体活动是青少年成长发展的必由之路,通过富有实践性、趣味性和创造性的活动,可以激发参与者的各种热情,获得多方面的收益。通过活动进行辅导的方法很多,主要有以下几种①。

(1)榜样示范。在青少年中树立层次不同、远近各异的榜样和典范,发挥榜样的形象性、示范性和感染性的作用,促使青少年产生赞赏、敬慕、仿效等情感和行为动机,达到学习榜样的效果。

(2)行为锻炼。在实践过程中对行为进行不断的反复,在反复行动过程中,使认识、情感、需要、动机、态度、价值观等得到转变以支持这种行为方式,达到养成习惯、磨炼自己的目的。

(3)情景感染。活动中情景对参与者受到美的熏陶、思想的影响和情绪的调动,好的活动需要注意营造适宜的情景。

(4)竞赛激励。运用评比、竞赛、奖励等手段,可以促进参与者奋发向上,亦符合青少年争强好胜、积极向上的心理特点,使其感情性动机和获得自尊、自我求成的需要更加强烈。在体育、游戏等团体活动中应用此种方法,不仅可使活动更加富有生气,而且会对青少年产生积极的影响。

(5)角色模拟。将青少年置身于一种人为的角色情景之中,使他们学习、理解、

① 王思斌:《社会工作概论》,第181页。北京:高等教育出版社,1999。

认识角色的规范,增进角色体验,以增强社会性。在角色模拟中,青少年可以获得多方面的发展,如对积极思想道德的模仿、对社会交往技能的掌握、特殊兴趣和才能的发展、对道德规范的理解等。角色模拟的具体方式有游戏、训练等等。

10.3 中国的儿童社会工作和青少年社会工作

儿童和青少年处于人生发展的关键时期,他们的健康成长不仅关系到自身发展,也关系着祖国的未来,因此,儿童社会工作和青少年社会工作历来是受到政府重视的重要工作。

10.3.1 中国的儿童社会工作

目前,中国的儿童社会工作主要围绕以下方面展开。

1. 中国政府有关儿童福利政策的制定

新中国成立以来,我国政府制定和颁布的许多法律,如《宪法》、《婚姻法》、《九年制义务教育法》、《未成年人保护法》等,这些法律法规直接规定了儿童应该享有的生存权、被抚养权、继承权、教育权等各种基本权利。1992 年 3 月,国务院批准了《九十年代中国儿童发展规划纲要》,规定了儿童保健、教育等方面的一系列目标,政府并做出了相应的承诺,是当代中国儿童福利服务的纲领性文件。此外,各级职能部门还制定了一批如“学校体育工作条例”、“幼儿园工作条例”、“学校卫生工作条例”等具体的法规,规范了儿童教育中的各种问题。

2. 普通儿童福利服务情况

在学校里除了老师传授知识外,还有辅导员关心他们的成长,医务人员照顾他们的健康。有众多的儿童公园、儿童剧场、儿童图书馆,还有类似的机构供儿童课外娱乐和学习。这些校外机构都配有专职的老师,负责儿童音乐、体育、科技等方面的辅导。而且,随着物质文明和精神文明的发展,精神方面的儿童服务逐渐增多,有不少儿童精神辅导治疗中心、儿童救助热线、家庭教育热线等,直接面对儿童及其家长,为儿童健康成长提供精神上的辅导和服务。

3. 特殊儿童社会工作

对于各种特殊儿童,中国各级政府和儿童服务机构更积极地投入资金,提供有效服务。如对各类残疾儿童,除开办特殊学校外,还采取在普通学校办班和随班就读的方法,使绝大多数残疾儿童能够接受教育和必要的训练,为他们将来融入社会奠定基础。对于贫困失依的儿童,各级政府积极创办儿童福利院予以收养,让这些儿童的成长有一个正常的生活环境。

4. 民间儿童救助

随着改革开放的深入,在各级政府的支持下,民间儿童救助工作有了长足发展,比较著名的服务项目有希望工程、春蕾计划等,这些服务项目为许多失学儿童重新提供了读书的机会。此外,一些民间组织和非政府机构设立了专项儿童基金,为孩子们的成才提供了有利条件。

10.3.2 中国儿童社会工作的局限与发展

改革开放以来,特别是20世纪90年代以后,中国的儿童状况得到了根本的改善,儿童社会工作较之以前有了质的飞跃。但是,在可喜的成绩背后,中国的儿童社会工作仍存在着许多不足,具体表现为:应对儿童需求多元化时表现出服务能力的缺乏;儿童福利政策的零散和儿童福利系统的分散而导致的资源缺乏整合;儿童社会工作机构和人员的专业水平相对落后等。

为促进中国儿童的生存、保护、发展,并开展更富有成效的儿童社会工作,可以从宏观、中观、微观3个层面加以开拓。

1)整合儿童福利政策,建立儿童本位体系

法制化是儿童社会工作的一个重要发展方向。中国的儿童福利政策与法规已经有了初步的体系和丰富的内容,但是政策与法规的分散仍是不争的事实。司法保护承担的责任和义务是其他任何形式的保护都无法替代的,是儿童权利保护的核心,因此有必要整合现有的儿童福利政策,推出完整的儿童福利法案。同时,应努力破除原有儿童福利工作体系中的行政单位本位主义,涉及相关儿童福利的相关单位,如民政、司法、教育、卫生、共青团、妇联等,应当全力配合,加强横向的联系与合作,以构建儿童本位的工作体系。

2)促进民间机构发展,加强专业人员训练

儿童社会工作的社会化是整个社会福利领域的趋势表现,较之于政府机构,民间团体在运作上灵活,在服务上多样。因此,政府在加大儿童福利事业投入的同时,应当积极调动民间资源,鼓励民间团体投入儿童福利事业。此外,儿童社会工作作为一种专业在中国尚不成熟,应当对现有从事儿童工作的人员进行系统的儿童社会工作理论与实践的专业培训,以便能够推动他们更有效地帮助儿童解决困难和问题,更有力地促进儿童的健康成长。

3)提供儿童多元服务,加强家庭为本处遇

由于经济、社会的发展,儿童对于福利的诉求已经从过去的生存转向了发展,同时社会变革也给儿童社会工作带来了以前所没有遇到的问题,例如农民工子女的问题、单亲家庭或失和家庭的儿童教养问题、学习压力造成的儿童精神健康问题等,这就要求我们探索更为广泛的儿童社会工作服务内容。通过家庭维护方案和家庭完整方案进行的儿童保护措施,强调积极的家庭介入服务,以强化原生家庭的功能,进而取代消极性的机构安置服务,是中国儿童社会工作探索的新兴领域。①

10.3.3 中国青少年社会工作

随着社会的不断发展,如何采用更合适的方法、更有效地推进青少年社会工作,

---

① 张宇莲:《社会工作实务(下)》第50页。上海:上海社会科学院出版社,2005。

是一个需要深入讨论的话题。

1. 青少年社会工作组织和机构

目前,中国大陆专门从事青少年社会工作的主要组织和机构有中国共产主义青年团、中华全国青年联合会、中华全国学生联合会等。近来年,在国内一些大城市还成立了保护青少年的专门机构,如上海的青少年保护办公室,此外,还有少量历史比较悠久的非政府组织,如基督教青年会和基督教女青年会等。在上述各类组织或机构中,共青团享有重要地位,它组织结构严密,行政体系完善,在青少年群体中拥有崇高的荣誉。

2. 青少年社会工作服务的内容

就目前总体而言,中国的青少年社会工作,核心是保护,主要体现在家庭保护、学校保护、社会保护和司法保护4个方面。

(1)家庭保护。家庭保护是对青少年身体健康的保护、对青少年受教育的保护、对青少年思想品质的正确引导和对青少年其他合法权益的保护。

(2)学校保护。学校保护是指各级各类学校在其自身的职能范围内,依照法律、法规的规定,对在校青少年进行教育并对他们的身心健康和合法权益实施的保护。

(3)社会保护。社会保护的基本内容可以分为3个方面:①社区保护(指在城乡范围内,由基层政权组织、群众自治组织、青少年保护组织及社会各有关方面,依照法律规定和社区公约规定,从青少年的成长特点和需要出发所实施的教育、保护、照料和帮助等);②文化保护(指通过法律手段,利用全社会的力量,为青少年提供一个比较好的社会文化环境,保护青少年免受不健康的社会文化的影响);③国家保护(指国家通过制定方针、政策并通过政权机关在政治、思想和组织上的领导,以保证青少年合法权益的实现)。

(4)司法保护。青少年的司法保护指国家的司法机关和有关的行政执法机关通过各种司法和执法活动,保障和维护青少年所享有的合法权益,以保证青少年能够健康成长。

3. 中国青少年社会工作的局限与发展

迄今所实行的青少年福利服务,基本保证了中国青少年群体的健康成长和青少年个人潜能的发展。中国青少年在受教育水平、健康状况、就业率、生活保障程度、福利服务享有量等方面的指标高于很多国家;从对社会、政治及文化的参与来说,情况也比较不错;而青少年的犯罪比率、自杀比率等负性指标则低于不少国家或地区,显示青少年福利服务取得了相当的成就。

而问题是,无论从内容目标、手段形式还是实际效果上讲,都与一些发达国家或地区存有差距。尤其随着社会的进一步发展,青少年需求的增长和多样化的趋势日益明显;再加上社会转型、市场经济等新的社会形势,无论是现有服务的内容目标还是手段体制,都将面临调整和转变的进程。目前的问题有:首先,缺乏统一的青少年政策,应从国家的层面确立青少年工作的最高政策,并建立相应的工作体系;其次,服务的专业化程度较低，现有很多服务较为薄弱，内容不健全、不完善，缺乏重要的服务内容，如青少年社会保障、青少年的劳动和就业，以及青少年专业辅导等。

应对上述状况，适应当代中国青少年的发展要求，中国青少年社会工作呈现出以下趋势。

(1)工作领域不断扩大。传统的中国青少年社会工作较多地局限在思想政治领域。改革开放以后，青少年社会工作的领域不断扩大，工作内容涉及到青少年成长的方方面面，不仅深受青少年欢迎，也获得了很好的社会效益。如"青年志愿者行动"，亿万青少年在服务社会的过程中实现自我、改造自我，成为服务青年、培养造就适应现代社会面向21世纪的合格人才。

(2)服务性不断增强。原有的中国青少年社会工作强调教育，而对服务青年则重视不够。随着社会发展，青少年服务日益成为中国青少年工作的重要因素。由青年团体创办的资助贫困儿童入学就读的"希望工程"动员了广泛的社会力量，使大批失学儿童重返校园，使参与的青少年身心得到了发展。青少年法律保护咨询机构、未成年人保护机构的相继建立，直接保护了青少年的权益，成为中国青少年社会工作的重要组成部分。

(3)社会化趋势日益突出。中国青少年社会工作原有的工作模式是以政府包办为主，共青团虽是群众组织，但行政式的管理方法限制了群众组织的功能。改革开放以后，不仅共青团自身的工作方法发生了很多变化，而且吸收了广泛的社会力量加入，民间个人的青少年服务机构如雨后春笋，显示出勃勃生机。有巨大社会影响的"手拉手"互助活动，广泛动员了社会力量，城乡、富裕和贫困地区、健康少年儿童和残疾少年儿童等全方位的"手拉手"，使青少年教育成为一项社会性工程。社会化已成为中国青少年社会工作的重要发展趋势。①

附：案例分析

一、案例介绍

有一个上高一的少年，生活在单亲家庭，很听话，学习成绩很优秀，但由于他对现代教育制度不满，并逐步发展到恐惧学校，厌恶学校。其间他曾自杀两次，后退学在家，但退学时成绩仍很好。医生诊断认为他患有抑郁症。

二、案例分析

该少年存在的问题主要有两个方面：一是抑郁症；另一是学校恐惧症。

产生抑郁症的原因，首先应当与单亲家庭联系起来。家庭是孩子的第一学校，父母是孩子的第一教师，因此，不良的家庭环境和教育方式是青少年产生心理问题的温床。在本案例中，此少年父母离异，可能会导致此少年得不到家长的悉心照顾，得不到他的同龄人能得到的父母的关怀，当然也与家庭缺乏正常必要的沟通与交流。在

---

① 王思斌：《社会工作概论》，第185页。北京：高等教育出版社，1999。

这种因素作用下,此少年才变得孤僻、抑郁。

另外,该少年患有的恐惧学校症可能与其感受到的学习压力有关。当前我国正处于由应试教育向素质教育转轨的时期,学校和社会对学生考试成绩过于重视,让学生感受到了很大的压力。本案例中,该少年尽管学习成绩很好,但由于他感受到学习压力很大,或者是他感受不到在学校的乐趣,从而产生对现代教育体制的厌恶,进而发展到恐惧学校、逃避学校,甚至为了避免去学校而自杀。

三、解决方法

1. 对于抑郁症的解决办法

(1)建议该少年的家庭多给与他同情和爱,主要是做到家庭应多与他接触与交流。当然,不可以用可怜他的方式来表达这种同情和爱,否则可能会导致他失去信心。

(2)建议该少年的家庭中人或亲戚多鼓励他,这样可以让他感受信心。

(3)建议让该少年尽量多的参加各种活动,多与社会、与外界交流、接触。

(4)倘若该少年心中对父母或者老师或者其他人和物还有怨恨,可建议让他在一个适当的场合做适当的发泄。

2. 对于学校恐惧症的解决办法

(1)学校老师与家庭应该有合作。若家长有过于严厉和情绪冲突等问题,应首先让家长改变自己。同时,老师应以温和体贴的方式对待他,积极鼓励他参加各种集体活动,使他对学校产生兴趣,密切他与同学之间的关系,以逐步克服恐惧。

(2)功课应给他暂时减轻,家长对其学习的期望也应暂时淡化或不宜过高,以便逐步减低其心理压力。

(3)鼓励他积极发展自己的爱好,并鼓励他参加学校举办的各种活动。这样可以使他与学校的距离缩短,让他发现学校其实也很可爱,而并非像他看到的教育体制下的学校那样恐惧。

四、理论依据

1. 皮亚杰认知发展学说

皮亚杰认为,青少年的成熟、经验和社会交往并不完全一致,因此,对青少年的教育要充分考虑到差异性。本案例中,该少年在对学校的理解上与其他大多数同龄人存在很大差异,因此,社会工作者应因势利导,以争取用“妥协”的方式来解决他存在的问题。

2. 埃里克森的心理社会发展学说

埃里克森这一学说强调社会和文化对个体的心理发展的影响,十分强调教育的作用,依据他这一学说,笔者在解决方法中,主要从学校和家庭这两个大方面入手,让该少年的心理健康成长能够有一个良好的环境,并采取很多鼓励性措施。

11

家庭与老人社会工作

家庭是社会的细胞,家庭的稳定是社会稳定和变迁的基础。老人是家庭的重要组成部分,也是社会的宝贵财富。随着人口老龄化的来临,对老年社会工作也提出了更高的要求。

11.1 家庭社会工作的理论与方法

随着现代工业社会的发展,家庭的形态和功能发生了巨大的变化,家庭的结构趋向小型化和多样化,家庭功能从基本的生存型趋向发展型。家庭的变化是一个充满着矛盾与冲突的过程,当前,家庭承受着许多功能转换的压力,如婚姻解体、离婚率上升、少年犯罪、养老和妇女就业等家庭与婚姻问题日益严重,也为家庭社会工作的发展带来机遇和挑战。

11.1.1 家庭社会工作的界定

家庭是社会中最古老、最基本的组织形式,是指由两个或两个以上的成员由于婚姻、血缘或认领关系而构成的社会单位。家庭的传统功能包括生命的延续、照顾年幼和年老的家庭成员、社会化、生产和消费以及情感需要的满足等。现代社会中家庭的形式更加多样,家庭功能发生了变化,也引发许多新的家庭问题。

1. 家庭的各种形式

家庭是一种在每一个文化中都能找到的社会结构,几乎所有的家庭体系都可以分为两个基本形式:扩展型家庭和核心家庭。扩展型家庭包括一组生活在一起的亲人,如父母、子女、祖父母、姑姑、伯伯、叔叔、姻亲以及堂兄弟姐妹。扩展型家庭是前工业社会中的主要家庭形式,家庭成员共同承担各种农业、家务和其他责任。核心家庭由一对夫妇及与其生活在一起的子女组成。核心家庭由扩展型家庭发展而来,核心家庭的小规模及迁徙的潜能使之更适合复杂的工业社会的需求。当前在西方国家以及其他许多国家,又在出现第三种形式的家庭——单亲家庭。单亲家庭的产生方式有很多,如未婚者领养一个小孩、未婚妈妈生养一个小孩、离婚后的单亲监护其孩子。此外,“丁克家庭”、“空巢家庭”等各种形式的家庭在当代社会中越来越普遍,这些家庭往往也是社会工作者的重点工作对象。

2. 家庭社会工作的定义

不同学者基于不同的理论流派和不同观点对于家庭社会工作提出了不同的界定。马丽庄在《家庭社会工作》一书中指出,家庭社会工作就是指帮助求助的家庭发展,并运用自身的及社会的资源,增强家庭日常功能,改善家庭关系和解决家庭问题①。周月清认为,运用社会工作的方法或理论,并以家庭为中心及维护家庭的完整,视家庭为一个整体并顾及到家庭中每一个成员的需求,而提供各项家庭服务,以从事各种社会问题的解决。在问题的解决过程中,包括对整体家庭及各个家庭成员两者的需要从事评量、介入和评估等,即为家庭社会工作②。台湾学者徐震、林万亿则认为家庭社会工作可以分为狭义和广义两种类型③:广义的家庭社会工作指所有为改善和增进家庭生活,以及预防家庭问题,协助个人对家庭关系的调适而提供的各种服务,又称为家庭服务;狭义的家庭社会工作是指协助解决或处理家庭生活上的困难。由上述定义可见,广义和狭义的区别主要在于:服务对象是所有家庭还是有问题的家庭;工作者是专业社会工作者还是各种服务人员;工作模式是社会工作专业方法还是各种多元化工作模式。

综合多位学者的观点,本书采用一个中间的界定,认为家庭社会工作是社会工作人员应用社会工作的原则与方法,为增进家庭生活、扩大家庭功能而对家庭成员所提供的服务和治疗。

3. 家庭社会工作的特点

家庭社会工作的对象不同于一般社会工作对象中的个体、群体和社区,其工作模式具有独特性。一方面,从发现问题的角度,社会工作者发现和得到信息的途径往往是先从个人开始的,表现为家庭成员的经济问题、心理问题、人际交往问题等方面。另一方面,从问题解决的角度,社会工作者以家庭整体为对象。家庭社会工作并非单一的帮助家庭中的个别成员,而是从个人困难入手引领其家庭与个人共同面对困扰,家庭中的所有成员都是社会工作者的服务对象。总的来说,家庭社会工作的视角往往把个人问题视为整个家庭的问题,认为家庭的改变会促进个人的改变,个人的调整也会使家庭功能更健全。

---

① 王思斌:《社会工作概论》,第214页。北京:高等教育出版社,1999。
② 范明林:《社会工作方法与实践》,第101页。上海:上海大学出版社,2005。
③ 徐 震、林万亿:《当代社会工作》,第377页。中国台湾:五国图书出版公司,1996。

11.1.2 家庭社会工作的方法与内容

在家庭社会工作中个案工作、小组工作和社区工作也是重要的三大方法，此外，家庭社会工作在理论和实践的不断发展中也形成了自身独特的工作方法。

1. 家庭个案工作

家庭个案工作具有个案工作的一般特点，但按照家庭个案工作服务对象的不同和服务领域的不同，又必须有一些专门的知识。家庭个案工作的服务对象是在角色功能实施上有障碍的家庭成员，所以家庭个案工作要把其重点放在家庭的角色关系上，以家庭整体作为援助对象，帮助家庭成员角色的调适。举例而言，对一个患有心理疾病的案主来说，在心理学家那里，可能会分析是他的心理疾病引起了家庭关系的紧张。而如果他到家庭福利机构来求助，社会工作人员分析的着眼点可能就是，是否因为家庭关系的紧张，比如夫妻不和，离婚的威胁，却又不愿意离婚等，焦虑和烦恼引起心理疾病，这样以心理的障碍为焦点，就是家庭社会工作的特点。

家庭个案工作的另一个特点，就是从社会制度的角度来帮助家庭整体。家庭是社会的基本单位，是对儿童人格的形成不可缺少的社会制度，对成人而言，家庭是自己稳定的避难所，家庭给他以安定感，家庭和个人是密不可分、息息相关的，家庭关系是长久的，个人在角色实行上的障碍将直接影响家庭生活，使家庭生活陷于混乱状态，而混乱的家庭生活又反过来影响着每个家庭成员。所以，帮助家庭成员，也就帮助了家庭整体，恢复了家庭的功能，健全了整个家庭制度。

家庭个案工作是利用个案工作的一般原则和方法，但是在实施时还有其特殊的原则。家庭个案工作主要帮助家庭成员调适角色功能，使其能够顺利履行其应尽的职责，所以在家庭个案工作中，要特别强调在家庭的动态关系中，家庭成员角色分配是否合理，外界的期望角色与成员自我认同是否相符，找出妨碍其角色实行的原因，启发家庭成员自己面对问题。从最初案主的申请、接案开始到之后的连续过程中，都要注意到角色的实行以及角色当事者的主动参与解决问题的原则。如果家庭中每一个成员都能担当起各自的角色，那也就意味着家庭个案工作的任务已经基本完成，但还要帮助家庭整体去评价他们的进步情形，体验新的共同生活状况，意识到彼此感情的结合以及家庭生活的连带性，这是家庭个案工作比较独特的地方，也是非常重要的技术。

2. 社区家庭工作

从家庭福利运动的历史来看，家庭个案工作的服务也不过只有 70 年的历史，而社会的一些条件的改善是从 19 世纪中叶就开始被关心，可以说已经有 100 年以上的时间。家庭福利是受地区社会的生活或社会制度所左右的，社会工作者并不是单单解决家庭内部的问题，对于和家庭生活有关的社会制度也十分关注。目前中国家庭结构的变化和家庭功能的外移，更使社区具有广阔的发展前景。当前对儿童问题、身体残障者、精神病患者或是老人等，都有考虑回归社区的方式来照顾，社区面向家庭的生活服务内容也反映了这样的需求趋势。在社区照顾的方式下，家庭就不得不扮演重要的角色,而家庭为了解决儿童、残障者、老人等问题的处理就需要获得一些外在的支援,家庭和社区之间的互动交流是不可或缺的。

3. 婚姻咨询和家庭治疗

1)婚姻咨询

婚姻咨询具有悠久的发展历史,现代婚姻咨询是由德国、奥地利的诊所,尤其是婚前诊所发展而来的,以婚姻卫生辅导与协助、家庭福利、加强婚姻关系为核心。婚姻咨询是由一个整合的专家小组实施的,其中包括社会工作者、精神分析师、心理学家、律师、牧师等。婚姻咨询的目的是协助减少家庭问题,防止家庭破裂,改进婚姻质量,促进和加强家庭生活。在咨询服务过程中,根据不同时期主要分为3类①。

(1)婚前咨询。婚前咨询就是提供婚前的辅导,协助案主了解婚姻的意义,帮助他们根据自身情况以成熟的方式去发展婚姻。社会工作者也协助个人选择合适的未婚对象,解决有关求婚和结婚的计划的问题。适当地选择配偶和充分的婚前准备是确保良好的婚姻关系的最佳方式,是家庭美满的基础。

(2)婚姻咨询。夫妻双方因互动关系、冲突等问题寻求社会工作者协助,或加强婚姻生活或离婚并发展新的关系。社会工作者运用各种专业知识正确评估婚姻质量,给予适当的建议,改善夫妻间对婚姻的适应不良。

(3)家庭咨询。家庭内部不仅有婚姻关系,还有子女、老人等关系,有关子女教育、代沟、老人赡养等问题都需要受过专业训练的咨询员来协助解决。

2)家庭治疗

家庭治疗作为一种治疗模式出现在二次世界大战后的美国医学界,20世纪50年代被社会工作和心理治疗认可,并运用于家庭社会工作服务之中。在20世纪60年代家庭治疗发展成为一个独立的领域,发展了自己的理论体系和实践方法,在20世纪70年代逐渐走向成熟。家庭治疗在其发展历程中形成了不同的流派,包括结构派、行为派、精神动力派、策略派、系统派以及经验派等。虽然不同家庭治疗学派的理论取向不同,但是它们也有共通之处,即都以关怀家庭功能、协助家庭恢复正常功能为目标,以调整和改变家庭系统的互动关系为治疗的焦点。

家庭治疗是一种治疗模式,以整个家庭作为治疗的单位,着重的焦点在家庭成员间的互动关系和沟通问题。家庭治疗理论认为每个家庭成员的行为都是与家庭、与家庭其他成员的互动的结果,个人的问题不单单是个人问题,可能与家庭有关,也可能是家庭系统造成的。所以家庭治疗往往通过在家庭成员内部促进谅解、增进情感交流和相互关心的作法,使每个家庭成员了解家庭中的问题,以纠正其共有的病态心理,改善家庭功能,产生治疗性的影响,达到家庭和睦的目的。家庭治疗通常有夫妻联合治疗和家庭联合治疗两种形式。

---

① 张乐天:《社会工作概论》,第245页。上海:华东理工大学出版社,2004。

11.1.3 中国的家庭社会工作

在改革开放的大潮中,社会转型引起家庭功能的弱化,由社会向家庭提供服务成为一种发展趋势,这是中国大陆家庭社会工作发展的契机。目前,中国大陆家庭社会工作主要包括以下方面的内容。

1. 家庭经济援助

社会工作者为经济上陷入危机的家庭提供援助,协助他们度过因意外伤害、家庭变故、失业或自然灾害而导致的经济困难。通过开展教育与培训,提高家庭整体素质,增强其解决问题的能力。

2. 家庭心理辅导

社会工作者向家庭成员提供心理咨询和心理援助,协助家庭成员调适心理状态,改善家庭人际关系,增强家庭及其成员的应变能力,提高家庭成员对于生活的满意度。现代社会激烈的竞争、巨大的生活压力导致人们容易产生精神压力,造成种种心理障碍,专业的心理卫生人员和社会工作者参与家庭成员心理调适,帮助家庭处理环境的挑战、家庭的责任矛盾等,缓解由于个性、社会、经济和文化冲突所引起的紧张,帮助家庭成员消解一系列的心理压力,健全人格等。

3. 社会性服务

家庭社会工作通过各种社会性服务实现家庭功能的外移,支持现代家庭的生活哲学,提高家庭的整体生活质量。针对居民家庭具体生活需要的社区家庭生活服务已初具规模。城市中的家庭生活服务有几种类型:①协助双职工家庭照料婴幼儿、老人及专做家务保姆入户服务;②以计时方式领取工资的入户服务;③依托居委会兴办起的服务与社区的小型服务项目,如小食品店、百货店、小饭馆、小裁缝店等居委会服务网点;④帮助双职工为小学生和老年人提供午饭的"小饭桌"服务;⑤医院为行动不便的病人提供上门服务的"家庭病床";⑥由社区组织的一对一的居民互助;⑦通过拨打热线电话解决购物、清洁、陪老人看病、送小孩上学、家电维修、保健咨询等难题的便民热线服务等。此外,也在社区发展自己的志愿者队伍,无偿为家庭,特别是经济上的和行动上有困难的家庭提供义务服务。

中国内地的家庭社会工作已经起步并具有了一定规模,但是对于人口众多的中国来说,仅仅这些服务机构和人员参与家庭社会工作,远不能满足中国家庭社会工作服务的需要。大陆家庭社会工作的特点是政府作用较突出、民间机构相对较少、社区资源丰富、服务领域广阔、专业社会工作与非专业社会工作并存等。家庭社会工作的进一步发展应当加紧专业社会工作工作人员的培训,确立社会工作人员的社会地位,增加投入,设立岗位,吸引人们对社会工作专业领域的关注和投入,形成具有较高文化素养、掌握专业知识和技能的家庭社会工作者队伍。

11.2 老年社会工作理论与方法

11.2.1 老年社会工作的界定

在人的生命历程中,生理和心理变化是两个不可分割的重要环节,二者相辅相成、相互作用,生理因素会影响人的心理过程,心理变化也会反过来影响人的生理健康。老年社会工作必须明白老人的各种需求与感受,才能更好地为老年人提供服务。

1. 老年人与老年问题

世界卫生组织把60岁作为老年的起始年龄。此外,还可以从3个视角来界定人的年龄①。

(1)生理年龄,也称"生物学年龄",是指人的生命历程在其生命周期中所处的位置或所达到的生理阶段。这种年龄的评定来自生物医学,由于遗传基因、生存环境等因素的影响,生理年龄的个体差异较大,并不完全与人的自然年龄相对应。

(2)角色年龄,也称"社会学年龄",是指人们在社会生活中所处的地位与所显现的角色。在既定的社会经济背景下,社会角色的转换是判定人们社会学年龄的重要依据。

(3)心理年龄,即"心理学年龄",是指根据人们对人世的不同生存态度和人生体验而做出的年龄评价。心理年龄的确认往往取决于个人对于自我的主观认同或心理感受。

正因为界定人的年龄有不同的视角,所以老年社会工作的对象也可以分为不同类型。从自然年龄来看,老年人口可以划为两类:一类是60岁到80岁之间的老人,这部分老年人大多有一定的自我照顾能力;另一类是80岁以上的老人,这部分又被称为"高龄老人",往往具有不同程度的生活问题。从老年人格类型进行分类,可以分为成熟型、摇椅型、防卫型、愤怒型和自怨自艾型②。从老年人的不同问题来看,可以分为身体机能严重衰退或残疾的老人、经济困难的老人、退休后生活无法调适的老人、人际关系不良的老人、受虐老人、丧亲的老人等。对于不同类型老年人和老年问题的认识是老年社会工作的基础,社会工作者根据不同类型老人的问题和需要,有针对性地制定老人社会工作的项目和内容,实施多样的专业化服务以更好地满足老年人的不同需求。

2. 老年社会工作的定义

老年社会工作可以从广义和狭义两个方面界定。广义的老年工作也可以称为老年人服务或老年人福利,泛指社会上一切有利于增进老年人适宜生活的社会服务活

---

① 范明林、张钟汝:《老年社会工作》,第2页。上海:上海大学出版社,2005。
② 范明林、张钟汝:《老年社会工作》,第26页。上海:上海大学出版社,2005。

动①。狭义的老年工作又称为专业老年社会工作,是指受专业训练的社会工作者在专业的价值理念指导下,充分运用社会工作的理论和方法,为在生活中遭受各种困难而暂时丧失社会功能的老人解决问题、摆脱困境并同时推动更多的老人晚年获得进一步发展的专业服务活动②。

3. 老年社会工作的目标

简单地说,老年社会工作就是帮助老年人解决生活中所遇到的困难和问题,包括生存问题、心理问题和经济问题,在现实生活中这三者往往是相互联系、相互影响的。具体讲,老年社会工作的目标可以分为宏观和微观两个方面。宏观目标主要是通过影响社会政策改善老年人的社会环境,提高老人的社会权利,如退休金、医疗照顾、养老机构、社区服务等。微观目标主要是通过一系列服务改善老年人的物质和精神生活。

11.2.2 老年社会工作的理论基础

一些学者提出了各具特色的老年理论,试图为人们的实际工作提供某种高屋建瓴的理论指导。这些理论各有自己的长处和短处,通过分析它们的利弊得失,有助于我们解决在实际的老年社会工作中所遇到的问题,提高我们的老年社会工作的质量。

1. 社会撤离理论

社会撤离理论是从西方社会学主要流派之一的功能学派理论分离出来的,最早由美国的库明(Blaine Cumming)和亨利(William E Henry)在1961年合著的《变老》一书中提出。

社会撤离理论认为人的能力会不可避免地随年龄的增长而下降,老年人因活动力的下降和生活中角色的丧失,愿意扮演比较次要的社会角色,自愿地脱离社会。在社会撤离理论看来,老年人减少他们的活动水平,减少与人交往,关注内心的生命体验,会使老年人过一种平静而令人满意的晚年生活。老年人主动地撤离社会能实现社会权利的交接,社会也不会因老年人的撤离而功能受损。

社会撤离理论遭到了诸多学者的质疑和批判。在老年社会工作领域也普遍拒斥这种理论,原因有如下几点。

(1)随着物质生活水平的提高和医疗条件的普遍改善,老年人预期寿命普遍延长,他们在离开工作岗位后还可生活几十年,越来越多的老年人想重回社会主流生活。也正因为如此,各国老年社会工作者正在积极地寻求途径以帮助退休后的老年人保持较高的活动水平。

(2)社会撤离理论忽视了个性在一个人适应衰老过程中起的作用,许多老年人一生中都愿意保持一种活动水平较高的生活方式,这与他们对生活是否感到满意直接相关。

---

① 李迎生:《社会工作概论》,第265页。北京:中国人民大学出版社,2006。
② 范明林、张钟汝:《老年社会工作》,第6页。上海:上海大学出版社,2005。

(3)社会撤离理论还可能为那些歧视老年人的观点提供理论依据,这种对老年人的否定性认识会对老年人的身心带来较大伤害。

2. 活动理论

活动理论与社会撤离理论的基本观点正好相反,认为活动水平高的老年人比活动水平低的老年人更容易感到生活满意和更能适应社会①。活动理论也为大多数老年社会工作者所肯定,在老年社会工作者看来,社会不仅在态度上应鼓励老年人积极参与他们力所能及的一切社会活动,而且应努力为老年人参与社会提供条件。现实的情况是,许多老年人想有所作为而苦于没有机会;一些老年人因退出社会主流生活而导致老年郁抑症;有些老年人因长期独自一人无人交谈而提前脑退化进程。现代医学证明,勤于用脑的人比懒于用脑的人,脑力活动退化的速度要缓慢得多,因此,让老年人保持较高的活动,积极参与社会生活,对防止老年人大脑退化具有毋庸置疑的作用。当然,老年人是否有一个幸福晚年绝不仅仅取决于活动水平高低这一因素,是否有稳定的经济收入、家庭关系是否和谐、邻里关系是否融洽、是否有一个良好的生活方式、身体状况等都是老年人是否有一个幸福晚年的重要因素。

3. 社会化理论

传统社会的老年人具有天然的教化权威,只是对别人进行教化,然而,现代社会发展证明,老年人仍然需要社会化,其主要理由在于老年人的角色转换,这种角色的转换及影响表现在以下方面。

(1)劳动角色转化为供养角色,这容易使老年人产生经济危机感。

(2)决策角色转换为平民角色,或者是由家长角色转变为被动接受照顾的角色,容易使老年人产生被抛弃感和寂寞感。

(3)工具角色转变为情感角色,这样的角色转换使老年人常常碰到性别角色模糊问题以及由此伴随而生的老年夫妻之间的冲突。

(4)父母角色转变为祖父母角色。

除了角色转换外,老年人还将遭遇多重"突然失去"的威胁,如子女情感、健康的身体、配偶的死亡等。所有这一切对于老年人而言都是将要面临的新问题,需要继续社会化、加强学习、提高修养和不断自我调整予以解决②。

老年人面对飞速发展的现代社会,新知识和新技术不断涌现,新的社会问题也不断产生,周围的世界时刻变换着新的面目,老年人如果需要跟上时代变迁的步伐,就更加需要通过社会化来了解和掌握新知识、新规范,尤其是通过反向社会化或者"文化反哺"的方法来认识新现象、新观点和学习处理新问题的方法。

11.2.3 老年社会工作的基本方法

个案、团体和社区三大工作方法的理论和实务技巧也广泛地应用在老年社会工

---

① 王思斌:《社会工作概论》,第192页。北京:高等教育出版社,1999。

② 范明林、张钟汝:《老年社会工作》,第33页。上海:上海大学出版社,2005。

作中，同时，老年社会工作在具体实践中也有自身的特点和原则。

1. 老年个案工作

老年个案工作是指以老年人为工作对象，通过一对一的方式解决老年案主遇到的各种问题①。个案方法在老年社会工作中有着重要的地位，社会工作者可以充分地利用双方互动的交流形式，有效地了解老人的想法，加强工作者和老年案主双方的信任关系。由于老年人与其他年龄层的群体有着不同的生理和心理特点，也有着不同的需求，因此老年个案工作还有自身独特的原则和要求。

(1)要理解老年人的生理与心理特点，也就是社会工作者要能充分理解和体会老年人在老龄化过程与心理发展阶段的特殊特征和特殊需求。

(2)尊重老年人的基本看法与态度，这样才能够在以后的过程中免除老人的顾虑，并能够得到他们的积极配合。

(3)与老人建立信任关系，工作者要了解他们的真实感受，并对他们的感受做出积极回应，使老年人从这种回应中得到安慰，营造一个老年人自由倾诉的环境氛围，实际上也是为老人提供一个积极的治疗性环境。

(4)耐心、积极地倾听老年人的谈话。

(5)要运用医学知识妥当的判断老年人的行为。

(6)关注老人的现在而不是过去。

2. 老年小组工作

老年小组工作是指在社会工作者的协调和指导下，利用老年组员之间的互动和小组凝聚力，帮助老年组员学习他人的经验，改变自己的行为，正确面对困难，恢复自己的社会功能和促进自己成长的专业服务活动②。适合老年人开展的小组主要有老人健康小组、老人社交小组、老人支援小组、老人治疗小组、老人服务小组等。

由于老年人生理和心理上的特殊性，老年小组工作除遵循一般小组工作的原则和方法外，在活动设计及技巧运用中应注意几个方面：①摈弃批判的态度，更多地接纳老年案主，相信老年人能够改变；②小组活动正式开始前，工作人员应当充分了解参加小组的老年人的需要、期望及兴趣，在充分沟通前提下实现与老年组员建立初步的良好关系；③小组活动切忌选用过于负责和抽象的游戏或程序，也尽量避免运动量较大的活动，以免对老年人的身体和精神造成负面影响；④工作者对老年人要多用称赞的技巧，以鼓励他们的自信心和参与小组的积极性；⑤工作者要妥善处理好小组活动结束时老人的情绪问题，以免老年人产生一种被遗弃的感觉。

3. 老年社区工作

老年社区工作是指通过社会工作者运用各种专业的工作方法，改善老人与社区的关系，促进老人的社区参与，通过老人的集体参与改善其生活质量的服务活动和过

---

① 李迎生：《社会工作概论》，第279页。北京：中国人民大学出版社，2006。

② 范明林、张钟汝：《老年社会工作》，第115页。上海：上海大学出版社，2005。

程。社区工作的3种类型包括社区发展模式、社会计划模式和社会行动模式,也同样适用于老年社区工作。当前老年社区工作内容主要包括老年社区服务和老年社区照顾两部分。

老年社区服务就是指政府或非政府团体通过社区组织和社区所在的福利机构为解决社区老年人的实际困难与满足各类需求而有针对性地提供设施与服务的福利性项目的活动。其主要包括贫困老人慰问和物资援助、老人权益的争取、老人文体康乐活动的开展等。老年社区照顾与老年社区服务有相似之处,但严格地说,老年社区照顾有两个基本含义①:一是使老年人不脱离他所生活和熟悉的社区,在本社区接受服务;二是动员社区资源,运用社会人际关系资源开展服务。社区照顾主要通过社区活动中心、家庭照顾、暂托处、居家服务、老人公寓、老人院等措施实施。

4. 老年照顾

老年人照顾是指对生活中存在困难的老年人进行照顾,主要指生活和医疗保健方面的照顾。老年照顾有以下3种主要模式。

(1)家庭照顾,即将老人置于家庭中提供生活上的照顾。家庭照顾主要包括两种居家服务和家庭寄养两种类型。前者主要是针对需要照顾的老年人提供家庭健康服务、饮食服务计划以及家事管理,其目的是使那些年老体弱、行动不便或者家中无人照顾的老人能够继续生活在自己的家庭中。家庭寄养主要指社会服务机构征募愿意收养老年人的家庭,定期发给老年人照顾所需要的费用和津贴,家庭寄养可以使一些孤单老人可以享受家庭生活而不是被送到老人院。

(2)机构照顾,即指在专门机构内为老年人提供护理、食宿、生活服务等照顾②。老年照顾机构根据其对象和提供的不同服务可以分为:①安老院,主要针对那些没有亲属也没有工作能力的老年人,所提供的服务主要是住宿与饮食以及一些非医疗性服务;②疗养院,提供全天候的专业服务以及医疗服务,其费用会随着所提供的医疗服务的专业性和密集性的不同而不同;③日间照顾中心,主要针对由于家人忙于工作难以对居家老年人进行日间照顾的老人,为老年人在日间提供保护性的环境以及情绪性上的支持,可以享受到生活上、医疗上的帮助以及精神上的支持;④身心障碍中心,针对具有身心障碍老人的需要,提供特殊的医疗照顾和医疗设备。

(3)社区照顾。社区照顾也有两层含义:一是在老人熟悉的社区环境中向需要各种类型照顾的老人提供服务;二是动员社区内的人力和物力满足社区内老人们的各种各样的需要,以帮助他们在社区内能够获得满意的生活。

随着工业化和城市化进程的发展,家庭规模逐渐小型化、青年人婚后多选择离开父母单独居住、女性社会参与程度提高等因素造成现代家庭照料功能的弱化,尤其是生活不能完全自理的老人照顾已经成为一个社会的普遍问题。正因如此,各个领域

---

① 范明林、张钟汝:《老年社会工作》,第143页。上海:上海大学出版社,2005。

② 李迎生:《社会工作概论》,第276-277页。北京:中国人民大学出版社,2006。

的学者们对于老人的照顾模式进行了大量研究,社会工作者认为不同的家庭和老人具有独特性,家庭可以根据不同的现实需要选择合适的老人照顾模式。

11.3 中国的老年社会工作

我国已经进入老龄化社会阶段,老龄化程度会日益加大并持续相当长一段时间。据预测,到2050年我国60岁以上老人总数将高达4.50亿,65岁以上老人总数将达到3.36亿,老年社会工作将面临着严峻的挑战。

对老年人而言,这种个体的衰老通常意味着健康状况的恶化、工作能力的下降、收入的减少、社会地位的降低和人际关系的削弱;在非福利国家里,还意味着生活品质的大幅下降,孤独、贫穷、还有死亡。随着年龄的增长,老年人将不得不面对社会阶层的负向流动和巨大的心理压力。对社会而言,意味着社会抚养系数的提高,政府财政、公共养老金计划和子女面临着巨大的经济压力。

我国老年社会工作的实施可分为宏观和微观两个层次。从宏观层次看,老年社会工作的顺利开展取决于社会政策的支持和社会资源的倾斜,尤其是相关社会行政力量的大力支持,对老年社会工作的开展具有重大影响。社会行政的本质是一种社会管理的表现形式,社会行政的法规指定和政策出台首先应该考虑老年人的实际需求,并保证其合理需求的有效满足。我国当前老年社会行政的核心和重点是建立和完善老年人的养老保险和医疗保险制度。对社会工作者而言,微观服务层次是指通过具体的社会工作实务将国家拨付的物质、文化、体制资源转化为能够服务老年人的具体行动。

贫困老人慰问和物资援助,即逢年过节时各级老龄问题委员会和退休职工管理委员会会上门慰问老人,尤其是对那些特困老人捐钱捐物和发放困难补助。

老人各项权益的争取,即一些涉老机构专门设立法律咨询部分或者设专人接受老人的咨询,为老人寻找资源或在财产、房屋、经济、婚姻等方面为老人争取相关权益。

老人机构照顾。随着家庭小型化和核心化的趋势以及邻里互助功能的逐渐减弱,在倡导家庭养老的同时,国内养老机构、养老事业也不断地发展起来,一些缺乏家人照顾和体弱多病的老人在各种养老机构里获得了良好的照顾和关怀。

老人文体康乐活动的推展,即在各级涉老机构的组织下,以社区为单位,鼓励老人积极参加健康有益的体育、健身、文娱和康乐活动以充实自己的晚年生活。

老人的社区参与。在社区基层组织的推动下,不少老人积极参与社区公共事务,为社区建设和发展贡献自己力量,也丰富老年人退休后的生活以及提高社会参与度。

总的来说,我国老年社会工作专业发展才刚刚起步,当前我国老年社会工作主要是行政性主导,大多老年工作实际上只是在做老年人的行政管理工作而不是专业的老年人服务。另一方面,老年人能力的提升和信心培养等还未引起足够的重视,为此，推进中国的老年社会工作发展应当包括以下方面。

(1)促进老年社会工作专业化发展，提高老龄工作者的专业素养。社会工作的专业化有助于强化社会福利政策和增强社会服务的成效，专业化的老年社会工作有助于科学有效地解决老年人问题，是老年社会工作的趋势。采取个案工作、小组工作和社区工作相结合的多样化方式，避免单一、枯燥的社会工作模式，满足老年人多样化的实际需求。

(2)加强老年社会工作的本土化发展。老年社会工作作为一种专业和职业产生于西方国家，由于我国国情不同于其他国家，因此在发展老年社会工作中并不能照搬西方的模式，应当根据自身经验和现状，积极借鉴国外的成功方法来发展适合本国国情的老年社会工作模式。我国老年社会工作发展的重点应当是老年人的生活照顾方面，尤其是我国正在大力推行社区的发展，社区养老和居家养老的模式在具体实践过程中还面临许多问题，需要社会工作者积极探索。

(3)加强各类社会团体和商业机构中的老年社会工作发展。我国现阶段老年社会工作中最重要的一个制约因素就是资源不足，包括人力资源不足、财力资源不足、实物资源不足等，仅仅依靠政府投入无法解决所有问题。因此，比较可行的方法是通过社会团体的介入实现一种资源的共享，保证在一定水准服务的前提下适当引入商业运作。这样，一方面可以提高社会工作的运行效率，另一方面可以扩大资源的利用范围，提高老年社会工作的水平。

12

妇女社会工作

社会工作与妇女有着密切的联系,突出体现在大部分寻求及接受社会服务者是妇女。近年女性主义研究与理论的崛起倡导了不同于以往的有性别视角的实务模式,期望通过建立真正平等的性别关系,使男人和女人表现真我而不是被传统的角色观念束缚,为妇女解决政治、经济、文化、社会和家庭生活中的困难和问题,促进女性自身的发展最终促进全社会的福祉。

12.1 妇女社会工作的含义和理论基础

妇女社会工作是社会工作的重要组成部分,是以妇女为案主对象的社会工作,针对她们的需要,旨在提高妇女对自己的潜能及需求的认识,发展其独立自主、自觉及自信的人格,并提高及扩展她们在生活上选择的服务。

12.1.1 妇女社会工作的界定及相关澄清

根据王思斌的界定,所谓妇女社会工作,就是针对妇女在自我成长过程中,在参与社会活动和家庭生活过程中遇到群体或个体问题时,由专业社会工作者开展的社会服务性工作,其目的是为妇女全面发展创造有利的社会条件和社会环境。①

(1)妇女社会工作的接触对象并不是单一的女性。虽然妇女社会工作的过程中会以女性服务对象为主,但是由于女性在家庭中承担的重要角色,所以在进行女性社会工作的很多时候,都必须要与其配偶及子女进行接触,才能更好地解决女性的问题,满足女性的发展需求。

---

① 王思斌:《社会工作概论》,第 202 页。北京:高等教育出版社,1999。

(2)妇女社会工作并不能等同于家庭社会工作,而是包括了个案、群体以及社区各个层次的社会工作专业服务,更加需要宏观社会工作在女性权益维护方面做出更多努力。

(3)妇女社会工作者也并非只有女性才可以做。事实上,针对妇女的社会工作并没有一定的性别要求,只是对于一些特殊的案例,比如一个遭受家庭暴力的女性在见到女性工作者的时候会更容易形成一种来自同性的安全感,而如果是一位男性的工作者,则可能会让案主重新进入和丈夫相处时的交往模式。同样是对于家庭暴力的个案,男性的工作者如果运用工作方法得当,则可以让案主重新学习与异性的良好互动模式,同时减轻对于异性的焦虑和敌意,从而使案主在摆脱原有家庭暴力阴影之后可以重新开始新的生活。所以,对于妇女社会工作本身来说,并没有设定工作人员的性别,男性和女性都可以结合自己的性别提供服务,实现服务对象的问题解决和能力发展。

12.1.2 妇女社会工作的理论基础

在社会工作发展的初期,由于女性在社会上的劣势地位,因此妇女在最初就成为了社会工作服务的主要服务对象之一。而随着西方女性主义的发展,女权运动兴起,专门针对女性的社会工作分支服务和研究也不断发展。女性主义以自己的视角重新审视这个原本由男性所定义的社会,同时为女性在社会和家庭中的不平等地位寻求新的解释和解决的方法,因此,不同学派的女性主义观点都成为了妇女社会工作的重要理论基础。

1. 自由主义的女性主义

自由主义的女性主义是最早的女性主义流派,出现于18世纪末、19世纪初。代表人物为沃斯通克拉夫特(Mary Wollstonecraft)、米尔(John Mill)、弗里丹(Betty Fried)。他们主张妇女在各方面拥有与男性平等的地位,有平等地接受高等教育的权利,有平等地选举、就业及拥有财富的权利。她们认为,两性之间的不平等并不是生理上的差异造成的,而是社会文化、法律和教育等因素造成的。因此,她们认为实现男女平等,解决女性问题的关键在于通过国家立法使女性拥有受教育的权利,让女性进入职业领域,使女性与男性一样在婚姻和社会领域中享有同样的价值。

自由主义的女性主义给予妇女社会工作的启示则在于强调了女性受教育的权利,并将女性从家庭中解放出来,让她们进入职场,通过自食其力以换取平等和尊严。在妇女社会工作中,很多的女性长期受到社会和家庭的压力而失去了自己在社会领域中的发展空间,同时封闭的家庭生活环境也使得女性的抗挫折力减弱,使得她们依附于家庭,造成了部分女性的悲剧,所以我们在服务过程中,应对女性教育问题有相当的警觉,通过社区教育和社会政策等工作保证女性的受教育权利和工作权利,并为其提供便利,使其在现代社会中能够有平等的发展空间。

2. 马克思主义的女性主义

马克思主义妇女观,是运用辩证唯物主义和历史唯物主义的世界观、方法论,对妇女社会地位的历史演变、妇女的社会作用、妇女的社会权利和妇女争取解放的途径等基本问题做出的科学分析和概括。马克思主义妇女观的主要内容包括：①妇女被压迫是人类历史发展的一定阶段上的社会现象；②妇女解放的程度是衡量普遍解放的天然尺度；③参加社会劳动是妇女解放的一个先决条件；④妇女解放是一个长期的历史过程；⑤妇女在创造人类文明，推动社会发展中具有伟大的作用；⑥将性别观点（性别平等意识和观点）纳入决策主流。

马克思主义的女性主义者注意到了两性的生理差异和社会差异，她们认为如果国家和社会能够承担部分照顾孩子的工作和其他的家务劳动，让妇女能够有更多的时间和精力进入有偿劳动力市场，那么就可以实现男女平等。在强调女性就业这点上，马克思主义的女性主义与自由主义的女性主义是根本不同的。前者注重的是经济因素，认为只有大规模的女性就业才能使男女平等成为现实，后者注重就业给女性带来心理上的独立感和成就感。另外，自由主义的女性主义认为少数妇女先进入职业领域可以首先获得单独解放，而马克思主义的女性主义则否认这种可能性。之所以出现这种情况则在于二者的出发点不同，马克思主义的女性主义代表的是贫困的无产阶级妇女的利益和呼声，而自由主义的女性主义代表的是白人中产阶级妇女的利益和呼声。

3. 激进的女性主义

激进的女性主义认为只要推翻经济压迫就可以解决一切问题的观点是不正确的，而目前的父权制才是女性处于男性从属地位的最根本原因，也就是说父权制下的异性恋和生育是最根本的性别压迫模式。激进的女性主义者肯定了女性不同于男性的特征，认为男女在生理上的差异是女性遭受压迫的主要原因，其最主要的原因是女性的生育能力，只要两性在生理和社会上的区别存在，那么女性的劣势地位就不可能有实质性的改变。所以，她们主张通过技术改变现有的生育模式，避免异性恋，消除女性和男性的生理差异，这样才能最终消除两性之间的不平等和性别歧视。

激进的女性主义因为其极端的主张而使西方对于女性主义运动极为反感，导致女性主义运动陷入僵局。虽然我们也同样认为其主张太过激烈，但是这也在提醒我们在进行妇女社会工作服务时应注意女性的性别特质，根据女性的需要来实现其自身的发展。

4. 后现代主义下的女性主义

后现代主义的核心观点就是："现存的思维习惯，习俗和道德等被人们当成'人之常情'的东西并不具有'真理性'意义。它们是'人为'的。后现代主义进而解构了'人'，打破了西方自启蒙时期以来所鼓吹的'人是自然之主体'的观念，人的主体性是特定的历史时期，特定的地理环境以及特定的政治纲领的产物，不是天经地义的。[①] 而女性主义本身就是要与"现存的思维习惯"——男性的思维习惯进行对抗

① 鲍晓兰：《西方女性主义研究评价》，第 4 页。北京：三联书店，1995。

的，因此，女性主义与后现代主义不谋而合，后现代主义也推动女性主义发展到了一个新的阶段。

后现代女性主义者琼·W.斯科特在《性别：历史分析中一个有效范畴》一文中对社会性别概念进行了全面的分析。她为社会性别下了一个新定义，指出社会性别由两大核心组成：首先它是以性别差异为基础的社会关系的一个成分，其次它是区分权利关系的基本方式。她认为社会关系组织的变化总是与权利关系的变化同步进行，只是变化的方向不尽相同。社会性别作为社会关系的一个成分，具有4个相关要素：①文化象征的多种表现形式；②对象征意义作出解释的规范概念，比如在宗教、教育、法律、科学和政治中的概念；③社会组织和机构形式，亲属制度、经济制度和政治制度等与社会性别的确立都有关；④主观认同，意指主体在社会历史文化环境中形成对社会性别的认同。斯科特认为，这4个因素是紧密联系的，它为我们分析复杂的社会关系和权利构成提供了途径。重新限定、建构性别含义，可以帮助创立新的政治、社会平等观。①

后现代的女性主义帮助我们从一个更加广阔的视角里探讨女性在家庭和社会中的位置，她提醒我们要注意文化和意义对于女性现实生活的影响，并在现实服务中要思考社会赋予女性的性别角色和性别义务，协助女性在主观上更好地对自身形成认识。

5. 女性主义理论的共同点

除了上述理论派别之外，女性主义还有很多流派，如文化女性主义、心理分析女性主义等。这些流派之间差别很大甚至主张针锋相对，但是女性主义理论还是有一些共同的观点。

(1)有一个共同的目标，那就是消灭两性间的不平等关系，这个共同的目标把各个流派的女性主义者团结在一起。

(2)达成共识的女性主义原则，其中包括：相信男女两性是不平等的，而且这种情况是应当加以改变的；对既存两性关系的改造将对更广泛的社会关系产生影响；两性关系是政治性的；认为政治权利既运作于个人层面，又运作于社会层面；公民的社会权利源于存在本身，而非源于社会地位，即“我存在，因此我有权利”。

12.2 妇女社会工作的工作内容

传统意义上针对女性的社会工作服务大多局限在家庭生活的层面，很多的社会工作服务都是希望协助妇女处理家庭在不同发展时期出现的不同问题。而随着女性在社会生活中参与程度的不断加深，对于职业女性在社会上发展的社会工作服务也就应运而生。

---

① 倪志娟：“西方女性主义理论的意义评述”，《孝感学院学报》，2005年第四期。

12.2.1 家庭社会工作服务

由于中国长期的封建文化影响,“夫权”、“父权”依然在家庭领域中发挥着很大的作用,而女性则在家庭中承担了更多的义务,这样的一种社会和文化环境使得针对女性的家庭社会工作服务内容十分繁多。

1. 新婚期适应

自婚姻开始,一个新的家庭就需要夫妻双方共同去维系,而女性也将开始接受由一个女儿到妻子的角色转变,很多人从由别人照顾转为需要照顾别人。虽然我们现在试图让男女两性在婚姻和家庭中都承担相应的角色分工,但是由于传统文化的影响依然存在,所以女性在新婚期间就会面临很多需要适应的问题,这些会体现在夫妻生活的方方面面,而社会工作服务则会提供给女性相关的心理适应训练,让女性能够顺利完成这一角色转换过程。

2. 学习处理亲子关系

在孕育新生命的过程中,女性就已经开始体验如何处理亲子之间的关系。从女孩儿到母亲,一些妇女会在生理和心理的双重作用下出现抑郁的症状。在进行必要的产前检查的同时,一些有需要的妇女可以通过社会工作提供的相关服务调试自己的心理状态,迎接新生命的诞生。而在养育子女的过程中,母亲与子女之间的关系也是容易出现问题的。很多情况在于母亲将子女放在了自己的绝对生活重心,而忽略了自己的丈夫,更没有时间去照顾自己,使得夫妻之间的关系逐渐变淡,从而出现很多家庭问题,需要社会工作服务提供家庭社会工作。所以在处理亲子关系的过程中,密不可分的一个方面就是夫妻关系的处理,这些对于一些不擅长处理的女性来说,社会工作服务就变得十分必要了。

3. 空巢期妇女社会工作

很多家庭主妇将自己最宝贵的青春献给了家庭,而当她逐渐老去的时候,她的子女已展翅高飞,而自己的丈夫忙于事业,这些家庭主妇便好像顿时失去了自己的生活重心,没有了生活目标。这时,也需要社会工作者为其调整情绪,并逐步使其进入社会,将生活重心转移,实现其发展。

4. 家庭、亲属关系处理

这里所说的家庭亲属关系主要指婆媳及叔嫂妯娌之间的关系处理,这些都可能会成为家庭纠纷的起源从而导致女性在家庭中的压力增加。由于女性在家庭中的特殊地位,所以在家庭生活中不同辈分和身份的女性之间的关系往往成为一个家庭是否能和谐相处的重要因素。而一旦无法处理好这些关系就很可能会导致女性自身的权益受到损害,因此需要社会工作在其中充当教育和纠纷解决者的角色。

5. 反家庭暴力

虽然家庭暴力中并不都是男性针对女性,但是女性在生理上的弱势依然决定了女性在绝大多数的情况下是家庭暴力的受害者。因此,妇女社会工作就必须向妇女提供关于反家庭暴力的预防措施介绍、相关政策法律介绍以及紧急解决方法介绍,并提供有效的求助措施，在妇女遭受家庭暴力之后寻求一切社会资源帮助其摆脱恶性循环，重新过正常的生活。在解决妇女的家庭暴力问题之后，还需要后续的社会工作服务帮助妇女重新进入社会，有一些还需要提供相应的亲子辅导，协助妇女和她的子女摆脱家庭暴力的阴影，开始新的生活。

6. 特殊婚姻情况下的妇女社会工作

在一些特殊情况下，女性可能会遭受离婚、丧偶等情况，而且由于女性的预期寿命普遍高于男性，所以对于遭受丧偶经历的老年女性都需要提供相应的社会工作服务以使她们能够面对这种婚姻的变化，坦然接受，并能够开始自己的生活。

12.2.2 社会发展社会工作服务

长期以来，女性一直在谋求着自己在社会生活领域中的发展。虽然由于传统文化的影响，使得女性承受了来自于社会和家庭双方的压力，但是作为今天的职业女性，依然在职场上拼搏，处于劣势的她们更需要我们提供社会工作服务。

1. 社会适应性训练

一直以来，人们习惯将女性圈在家庭中而阻止其到社会上发展，但是随着家庭生活压力的不断增加，很多的家庭主妇开始进入社会生活，承担一部分家庭经济责任，这就需要对她们进行社会适应性训练，从而完成她们的角色转换。

2. 社会压力疏导服务

由于女性在社会上的弱势地位，女性在次级劳动市场中的比例远远高于男性，而在职场拼搏与传统意义上对女性的定位是相违背的，因此女性承受了来自社会和文化的巨大压力。社会工作服务需要从社区教育和社会政策的层面为女性的发展争取更好的社会环境，同时也需要通过微观的服务方法帮助女性调整自己，增强抵抗力。

3. 家庭与职业间的配合服务——角色整合，解决角色冲突与混乱

因为很多女性渴望在家庭与职业之间寻找一个平衡点，但是内心却受到了来自于社会的巨大压力，所以她们需要有相应的社会工作服务，协助她们更好地认识自己的各项角色，避免角色混乱，调试好自己的心态。

4. 拒绝性骚扰，提高自我保护意识

进入社会领域，两性接触的机会增多，女性遭遇性骚扰的可能性也大大增加。一些女性为了保住自己的工作对于他人的性骚扰忍气吞声，在生理和心理上都遭受了严重的创伤，而这些都是社会工作的服务内容。

5. 妇女反贫困

虽然女性并不意味着贫困，但是由于女性的收入低、社会地位差等诸多原因使得女性在经济地位上处于劣势，针对女性的反贫困项目一直是妇女社会工作的优良传统，所以在目前的中国，尤其是农村和城市贫困人口中，针对女性的扶贫工作是十分必要的。

6. 健康服务

乳腺癌和子宫癌是近年来最引起广泛重视的女性健康话题。生活压力的不断增

加及不健康的生活方式使得女性的性别疾病发病率日益增加。而很多的女性在经历病痛折磨的同时还需要经历一个重塑自我的心理过程,而我们的社会文化也需要对她们更加宽容,从而减少她们的伤痛。社会工作者将通过各种服务模式为女性的身心健康发展提供专业服务。

12.3 妇女社会工作的方法

与青少年及老年人社会工作的方法相似,妇女社会工作也具有个案、团体及社区工作方法。

12.3.1 个案工作方法

妇女个案工作是指专业社会工作者在专业的理念和理论指导下,以"一对一"的方式为妇女和家庭提供各种资讯与支持,目的在于协助妇女个人和家庭减轻压力、解决问题,实现个人与家庭的发展。

妇女个案工作的内容十分广泛,包括女性婚恋辅导、女性健康指导、女性家庭关系调适、女性沟通技巧训练等。妇女个案工作是针对每一个服务对象的独特性而设计针对性很强的服务方案,解决服务对象的困难,满足服务对象的需求,促进妇女在家庭和社会中的发展,实现女性个体的成长。

12.3.2 团体工作方法

妇女团体工作是指社会工作者秉承社会工作的专业理念,充分运用团体工作方法和技巧,通过团体动力和团体内部成员之间的互动使团体成员某一共同问题得以解决,团体成员自身的能力得到发展,使团体成员个人实现成长。

在团体社会工作中,关于女性的社会适应性培训、反家暴知识宣传、提升自我保护意识、健康服务等方面都是非常有效的。通过团体活动,可以将一些特殊的问题泛化,从而使女性能够卸下自己的防伪,在同属群体中寻找支持,并逐渐摆脱原有问题形成的压力,从而通过学习来解决自身的问题,实现发展。

12.3.3 社区工作方法①

妇女社区社会工作是指社会工作者在专业理念的指导下,以社区妇女为服务对象,在充分认识和了解社区妇女的需要及相关问题的基础上,通过发动和组织社区妇女参与集体行动,利用社区内外资源,有计划、有步骤地解决在社区范围内与妇女有关的问题;同时,积极培养社区的妇女领袖、培养社区内妇女的互助精神和民主参与的行为,从而推动整个社区的妇女全面发展的专业服务活动。

妇女社区工作是在社区范围内针对妇女问题所展开的专业服务活动,要立足社区活动为妇女服务,如注重发掘妇女的潜能,协助妇女建立自信心,鼓励妇女参与社

① 朱眉华、文 军:《社会工作实务手册》,第236-237页。北京:社会科学文献出版社,2006。

区事务和为社区内需要帮助的居民提供援助；注重协助妇女个体的自我成长，鼓励妇女争取两性平等和在政治、经济、文化与家庭等各个社会领域里呼吁消除对女性的一切形式的歧视和不公正的对待。

12.3.4 宏观社会工作方法

宏观社会工作方法虽然发展时间很短，但是却在保护妇女权益方面发挥了不可替代的作用。针对妇女的社会政策和社会保障的出台，使得国家这一主体承担起了保护妇女权益、保障妇女发展的责任。作为社会工作者需要利用社会工作的专业方法在社会行政和社会政策的过程中提高对社会性别的敏感性，保护妇女在社会生活中的各项权利，逐步改善妇女在社会生活中的劣势地位，同时创造女性在社会中的更广阔的发展空间。

12.4 中国的妇女社会工作

由于历史的和文化的特点，中国妇女社会工作在具备一般的共性前提下，也具有自身的个性特征。

12.4.1 中国妇女社会工作的指导思想与特点

在中国，与妇女有关的事务统称为妇女工作。不论从字面上还是从内涵上，都大大不同于“妇女服务”和“妇女社会工作”，体观了中国的特色，这个特色简而言之是“在党的领导下，围绕着不同时期党的中心任务开展妇女工作”。①

中国妇女工作的指导思想来源于马列主义理论和毛泽东思想。马列主义认为妇女解放是无产阶级解放事业的一部分，妇女是无产阶级革命最伟大的后备力量。毛泽东思想则把马列主义理论和中国实践结合起来，明确提出中国妇女是一种伟大的人力资源，对中国革命和社会主义建设的成败具有决定性作用，妇女是劳动大军。因此中国共产党领导下的妇女运动早在 20 世纪 40 年代就确立了“以生产为中心”的工作方针，后来这个方针一再被重申，并随着不同时期国家对这个中心的不同理解而有不同的变化，换句话说，中国妇女工作是围绕不同时期党的中心任务开展的。

12.4.2 中国妇女社会工作的机构简介

我国的妇女社会工作最大的特点就是工作多由专门的妇女工作机构来承担。这些专门的机构主要有以下几种。

各级妇女联合会（简称妇联）系统。这一系统由全国妇联，各省、市、自治区妇联，各市、区、县妇联，街道、乡妇联和居委会、村委会的妇代会构成，形成覆盖面广泛的妇女工作网络。

各级工会女工委员会。由全国总工会女工部，各省、市、自治区总工会女工部和

---

① 李静之：《试论党的领导、政府支持和妇女解放的关系》，《妇女研究论丛》，2001 年总 39 期。

各厂、矿、企业工会女工部组成,承担了大量女职工的社会工作。

各种妇女工作委员会。近年来成立、完善的各民主党派妇女工作委员会,各机关、科教文卫机构的妇女工作委员会,各种妇女联谊会、促进会和协会,使妇女社会工作的覆盖面更广泛。

民间妇女组织和近年出现的少数民间关注妇女的社会工作机构。

12.4.3 中国妇女社会工作的主要内容

长期以来,我国妇女社会工作根据不同时期国家的不同任务和妇女的不同问题开展了大量生动、有效的工作,对促进妇女发展、国家进步起到了积极的作用。归纳起来有:发动妇女群众参加社会生产,宣传教育妇女工作,维护妇女合法权益,家庭文化建设,为妇女提供服务。

这些服务与社会工作意义上的传统妇女服务既有相同的部分也有不同的部分,相同的部分在于它们都关注妇女的角色与作用,不同的是由于指导思想不同,工作重点和方式方法大相径庭。至于与强调女性主义视角的妇女社会工作相比较,相似性就更少了,恐怕除了都关注女性之外,很难找到其他的共同点

12.4.4 中国妇女社会工作的局限与发展

1. 目前存在的问题

随着我国社会主义市场经济体制的建立与发展,妇女社会工作作为社会工作不可缺少的组成部分日益需要和重要。然而,目前我国的妇女社会工作仍存在着一些问题,或多或少地影响着妇女社会工作的开展。这些问题主要有以下方面。

(1)工作人员缺少社会工作专业训练,整体专业化水平较低。一般而言,我国现有从事妇女社会工作的工作人员都有一颗爱心和满腔热情,不辞辛劳、不畏艰难、不计报酬地为妇女服务。但是,由于我国长期以来妇女社会工作由妇联系统的职能工作所代替的状况,使得从事这一工作的人员绝大多数没有受过社会工作的专业训练,缺乏对社会基本价值观、理论、知识、方法和技巧的掌握。这就使他们在工作中有时不注意培养求助妇女的自助能力,有时工作方法简单、单一。这就影响了他们进行社会工作的质量和效果,而使工作事倍功半或事与愿违。

(2)工作缺乏系统的理论总结和指导。目前我国从事妇女社会工作的工作人员的文化水平普遍有了很大提高,在长期的工作中就妇女社会工作的特点、方法和技巧等方面积累了一定的实践经验,但至今对此缺乏理论总结和系统研究,致使妇女社会工作带有非规范性特点,难以进一步提高。

2. 发展展望

为使妇女社会工作更好地适应社会发展的需要、更好地为妇女提供服务,我们认为应加强以下方面的工作。

(1)树立社会工作专业助人价值观。把目前妇女社会工作人员普遍具有的“妇女娘家人”、“妇女问题专家”的助人价值观基础转变为社会工作尊重他人、平等对待

求助者的价值观基础。只有从这种助人价值观出发,才能较客观地而不是仅从感情出发看待妇女所面临的问题;才能较理智地帮助求助妇女学习分析问题和寻找解决问题的正确方法、自己帮助自己,真正做到自尊、自信、自立、自强,而不是居高临下地指导求助妇女如何解决当前问题。

(2)总结、建立妇女社会工作理论和方法体系。应改变以往我国社会工作"重实践、轻理论"的习惯,珍视长期以来妇女社会工作取得的经验教训,认真总结、分析、研究,同时注重对国外社会工作理论的学习和借鉴,尽快建立具有特点的、适合我国妇女社会工作的理论和方法体系,促进妇女社会工作向专业化和学科化发展。

(3)加强妇女社会工作教育和培训。应利用各种方法和手段对从事妇女社会工作的工作人员进行岗位或学历、短期或长期培训,使他们尽快掌握社会工作的有关理论知识、服务方法和技巧。这种社会工作教育和训练要充分考虑我国大陆社会体制和文化的特色,在借鉴国外经验的同时总结国内经验,根据我国社会特点开展教育和培训;另一方面要考虑妇女社会工作的特点,有针对性地开展教育和培训。①

---

① 王思斌:《社会工作概论》,第212、213页。北京:高等教育出版社,1999。

13 救助社会工作

社会工作发展的历史就是人们与贫困作斗争的历史,社会工作及其各种专业方法正是人们在与贫困和其他各种社会问题作斗争的实践中逐步形成和发展起来的。专业社会工作通过为遭受贫困和各种困难与不幸的人提供必要的物质和精神上的帮助,保障他们基本生活的需要,使他们能够发挥自己潜在的力量,增强他们适应社会的能力,在一定程度上缓解由贫困和其他各种社会问题带来的社会紧张和冲突,为社会的稳定和发展发挥重要作用。

13.1 贫困问题概述

贫困是任何一个国家在任何一个发展时期都会遇到的现实社会问题,也是社会工作者所关注和力图解决的重要问题。

13.1.1 贫困与反贫困

贫困问题的研究包括很多方面,主要有贫困的类型、贫困的界定、贫困观、反贫困理念的演变等。

1. 贫困的类型

贫困是一种复杂的社会现象,随着社会的发展人们对贫困的认识也有所发展,从不同的角度可将贫困划分为许多类型。从贫困的内涵出发,可将其分为狭义贫困和广义贫困。

狭义贫困仅指从经济意义上理解的物质生活资料匮乏的贫困。广义贫困则包括从经济、社会、文化等各方面,如物质贫困、社会权利贫困、能力贫困、社会资源贫困等来界定。从贫困的程度出发,可将其分为绝对贫困和相对贫困。绝对贫困指维持生存所必需的、基本的物质条件不能满足,相对贫困指是指不同社会成员和不同地区之间,可能存在着明显的收入差异,低收入的个人、家庭、地区相对于全社会而言,处于贫困状态。从贫困产生的原因来看,可以分为制度型贫困、体制性贫困、政策性贫困、环境型贫困、灾祸型贫困、风险型贫困、懒惰型贫困、愚昧型贫困、恶习型贫困和综合性贫困①。我们主要从救助社会工作的主要领域出发,将贫困分为如下类型。

(1)物质贫困。物质贫困是指个人或者家庭的可支配收入不能支付基本生存所需的食品、衣着、住房等最低需要。

(2)精神贫困。精神贫困是指因种种发展障碍和制约因素造成的某一社会群体或个人在思想道德素质、文化知识水平、价值观念、价值取向和风俗习惯、思维方式和行为方式上落后于社会发展水平,以致影响物质生活资料获取和精神生活需求满足的生存状态,是一个主要反映人的追求、信念的价值理性范畴。精神贫困表现在很多方面,如受教育程度低、精神生活空虚、生活方式陈旧落后、情绪低落、自卑感强、生存与发展能力低下等。

(3)社会资源贫困。社会资源贫困是指在社会体制不完善、制度缺失或失效的情况下,具有较强社会关系网络的群体按有利于自身的方式分配着社会资源,从而使缺乏有效社会关系支持的个人、家庭、群体因资源的匮乏而陷入贫困或处于持续的困境中。

(4)社会权利贫困。社会权利贫困是指在特定的社会背景下部分社会成员由于缺乏必要的资源而在一定程度上被剥夺了正常获得参与经济和社会活动的权利②。社会权利的贫困主要有几种形式:社会权利相对不足;获取社会权利的机会和渠道不足;现有的权利没有稳定和明确的法律保证;权力失而复得的机会很少③。

2. 贫困的界定

人类需要有满足与不足两种状态,需要未得满足就可能表现为贫困。界定贫困的视角众多,简单来说贫困就是人们缺乏获得食物、参与活动、拥有生活条件和环境等方面的资源。尽管对于贫困做了大量的研究,然而在界定贫困的问题上却存在很大分歧,贫困的界定包括两个层次④:一是划定贫困线或贫困"门槛",用以判别社会中哪一部分人是穷人;二是测量贫困程度,其一是直接测量贫困规模,如贫困发生率和贫困缺口率,用以说明贫困的范围和程度。后者是直接用社会指标评价福利水平是否能够满足人类的基本需求,以利于国际间贫困程度的比较。

3. 贫困观的演变

在人类历史的发展过程中,对于贫困和贫困者有不同的认识,主要体现于贫困原因理论的阐述,有学者将贫困原因的研究分为"激进主义"和"保守主义"⑤两种基本

---

① 谢维营:"贫困的类型探析",《延安大学学报(社会科学版)》,2002 年第 3 期。
② 关信平:《中国城市贫困问题研究》,第 32 页。长沙:湖南人民出版社,1999。
③ 汪朝辉:"论中国城市社会权利的贫困",《江苏社会科学》,2003 年第 2 期。
④ 王思斌:《社会工作概论》,第 263 页。北京:高等教育出版社,1999。
⑤ 关信平:《中国城市贫困问题研究》,第 64 页。长沙:湖南人民出版社,1999。

倾向。所谓保守主义的贫困理论即倾向在贫困问题上持一种个人主义的理论立场，认为造成贫困的原因主要是由个人因素引起的，因此应当从贫困者自身去寻找贫困的根源。代表理论包括古典经济学思想、马尔萨斯主义、社会达尔文理论、新保守主义福利理论、功能主义、贫困文化理论等。激进主义的贫困理论则持一种“社会责任”的理论立场，认为当代社会中的贫困主要是由社会因素引起的，强调不合理的经济制度和社会结构在贫困问题上的作用，认为社会应该为贫困问题的出现负主要责任，政府和其他社会组织应该为穷人提供更多帮助。代表理论有凯恩斯主义理论、福利经济学理论、社会结构理论等。客观而言，我们应当对于贫困问题采取一种综合的态度，若贫困完全是由于个人原因造成则无法解释一个区域、一个群体等呈现出明显规律性的整体贫困现象；若贫困完全是由于社会因素引起的则无法解释现实社会中各类贫困问题。因此，在反贫困的策略中需要考虑个人和社会两方面的因素。

4. 反贫困理念的发展

最初针对贫困问题所开展的工作一般被称为“济贫”或“救济”，早期的济贫事业对后来的专业社会工作发展有十分重要的意义，但是其理念和实践与后来的专业社会工作都有很大不同。

(1)从补救型到发展型。过去的救济一般是消极意义上的一种事后补救性措施，现在的反贫困理念是全方位的，一方面包括类似于传统社会救助，另一方面则是一种积极的举措，一种发展型扶贫政策，其目的在于帮助贫困者最终摆脱贫困。

(2)从单纯物质救助到多元化救助。过去救助的手段单一，主要是以现金和实物为主的物质救助。现在人们认识到单纯的物质救助不能从根本上解决贫困问题，因此不断发展出精神救助、能力救助、权利救助等新的救助类型。

(3)从微观层面到宏观层面，到二者相结合。最早的救助往往是教会或者慈善人士主办的，一般是零星、不成体系的，往往从贫困者个人的微观角度解决贫困；随着政府将治理贫困视为自身的责任，开始从社会政策的宏观层面干预贫困问题，现在的反贫困政策则关注宏观层面和微观层面的共同发展。

13.1.2 反贫困社会政策与措施

不同国家与社会治理贫困的实践，既有差异也有共同或一致的一面，总的说反贫困的主要经验主要包括社会保障制度和扶贫政策两个方面。

广义的社会保障制度，不仅仅是提供物质上的保障，还包括就业、社会工作服务和个人的社会服务等内容，在福利国家则意味着“从摇篮到坟墓”的保障。社会保障制度使一系列保障国民基本需要的社会政策和措施得以实施，政府在某些领域担负起对国民的责任，确保了贫困人群能够维持一定的生活水准。这些社会保障政策与措施主要有：政府通过强制性地筹集资金，要求高收入者多缴纳费用，低收入者少缴纳费用；用再分配国民收入的办法，对社会上的贫者、弱者给予一定的经济补助，使其能够享受与经济发展水平相适应的最低生活标准；对社会上没有劳动能力的人实行社会救助，使其能够享受最基本的生活保障；对社会全体公民采取各类福利措施，从而起到“社会安全网络”的作用。政府通过收支的调整,客观上起到了缩小贫富差别的作用,使贫困人口的痛苦得以减轻。此外,完善的社会保障制度除了满足人们的基本生活需要外,还通过生育保险、子女抚养、教育津贴、医疗保险等形式,提高人们对疾病、意外事故、年老等风险的抵抗能力,降低贫困发生的可能性,同时从某种程度上改变人们的一些传统观念,促使生活方式的转变,为消除贫困创造良好的条件。

扶贫政策也可以被称作社会扶持政策,社会保障支付作为国家和政府的一项重要设置,其功能在于缓解贫困,但不可能最终导致贫困的消除。最初的扶贫政策是“输血型”,随着政策的不断实践,人们逐渐认识到应该采取“造血型”扶贫政策,也就是“开发性扶贫”,即通过或借助来自政府或社会提供的资金、知识、技术、人才、机会以及其他必要的资源支持,使贫民或贫困户中有一定劳动能力者因此缓解、摆脱贫困,乃至逐步走向富裕。开发式扶贫的着眼点是努力使贫困地区及贫困人口形成自我积累、自我吸收、自我发展的能力。

1999 年世界银行召开大会,结合各国反贫困的经验,总结出了 3 条成功之路[①]:①贫困问题有其特定的环境背景,呈现出多样性,反贫困要考虑到观念的多样性、发展的优先性,以及政治意愿和政治经济因素等;②要运用整体性的观点,贫困问题具有复杂性、多面性,与价值有关,远远超越经济本身,反贫困不可能有固定的答案,因此要对贫困进行广泛的思考,并增强各部门间的合作,设计出协调合作的总体项目,并以总体性观点来评估;③贫困具有特定地域性,穷人自己的观念至关重要,必须考虑到文化的差别。

13.2 反贫困与社会工作介入

社会工作的起源就是从对贫困、失业等人群的社会救助开始的,社会工作最初的思想来源以及实践也是来自于反贫困的实践,社会工作者在缓解社会贫困、实施社会救助方面做出了突出贡献。

13.2.1 救助社会工作的历史发展

1. 救助社会工作的基本理念

1)人文主义和人道主义

发端于 15 世纪欧洲文艺复兴运动的人文主义和人道主义思想,对社会工作的哲学思想和实践模式都产生了不可忽视的影响。人文主义起源于 14 世纪,是欧洲文艺复兴时期的指导思想。人文主义本质上是人性的解放,主张人回归到真实的生活世界中去。人文主义的主要内容包括[②]:强调人的价值和尊严;人应该主宰这个世界;对人的本质持乐观态度;人是理性的存在,拥有真理的内在来源;个人的自由在自然

---

① 张宇莲:《社会工作实务》,第 240 页。上海:上海社会科学院出版社,2005。

② 王思斌、熊跃根:《社会工作导论》,第 78 页。北京:高等教育出版社,2005。

界和社会中享有崇高的地位。人文主义坚持相信人类可以通过自己的行动去创造和改变,人的潜能也能得到发挥。人文主义对社会工作的影响体现在很多方面,不仅表现在社会工作者的精神境界上,也体现在专业工作者一贯待人处事的态度与方式上。

人道主义作为一种思潮和理论发端于14—16世纪欧洲文艺复兴时代,是人文主义思想发展的结果。人道主义思想的发展使更多的个体及国家社会认识到每个人都有其价值,必须维护和保障弱势群体的基本权利。人道主义的传播使得个人和社会的慈善事业得到进一步发展,同时也促使国家制定相应的政策制度以保障人的基本生活。人道主义中最重要的价值在于提出“人权”和“人道”的观念,与社会工作关注的人的基本权利和推动社会进步的目标是紧密相连的。相比于为维护阶级统治、缓解社会矛盾而实施的济贫制度,人道主义视角下的济贫则主要是关注人的价值和权利,救助社会工作也持相同的价值观。

2)尊重、接纳的态度

社会工作者自身在工作过程中遵循一定的价值体系,其中最重要的尊重和接纳。泰勒认为每个人都有作为个人的尊严和价值;每个人都应该受到尊敬和得到周到的对待;每个人都应该参与影响他的决策;每个人都应该自由发展他的能力和天赋;每个人都应该公平地分享对物品和服务的控制;对实现理性行为所必需的信息,每一个人都应该具有完全和自由获得的权利①。

3)“助人自助”的理念

在接受制度性救助的时候,被救助者往往处于被动地位,容易导致心理上的焦虑不安、失落感和不满情绪,因此需要帮助其重塑生活的信心、建立积极进取的心理状态。从社会工作的一般过程看,社会工作是社会工作者与受助者的互动过程,社会工作者在这个过程中担当多重角色、提供多种服务,支持并鼓励受助者自立自强。社会工作者认为贫困者不只是被动接受救助的客体也是扶贫的行动主体之一,只有贫困者积极参与才能获得更好的救助效果。

4)系统论的理念

救助社会工作从“人环两因论”的角度认识贫困问题,贫困不仅仅是由于个体的原因造成的,这是一个复杂的过程,必须用系统的方法来实施救助。系统理论认为所有的有机体都是系统,社会成员、家庭、邻里和社区都是社会系统的子系统。系统理论强调系统内部和系统之间的交流,并认为在交流的过程中,反馈(资源、信息和能量)会影响系统内和系统间的互动。系统论特别强调结构的平衡和最佳稳定状态,认为案主出现问题,就在于案主系统与其他系统之间的平衡被打破了②。

2. 救助社会工作的历史发展

社会工作者最初介入到社会救助领域中是针对反贫困实践中产生的现实问题,

---

① 李迎生:《社会工作概论》,第69页。北京:中国人民大学出版社,2006。
② 李迎生:《社会工作概论》,第105页。北京:中国人民大学出版社,2006。

随着反贫困理念和实践的发展,救助社会工作也经历了从简单救助到专业救助的变化。在社会工作发展初期,主要强调的是改变贫困者个人,这与当时济贫源于慈善活动以及政府消极的救助措施有关;20世纪五、六十年代以后随着福利国家制度的建立以及激进社会工作的兴起,改变贫困者周围的社会环境成为主流的助人策略;在20世纪八、九十年代,由于福利国家出现危机,以及保守主义和多元主义的兴起,政府的积极干预政策受到批评,强调"工作导向"的社会救助政策,从而导致改变贫困者个人的助人方法重新抬头,并更深入反思造成贫困的社会环境,认为他们面对着"社会排斥",即在经济、社会关系、心理、政治参与和文化上的长期匮乏,是由于政策的缺陷所造成的,因此要促进现行政策的修订,一方面使政策的结果更合理和更公平;另一方面能够让贫困者享有公民地位所赋予的公民政治和社会权力①。

社会工作运用其独特的方法论,在测定需求和困难的根源、寻求解决问题的最佳方案和实施具体救助的过程中强调运用专业知识和技能的重要性。社会工作者认为贫困不仅仅是物质上的匮乏,也包括与物质需求相关的情感和社会资源的匮乏,单纯的物质救助不能从根本上解决贫困问题,对心理辅导的重视更甚于对物质需要的关怀。这种方法包含着一个全面细致的个体咨询过程,由受过专业培训的社会工作者通过个案工作的方法干预贫困问题。救助社会工作的发展在很大程度上提升了整个社会的社会救助水平,当然个案的工作方法也遭受到很多质疑,认为这种干预方案是"补救型",缺乏对于贫困的预防措施。因此社会工作者们又开发了其他不同类型的干预方案,包括团体和社区的社会工作方法,这种方法更关注向贫困人群提供服务并帮助其改善社会生存环境,而不是单纯地注重处理方法②。

总的来说,在西方救助社会工作的发展已经走向成熟,社会工作者选择不同类型的工作方式和干预措施从而应对不同的问题和需求,一方面通过专业方法介入个人的生活,另一方面参与到政策制定或者政策建议中,通过多种途径解决问题。社会工作者也不再仅仅是直接的工作者,在不同的情况下可以担任多种角色,如政策制定者、管理者、团队成员、社团组织者、游说者和活动家等。

3. 救助社会工作的定义

救助社会工作是社会工作的一个重要领域,不同于社会救助。社会救助是指政府或社会服务机构对经济匮乏从而物质生活面临危机的社会成员提供的物质方面的支持和帮助③。救助社会工作则是指针对不同的贫困群体和贫困类型,运用社会工作的专业技巧和方法,对贫困者实施物质、心理、权利等各方面救助的实践。当然,救助社会工作与社会救助具有密切的联系,一方面救助社会工作的发展依托于社会救

① 孙 莹:"社会工作在我国城市反贫困中的使命和角色",《华东理工大学学报(社会科学版)》,2005年第1期。

② 安东尼·哈尔:《发展型社会政策》,第303页。北京:社会科学文献出版社,2006。

③ 王思斌、熊跃根:《社会工作导论》,第20页。北京:高等教育出版社,2005。

助的实践，另一方面救助社会工作能够促进社会救助的发展，弥补社会救助的不足，提高社会救助的水平，是社会救助体系中不可或缺的一部分。

13.2.2 救助社会工作的对象与类型

1. 救助社会工作的对象

救助社会工作的对象是指直接接收社会工作者救助的个人、家庭、群体和社区。从救助社会工作起源来看，最初的救助主要是帮助那些陷入贫困的失业者、流浪者、老人等个体，随着社会工作本身的发展，救助的对象不断扩大到贫困家庭、贫困群体以及贫困的社区。贫困个体，即指由于种种原因造成物质、精神或者个人权利缺乏的个人或者家庭。贫困群体，即社会弱势群体，包括生理性弱势群体和社会性弱势群体。前者由于明显的生理原因导致的贫困，如年龄、疾病等；后者则基本上是由于社会原因导致其陷于弱势地位而造成的社会贫困，如下岗、失业、受排斥等。贫困群体主要包括儿童、老年人、残疾人、精神病患者、失业者、贫困者、下岗职工、农民工、非正规就业者等。贫困社区，即指由于经济、教育、自然条件、文化传统、社会发育程度等原因导致贫困的社区或地区。

2. 救助社会工作的类型

(1)物质救助。物质救助是救助社会工作起源最早的工作模式，也是最基础的一种救助方式，既可以应用于长期救助，也可以应用于临时的、紧急的救助。社会工作者通过整合社会资源，帮助他们在合法条件下获得物质上的支持，解决其生活方面的困难。通过政策方面的服务使他们获得制度规定范围内的经济和物质支持，通过与非营利组织、社会服务机构的联手使他们得到优惠的甚至是免费的服务。

(2)精神救助。精神救助是针对救助对象的精神贫困而实施的救助。精神贫困往往体现在人们的生活方式、思想观念和社会行为中，相对而言具有隐蔽性，往往也很难进行量化，因此无法给出类似于“贫困线”之类的操作性很强的评价标准。也正因为此，精神贫困客观上存在的严重性容易被忽视。精神救助可以分为心理救助和能力救助两个方面。心理救助主要针对两种贫困现象：一是由于物质上的贫困所导致的心理上的不适甚至是心理问题；二是由于社会关系失调、个人情感等非经济原因所致生活陷入困境的群体。社会工作者可以通过个体心理辅导以及团体辅导等方法，帮助他们认识自我、缓解压力、发现问题，积极地对待生活和挑战，也可以通过帮助案主重新建立社会支持网络来获取心理上的支持。

另一方面，社会工作的基本价值观念是助人自助，社会工作不但要具体地帮助有困难的个体或群体解决困难，而且要帮助他们增强自己的能力以应付各种挑战，即帮助他们增强战胜困难的能力，以达到自助。个人能力的提高不但有利于解决现时的困难，而且对于克服未来社会生活中的困难也有重要帮助，并能促进他的发展。社会工作者主要通过教育、职业培训、心理辅导、拓展训练等方式提高个人能力。

(3)权利救助。维护社会弱势群体的合法权益是政府与社会的责任，也是一个社会公平程度的表现。物质贫困在很大程度上都是由于社会权利的缺乏造成的，同时物质的贫困又会造成社会权利的进一步缺失。社会工作者要伸张正义,通过服务、宣传、影响社会政策等方式帮助弱势群体,争取和维护其合法权益①。社会工作者通过自信心训练、建立社会关系、开展政治活动或发展社区等方式使人们建立自我维权意识,获得自我维权的权利和机会;通过呼吁、法律援助、咨询指导和就业服务等方式,使人们能够充分利用现有的权利和机会;通过增权的工作模式帮助人们获得个体、人际关系以及社会参与的增权。

13.2.3 救助社会工作的方法

救助社会工作中主要也是对于社会工作专业三大方法的运用,即个案、小组和社区工作。此外,社会工作者还可以通过参与到扶贫政策的制定和完善中去参与社会救助。

1. 个案工作方法的应用

在西方的反贫困与社会救助工作中,社会工作者首先为贫因者及其家庭提供各种直接的个人服务,如提供物品或经济资助,提供健康与医疗的服务资源,提供受教育和基本文化娱乐享受方面的机会,提供职业技能培训和工作的机会,提供情绪和生活适应辅导,提供家庭关系的辅导和调整等。贫困人口大多将贫困归咎于自己的命运,不愿主动求助,对生活采取悲观失望的态度,消极处世,对接受福利援助认为是理所应当的,容易形成对救助的依赖心理,不愿付出改变命运的个人努力。这显然不利于贫困者最终走出贫困状态,因而社会工作者运用"助人自助"的专业理念,通过个案面谈辅导,在提供相关资源与社会服务的同时,提升贫困者的自我意识,祛除宿命观念,培养其生活信心与自助能力,与贫困抗衡,主动付出努力,寻求积极改变。这是个案工作方法的传统优势之所在,即扶贫先扶志,注意贫困家主精神世界的塑造,增强他们摆脱贫困的信心和能力。

2. 小组工作的应用

在反贫困与社会救助工作中,小组工作主要是利用集体的力量和别人成功的经验来共同面对贫困问题,并通过相互激励和支持,以应对个人或集体的贫困,改善小组参与者共同的生活品质。国际反贫困实践表明,这是一种十分经济、有效的工作方式,通常运用于青年、贫困家庭子女和家庭主妇的工作中。如针对贫困家庭的子女,社会工作者可以在学校或社区里,以一定的程序把他们召集和组织起来,通过相互讨论和启发,彼此接纳,相互支持,能够很好地培养他们积极的生活态度、良好的人际关系、解决问题的能力及健全的人生信念。

3. 社区工作的应用

社区工作是指由社会工作者通过社区组织动员、协调和整合社区资源,达至社区发展以及消除贫困的目的。现实社会中贫困不仅表现为个人或家庭的生活水平低

---

① 王思斌、熊跃根:《社会工作导论》,第23页。北京:高等教育出版社,2005。

下，有时还表现为整个区域的贫困化。解决区域性贫困，仅仅就个体或者某些群体开展工作，往往不能从根本上解决区域型贫困问题，贫困文化理论认为长期处于贫困的区域往往具有贫困价值观、贫困生活方式和贫困者特有的心理特征。社区工作以社区和社区居民为案主，通过发动和组织社区居民参与社区行动，首先确定社区贫困的原因和需求，然后动员社区自身资源、争取外力协助，有计划、有步骤地解决和预防贫困。一方面，社区工作可以培养社区居民自助、互助和自强的精神，克服贫困文化的消极影响，培养出新的价值观念、行为模式和社会态度，使社区成员摆脱贫困。另一方面，社区工作还可以加强社区的凝聚力，培养社区居民的参与意识和参与能力，缓解整个社区的贫困，促进社区进步与发展。

此外，专业社会工作者还通过参与反贫困社会政策的制定、实施和评估，将社会工作的价值观和各种社会工作实务技巧贯彻于社会政策及其实施过程中。一方面，救助社会工作者在与贫困群体的互动和具体实践过程中，更加了解贫困者的需求以及贫困所带来的一系列问题，促使社会政策维护贫困者的利益。另一方面，参与社会政策的制定又为反贫困构建了一个良好的制度环境，同时也可以为社会工作者开展的各项专业反贫困社会服务提供制度上的保障，使反贫困行动更加有效。

13.3 中国救助社会工作的现状与发展

我国的专业社会工作属于“内源外生”型，在西方社会工作传入本土之前，我国已经建立起了一套以政府为主体的、社会管理和社会服务相结合的民政工作体系。这一体系长期承担社会救助等福利事业，是社会救助的主要实施者。从价值观、理论和方法上看，民政工作与专业社会工作并非格格不入，它们都属于社会福利的范畴，都以提升社会成员的福利为目标。长期以来，民政部门承担了大量救助社会工作的工作，在反贫困方面发挥了很大作用。

13.3.1 中国贫困现状与反贫困实践

1. 我国的扶贫实践

我国自20世纪50年代开始到80年代中期的贫困治理，基本上是被动的救灾与救济，也即所谓的“输血机制”。长期的被动扶贫难以培养贫困地区及个人自我发展、自我累积的能力，同时还助长了“等、靠、要”的依赖思想。1994我国政府制定了《国家八七扶贫攻坚计划》，从简单的、分散的救济型扶贫向实行救济与注重经济、社会的整体性扶贫过渡，初步形成了扶贫的“造血机制”。1985年以后我国扶贫的主要特点有以下方面①。

(1)改变原有的单纯救济式扶贫，实行开发式扶贫，包括兴办乡镇企业、发展商

① 李迎生：《社会工作概论》，第420页。北京：中国人民大学出版社，2006。

品经济、强化社会服务体系、开展劳务输出、兴办扶贫经济实体、加强智力开发、重视科技作用等。

(2)对扶贫资金的管理使用办法实行改革,改变原来的平均分散投资的办法和按贫困人口平均分配使用资金的办法,实施按项目投放管理和按效益分配资金的新举措。

(3)注重克服只重视资金物质投入、忽视科技智力开发的弊端,实行资金、技术、物质、信息、人才的配套投入。

(4)注重资金的使用效益,建立科学、合理、高效的投入产出机制,并加强了对资金使用效益的监督。

(5)注重加强扶贫的组织领导和社会动员。在国家层面,1986 年国务院成立了贫困地区经济开发领导小组,专门负责全国的开发性扶贫工作,贫困面较大的省、地、县也成立了相应的对口机构。在实施中,采取了广泛的社会动员方式,从中央到省、地、县各级机构及社会各界向贫困地区派出工作组,分片联系,帮助贫困地区的经济开发并培养它们自我发展的能力。

2. 我国社会救助工作的现状

当前我国社会救助最主要的形式为城乡居民最低生活保障制度,并不断补充医疗救助、住房救助、教育救助等各项内容,还处于不断完善的过程中。中国社会救助的对象主要包括 3 类人员:①无依无靠无生活来源的公民或社会成员,主要包括孤儿、无劳动收入和社会保险津贴的劳动者、长期患病者以及未参加社会保险又无子女的丧偶老人;②遭受灾祸严重侵袭而使生活一时陷入拮据状态的公民或社会成员,这类对象有劳动能力,也有生活收入来源,只是由于突发性的灾祸使其遭受严重的财产损失或人身伤害,生活一时发生困难,需要给予救济;③生活水平低于国家规定最低标准的公民或社会成员,这类人员主要包括相对贫困的家庭和个人,他们尽管有生活来源,按期获得稳定的收入,但生活水平没有达到最低标准。

中国现行社会救助的管理体制是政府领导、民政主管、部门配合、基层落实的制度体系。从纵向看,实行中央指导、分级管理的办法;中央政府及各有关机构主要负责宏观决策和大政方针的制定和颁布,负责社会救助实施的全国性协调工作;地方各级政府主要负责领导和落实本地区的具体工作,在中央统一的大政方针指导下制定本地区的具体政策并组织落实;基层民政部门、街道办事处、村委会承担社会救助对象家庭收入调查、资格审查与救助金发放等日常基础性工作。

13.3.2 我国社会工作在反贫困项目中的角色与作用

在世界各国的反贫困与社会救助实践中,许多政策措施都是通过实施各种反贫困项目来落实的,这些项目中大部分是由政府来实施的,也有一部分是由非政府组织来运作。在西方,社会工作者大多受聘于各种从事社会服务的非政府组织,他们凭借其独特的专业理念与方法技巧,参与到反贫困社会项目的各项工作中去。在我国,一方面要大力发展非政府组织,使其成为反贫困斗争中一支重要和活跃的力量;另一方面，通过政府雇用社会工作者参与到反贫困项目中来提升反贫困的效果。

社会工作者的主要角色主要是反贫困项目的策划者和实施者。

1. 反贫困项目的策划者

反贫困项目的设计通常要结合贫困区域的特殊环境及贫困人口的具体实际生活状况加以策划。在项目的设计阶段，社会工作者需要深入到社会的最底层，了解贫困社区及贫困人群的问题与需要，以确定需要救助的对象，并与他们共同讨论反贫困项目的方案计划与实施细则。在这个过程中，社会工作者十分重视贫困人群自己的认识与感受，并根据他们的切实需要，确定改进与发展的方向。

2. 反贫困项目的实施者

在项目实施阶段，社会工作者与贫困人群共同努力实现所制定的目标，并不断发现新问题和根据实际情况对原有计划做出相应的修改与完善。社会工作者的具体工作突出表现在以下两个方面。

（1）教育培训。学界普遍认为教育和培训是保证反贫困努力取得成效的重要手段。社会工作者所承担的主要是针对贫困人群的培训，即自助教育，以激发其生活自信心，摆脱传统的宿命观念，改变以前的生活方式，引导他们树立主体意识，积极参与到反贫困工作中来。在进行培训之前，社会工作者首先要深入到贫困人群中去，倾听他们的声音，了解他们的需求，并同贫困人员一起讨论教育培训的内容与形式，以切合他们的生活实际。培训的具体方法可以采用授课、小组讨论、案例分析、角色模拟、实地考察等多种形式。

（2）能力建设。社会工作强调的是“助人自助”的目标，非常看重案主内在因素的调动与潜能的发挥，并努力提升其自我意识和自助能力。在反贫困工作中，贫困者是缓解贫困的最终目标，也是最重要的资源。因此，社会工作者在扶贫项目的设计与实施过程中十分重视贫困人群的参与，鼓励与激发其自信心，并积极创造条件，使其成为主动的参与者，这是目前各国反贫困斗争的共同经验。在贫困人群的能力建设中，除了树立脱贫的主体意识外，还需着重建立贫困人群集体参与的组织与主动参与的机制，并注重对其生产、生活以及各方面活动技能的培养与训练，这些都是扶贫工作的重要内容。

在中国社会工作的专业化是一个需要较长时期的努力目标，总的来说社会工作者可以在 3 个方面发挥作用：①帮助贫困者解决生活困难，协调各方资源为其解决实际生活中的难题，如子女教育、病人照顾、家庭矛盾、职业介绍等；②对贫困者进行生活与就业技能的训练，包括家庭预算、生活安排、协调家庭与人际关系、应对危机等基本的生活技能；③建立贫困者的自信心与良好的心理状态，与贫困相伴随的通常是贫困者心理上的焦虑不安、失落感和不满情绪，对前途感到心灰意冷、困顿渺茫，因此需要适时的开导、引导，帮其重塑生活的信心，建立积极进取的心理状态。

13.3.3 我国救助社会工作的发展方向

我国传统救助主要由民政部门承担，与救助社会工作有着明显不同。从服务理念看，民政工作讲究代表党和政府依法行政，依法服务；社会工作遵循“助人自助”“平等”“尊重”“接纳”“案主自决”等专业伦理，更强调与服务对象平等的地位，使服务对象能够自立自强。从服务内容看，民政部门还有大量其他社会事务，如民间组织管理、行政区划管理、婚姻登记等社会管理职能，社会工作主要是为服务对象提供专业服务。从服务方式看，民政工作主要是对受灾对象和低保户、特困户、优抚对象、五保户等给钱给物，即救济型助人；社会工作主要是用个案工作、小组工作、社区工作、社会福利行政等专业方法进行服务型助人。我国救助社会工作应当致力于以下方面的发展。

1. 制定发展型社会政策

目前的社会救助内容主要是实行城乡居民最低生活保障制度，这一制度确实在一定程度上保证了城乡贫困居民的基本生活，但制度本身是消极的，它只能为贫困人员提供一个缓冲的机会，不可能促进贫困人群提高自己，甚至可能会维持和再生产一个贫困群体。发展型社会政策包括促进人力资本投资、积极的劳动力市场和就业政策、以资产为基础的社会政策等。资产社会政策指以资产为基础的社会政策，其重点不是传统的收入再分配，而是促进个人资产的长期积累，因为拥有资产能够产生多种良性效应，如促进家庭稳定，创造未来取向，刺激其他资产的发展，促使专门化和专业化，提供承担风险的基础，增强个人效能，提高社会影响，增加政治参与，增进后代福利。

2. 完善救助服务网络的建设

社会救助服务网络是救助社会工作的载体，也是救助社会工作的依托。一般来说，这个网络主要由监测、管理、服务 3 个部分组成①：①要形成一个比较完善的贫困监测网络，即能够预知贫困发生、反映贫困现状、提供救助状况及其效果的相互联系、城乡统 、相对完善的贫困监测网络；②要建立一个科学、高效的救助管理网络，尤其是加强基层组织建设，利用现代科技，改进工作手段和管理方式，发挥其在社会救助工作中的重要作用；③要形成一个相互配套的服务网络。要充分利用现有的福利院、敬老院、社区服务中心等社会服务机构和服务设施并增加服务项目，扩展服务内容，推动各类服务实体相互联系，相互配合，以构建一个强有力的社会服务网络；积极发动社会力量，广筹资金，发展和兴建一批新的社会救助性服务实体和设施，使之和原有的服务机构相互配套、相互补充，以建立一套切实可行的运行机制，形成较为完善的社会救助服务体系，最大限度地满足实施社会救助的需求，切实保障贫困人群的生活。

---

① 张宇莲：《社会工作实务》，第 252 页。上海：上海社会科学院出版社，2005。

附:案例分析

巴西的“家庭补贴计划”(Bolsa Familia)

“家庭补贴计划”(Bolsa Familia)也称“有条件的现金转移”计划,在某种意义上说是墨西哥一项类似计划的翻版。在几个拉美国家进行大规模试验之后,这项计划的修正版最近在纽约市实施,以图改善贫困家庭孩子的现况。巴西官员在开罗帮助埃及官员制订一个类似计划。世界银行驻巴西利亚办事处主任凯茜·林德特正要为东欧制订类似的计划。她说:“世界各国政府正在密切注视这项计划。”

“家庭补贴”的内容是:人均月收入低于120雷亚尔(68美元)的家庭,母亲可得到高达95雷亚尔补贴,条件是她们的孩子必须上学或参加政府的疫苗接种计划。有关资格审查的数据收集是由市政府负责的,但补贴由联邦政府支付。每个受益人都得到一张借记卡,政府每月往卡上充值,除非受益人没有满足必要的条件。如果受益人(在几次警告之后仍然)没有满足必要的条件,充值就会中止。现在有大约1 100万个家庭——相当于巴西1/4人口——接受这种补贴。

在东北部的阿拉戈斯州——巴西最穷的州,获得“家庭补贴”的家庭占一半以上。其他家庭大多数领取州补助金。阿拉戈斯联邦大学经济学家西塞罗·佩里克莱斯·德卡瓦略说:“这有点像瑞典的阳光计划”。阿拉戈斯州大约70%的人是文盲或没有上完小学一年级,人均寿命66岁,比巴西全国平均寿命低6岁。州政府计划部长塞尔吉奥·莫雷拉说:“从人类发展角度讲,阿拉戈斯州不像巴西其他各州而更接近莫桑比克。”除了向穷人提供应急帮助外,“家庭补贴”的长远目标是确保孩子们获得比父母更好的教育,有一些令人鼓舞的迹象。跟全国一样,阿拉戈斯州上学人数已经增加,部分原因是“家庭补贴”计划以及早些时候推行的“助学金”计划。这一计划有助于推动这个贫穷的东北部州的经济增长率高于全国平均增长率,这一计划还有助于缩小巴西的收入差距。尽管阿拉戈斯州130万劳动力中去年只有30%的人有正式工作,却有150多万人拥有手机。

14 矫治社会工作

矫治社会工作是专业社会工作实施于矫治体系中,针对越轨群体特别是罪犯这一特殊群体采取的一种治疗性工作。矫治社会工作自诞生来,以其独特的工作方法和工作效果,在矫治和预防犯罪、维护社会秩序稳定方面发挥了不可替代的作用。

14.1 矫治社会工作概述

矫治社会工作是社会工作在矫治和预防犯罪领域的具体实施,它是从人类刑法观念和刑罚制度的变革中产生和发展起来的。矫治社会工作运用社会工作专业价值和方法,协助违法犯罪者改变其错误的思想观念和行为方式,使其重新适应社会生活。随着现代社会对科学和人性化的更高要求,矫治社会工作在当今世界不断得到认可和重视。

14.1.1 矫治社会工作的内涵

矫治(correction),又称矫正,指矫形和治疗。在中国古代文献中初见于《南史·刘穆之传》:"穆之斟酌时宜,随方矫正,不盈旬日,风俗顿改。"后成为医学专用术语,指通过外科手术或药物治疗,使身体部位的形状或机能发生畸形的患者得到康复的过程。后来"矫治"一词引入社会领域,成为司法方面的专门用语,意指国家司法机构和工作人员通过各种措施和手段,使犯罪者或具有犯罪倾向的人员得到思想上、心理上和行为上的矫正治疗,从而重新融入社会,成为其中正常成员的过程。与矫治相关的另一个词是感化(probation),感化的司法含义是缓刑,是针对少年犯和初犯采取的一种刑事处罚方式,后来逐渐扩展到社会危害较轻的犯罪者。国内也有人把它译为"观护"。事实上,我国国内对感化的理解要比西方社会宽泛得多,我们认为对判死缓的犯人也可以做感化工作,而不仅仅是针对犯罪情节较轻的犯人。所以,在西方社会,感化工作是矫治工作的一部分,而在我国,感化工作实际上就是矫治工作。①

关于矫治社会工作的含义,学者们从各自的研究角度出发提出了许多看法。如李迎生认为:矫治社会工作就是实施于罪犯教育、改造过程中的社会工作。它是由矫治社会工作者或志愿者为犯罪嫌疑人或罪犯在审判、服刑、缓刑或假释期间提供的专业服务,其目的是消除工作对象的犯罪心理结构、改变其行为方式、重建他们的社会适应能力和机制,使他们改过自新重新适应正常的社会生活。②

隋玉杰认为,矫治社会工作是将社会工作的专业理论与技术实施到犯罪矫治体系之中,对犯罪者在服刑、缓刑或假释期间,提供思想教育、心理治疗、行为纠正以及生活福利等方面的服务,使之尽快消除犯罪心理,修正行为模式,适应社会生活需要的一种社会工作方法。它的基本目标是帮助犯罪者成为遵守纪律、自食其力的新人,并让他们回归社会,成为自由公民。它的目的不仅在于保障社会的安定,同时也在于保障犯罪者的权益。③

综合上述观点,我们认为,矫治社会工作就是实施于矫治体系中的社会工作方法。它是由矫治社会工作者和志愿者对犯罪者、行为偏差者及其相关人员提供帮助、教育和改造的过程。其目的是为工作对象提供人道主义服务,协助其消除犯罪的心理结构和行为方式,以重新适应正常的社会生活。矫治社会工作者在其中的作用是协助复健,而非报复惩罚。矫治社会工作蕴含了以下 3 方面的含义。

1)矫治社会工作是一种社会福利服务

矫治社会工作和其他类型的社会工作一样,是在社会福利制度内的一种专业化的服务和社会福利的发送渠道。进而言之,矫治社会工作是通过组织动员社会资源,改变处在违法犯罪情境中的人员的心理结构、行为方式和生活方式,使之适应社会生活的一种带有福利性的社会服务。

2)矫治社会工作和司法矫治体系具有密切联系

矫治社会工作所施行的专业服务一般是建立在国家颁布的相应法律基础之上。矫治社会工作还贯穿于整个对罪犯进行司法矫正的各方面和全过程,此外,矫治社会工作和司法工作的最终目的一样,是预防犯罪,维护社会安全。

3)矫治社会工作需要充分运用专业的理论和方法

在和其他专业人士的密切合作之中,矫治社会工作者在专业理念及理论的指导下,运用个案工作、小组工作和社区工作等多种专业方法,为罪犯或其他越轨人员提供专业服务。

14.1.2 矫治社会工作的特征

矫治社会工作作为一种新兴的应用与犯罪领域的专业方法,既区别于专业社会

① 李迎生:《社会工作概论》,第 380 页。北京:中国人民大学出版社,2004。
② 李迎生:《社会工作概论》,第 380 页。北京:中国人民大学出版社,2004。
③ 隋玉杰:《社会工作:理论、方法与实务》,第 220 页。北京:中国社会科学出版社。

工作的其他服务领域,又不同于监狱等国家机关对犯罪者实施的司法矫治工作,它具有自己的特征。

1)工作对象具有特殊性

矫治社会工作是一种为特殊社会弱势群体——犯罪者、行为偏差者及其相关人员提供的社会福利服务。犯罪者和具有犯罪危险的违法人员是社会秩序的破坏者、他人利益的侵犯者,但他们在现实生活中却又是缺乏社会适应能力的社会弱势群体。一方面,他们认知水平低下,是非不分,难以接受正确的社会道德规范和法律规范,不能承担应尽的社会责任和义务,因此,他们难以用被社会公众所认可的方式维持其正常的社会生活。另一方面,他们因违法犯罪而受到国家法律和法规的惩罚虽是咎由自取,但无论何种处罚体现的都是社会对违法犯罪行为的否定性评价,它在惩罚违法犯罪者的同时,也容易对其合法权利造成侵害。即使犯罪者以后重获自由,仍然容易受到来自家庭、社会的歧视,从而难以融入社会。以这样的特殊群体作为矫治社会工作的服务对象,既是为了保护他们的合法权益,也是为了维护社会稳定,保障社会公共利益和公民合法权利免受侵害。①

2)服务性质具有福利性

社会工作是在社会福利制度范围内进行的各种专业化的服务,是社会福利的发送和实现环节。矫治社会工作也具有社会工作的基本属性,它是矫治社会工作者通过组织动员社会资源,改善犯罪者、行为偏差者及其相关人员的生活状况,使之适应社会生活的一种带有福利性的社会服务和保障。它同其他领域的社会工作相区别的只是服务对象较为特殊。但是,作为一项社会福利服务,不管是由政府组织实施,还是由民间志愿组织提供的矫治社会工作,都不具有法律上的强制性。

3)矫治成本具有经济性

矫治社会工作能够降低刑罚成本,具有经济性。由专业社会工作者和志愿者根据社会工作专业理论和方法为犯罪者提供的各种矫治服务,是专门的司法矫治的有效补充。众所周知,监禁行刑方式不仅需要投入大量的人力、物力和财力,而且可能引起犯罪者家庭经济困难、子女无人抚养、父母无人赡养等社会问题。社会工作实施于司法矫正领域,一方面可以最大限度的降低监禁对犯罪者产生的负面影响;另一方面,在监狱爆满、经费紧张、导致假释等非监禁行刑方式日趋普遍的情况下,社会工作的介入适应了犯罪者社会矫治的需要,从而有利于促进非监禁刑罚方式的发展。

4)矫治社会工作有利于犯罪者的再社会化

违法犯罪很重要的原因是社会化过程的阻断或弱化而造成的社会适应能力的降低。与司法矫治相比,矫治社会工作更有利于犯罪者的再社会化(re-socialization)。矫治社会工作者运用个案工作的方法激发犯罪者的潜能,协助他们自我了解和自我成长,培养其回归社会的动机。通过矫治小组的工作,社会工作者引导小组成员之间

---

① 宋林飞、朱 力:《社会工作概论》,第357页。南京:南京大学出版社,2002。

进行有效地互动，协助犯罪者或行为偏差者与他人建立联系，帮助他们重建人际交往网络。社会工作者还设计矫治方案，为犯罪者争取各种社区处置方式，帮助他们摆脱或缩短机构监禁的时间。这些专业化的工作对于犯罪者回归社会具有积极的作用①。

14.1.3 矫治社会工作的实施原则

由于矫治社会工作领域与其他工作领域相比的特殊性，因此在实施过程中形成了专业性极强的特殊工作原则。

(1)助人自助的原则。帮助案主，并促使案主自己帮助自己，一个人能否改过自新，旁人的支持固然重要，但自身的因素却高于一切。

(2)发展的原则。不特别关注案主的过去，不因案主的过去而谴责和说教、帮助案主摆脱过去的阴影，使案主坦然地面对过去和今天。

(3)自我决策的原则。尊重案主自我决定的权利，提供解决问题的建议并营造一种气氛，促使他们面对和思考自己的问题，找出最适当的解决办法。

(4)理解的原则。帮助使案主认识、理解正常行为和反社会行为的区别与界限，从而了解自己犯罪的原因，知道如何处理。

矫治社会工作必须让案主明白，追求个人需要的满足固然没有错，但是，个人需要的满足必须遵循量力而为的原则，凡是超过经济社会发展水平的、不切实际的需要都要限制。并且，个人满足需要的途径应该遵循合理性原则，其行为如果损害国家、集体或他人的利益，必须加以限制或制裁。

14.1.4 矫治社会工作的发展历史

西方矫治社会工作是从对犯罪问题的研究中演变而来的，是人类刑罚观念更新和近代监狱改良运动的产物。19 世纪以来，学者们对犯罪行为的统计研究促使了犯罪科学学科的出现。西方的犯罪科学主要有犯罪人类学派和犯罪社会学派两个学派。犯罪人类学派以意大利龙伯罗特所提出的“生来犯罪人”理论为基础，认为犯罪原因主要在于遗传和病理两个方面，因此主张采用严刑峻法对罪犯加以惩罚。犯罪社会学派以比利时的凯特勒为代表，认为社会环境是使人犯罪的主要原因。犯罪社会学派以大量的统计数字为根据，说明一个人犯罪，固然受其个人因素和自然因素的影响，但是，社会因素是最主要的原因，其中最主要的是贫困、社会上腐朽思想的侵袭、品行不端者或坏人的引诱。因此，他们强调预防犯罪是社会的共同责任，以免意志薄弱的人受社会环境的影响而沦为罪犯；强调教育改造罪犯也是社会的共同责任，应该通过教育改造的途径促使罪犯走向自新。② 进入 20 世纪以来，犯罪社会学派的影响力越来越大，这就为犯罪科学领域矫治社会工作的产生奠定了理论基础。

---

① 董明伟：“浅论矫治社会工作在犯罪矫治中的作用”，《江西公安专科学校学报》，2003 年第 5 期。

② 陈墀成、黄河编著：《社会工作概论》，第 206 – 222 页。厦门：厦门大学出版社，2000。

从现有资料看，矫治社会工作起源于美国。18世纪下半叶，美国宾西法尼亚洲瓦纳街监狱开始采用新方法——观护制度来处置少年罪犯。瓦纳街监狱通过观护制度，给予犯罪者人道的对待，从而为误触法网的少年开启了改过自新的途径。在观护人的监督引导下，少年犯远离监狱，生活于社区中，有利于少年犯克服恶习，重回社会。观护制度成功地证明了不必进监狱仍然可以改造犯罪者，冲击了原有的惩罚体系。

1776年美国贸城的慈善家怀斯德，因其住所与贸城监狱为邻，因此对衣衫褴褛、精神萎靡的出狱人员产生同情，资助出狱人钱、衣服、鞋子等救济品，并由此创立了以扶助出狱人生活和就业为目标的"费城出狱人保护会"。如果说怀斯德首创了面向刑满释放人员的社会福利措施，那么波士顿的鞋匠约翰·奥古斯特斯则是"感化工作之父"。奥古斯特斯作为"华盛顿全民禁酒协会"最热心的成员之一，经常到监狱去探望囚犯。他对因酗酒被判刑的罪犯产生怜悯之心，恳请法官对此类犯罪者暂缓处分，并由其保释出去进行感化教育。奥古斯特斯通过改善受保释者个人及其生活环境，使其行为得到很大矫正，并因此受到法庭的宽大处理。随着奥古斯特斯保释的人越来越多，范围越来越广，他干脆放弃了制鞋本行，全身心地投入对罪犯的感化工作。成为"世界上第一位伟大的观护人"。奥古斯特斯从1841年开创罪犯感化工作到1859年去世前的18年中，总共保释了近两千名人犯，开创了一个全新的工作领域。

在奥古斯特斯影响下，1879年美国马萨诸塞州首先通过法案授权波士顿市设置一名专职社会矫治工作者，称为观护人，观护人依法参与法院刑事审议，并通过一系列调查，向法院提出刑罚建议。后来，矫治社会工作制度延伸到州高等法院，马萨诸塞州由此成为全美第一个在州范围内开展矫治社会工作的州。其成功的实践有力地推动了矫治社会工作在全美的开展。1925年《联邦观护法案》在美国国会获得通过，标志着美国全国范围内的矫治社会工作制度正式建立。

英国早在1887年就制定了确立"感化精神"的《初犯法》。1907年通过的《感化犯人法》第一次在全国范围内认可感化犯人制度并制定了具体措施，同时确立了由法院任命的专职人员以公共服务的方式推进的矫治社会工作格局。1925年英国制定《刑事裁判法》，规定每一司法裁判区设立一个"感化委员会"，专门负责辖区内矫治社会工作者的职责和其他一切行政事务，从而在体制上保证了矫治社会工作的进一步开展。

日本在1947年和1949年分别制定了《恩赦法》和《犯罪者预防更生法》，由此开始了有关预防和感化矫治罪犯的法律建设的时期。至今，日本的《更生紧急保护法》、《缓刑执行者保护观察法》、《少年法》、《少年院法》、《妇女辅导法》、《儿童福利法》、《轻犯罪法》等法律法规中，都有与犯罪矫治有关的规定，形成了一个多层次的法规网络体系。

我国香港的矫治社会工作制度主要是在20世纪30年代从英国引进的，1938年在司法工作系统中设立感化部,1948年转由社会局承担感化工作。1950年香港设立"首席感化主任"职务,逐渐为不同年龄的犯人提供辅导,矫治社会工作也逐渐发展起来。在1965年发表的"香港社会福利工作的目标与政策"中,申明政府必须执行法庭托付的有关羁留(指监狱以外)感化及监护工作。进入20世纪80年代中期,香港积极倡导"服务社会令",贯彻一向以来的"社区为本"的精神,这种服务方式提供了除监禁以外的罪犯矫治的另一种选择,更揉合并动员了有关社会资源,促进了矫治社会工作向更专门化方向发展。

进入20世纪后,矫治社会工作在世界各国特别是发达资本主义国家迅速发展,建立了完备的矫治网络,其工作范围涉及到从司法审判到刑释的整个司法矫治过程,形成了包括司法审判前服务、刑罚中服务、刑释后服务以及违法青少年服务在内的一系列完整的工作方法和介入途径,在整个司法矫治过程中发挥了重要作用。近几十年来,矫治服务已被视为社会工作实践的一个重要领域,对控制违法犯罪起到了积极的促进作用。

14.2 矫治社会工作的理论和实务

矫治社会工作作为司法矫治体系和专业社会工作体系的重要组成部分,其工作方法是建立在独特的价值基础和理论视角之上。矫治社会工作在长期的实践过程中,形成了一套完整的运作体系、服务技巧和管理模式,为矫治社会工作在现代矫治工作中发挥更重要的作用奠定了基础。

14.2.1 矫治社会工作的价值基础

矫治社会工作是从人类刑法观念和刑罚制度日益注重犯罪者权益的历史性变革中产生和发展起来的。社会工作的基本价值是相信每个人都有改变自己处境和行为的潜能,社会工作者的任务就是运用专业知识激发案主的潜能,改变其处境和行为。矫治社会工作同样也是如此。矫治社会工作者相信通过积极地为犯罪者创造条件和机会,他们就能够做到自立和自信。矫治社会工作的价值基础与积极性的"人道主义"思想及价值观具有密切的联系。人道主义是矫治社会工作的哲学基础,接纳则是矫治社会工作的基本价值理念。因此矫治社会工作价值基础的基本内涵是:①承认每一个人生而平等且都享有与他人同样的生存权利;②承认每一个人都是一个生物的、心理的与社会的有机体;③承认人类生而自由;④认为人类需要不断努力,设法改进,重建社会,预防社会病态和罪恶的发生;⑤认为互相帮助,共同发展,个人与他人与社会是互相依赖的;⑥人人均有尊严且应该得到尊重;⑦人人都有追求自由平等和自我发展的权利。

矫治社会工作者从全新的角度,将犯罪者和具有犯罪倾向的人看作一群特殊的弱者——他们生来与我们相差无几,却由于社会化过程的阻断和弱化而降低甚至消除了其社会适应能力,导致他们无法通过社会所认可的正常途径和方法获得生存所必需的资源。尤其是当他们的行为被判定为违法和犯罪时,其社会地位更加不利,更需要专业的救助①。这就改变了矫治者与犯罪者之间对立的工作模式,承认犯罪欲念与行为存在的合理性,并与受助者一起在平等安全的氛围中分析它们产生的原因,共同寻找控制的办法。

正如米特福德所说:"监狱中的犯人决不是人们平常描述的那种不可救药、毫无道德或淫荡成性的人,他们是一群和我们相差无几的人,他们身陷囹圄的原因,与其说是因为犯罪,不如说是因为他们时运不济②。"我们必须承认,犯罪者也是有尊严的,需要其他人的尊重和平等对待。尊重和平等意味着接纳。接纳是矫治社会工作最重要的价值观,是指以一种理解体谅的心态接受犯罪者的犯罪事实。我们要承认,犯罪的欲念存在于所有人的头脑中,接纳就是承认这些行为和欲念的合理性。接纳不是认可现状,而是在正视现状的基础上,寻找改变现状的方法并促使受助者调动自己的潜能,积极地改变现状③。

14.2.2 矫治社会工作的理论基础

用于指导矫治社会工作的理论有多种类型,有些理论重在解释罪犯犯罪的内外原因,有些理论则着眼于罪犯的人道化矫治。

1. 贬降与监狱化

社会标签理论是从社会学视角来分析犯罪问题的理论。标签理论认为,罪犯之所以成为罪犯,是因为社会成功地给他贴上了罪犯的标签。即社会通过司法调查、起诉和审判,宣判某人犯了罪以后,无论他是否真的有罪,他都将被贴上罪犯的标签。当个人被贴上罪犯标签以后,他在心理上会经历一个降低或贬损个人自尊、人格并接受这一标签的过程,标签论把这个过程称为贬降仪式。贬降过程就是个人原有的自我观念被破坏,原有的社会生活和社会关系被改变的过程,是社会对个人尊严和社会地位的一种剥夺,是对个人的一种惩罚。

监狱化是社会贬降仪式的重要组成部分。监狱化是指犯罪者在监狱管理者面前,放弃他以前几乎所有的社会角色,接受囚犯的角色和价值观,按照监狱要求的行为方式来行为的过程。从社会化的角度看,监狱化实际上是犯罪者的一个消极地再社会化的过程。④ 监狱化过程使犯罪者从原来的社会环境中隔离出来,这是迫使他接受矫治和改造的前提。但这一做法也会产生严重后果。监狱化造成了个人正常社会化过程的阻断和将来回归社会的困难,给犯罪者深深地打上了耻辱的烙印,导致社会对他们的歧视和个人强烈的耻辱感以及自信心的毁灭,引起了犯人之间的相互影响,抵消矫治的成果甚至沾染上新的恶习。

---

① 鹿广静、寇浩宁:"矫治社会工作介入我国社区矫正的初探",《社会工作(学术版)》,2007 年第 1 期。

② [美]杰希卡·米特福德:《美国监狱内幕》,第 5 页。北京:法律出版社,1985。

③ 李迎生:《社会工作概论》,第 387 页。北京:中国人民大学出版社,2004。

④ 李迎生:《社会工作概论》,第 388、389 页。北京:中国人民大学出版社,2004。

贬降和监狱化的过程给犯罪者带来的严重后果客观上要求国家和社会弱化监狱管制,采取更有效和更灵活的矫治措施来改造犯罪者。这也是尊重人性、尊重个人价值的社会思想发展的必然要求。

2. 社会解组理论

社会解组理论是从社会结构角度来解释个人越轨或犯罪。其基本观点如下。

(1)社会是一个复杂而充满活力的系统,通常情况下,这个系统的各部分是相互联系和相互协调的。一旦出现某事件改变了某部分功能,其他部分必须重新协调来适应这种变化。否则会使各部分彼此脱节,丧失其功能。各部分之间缺乏适应或适应不良就会产生社会解组现象,进而造成个人越轨直至犯罪。

(2)一般而言,在 3 种情况下会出现社会解组:①缺乏足够的社会规则来引导人们行为;②各种社会规则相互矛盾以至于人们无所适从;③传统崩溃使社会失去控制力。而社会解组会带来一系列社会问题,也对个人造成紧张、压力、失范,导致个人解组和个人行为越轨。

3. 偏差行为理论

偏差行为理论的基本观点是,个人偏差行为的出现并非源于社会解组或社会缺乏制约性的规则,而是由于社会成员的行为偏离了某个社会位置所规定的角色行为,违反了社会所期望的规范。对偏差行为产生的原因以及解决偏差行为的方法,在偏差行为理论中有以下两种观点。

第一种观点认为偏差行为的产生不一定是社会解组所造成的,而是社会提供给人们的机会不均等,使得一部分人通过合法的途径可以轻而易举地达到目标,而另一部分人却没有合法的通道,只好铤而走险,通过非法途径和非法手段来达成目标。因此,这种观点认为要解决偏差行为,一条良策就是重新分配生活机遇。这种观点的形成深受美国社会结构学派的代表人物罗伯特·默顿(Robert Merton)所提出反常理论的影响。

第二种观点认为偏差行为的产生虽受社会解组的影响,但是根本上是不恰当的社会化的结果。个人在所属的初级团体中学习行为规范,如果这个初级团体的行为模式本身就偏离社会规范和社会期望,那么个人在社会化过程中就会不知不觉地学会偏差行为。因而解决偏差行为的方法是重新社会化,鼓励人们增进与合法行为模式的联系,同时劝阻人们减少与非法行为模式的接触,以避免受到不良影响。这种观点是在美国社会学界中社会过程学派的代表人物桑斯兰(Eduin H. Sutherland)所创立的差别结合理论的基础之上提出来的。

4. 新社会防卫论

1950 年法国犯罪学家安塞尔在 19 世纪末的德国刑法学家李斯特等人倡导的以预防犯罪和保护社会为目标来改革刑事政策的社会防卫论的基础上,提出了新社会防卫论,它为 20 世纪 50 年代以后矫治社会工作的迅速发展奠定了坚实的理论基础。新社会防卫论的基本思想主要有:①同罪犯作斗争不是为了对个人惩罚,根本目的在于保护社会和社会成员;②通过个人和社会隔离的方法,或者采用对罪犯合适的矫正与教育措施,把犯罪者转变成守法的公民;③)刑法的“人道化”应该成为一种发展趋势,其内容要以恢复犯罪者的自信心和责任感为前提;④刑事政策的着眼点是对犯罪的个人预防,而不是犯罪的一般预防;⑤刑事司法体系应该是一个注重罪犯品格研究的人道化的过程。

14.2.3 矫治社会工作实务

1. 矫治社会工作者

矫治社会工作致力于在违法犯罪人员和社会之间建立联系,以帮助其适应正常的社会生活。要实现这一目标,高素质的矫治社会工作者队伍是必不可少的。矫治社会工作的特殊性要求矫治社会工作者必须具备较高的思想素质,心理素质和文化素质。要求矫治社会工作者有献身精神,相信人类的价值与尊严,尊重个别差异;有高度的社会责任感,承认犯罪人员也是属于社会的一分子,我们无权将他们遗弃在社会的边缘;有同情心、充满爱心。用爱来交换爱,用信任来交换信任;有足够的专业知识技巧和工作经验。根据是否是专职和是否领取薪金报酬,矫治社会工作人员可分为专职人员和志愿人员两种类型。

1)矫治社会工作专职人员

矫治社会工作专职人员是指那些通过国家或特征聘用,从政府部门或矫治工作机构领取薪金报酬,专门对罪犯或具有违法犯罪倾向的人从事矫治工作的社会工作人员。矫治社会工作人员在不同的国家和地区有不同的称谓,如美国称“观护人”或“个案工作员”;我国香港称“社会工作员”或“感化主任”;我国台湾一般称“更生辅导员”。世界各国对矫治社会工作专业人员的选拔、聘用和管理都有详细的规定。如美国早在1931年“全美法律观察及执行委员会”的报告中就提出:“只有具备足够的技术训练与经验者,才够格入选为观护人”。我国台湾聘用的观护人,不仅要获得法律、教育、社会或心理学科大专以上学历,或通过“观护人”高等考试,而且要求品行端正,服务热忱,没有犯罪、吸毒等劣迹。我国香港法律规定担任感化主任者必须持有大学学位,并在上岗前经过严格的有关法律知识的专门培训。矫治社会工作人员通常由其所属的机构管理。如英国的矫治社会工作者的任用和薪金支付及其他一切行政事务由司法裁判区下属的“感化委员会”负责,而对矫治社会工作人员的监督和工作指导则由各承审法院下属的“感化委员会”负责。

2)矫治社会工作志愿人员

矫治社会工作志愿人员是指那些利用业余时间对罪犯和具有违法犯罪倾向的人员义务从事矫治服务的社会人员。他们在不同的国家和地区也有不同的称谓,如有的称“兼职导师”,有的称“荣誉观护人”。志愿人员参与矫治社会工作,有利于激发社会成员爱心的参与意识,提高矫治效果,也有利于减少国家投入。因此,在犯罪现象尤其是青少年犯罪现象日益严重的当代社会更受重视。但志愿人员参与矫治社会工作也存在一些危险,所以,各国对志愿人员都有一定的条件限制和相应的管理。志愿人员一般在专业工作者的指导下，从事对犯罪者及有违法犯罪危险人员的就业、就学或生活方面的辅导，较少参与对他们的思想、心理和行为的辅导。在海外，挑选矫治社会工作的志愿人员一般有一些条件：①拥有良好声誉，正直善良且有正当职业和固定收入；②热心公益，具有奉献意识，对罪犯矫治工作有兴趣且对服务对象不持偏见；③有比较充裕的时间以保证与服务对象经常接触和提供服务；④有比较健壮的体魄和充沛的精力。

2. 矫治社会工作的介入方式

与其他社会工作领域一样，矫治社会工作所运用的基本方法仍然是个案工作方法、团体工作方法和社区工作方法等直接方法与社会工作行政、社会工作研究等间接工作方法的结合。但由于其服务的特殊性，矫治社会工作的介入方式是多种多样的，主要有司法审判前的介入、机构中的介入、社区处置中的介入、释放后的服务等几种途径。

1）司法审判前的服务

矫治社会工作者在案件审理过程中的主要职责是通过与受助犯罪嫌疑人及其家庭和周围环境的接触了解，写出一份有关犯罪嫌疑人背景的调查报告，提交法庭作为参考。调查报告一般包括犯罪嫌疑人的社会背景如家庭、经历和性格，以及犯罪行为的成因和性质等资料。社会工作者的调查报告的目的不是像律师一样为被告作无罪辩护，而是在承认犯罪事实的基础上为法庭判决提出参考建议。在一些国家和地区，法庭对社会工作者的调查报告是十分重视和尊重的，因为法庭调查一般注重犯罪事实本身，调查报告所提供的罪犯的社会背景和性格等资料，有助于法庭作出有利于罪犯改过自新的判决。

2）在机构中提供的服务

机构服务也称机构处置，是指将犯罪者放到监狱、劳改农场等犯罪矫治机构之内，运用教育、行为矫治、个案咨询等方法来达到其思想和行为的改变。机构服务一般采用个案辅导的方式进行，主要内容包括以下方面。

（1）面谈。通过与受助者的面谈，一方面了解其过去的行为、原因及当前思想状况，另一方面使其负面情绪得以宣泄，能冷静地面对现实。

（2）诊断。对收集到的受助者的有关资料进行分析判断，找出问题的原因所在并制定矫治方案。

（3）辅导。根据个别原则对不同对象施以不同的矫治方法。其中具有共同效果的方法即是尽可能扩大罪犯与外部社会的联系沟通，避免因监禁状态而造成社会化过程的阻断。

（4）报告。随时注意犯罪者改善的情形，发现有所改善，即向监狱当局提出报告，使其能够获得更好的处遇方式。

3）社区处置中提供的服务

社区处置也称为社区处遇或社会处遇，兴起于19世纪40年代的西方社会，是

"矫治社会工作社区化处置"的简称。① 是指以社区为基础的矫治措施,包括缓刑、假释及各种重返社会的制度。社区处置方式是对机构处置的一种反省和补充。其主要特点是让矫治对象离开监狱等机构而生活于社区中,接受专业社会工作者或社会热心人士的辅导、训练与监督,直至其各种社会行为基本规范为止。社区处置的基本内容包括以下方面。

(1)缓刑、假释人员的观护。缓刑是针对短期自由刑或轻微犯罪者而设立的一种社区处置方式。假释是刑满前的释放处分。这两种处置都附有观察保护的规定。司法当局一般聘用专职社会工作者或志愿者对缓刑、假释人员进行观护。观护人员要督促被观护者在观护期内做到品行良好,服从检察官及观护人员的命令,接受观护人辅导,及时向观护人汇报工作、生活情况,不经过批准不得离开居住地等。

(2)监外就业。允许犯罪者中止机构处置重返社区就业谋生,但规定于夜间或周末必须返回监狱服刑。监外就业可以增加犯罪者的社会接触,且较为经济。

(3)院舍服务。院舍服务是通过向犯罪者提供住院或寄宿等途径,帮助其掌握正常生活的技能从而顺利回归社会。矫治社会工作中的院舍训练通常是为违法青少年设置的,在不同的国家和地区有不同的名称,但一般不外乎以下几种类型。

中途家庭。中途家庭作为机构与社区生活的中途转换站,收容的对象包括少年犯、即将出狱的服刑人员、假释出狱人员、刑满释放人员等。中途家庭通常以社会工作者为管理人员,充分利用社区资源来帮助矫治对象发挥潜能,使其逐渐适应正常的社会生活方式,成为富有建设性的社会成员。

寄养家庭。寄养家庭主要收容观护少年,尤其是未能享受到家庭温暖的问题少年。寄养对象被安置在寄养家庭里,与其他家庭成员一起生活、上学和参加社区活动。在寄养家庭看护下,能够避免少年们因缺乏家庭照顾而进一步感染恶习。寄养家庭的角色通常由社会热心人士或专业社会工作者担任,具有相当明显的功效。

教养院。教养院收容具有不良行为和可能发生不良行为的少年,通过生活指导、职业训练和学校教育,使其在较为自由开放的环境中得到改造,提高适应社会的能力。

(4)社会服务。社会服务也称社区服务或社区劳役,是近年来西方国家较为盛行的一种替代短期自由刑的非监禁化的处遇措施,是通过强制犯罪者在社会福利机构从事规定时间的无偿劳动或服务以赎罪的刑罚形式。通过从事公益劳动和服务,能够培养犯罪者的社会责任感,促使其学习生产、生活技能以增强就业能力,增强其处理人际关系的能力以更好地适应社会。

社区处置扩大了人道主义方法的运用,减少了监禁处置对罪犯的不良影响,增进了服刑者重返正常社会的可能性。这种方式需要的投入较少,更为经济。因此,在欧

---

① 马良华:"青少年社区矫治的本土模式和社会工作的介入空间",《华东理工大学学报(社会科学版)》,2006年第2期。

美一些国家,采用社区处置的方式逐渐增多。①

4)对刑满释权人员提供的服务

刑满释放人员虽已经不再是罪犯,但也不同于社会中的正常人群,他们往往受到社会歧视、家庭拒绝、同伴疏远、就业困难、学习中断等多重问题的困扰。矫治社会工作对刑满释放人员提供的服务称为更生保护,其方法主要有以下几种。

(1)提供住宿场所。为暂时不被家庭接纳或无家可归的刑满释权人员解决安身问题,同时提供监管和辅导服务,帮助刑满释放人员完成由监禁环境向开放社会的过渡。

(2)提供就业、就学辅导。寻找工作或继续求学是刑满释放人员回归社会的重要途径。矫治社会工作在这方面的服务包括对刑释人员进行工作技能培训,帮助联系介绍工作、联系学校等,同时还要通过监管督促帮助刑满释放人员养成工作学习的意识和习惯。

(3)提供医疗保险服务和生活辅导。刑满释权人员中有相当部分人有不良生活习惯,社会工作者的职责也包括为其提供生活辅导和医疗保健服务,帮助其养成良好生活习惯。

(4)提供物质援助。刑满释放人员往往缺乏生活工作的基本物质条件,为帮助其尽快建立正常的生活工作秩序,社会工作者应发动和利用社会资源对其进行物质援助。

必须指出的是,矫治社会工作对青少年违法行为给予了特别的关注,青少年违法行为虽然不同于犯罪行为,却与犯罪行为有极密切的关联。对青少年的思想和行为的矫治,特别受到矫治社会工作的关注。矫治社会工作者通过院舍辅导和街头辅导开展针对青少年的工作。在专为违法的青少年设立的感化矫治机构中,如我国香港的男童院、女童院等,通过个案及小组辅导、社区参与等方式,帮助违法青少年改过自新。②

14.3 中国的矫治社会工作

中国的犯罪矫治工作是新中国建立以后在劳动改造的基础上发展起来的。经过几十年的发展,我国建立了比较完整的犯罪改造体系。但随着社会的日益进步,传统的犯罪改造工作越来越不能适应社会的需求,专业矫治社会工作的价值和意义日益引起国家和社会的重视。矫治社会工作主要是对犯罪者的改造、教养和生活服务,以及对犯罪行为的控制和预防。我国的矫治社会工作,对预和减少犯罪、改造罪犯、挽救失足者,对维护社会治安,促进社会稳定发展起了重要作用。

---

① 隋玉杰:《社会工作——理论、方法与实务》,第223页。北京:中国社会科学出版社,1996。

② 董明伟:“浅论矫治社会工作在犯罪矫治中的作用”,《江西公安专科学校学报》,2003年第5期。

14.3.1 中国矫治社会工作的发展历史

中国的矫治社会工作是在罪犯改造制度的基础上确立和发展起来的。早在20世纪30年代，中华苏维埃政权就根据中华苏维埃共和国中央执行委员会于1932年6月9日颁布的《裁判条例》，在省、县两级裁判部设立了劳动感化院。与一切旧监狱制度本质不同的是，劳动感化院在对被判处长期监禁的犯人进行看守的同时，还坚持对其实行教育感化和改造，因而是新中国罪犯改造制度的原型。

新中国建立以后，1954年8月中央政府政务院公布了《中华人民共和国劳动改造条例》，首次以行政法规的形式确立了劳动改造罪犯的方针、政策和原则，从而奠定了新中国劳动改造罪犯制度的基础。随着劳动改造罪犯实践的不断丰富和发展，以改造人为宗旨的罪犯改造制度进一步得到完善和发展。以1994年12月29日全国人大常委会正式通过《中华人民共和国监狱法》为标志，具有中国特色的罪犯改造制度基本形成。①

半个世纪来，我国社会各界围绕提高罪犯和具有违法犯罪危险人员适应社会生活能力，长期开展帮助、教育、感化、挽救等活动，形成了我国独具特色的实践形式。总的来说，我国的矫治体系由司法矫治体系和行政矫治体系两部分构成。司法矫治体系以监狱及其他行刑制度为代表，行政矫治体系以劳动教养机构和工读教育机构为代表，一般通过狱政管理、教育改造和劳动改造对犯罪者进行矫治。

我国实施的犯罪改造工作，主要集中于以下3个方面。

(1)改造犯罪者。对服刑的犯罪者实行惩罚与思想改造相结合，强制劳动与改造教育相结合的方针，致力于把犯罪者改造为社会的有用之人。

(2)预防犯罪。依靠社会各界的力量，完善社会预防犯罪的网络体系，强化社会预防的功能。

(3)帮助犯罪者及相关人员，体现人道主义精神。对于因犯罪而产生的家庭与个人的问题，提供必要的社会服务，以帮助其摆脱困境。

我国的犯罪改造工作经过长期的发展，取得了显著成效，积累了丰富的实践经验，为我国矫治社会工作的产生和进一步发展奠定了理论和实践基础。②

我国的犯罪改造工作的主要特点有：①国家专门机关与社会相结合共同完成教育改造罪犯的任务；②惩罚管制与思想改造相结合贯穿于罪犯矫治工作的全过程；③劳动改造与教育改造相结合，共同实现改造罪犯成为新人的目的。③ 目前，我国专业矫治社会工作已经开始，首先在上海市得到推广，北京、天津等地也相继开始了矫治社会工作的试点，这对于推动我国矫治社会工作的发展具有重要意义。

---

① 宋林飞、朱力主编:《社会工作概论》，第364页。南京:南京大学出版社，2002。
② 陈 墀、黄 河编著:《社会工作概论》，第210页。厦门:厦门大学出版社，2000。
③ 王思斌:《社会工作概论》，第244页。北京:高等教育出版社，1999。

14.3.2 我国矫治社会工作的实施

目前,我国专业矫治社会工作在部分发达城市和社区已经开始初步实施和进一步探索,鉴于我国目前违法犯罪的现状和矫治社会工作的特殊性,这一工作主要集中在未成年人犯罪领域。下面以我国专业社会工作发展最快的上海市为例介绍我国专业矫治社会工作的实施情况。

2006年,上海市普陀区人民法院、人民检察院在审理未成年人犯罪案件的过程中开始引入了专业社会工作,以期更好地维护未成年人的合法权益,使对失足少年的感化、教育和挽救工作更有效果,这对丰富和完善我国的少年司法制度来说无疑是一个进步。2006年3月,上海市普陀区人民检察院与上海市阳光社区青少年事务中心普陀区社会工作站签订协议,聘请该站社会工作者担任"未成年人刑事案件特邀社会调查员",协助对户籍在本区的非在校未成年犯罪嫌疑人开展专门调查。调查的内容主要包括:未成年犯罪嫌疑人的家庭、学校、社区环境对其的影响;未成年犯罪嫌疑人的成长过程、教育状况、性格特点、心理健康状况、兴趣特长和奖惩情况;未成年犯罪嫌疑人走上犯罪道路的过程及客观原因等。社会工作者担任"未成年人刑事案件特邀社会调查员"有其专业优势。由于受过系统的专业训练,社会工作者会将受助者置于一个社会环境中来观察。不仅了解受助者本身的情况,还要了解与受助者相关的各个子系统的信息,如家庭、学校、朋辈群体等,以求全面、客观地分析受助者出现问题的原因。上海社会工作者在少年审判中的这一角色,既体现了法律的严肃性,实现了司法公正,又有利于挽救失足未成年人。

此外,由于未成年犯罪嫌疑人的智力和身心发育尚不成熟,在面对司法机关时,他们往往显得恐惧、焦虑、手足无措。普陀区检察院未成年人刑事案件检察科探索聘请社会工作者担任"合适成年人"的做法,即在未成年犯罪嫌疑人接受讯问时,如果其法定代理人因故不能到场,就由社会工作者作为"合适成年人"在场,来安抚其情绪,协助其与办案人员沟通,同时监督检察人员的询问是否合法适当。

普陀区法院不仅在审判前就请社会工作者介入,还直接请未成年犯罪嫌疑人家庭所在地的社会工作者参加少年法庭开庭。未成年的被告如果被判处缓刑,法院会当庭把社会工作者介绍给他和他的父母,以明确社会工作者的身份和权威。并且会由法官会同社会工作者找其谈话,希望他真心悔过,振作起来。谈话结束后,由社会工作者把缓刑少年领回社区,开展后续的社会帮教工作。

毋庸置疑,专业社会工作介入少年审判对维护未成年人的权益非常有益。上海在专业社会工作者介入未成年人犯罪领域实施专业矫治方面已经做了很多尝试,也取得了一定成果。但由于我国经济、社会地域发展不平衡等客观条件的限制,其他省份和地区专业社会工作的发展还极其落后。即使是上海地区,与欧美和我国香港地区比较成熟的少年司法制度相比仍然存在很多缺陷。如在我国的少年司法制度中,社会工作者究竟应该扮演什么样的角色,起到什么样的作用,其社会调查报告能否作为审判依据等仍然是亟待确定的问题。因此可以说我国专业矫治社会工作的发展任重而道远。

14.3.3 我国的矫治社会工作存在的问题和对策

我国的专业矫治社会工作刚刚起步，还没有在全国范围内推开，在实践中还存在着很多不容忽视的问题，如理论研究相对落后、专业化水平低、工作人员的专业教育不够等①。不可否认，缺乏职业化、专业化的中国矫治社会工作还很不成熟，为此，社会工作者必须做出自己的努力。

1. 促进矫治社会工作理论知识的专业化和本土化

矫治社会工作作为专业社会工作的重要实务领域，其工作的开展是建立在系统的理论知识和实务模式的基础之上的。目前我国矫治社会工作的理论水平还很低，主要表现在以下两个方面。

一是专业化水平低。目前我国的犯罪矫治工作仍然是以传统的劳动改造理论为指导，以以往的改造经验为依据而实施的，对犯罪者的人格、尊严、心理等方面的认识存在许多误区，严重滞后于社会思想的发展，使得实践中的矫治效果相当不理想。而当代最新的犯罪学理论和专业社会工作理论知识在我国并没有得到足够的重视和传播，学者们对这些理论的研究也很有限，不能给实务工作以有效的指导。

二是本土化不足。我国目前有关犯罪科学和社会工作的理论主要来自于西方，其理论背景与我国的道德传统、社会环境有很大的区别。而我国目前的理论工作仍停留在引进阶段，不能很好地与社会实践相融合，因此实践能力很弱，难以发挥理论的指导作用。因此，我国矫治社会工作的开展，首先要加快理论知识的专业化和本土化进程，建立一套完整的，符合中国国情的，适用于中国矫治工作实践的理论体系、价值规范和实务模式，促进中国矫治社会工作的发展。

2. 完善实行矫治社会工作法律法规

一般来说，各个国家和地区对矫治社会工作的服务提供都应该有法律法规的规范，矫治社会工作是依法提供社会福利服务的过程。这些法律规范应该包括：专业的矫治社会工作机构和人员具备怎样的法律地位，矫治社会工作人员应当具备什么样的资格，专业矫治社会工作以何种方式介入矫治工作，矫治社会工作的职责等问题。目前我国法律法规在这些方面还是一片空白，这种情况严重制约了我国矫治社会工作的规范化发展。只有建立起完备的法律，才能从制度上保证我国的矫治社会工作在法制化、制度化、规范化的轨道上稳步发展。

3. 加快专业矫治社会工作者和志愿者队伍建设

加快矫治社会工作的队伍建设也是进一步推进矫治社会工作发展的应有之义。现代矫治社会工作涉及犯罪学、社会学、人类学、心理学、精神医学、社会工作和法律学等多种学科和专业，要求矫治社会工作者接受严格的专业训练，具备深厚的理论知

---

① 鹿广静、寇浩宁："矫治社会工作介入我国社区矫正的初探"，《社会工作(学术版)》，2007 年第 1 期。

识和熟练的实务操作技巧，才能够真正承担起帮助犯罪者的责任。早在1931年全美法律观察及执行委员会的报告中就提出：只有具备足够技术训练与经验者，才能够遴选为观护人。我国香港法律规定，感化主任须由持有大学学位的专业社会工作者方可担任，上岗前还必须经过严格的有关法律知识方面的专门培训。多数国家不仅对专职矫治社会工作者有严格的资格限制，对志愿者也有一定的要求，从而保证了矫治社会工作者的素质。

我国还没有设置诸如感化主任、观护人这样的矫治社会工作的专职岗位，实际从事矫治社会工作的一般是派出所民警、居委会或街道的干部等，这些人缺乏基本的矫治知识，只是凭借责任或热情来帮助犯罪者，往往不能取得很好的矫治效果，甚至会进一步伤害越轨犯罪者及其相关人员。而且，我国矫治工作的志愿者队伍严重不足，不能形成良好的社会扶助氛围，使我国的矫治社会工作缺乏社会基础，这是我国矫治社会工作发展中存在的严重障碍。

令人欣喜的是，我国专业矫治社会工作者和志愿者队伍建设已经开始。目前上海正在推行“社区矫治工作”，社区矫治工作者主要是从各监狱、教管所和司法行政部门抽调出来的民警和街道干部组成的，还有一批由企业主、厂长、经理、退休干部、社区服务人员以及在校大学生等组成的志愿者队伍。为了弥补专业素养的缺乏，目前上海试点的矫治人员在上岗前要接受华东理工大学社会工作专业一个半月的培训，虽然企图通过这种“速成班”培养出专业矫治人员是不可能的，但我们不能否认这是一个良好的开端。为了加快我国专业矫治社会工作者和志愿者队伍建设，我们必须充分利用社会资源，发挥院校和科研机构的作用，加快职业化、专业化建设步伐。同时，要争取社会上更多人的理解、支持和参与，在建立专业矫治工作者队伍的同时，充分发挥志愿者的作用。

4. 建立专业化的矫治社会工作机构

专业化的服务机构是矫治社会工作中不可或缺的重要环节。美国的“观护及假释协会”、英国的“国家观护人协会”、日本的“保护司会”、我国香港的“善导会”等均是矫治社会工作的专业化机构，这些机构通过制定相关的服务规则和伦理规范、监督评估工作过程、促进工作者相互交流等活动，推动了各国矫治社会工作的良性发展。但是，由于矫治社会工作是国家司法体系中的社会福利服务，政策性强、工作难度大，所以往往由政府及司法当局在其中起主导作用，从而形成政府部门或法院牵头推行的矫治社会工作体系。我国还没有成立全国性矫治社会工作专业机构的理论和实践基础，但上海徐汇区已经成立了第一家地方性的“社区矫治志愿者协会”，这对于我国专业化矫治工作机构的建设是一个有益的探索，也体现了我国矫治社会工作的发展方向。

总之，专业矫治社会工作的产生和发展是适应现代社会进步的必然要求。虽然我国的矫治社会工作才刚刚起步，面临的问题还很多，但在建设和谐社会的良好环境中，在政府和众多社会工作者的努力下，我们对我国矫治社会工作的发展充满信心。

附:案例分析

一、案主基本情况

瞿某,女,已婚,出生于1976年12月8日,职业学校毕业,失业在家。属人户分离人员,户籍所在地为上海市黄浦区老西门街道,实际居住地为上海浦东西营路某弄某号。1995年开始吸食毒品,1996年5月至11月,被处强制戒毒,1999年3月被处劳教两年。

二、工作过程

1.专业关系的建立

2004年8月9日,案主的母亲向社会工作者求助。8月10日上午,社会工作者开始介入,社会工作者向案主表达了友好与关怀的意愿,并希望与案主一同走过最初的戒毒期。

社工:小瞿,你好!

瞿某:你们是谁?

社工:我们是浦东新区驻上钢街道的禁毒社会工作者,昨天,你母亲已向我们述说了你的一些情况,我们今天来看有什么能够帮你的。

瞿某:你们谁都帮不了我,因为你们根本不会体会我现在的难受劲,你们走吧!我妈真多事。

社工:不,我们能够理解,你现在感觉骨头痒,对吗?

瞿某:对。

社工:想吐,吐不出来,想吃,吃不进去,想睡,睡不着,对吗?

瞿某:对!

社工:如果要想改善以上的症状,只有再注射一克海洛因。但是,你又不甘心,因为你觉着好不容易熬过了两天,如果再碰那玩意儿,那将前功尽齐,可现在又比死还难受。

瞿某:对,对,对极了。你怎么都说到我心底去了?

社工:其实我们帮助过许多和你一样深陷毒海的年轻人,刚开始他们与你的症状差不多,我们和他们一起走过了最初那段生不如死的日子。小瞿,谁都有受挫折和无奈的时候,谁都有需要帮助的时候,向我们说说你目前的情况好吗?

瞿某:我觉着我快要死了,可我今年才28岁,我不要死,我想活啊!呜呜......

(社工递上纸餐巾,并顺势坐到瞿某身边,拍拍小瞿的肩膀,鼓励其继续说下去)

瞿某:我从19岁开始吸毒,到现在已经9年了,这9年来我做三陪赚取毒资,活得毫无尊严。我无时无刻不想摆脱白粉的控制,可它就象长了爪子,掐住了我的喉咙,而且越掐越紧。现在我连卖笑都没有气力了!这两天我在服用晚期癌症病人服用的止痛片,我浑身痛啊......

社工:谢谢你能向我吐露你的心声,从今天起,我们会尽全力帮助你,与你并肩作战!

2. 资料的采集

通过与案主十余次的交谈，初步了解其症结所在，案主自述如下。

我是在父母的互相谩骂声中长大的，在我14岁那年，他们终于分开了，我随父亲，其实我心里挺开心，因为，我终于可以摆脱母亲的唠叨和管束，而父亲除给我吃好的，穿好的，其他一律听凭我自由，现在想想这应该是一种溺爱。

职校毕业后，我在一家星级酒店做前台，每天对着来往的客人，心里起了微妙的变化。每当看见一些和我同年龄打扮入时的小姐进进出出时，我就不自觉地拿出镜子，论长相、论谈吐，我哪点比她们差？凭什么要我为她们提供服务。直到那天，一个小姐妹跑来找我，天花乱坠地介绍她的工作，她告诉我，她每天的收入就有千把块，钱来得太容易了，只要陪男人喝酒、唱歌、聊天就可以了，我心动了……

在那里，我学会了抽烟、喝酒，学会了向男人撒娇骗钱，也学会了赌博、吸毒。在一次又一次的飘飘然后，我开始觉得不对劲，可已经晚了，我已经被白粉套住，想逃是不可能的。每天赚的钱，只够维持我对白粉的需要，后来我连笑都卖不动，业绩直线下滑，老板把我开除了。

说来可笑，我和丈夫的结合其实是白粉作的媒，我们是在上家那儿买粉的时候互相熟识，因为有共同的追求，我们登记结婚。可是还没有来得及举行仪式，我就被处劳教了。

我出来后的第一件事情就是找老公要东西，我俩在短短的几个月里吃掉了他父亲给我的2万元礼金，一套二居室的住房。最后，在他父亲的干预下，我们被迫分居。

熬不住毒瘾，我向母亲要了一万元去自愿戒毒，先后去过太仓、无锡等地，上个星期我刚从武汉回来，可还是在犯瘾。

案主的母亲李女士自述。

我对女儿从小管教严格，因此，我们母女俩关系一直不好。离婚后，每次去看望小瞿，她不是躲我，就是不理不睬，我前夫在旁边说风凉话。直到有一天，小瞿主动来找我要钱，我才意识到事态的严重。上个星期，我去看她，见她在地上打滚，一问才知道她拿着钱根本没有去戒毒，而是去吸毒，现在钱没有了，毒也没有戒成。我实在没辙，正好看见青年报报道禁毒社工帮助吸毒人员的故事，所以我抱着试试看的态度求助于街道的社工同志。

3. 分析与诊断

社会工作者根据以上收集的资料，并综合自己与案主的交流和对案主的观察所获得的信息，对案主的情况作如下分析与诊断。

(1)当初由于案主的年幼无知，加之缺乏与父母的沟通和父母的引导，致使其人生观发生偏差，形成了“我比别人漂亮，我就应该有钱，干哪行钱来得快，我就干哪行。”的思维定式。

(2)由案主以往的戒毒史来看，其本人有摆脱毒品的强烈愿望，但每次都由于其意志力薄弱而以失败告终，戒毒过程反反复复十余次，目前又处于新一轮的生理脱毒阶段,心理和生理正经历着痛苦的煎熬,故而案主现在特别需要关心和支持。这个时候营造一个温馨、和谐的家庭氛围,赢得亲人的鼓励和支持至关重要。

(3)与生理脱毒相比,心理脱毒的过程更为漫长而艰辛,如何减少案主对药物的心理依赖,充实其日后生活,重塑案主的交友圈是社会工作者亟需解决的问题。案主脱离正常的生活环境长达九年,长时间以来,周围充斥着吞云吐雾的吸毒人员,因而工作者的当务之急就是帮助案主结交或者重新找回夕日的朋友或同学。

(4)由于案主的职业和长期的吸毒历史,社会工作者发现案主白天萎靡不振,进食无规律,好吃零食,对正餐无兴趣,且烟不离手。社会工作者认为,矫正案主的作息规律是协助其进入正常生活模式的第一步。

(5)据案主本人陈述,其除了做KTV小姐外,没有从事过其他职业,换言之,案主与主流社会脱节已达数年时间,协助案主用最短的时间缩小其与社会的距离,弥补她数年来的人生空白是社会工作者下一步工作的切入点。

4. 服务与治疗过程

(1)缓解家庭矛盾,替案主创造良好的脱毒环境。社工将案主瞿某的父母请到办公室,告诉他们女儿的困扰并非是她个人的问题,更不能归结为其个人的"本性不好"或道德败坏,而可能是家庭系统的运作上出现症结,社会工作者与他们一道分析一个正常的家庭对于戒毒人员的意义,指出他们各自在教育子女方式上的漏洞,以及不良的夫妻关系对女儿的滥用药物起到推波助澜的作用,并不失时机地劝导瞿先生不计前嫌,为李女士探视女儿提供方便。

(2)社会工作者获悉上海市仁济医院已经成功实施了第一例开颅戒毒术后,数次陪同案主母女走访上海浦东仁济医院,向开颅戒毒术专家咨询与手术有关的一系列事项,帮助案主正确看待手术的风险及利弊,并注重依靠案主的个人力量,促使其独立作出是否接受手术治疗的决定。

(3)案主选择接受开颅戒毒术后,社会工作者便遵循"资源取向"的原则,从积极方面给予解释,激发其乐观向上的人生态度。

(4)为了减轻案主出院后经济上的困难,让案主术后尽快康复,社会工作者走访其户籍所在地居委会,并与该街道禁毒社会工作者联手为案主申请低保。

(5)手术后,社会工作者采用理性治疗法与案主探讨人生的得失成败 ,让案主明白,天上不可能无缘无故地掉下馅饼,一切 "不劳而获"的背后终究要付出惨重的代价。

(6)在整个治疗过程中,社工不作任何批判,而是注重挖掘案主的潜能。适时抓住案主兴趣爱好,及时与街道文化中心工作人员取得联系,安排案主参加中心举办的国画班。

(7)为了帮助案主摆脱原来的"粉友",重新打造健康的朋友圈,缩小其与主流社会的差距,社会工作者鼓励案主积极参加本街道青少年社会工作者组织的各项娱乐活动及社会实践活动,以充实其社交生活。

(8)矫正案主混乱的生活习惯,社工使用“行为治疗法”,革除案主的不良习惯,要求其严格遵守为其制定的作息时间表,踩点进食。在这一过程中,对于案主的任何一点进步,都及时给予表扬,鼓励其继续努力。

5. 实践效果

开颅戒毒术后,案主恢复得较好,生理脱毒已基本完成,心理对毒品的依赖也有很大改善,摒弃了以前烟不离手,日夜颠倒的生活习惯,且对参与文娱、公益活动乐此不疲。案主能深刻认识毒品的危害,热心于各种禁毒宣传工作,并主动提出接受法制报采访,作现身说法,教育更多处于懵懂时期的少男少女不要重蹈她的覆辙。

6. 评估与总结

社会工作者认为,此个案基本达到预期目的。

(1)在整个帮教过程中,社会工作者不盲目批评,而是注重平等、尊重、不批评的社会工作专业价值理念的应用。而且能够及时抓住案主的闪光点,挖掘潜藏其深处的潜质,保证了个案的效果。

(2)社会工作者运用多种工作方法,如理性情绪分析法、行为治疗法及家庭互动法,这些技巧的运用对案主来说无疑起到了良好的激励及促进作用,让案主意识到戒毒后,她还能走上正常人的生活道路。

(3)社会工作者注意运用案主周围的资源,如案主的父母、社区文化活动中心、青少年社会工作者等,不仅帮助案主摆脱原来的朋友圈,更为案主营造了一个健康正常的人文环境。

(4)案主的人生道路还很长,社会工作者此次工作的成功只是意味着协助案主走过其生命中的一个“坎”,因此,还应更注意教授案主一些解决问题的模式和方法,增加其自我保护能力,社会工作者要通过助人自助放手让案主独立成长。①

① http://www.sowosky.com(青翼社会工作网),2008年3月21日。

15 企业社会工作

现代社会中,企业是国家和社会的支柱,是生产力发展的主体。企业社会工作是社会工作者将社会工作的理念和技巧应用于企业界,运用专业方法降低工业化和城市化所带来的负面效应,以达到提升职工的福利状态,推动企业和社会良性运行的目的。

15.1 企业社会工作概述

企业社会工作是社会工作实务研究中的一个比较新的领域。众所周知,现代企业的蓬勃发展与层出不穷的问题是相伴而生的,这些问题的解决必须依赖受过专业训练的人员和其他专家来协助处理。企业社会工作在解决这些问题的过程中发挥着不可替代的作用。我们要深入探讨企业社会工作的社会价值和应用模式,首先要清楚什么是企业社会工作。

15.1.1 企业社会工作概念

工业社会工作、职业社会工作和企业社会工作是密切联系的3个概念,要理解和定义企业社会工作,必须首先从工业社会工作和职业社会工作的基本概念理解入手。

1. 工业社会工作和职业社会工作

与其他社会工作实务如医疗社会工作、学校社会工作、社区社会工作等比较,工业社会工作是一个相对新的领域,相关的理论研究和实务都比较少。1978年6月,美国社会工作界在纽约召开了一次命名为“全国工业社会工作”的讨论会,会议邀请一百多位富有经验的工业社会工作者对开展工业社会工作问题进行了广泛的讨论。与会者迪维教授认为,积极开展工业社会工作是社会工作的一个新纪元。这次会议对工业社会工作下的定义是:工业社会工作是运用社会工作的专门知识,去满足工人的需求，以及服务整个工业设施的组织目标。社会工作者从多元的环境系统中去影响劳工个人。其提供的直接服务，包括咨询、团体服务、实质性服务方案，为员工辩护、社区与个人的联结服务，协助员工与管理部门人才储训，并成为工业社群与工会的决策顾问①。从这一定义中可以看出，工业社会工作的对象是工业企业中的员工，其方法是社会工作的基本手法，目的是为工业企业员工进行服务、解决实际问题，也包括为工业企业的管理部门服务。

20世纪80年代初，我国台湾地区开始了工业社会工作实务。台湾学者徐震、林万亿认为，“工业社会工作是应用社会工作的专业方法实施于工业体系或工业机构（设施）中，透过社会工作者与其他相关专家的协助，增进员工解决问题的能力，促进良好的工作适应关系，充实员工职业生涯的成就，提升合理而有效率的生产环境”。②这一定义清楚地说明了工业社会工作的对象、目标和手法。

1999年5月的我国香港社会服务联会社会发展部的“工业社会工作资料及未来发展方向”咨询文件，把工业社会工作定义为：“工业社会工作是一个社会工作实务范畴，在其中社会工作者关注劳动人士就业及与工作生活相关的种种需要，策划及推行适当的介入与服务，促进他们工作生活素质及职业福利的提高。”这一定义同样清楚地说明了工业社会工作的特定对象是工业企业中的劳动人士，关注的重点是他们的就业、生活素质与福利，工作手法是专业性的社会工作技术。

从为数不多的文献中可以很明显地看到，工业社会工作的对象范围是工业企业的职工。从美国及中国香港早期的经验看，工业社会工作主要集中于制造业和建筑业，主要关心工厂的技术和非技术体力劳动工人。但是“在很大程度上，制造业实际上只是一系列连接在一起的服务活动，它以生产产品的形式来创造消费价值。如果认为制造业比服务业更重要或在产出上价值更高，那将是一个很大的概念错误”③。随着工商业及其他行业的迅速发展和分工的越来越细，现代社会中劳动者呈多元化趋势，工业社会工作这一概念已经显得范围过分狭窄了。

20世纪80年代后期，国外及我国香港地区一些社会服务组织和专业团体开始用职业社会工作（occupational social work）和工业社会工作（industrial social work）交互使用，并逐渐较多地使用职业社会工作概念，甚至有将职业社会工作取代工业社会工作的趋向。职业社会工作概念的出现，说明社会工作关注范围更加广泛的劳动者和就业者，其工作范围涉及到整个社会职业的分布，换言之，只要存在劳动者、存在就业者、存在某种行业内的职业，职业社会工作的工作范围就都可以涉及，这是职业社会工作的共性。应该说，职业社会工作的对象范围比工业社会工作要大得多。

2. 企业社会工作

企业是从事生产、运输、贸易、文化等经济活动的部门之总称，包括工农业、建筑

---

① 徐　震，林万亿：《当代社会工作》，第481页。中国台湾：台湾五国图书出版公司，1999。
② 徐　震，林万亿：《当代社会工作》，第481页。中国台湾：台湾五国图书出版公司，1999。
③ ［美］詹姆斯·奎恩等著：《创新暴炸》，惠永正等译，第410页。长春：吉林人民出版社，1999。

业、运输业、商业以及其他行业的组织和单位，为企业及企业职工的利益和福利提供服务而介入的专业社会工作手法就是企业社会工作。企业社会工作、职业社会工作、工业社会工作的实质是相同的，都是兼顾到职工与企业两方面的因素，以社会工作的专业手法为企业或者其他单位的职工进行专业性服务。三者的不同点主要表现在介入的工作范围不尽相同：工业社会工作范围是工业（厂）企业；职业社会工作则较为广泛，包括所有职业和就业单位中的职位、职工与组织；企业社会工作的对象则限定于各种类型经济活动的企业单位中的职工和组织，企业社会工作比工业社会工作的外延要大，但比职业社会工作的外延要小。

结合工业社会工作和职业社会工作概念，我们对企业社会工作试定义为：企业社会工作是运用社会工作的专业性手法，以工业、农业、商业、建筑运输业以及其他行业的企业单位及其职工为案主对象，以预防和解决企业及其职工问题为目标，以企业员工全面发展和企业组织科学管理为宗旨，以培养和发扬员工互助精神和自助能力为追求，调动和利用各种资源，提高员工福利，提升企业效率，促进员工和企业和谐发展的专业化介入手法与工作过程。

事实上，自专业社会工作产生以来，在很长一段时间内社会工作关注的核心都是人们的社会生活领域，而很少涉及企业生产领域。但随着世界经济社会的发展，今天的企业界已变得非常复杂，许多公司合并或者发展成长成为巨大组织，再加上国际竞争、消费者要求、全球经济变化影响等许多因素，都使企业职工面临着许多前所未有的挑战。这种环境带来的压力以及随之产生的问题，已非个人独自能解决，而必需依赖专业知识与技术。除此之外，当企业逐渐在人类社会中占有重要地位，组织生活在个人生命历程中也逐渐加重分量时，个人对企业组织的生活品质要求也日益提高，所有这些因素都导致社会工作专业进入企业领域的趋势增强。另外，工作在个人生涯中是一个重要层面，在某种程度上，工作是个人从儿童到成人转换的重要标记，也显示了个人从依赖到独立的能力。同时，工作也提供机会及诱因给个人以发展自我。因此，企业对成员个性的发展有非常大的影响。

15.1.2 企业社会工作的基本功能

企业社会工作是专业社会工作在企业界的具体应用。对于企业社会工作的具体功能，不同的学者们往往有不同的看法，但一般来说，企业社会工作的一些基本功能是受到大家认同的，主要表现在以下方面。

（1）提供心理辅导，缓解职工的心理问题。现代社会使越来越多的人接受并发展了以职业为基础的交往关系，职业交往关系中存在的利益分配、角色差异、职业变动等因素，影响职工交往关系的正常发展，造成了人际关系的疏离和初级群体衰落。由于工作的性质，企业职工的工作压力和紧张度比较大，加之企业中的资源与权限以及利益分布存在着事实上的不对称，职工处在明显不利的一端，因此他们必然会面临一些问题如工作环境恶劣、劳资冲突、工资待遇偏低等问题导致的心理与生理不适等。企业社会工作的介入能够提升他们解决问题的能力和效果，使其能更好地适应社会现实。①

(2)维护职工的合法权益,提升职工的福利水平。维护企业职工合法权益是社会公平的体现,是社会工作机构的重要职责。当前,劳资纠纷事件日益增多,企业拖欠职工工资尤其是农民工工资、缺乏安全措施导致职工工伤等事故屡见不鲜,社会工作要始终把维护弱势群体的合法权益置于重要位置,通过专业服务、宣传鼓动、影响社会政策等途径来帮助案主。公平正义是每个社会都赞赏的价值准则,也是企业社会工作的基本要求②。此外,企业社会工作者还应该进一步为职工提供物质和精神支持,通过加强和企业管理层沟通,争取更多的权利和资源,以帮助职工改善工作条件、提升职工的福利水平。

(3)协助建立职工组织,进行职工和职业教育。企业职工要在企业中求得良好的工作环境和提升自己的福利水准,最根本的还是在于自己的争取。为此,社会工作者只有帮助工人自己建立强大的工会组织,才可以推动和促进职工的增权(empowerment)。社会工作者所做的工作就是协助、鼓励和辅导的工作。就组织而言,企业社会工作者要协助工会建立和健康运行,促使其起到维护职工权益的作用。就教育而言,一方面要对职工进行"成长教育"和"自助教育",使职工认识到并能够运用合法的手段争取自己权益,另一方面要进行职业(技术)教育,为职工提供充实和提高自己工作技能的机会。随着科学技术的突飞猛进和知识的爆炸性增长,劳动者面临着新的挑战,发展职工终身教育,提高职工的文化程度和技术水平是适应社会发展的必然要求。

(4)协调内外关系,增强企业组织的凝聚力。作为具体解决企业内外各种冲突问题的专业活动,企业社会工作既要促进内部关系协调,增强组织的凝聚力,又要促进企业组织的外部关系平衡。从企业内部关系角度看,协调的人际关系能够创造一个宽松、祥和、文明、健康、友爱的人际环境,使职工感到安全、愉快,从而有效地克服实现企业管理目标道路上遇到的各种困难和障碍。从企业外部关系角度看,企业必须履行社会责任,保护生态环境,支持社会保障体系,妥善处理好与股东、媒体、社区、政府、交易伙伴、消费者等特定的社会关系,形成良好的社会外部环境,实现组织与外界环境关系的持久和谐。③

作为专业社会工作的一个领域,企业社会工作的基本价值理念也是助人自助。企业中出现大量问题的最根本原因是职工自我发展能力不足。通过上述环节,企业社会工作充分发掘社会资源,发挥个人和制度的潜能,帮助职工解决实际问题,可以在很大程度上缓解企业与职工之间的矛盾与冲突,提升职工的生活质量和福利水平,

---

① 陈晓敏:"社会转型背景下的企业社会工作",《企业研究》,2006年第7期。

② 王瑞华:"构建和谐社会中企业社会工作的功能",《〈齐齐哈尔大学学报〉(哲学社会科学版)》,2006年第3期。

③ 王瑞华:《构建和谐社会中企业社会工作的功能》,《齐齐哈尔大学学报》(哲学社会科学版),2006年第3期。

促进个人及企业的良好生活和工作状态,进而提高企业的管理效率,确保社会的稳定和发展。

15.1.3 企业社会工作的发展历史

企业社会工作的提出最早是在19世纪末的英、法、德等几个国家,然后逐步向其他国家扩展。当时世界上的主要资本主义国家先后完成或即将完成工业革命,与此同时劳资斗争空前激烈,劳工问题日益突出并影响到职工的工作效率,在这种状况下,企业社会工作作为一种有效的解决问题的方法,逐渐被许多企业所认识和采纳,在企业管理中发挥了独特的作用。其中美国企业社会工作的发展非常有代表性。

美国是从20世纪70年代才开始有系统的企业社会工作,但因为其最先由"人是经济人"的管理理念,进入到"人是社会人"的现代管理理念之中,因此,美国也就后来居上,在企业社会工作方面做出了大量有益的探索,为世界各国提供了众多成功的范例,如"福利运动"、"员工协助方案"等。

"福利运动"(welfare movement)是在19世纪末由美国企业界发起的一项活动,主要内容是由资本家出资向劳工方提供一些福利服务,如学校、训练班、餐厅、宿舍、伤病照顾、医疗设施、休闲活动等,得到了工人的欢迎,也取得了很好的效果。1926年美国劳动统计局的一项调查报告指出,在1 500家大公司中,80%至少有一种福利方案,50%有综合的福利方案。为了推行与落实福利方案,企业主们雇佣了一种新的企业管理者,称为福利秘书(Welfare Secretary),其工作职责则是以关注职工福利、服务职工为主。美国的第一个福利秘书 Aggie Dunn 女士产生于1875年匹兹堡的海因兹公司,职责是照顾该公司的年轻女工。这一设置迅速为其他公司效仿并成为企业中的一个重要职位。尽管这时的福利秘书工作方法还很简单,却清楚地显示了社会工作的协调、支持、辩护和治疗等工作特色,所以我们说"福利秘书"是世界上最早的企业社会工作者。①

但20世纪20年代后,随着企业管理的科学管理流派盛行,美国的福利秘书发展倒出现了消沉。企业主们认为可以将企业中的所有问题都交给科学管理的专家,而工人们则认为福利秘书的工作是用小恩小惠来掩盖劳资关系根本上的不平等,所以企业社会工作一度陷入低潮。但随着霍桑实验成果的推广,尤其是二战的发生,使企业社会工作再度得到政府的重视。如"工业咨商服务"的兴起和根植于美国工业企业中的戒酒方案的"员工协助方案"。

"工业咨商服务"在20世纪30年代兴起,主要任务是帮助员工解决个人和家庭问题。许多公司包括美国钢铁公司南方厂、标准石油公司、芝加哥CAN保险公司、美国国际商业机器公司等大企业都成立了咨商部,聘用专业社会工作者了解员工所面临的心理问题和实际困难,并帮助员工寻求解决问题的对策。②

---

① 高 钟等:《企业社会工作概论》,第52页。北京:社会科学文献出版社,2007。

② 李迎生:《社会工作概论》,第366页。北京:人民大学出版社,2004。

20世纪40年代开始美国工业界的酗酒风气严重，严重损害了员工的健康，并带来了怠工、意外事件以及离婚等，于是一些工业机构中实施了工业酗酒方案。鉴于企业员工的酗酒问题、婚姻与家庭问题、财务问题、健康问题愈来愈严重，造成工业成本的耗损，再次引起企业界和政府的高度关注，为了提高企业的生产效益，增加利润，在工业界推出了一系列服务方案，其中影响大的就是“员工协助方案”，该方案是一种综合性、教育性与诊断性的服务方案，它通过有专业知识以及工作经验的社会工作者采取有效方案，不仅帮助员工解决个人或家庭问题，恢复正常的生活以及工作行为，使员工身心得以健康发展，使企业利润最大化，生产力提高，企业目标得到了实现，企业和员工双赢，而且也为企业社会工作赢得了声誉。

随着企业社会工作的不断发展，很多有价值的方案纷纷出台，如顿悟方案、波士顿大学EAP方案、社区机构合作方案、个人服务方案等，对发展生产力，推进企业文化建设方面做出了应有的贡献，证实了企业社会工作的合理性与独特价值。

我国台湾地区企业社会工作的发展也很有特点。历史上台湾的政治、经济、文化与美国联结得十分紧密。进入20世纪70年代后，一批在美国留学的学者将正在美国蓬勃发展的企业社会工作的理念、方法带回了台湾，受其影响，很多台湾企业开始援引美国企业社工的作法，在企业中设立专业的企业社会工作机构和人员；一些宗教团体也积极建立各种服务企业员工心理、生理、文化需求的团体。台湾当政的国民党政府为保持政治、经济、社会的稳定，从法律上、政治上对企业社会工作的发展予以倡导与支持。同时，台湾国民党还动用其所属的“青年救国团”直接参与企业社会工作。在企业、宗教团体、学术界和政府的综合推动下，台湾的企业社会工作发展得很快，在20世纪80年代，就基本上达到成熟。①

15.2 企业社会工作的理论和实务

企业社会工作从本质上说是一种科学的系统的助人方法，它有着自己独特的理论基础，并能够通过一套完整的服务体系来传递自己的理念和服务。对其理论和服务体系做简要分析可以帮助我们进一步研究企业社会工作的内涵，了解企业社会工作的实施程序，有助于企业社会工作在现实中的有效运用。

15.2.1 企业社会工作的理论基础

在现代企业管理思想发展的早期，以泰罗和法约尔为代表的科学管理的理念占据着统治地位。这种管理在企业的规范化、程式化方面取得了很大成就，但因为其忽视了人的基本人性与社会性而被逐渐扬弃。著名的“霍桑试验”得出了“工人是社会人，而不是经济人”，“生产率的提高主要取决于工人的工作态度以及他和周围人的

---

① 高　钟等:《企业社会工作概论》，第58页。北京:社会科学文献出版社，2007。

关系”的结论，成为20世纪20年代以来现代企业管理的主流思想。在进入知识经济之后，这种“人是最重要的生产力”思想成为经济学界与企业管理者的共识。

目前人力资源的管理与开发，已成为企业管理的一个重要组成。企业界普遍认识到“人”这种生产资源是一种可变的、可持续发展的重要资本——人力资本。但人能否从“资源”发展成为“资本”，则有赖于对其进行有效的开发。而这种有效地开发则要建立在对人心理的理解，特质潜能的把握以及对人沟通与接近的基础上。这种重视人，重视人的社会性，重视人的心理情绪，重视人的自我发展的理念正是社工专业的基石所在。同时，社会工作者专业以“以人为本，助人自助”为基本导向与原则，将了解人、帮助人发挥自身的活力与创造力，实现人际之间、人与社会之间更好地互动，促进人们身心愉快的工作与生活为理念目标，也正是人力资源管理的基本理念，也是现代企业管理极力追求的。这种技能的与理念的特性，正是企业社会工作在现代社会产生与发展的理论基础。

15.2.2 企业社会工作实务

1. 企业社会工作的服务主体

我国香港的企业社会工作的服务体系比较成熟，对内地企业有较好的借鉴价值。从20世纪90年代以后香港的服务机构看，企业社会工作的服务主体机构有5大类型。

(1)非政府机构主办的独立工(企)业社会工作计划。其实施主体是非政府机构，有自身独立的服务机构或附于社区服务单位，经费大多来源于社会福利署以外的资助，如公益金、赛马会、教会，以及自行筹募等。其工作人员为专业社会工作者，服务内容多元化，服务模式上倾向于宏观政策和社区环境的改善，也会涉及案主个人服务的提供。

(2)社区中心工业社会工作部。就是在社区服务中心内调配资源，成立一个“工业社会工作部”等专门的部门附属于社区服务中心内，以专业社会工作者为主要工作人员，生活在社区中的职工提供专门的多元化服务。服务经费来自社会福利署的资助或其他资助。这种形式主要表现为工业社会工作的一种组织形式——在社区服务中心的协助下开展工作。

(3)雇员再培训计划。该项培训计划获得香港特区政府再培训局的经费资助，以职业再培训课程以及相关配套服务为主要工作内容，包括就业服务与职业技能培训等。服务主体单位仍借助于原有的社区服务单位，由专业社会工作人员与其他专业背景的工作人员担当服务工作人员。在这项培训工作中，还强调了雇主的参与以增加培训内容的针对性和就业成功率。这种形式主要表现为工业社会工作的另一种组织形式——在政府部门的支持下开展工作。

(4)雇员辅助计划。特指非政府机构以社会工作取向举办的雇员辅导、培训等辅助服务。这种服务工作多见于一些服务机构，经费主要来源于雇主，服务内容主要为雇员做辅导，也包括相关的培训和雇主愿意支持的其他福利服务，这种服务模式也偏重于与职工工作生活相关的心理—社会服务，表现为工业社会工作的又一种组织形式——非政府机构的服务以及雇主支持和资助下的专业服务。

(5)社会工作取向的劳工服务团体。主要表现为具备社会工作取向的独立劳工服务团体所推行的带有独特领域的服务工作,如工业健康、妇女劳工等,其经费来源于劳工服务团体自行筹集、社会捐助或特别项目的资助。这些团体本身有独立的办公地点和工作人员,包括专业的社会工作者及其他劳工服务工作者。其服务主要涉及宏观的社会福利政策的改善。这种形式表现为工业社会工作的特殊组织形式——劳工服务团体的专向性和专门化服务。

可以看到,我国香港企业社会工作的服务主体是多元化的,主要表现为非政府组织、社区服务中心、政府部门、工作机构与雇主协作以及劳工服务团体等几个方面,可谓多管齐下。这种自上而下的多层次服务主体体系一方面保证了服务模式的多元性与灵活性,另一方面也在物质层面保证了企业社会工作的展开。

2. 企业社会工作的服务客体

从对企业社会工作的定义上可知,企业社会工作的对象不是环境相同,面临问题相似的一个群体——企业职工,所以,企业社会工作的案主就是一个案主体系,主要包括以下方面。

(1)企业员工。他们是企业的主体,也是企业社会工作开展的主要对象,企业的管理与运行如何,直接影响着他们的工作积极性与生活条件。

(2)企业员工家属。企业员工的情绪和工作态度不仅受企业本身的影响,也受其家庭生活其家庭关系的直接影响,特别是导致员工调适不良的家庭成员。为此,企业社会工作的开展也必须扩展到员工的家属。

(3)企业管理部门。企业的管理理念、管理价值观和管理水平对职工的直接影响巨大,如何协调好管理部门与企业运行以及和企业职工之间的关系,是企业社会工作的重要内容之一。包括高层的决策、中层的管理以及基层的实施过程与职工之间的关系,都需要企业社会工作者的积极介入,以求得企业和职工之间的良好互动,达到既提高管理效率,又提升职工福利的目的。

(4)社区。这里的社区特指企业所在地的社区、社区居民以及社区内的相关资源,这些也是企业社会工作重要的案主要素。

3. 企业社会工作的服务模式

从我国香港的经验看,企业社会工作主要关注的是职工的工作生活质量和职业福利,因此,其工作模式主要表现为“个人发展取向”模式和“社群权益取向”模式。

“个人发展取向模式”是与工作生活相关的心理—社会服务(Psycho—Social Services)模式。如:雇员辅导、劳动者支持小组、压力舒缓课程以及人际关系训练等;对雇员的职业培训或再培训;与就业相关的服务,如就业介绍与选配,面试的训练与模拟,就业后的跟进辅导等。从企业社会工作的过程形式看,有些服务组织或单位提供集中的服务,也有的服务组织和单位提供多样化的服务类别和项目。以上的企业社会工作服务形式主要针对劳动者个人,因此被称作是“个人发展取向”服务模式。

“社群权益取向”服务模式是从宏观上针对社会政策环境等方面的企业社会工作,其内容主要为:劳动法律方面的咨询与宣传教育;劳资纠纷以及工潮过程中的介入,以及劳工权益政策方面的倡导与帮助,相关福利政策的改良或修正。这种类型的服务是为群体的权益而工作,因此被称之为“社群权益取向”模式。

“个人发展取向”和“社群权益取向”只是服务的着重点和着眼点不一样,事实上二者是相辅相成的,在我国香港不少企业社会工作的单位都同时提供这两方面的服务,也就是提倡一种“综合服务取向”,即既考虑到劳动者个人的服务,也考虑到社会政策环境方面对劳动者及企业与企业主的影响而采取的综合服务。

4. 企业社会工作的基本方法

企业社会工作是社会工作在企业范围的具体实施和展开,其主旨和方法与社会工作是一致的。因此,企业社会工作的基本工作方法仍然是传统的个案、团体以及社区的方法,我们对此分别作简要介绍。

1)个案工作方法

作为独立个体的职工在文化背景、认知水平、价值观念、资源状态及生活环境等方面存在着具体的差异,个人面对的问题不尽一致,因而与案主进行直接的面对面的互动是实现工作目标的重要途径之一,特别在心理问题的缓解上,社会工作者宜采用个案工作的手法加以实施。社会工作者通过与案主建立彼此信任的专业关系,充分调动案主的潜能与积极性,在帮助案主解决问题的同时增进案主的能力,达到帮助案主成长的目的。所以在企业推行个案工作,应以助人自助为原则,以帮助案主获取所需要的物资、机会、社会关系网络作为基本的选择,从技术层面和人性角度上保证“以人为本”的基本理念具体化。从中国的实践看,目前广东裕元集团的“生辅室”可谓成功的典型案例:1998 年随着云南大学专业社会工作者介入,广东裕元企业成立了社会责任部门(SOE),该部门主管李经理是社会工作硕士出身,他一到任就寻找专业社会工作者并组建了“生辅室”,用个案工作方法协助员工解决生活辅导方面的问题。

2)团体工作方法

企业职工同在一个单位或行业工作,他们的工作环境往往一样,所以,他们所面对的问题又具有共同的一面。为此,企业社会工作的第二种介入方法就是团体工作。团体工作方法能够增强企业的凝聚力,培养职工的归属感,也能够纠正从业人员的行为偏差,从而创建出一种和谐有序的工作氛围。现代企业职工的社会需求越来越复杂,很多职工情绪紧张,企业中很难建立起有意义的团体关系。台湾学者李建兴指出,“近数年来,社会工作及其他专业,都很关切人的过分孤独所导致的心理卫生问题,并从事各种人际关系亲密接触的活动。各种团体活动,也确实被用来降低情绪紧张的问题,解决许多个人心理和社会的需要”。① 社会工作者在团体工作过程中,通过团体成员的互动与有计划的团体活动,协助个人增进其社会功能,更有效地处理个人、团体或社区的问题。从成功的典型案例看,东莞市的一些外资企业于2002年4月7日成立了上江城活动中心,该中心设有报刊阅览室、图书室、工余教室、录像厅、舞蹈室等设施,同时开办文学社团、书法社团、英语沙龙和文艺队等,各社团都由专业社会工作者担任成长小组的组长,用团体工作方法为企业员工开展专业训练。②

3)社区工作方法

任何企业都是坐落在特定的空间区域即社区之内,企业的运行和职工的工作生活都和社区有着千丝万缕的联系。社区工作是通过发动和组织社区居民参与集体行动,确定社区的问题与需求,有计划、有步骤地解决和预防社会问题,调整或改善社会关系,减少社会冲突,培养自助、互助及自决的精神加强社区的凝聚力,培养社区居民的民主参与意识和能力,提高社区的社会福利水平,促进社区进步。实际生活中,企业和职工所面临的很多问题并非单一地可以在企业内部解决,必须调动和运用社区的资源和力量才能得到最佳整合。

企业社会工作者通过介入社区,直接面对职工推动劳动保护、社会服务、社区教育、专业培训以及其他文化体育活动的开展。中国的企业社会工作尤其需要使用社区工作方法发掘职工的潜能,提高职工的社区意识,帮助职工追求资源的公平分配。从企业发展的角度看,搞好社区工作已经成为改善内部和外部关系、培养人文关怀和增强组织凝聚力的重要途径。从成功的典型案例看,2001年3月18日深圳市已经成立了劳工服务与社区教育机构,该中心由一批致力于企业劳工权益维护的专家学者所创立,并通过社区运动来改善劳资关系③。

除了上述直接助人的方法外,企业社会工作者还应有效运用间接助人的工作方法以促进企业组织的发展,维护职工的利益。间接工作方法主要是指社会行政方法,它包含决策、规划、组织、领导、督导、控制等职能活动。此外,我们应该充分借鉴西方工业化国家在企业社会工作方面的最新成就和模式,根据中国企业发展的实际情况,遵循权变适应及开发预测原则,实现企业社会工作专业方法选择的创新④。

① 钱　宁:“社会工作与职场:工业社会工作”,转引自《中国社工教育协会论文集》。北京:社会科学文献出版社,2005。

② 李建兴:《团体社会工作》,第9、10页。中国台湾:五国图书出版公司,1979。

③ 钱　宁:“社会工作与职场:工业社会工作”,转引自《中国社工教育协会论文集》。北京:社会科学文献出版社,2005。

④ 钱　宁:“社会工作与职场:工业社会工作”,转引自《中国社工教育协会论文集》,北京:社会科学文献出版社,2005。

15.3　中国的企业社会工作

近年,我国的专业社会工作伴随着社会发展的需要而得到快速发展,专业领域不断扩大。企业社会工作作为其中一个重要领域所发挥的作用及功能也逐渐为人们所认识。但我国企业社会工作还处于起步阶段,理论研究和实务应用都非常薄弱,相关的助人服务工作缺乏专业性,而我国现行的体制和社会观念也给企业社会工作的发展带来了很大的障碍。

15.3.1　当前我国发展企业社会工作的必要性

在我国社会主义市场经济体制改革逐步深入和社会发展水平日益提高的同时,现代化生产和生活所带来的副产品也越来越严重地影响到社会成员的日常生活,各类企业及其职工首当其冲,出现了很多前所未有的新情况和新问题,不仅使许多企业职工的生活陷入危机,也限制了企业效益效率的提高和长远发展。从企业社会工作的介入层面看,这些问题主要表现为以下方面。

(1)就业稳定性差,职工基本福利不能保障。市场机制的引入,使得各种类型的企业都面临着巨大的市场风险,失业下岗的可能性与现实性同时存在。特别是在一些个体或私营企业,劳动者与企业之间缺乏必要的劳动合同关系,职工的工作权利和工作条件不能保证,职工失业之后的补救措施也往往得不到应有的实现,职工处于明显的弱势地位。

(2)收入低下与生活贫困。目前,大部分企业职工的工资性收入水准不高,不少企业职工的工资待遇往往由企业主单方面决定,职工没有任何要求增长工资与提升福利的实际权利。失业职工与在职职工生活贫困现象是社区中比较突出的问题,他们面对着较为沉重的生活和就业压力,亟待企业社会工作者的帮助。

(3)职工的基本权益得不到到保证。我国因为处在工业化的初始阶段,很多企业以追求利润为根本,对员工缺乏基本的人性关怀与尊重。一些企业往往把职工简单地看作是“劳动力”,很少用“自家人”的意识来保障他们的基本权益。职工的基本福利,如健康、工伤、失业等劳动保障,工资待遇的稳定与提高,及时发放工资等问题不能得到有效解决。

(4)职工心理问题缺乏疏导渠道。企业职工面对着工作、生活以及其他方面的压力,心理上的不适必然会通过多种形式表现出来,比如焦虑、郁闷、烦躁,甚至有厌世轻生或暴力对抗的极端行为反映。这些心理上的问题在我国的企业中并不受重视,不仅不能得到有效的控制、缓解和解决,甚至有日益严重的趋势。心理问题的存在和严重化,不仅直接影响到职工本人的情绪与工作生活,还会进一步影响到企业的效率直至企业的形象,这些问题的解决需要专业社会工作的介入。

在竞争激烈的市场经济机制下,不少企业过分地关注企业的工作效率和经济效益,而没有很好地意识到以人(职工)为本对企业运营的重要性。导致事实上的关心工作和关心人(职工)的两张皮倾向,对企业和职工都产生了不良影响。一些个体、私营以及外资企业的情况尤其严重,克扣与拖欠职工工资、侵犯职工权益以及福利缺失等问题时有发生,职工处于明显的弱势地位,他们的问题长期得不到有效地解决。值得一提的是,这种问题的出现仅是引起了人们在道义上的关注,很少有人从企业社会工作的角度来考虑这些问题。事实上,企业社会工作作为现代工业制度的反省和补充,其工作内容十分丰富,对解决上述问题能够起到很好的辅助作用。我国目前只是在少数企业设有社会工作专职岗位,大部分企业还没有建立专业的社会工作者队伍,而是由劳动人事部门和工会来提供非专业的服务。随着我国"小政府大社会"和"公民社会"的构建,社会福利、社会保障的资源越来越依赖于社会,我们认为,在当前吸收、借鉴国外企业社会工作的专业方法,探索适合中国国情的、行之有效的企业社会工作方法,积极推行企业社会工作,为企业职工提供专业性的服务,是一项具有重要意义的紧迫工作。

15.3.2 我国企业社会工作的发展概况

1. 我国企业社会工作的发展现状

如上文所述,企业社会工作在我国刚刚萌芽,还是一个新鲜的事物。新中国成立之前,历经战争磨难的中国大地政局动荡,人民生活困苦不堪,自西方引进的工业化虽然有所发展,但举步维艰,还远远谈不上工业社会工作或企业社会工作的产生。新中国建立后,为了加速我国的工业化,国家实行了计划经济体制,政府是社会资源的直接控制者和社会问题的责任者、承担者,因而职工的社会福利和社会保障均是由国家来组织策划,并由全民和集体所有制企业承办,这使的专业的企业社会工作基本上没有得到实施。但换一个角度看,这也恰恰给企业社会工作留下了极大的发展空间①。

改革开放以后,中国逐步开始了市场经济体制的引入和社会转型,这种变化使长期生活在计划经济体制下的职业者面临前所未有的机遇和挑战,随着社会经济组织运作方式的变化,市场经济体制逐步发育,多种所有制经济成分长期共存,第三产业和外向型经济迅速发展,企业组织成为自主经营、自负盈亏的经济实体。在这种背景下,市场就是一个硕大无比的竞技场,每一个从事经济活动的单位都不得不参与激烈竞争。企业和员工要直接面对许多新的矛盾和问题:失业的风险、生活和就业的压力、工作与家庭的矛盾、基本权益福利保障、生理及心理上的不适、企业经济效益与职工需要的矛盾等。

于是,以解决这些问题为主旨的企业社会工作逐渐成为人们关注的焦点,给企业社会工作的发展提供了契机。党的十六届六中全会提出了在中国各个部门与各个领域都要"构建一支宏大的社会工作队伍"的号召和指示,对构建社会安全网络日益重

---

① 刘 扬:"以工科为背景的社会工作专业教育的优势与特色探讨",《社会工作》,2006 年第 18 期。

视，国家制定的许多涉及企业职工社会保障和社会福利的政策及法规必将在宏观层次上成为推动社会工作走上专业性和职业化发展道路的动力。社会各界也对保护弱势群体利益、拓展就业机会及维护基本人权更加关注，“以人为本”成为检验企业组织政策系统的价值承诺。同时，全球化的大好机遇以及我国社会工作教育的发展也为发展企业社会工作提供了可能性。中央民政部与人事部相继出台了中国社会工作职业标准及社会工作师的资格认证制度，中国开展企业社会工作正面临着历史赋予的大好机遇①。我们有理由相信，随着社会主义市场经济体制的逐步建立和完善，中国企业社会工作将发挥越来越重要的作用。

2. 在我国开展企业社会工作的障碍

目前在中国开展企业社会工作的必要性是毋庸置疑的，但是当今中国社会的某些制度设置和理念传统的存在，严重妨碍着企业社会工作的开展。

(1)体制上的障碍，在中国企业中，工会工作作为一种非专业的社会工作长期在企业中为职工提供各种福利服务，此外，劳动与社会保障部门、共青团、妇联等组织也以不同方式提供福利服务。似乎企业和职工存在的问题工会都可以有所作为，甚至可以做得很好，这就使得专业的工业社会工作似乎显得没有多大必要。

(2)观念上的障碍，随着经济体制改革，我国的企业为了追求效率，正在剥离传统的福利职能，这是增强企业竞争力的重要措施。有人认为推行企业社会工作就是要回到“企业办社会”的模式上去。另外受传统观念的影响，我国企业职工往往存有心理问题不算病、害怕被别人知道等观念，要改变这种看法需要较长的时间。

(3)操作上的障碍，如果需要企业社会工作，那么谁来埋单就成为一个严重问题。目前无论是企业或是政府似乎都无意承担这个责任。

除此之外，人才缺乏的问题也严重影响着企业社会工作的发展。根据哈佛医学院的研究报告显示，在我国大约500万人中有35名心理医生或心理学专家，而美国每千人中就有10名心理学家②。企业社会工作需要工作者较高的素质，例如“员工援助计划”涉及到的领域相当广泛，不但需要工作者具备社会工作专业知识，还要有一定的公共管理、人力资源管理、组织结构与变革等方面的知识，这样的人才我们显然是严重不足。这些问题的存在必然会阻碍企业社会工作在我国的推行。③

15.3.3 我国企业社会工作的基本内容和介入途径

我国的企业社会工作必须扣紧企业及其职工所面临的主要问题展开。从目前企业的发展现状和存在的主要问题看，我国企业社会工作的主要内容应该包括：对收入低下的贫困职工的基本救助；职工基本权益的争取与维护；职工心理情绪问题的疏导；就业和再就业的教育与培训；职工人际关系的协调以及职工与企业之间的有效沟

① 王瑞华：“社会工作——一个亟待专业介入的新领域”，《技术学院学报(社会科学版)》，25卷，第2期。
② 荣　煜、管延军：“员工援助计划探析”，《企业活力》，2005年第2期。
③ 朱贵平：“我国工业社会工作的障碍及其突破可能”，社会工作教育协会第五届年会入选论文。

通网络的建立等。这些问题是目前我国众多企业中存在的最基本也是最严重的问题,关系到职工和企业的切身利益。由于受我国经济发展水平以及社会工作教育和实务水平所限,在相当长的时期内,我国的企业社会工作应该把精力集中在这些基本问题上,灵活运用社会工作专业技巧和方法,为缓解或解决这些困扰职工生活和企业发展的问题做出应有的贡献。

当然,任何国家开展企业社会工作都需要行之有效的介入途径,我们也不例外。由于我国企业社会工作的开展时间并不长,香港地区也是在20世纪八、九十年代才开展推进,在内地社会工作还没有推进到企业,因此,还没有现成的经验可言。结合香港等地的经验,本文试图从4个模式加以设想和展望。

(1)空间范围上以企业为基础。既然是企业社会工作,其空间范围就必须锁定在企业。企业经营者和企业职工就是企业社会工作者的工作对象。企业社会工作小组要有专业社会工作者的指导和带领,同时要注意培养职工中的"领袖人物"(leader),充分发挥领袖人物在企业社会工作中的重要作用。

(2)组织形式上以工会为依托。工会是企业职工的利益代表和代言人,是调和与解决企业职工与企业经营者矛盾的法定组织,因此,企业社会工作的开展要主动取得企业工会组织的理解和支持,并以工会组织为依托,与工会形成合力,充分发挥企业社会工作在企业运行中的整合作用。

(3)资源上以NGO、NPO①为辅助。由于目前国内专业社会工作者的不足以及专项资金的稀缺,企业社会工作的开展与推进必然会遇到专业人才和资金的困难。除利用现有社会工作教育阵地的力量和鼓动企业经营者的高度重视之外,我们认为,推动NGO与NPO组织的介入以起到辅助性作用是十分重要的。尽管目前国内的NGO与NPO组织为数不多且不为人所熟知,但是,把它们引入企业社会工作过程中以加大该项工作的力度是十分必要与重要的。

(4)服务上以职工为本。社会工作的基本理念是"助人自助"和"以人为本",企业社会工作也自然地要"以职工为本",以职工为主要的服务对象,为他们解决工作和生活、物质和精神等方面的问题。

除上述4个模式外,还必须充分发挥高等教育的功能,大力推行企业社会工作的专业教育,培养出一批优秀的企业社会工作者,这是在我国发展企业社会工作的前提。在这个基础上,要加强对企业社会工作的意义和重要性的宣传,争取社会的关注以及国家和政府在政策上的支持,这些措施也会对企业社会工作的发展产生积极的推动作用。

作为专业的企业社会工作,在我国目前很难说已经开展。目前社会工作介入的重点大多还停留在社区层面,忽视了人员比较集中、问题比较复杂、涉及面比较广泛

---

① NGO:Non Government Organization 非政府组织。
NPO:Non Profit Organization 非营利组织。

的企业，企业的专业社会工作介入手法——企业社会工作，还基本没有得到推进和实施。随着中国社会转型和市场经济改革的不断深入，现代企业体制日益完善，企业职工问题也不断“社会化”，企业社会工作的介入显得十分必要和重要，并且也具备了介入的可能性。它不仅可以提升职工的福利水平，提高企业的管理水平和运营效率，甚至还能够推动和谐社会的构建，其意义必将随着其功能的发挥而不断得到社会的瞩目与认同。不过，我们也必须清醒地看到，社会工作以及企业社会工作在国内的推进与开展还有一些困难，如社会认同度和接纳度还有待提高，专业人员的专业知识和业务能力还不够，缺乏专项资金，社会工作没有职业制度化保证，等等。这些情况的存在无疑会影响企业社会工作的深入发展及功能的发挥。

面对诸多困难，我们的唯一思路和做法就是：脚踏实地、从我做起、开拓进取。在此，笔者想借用香港理工大学应用社会科学系主任阮曾媛琪教授的主张作为本章的结尾：“开展企业社会工作不能被动、不能等、不能靠，要主动出击，要相信改变，要积极去开拓，促进改变，要有耐心、有信心地去创造出一个社会工作的新天地。”

附：案例分析

裕元集团的企业社会责任和员工生活辅导室

伴随着全球经济一体化，全球生产布局也在重新调整，劳动密集型产业逐步向中国等劳动力成本较低的第三世界国家转移。近年来，越来越多的资本流入中国，劳动密集型产业发展迅速，中国已经出现了“世界工厂”的称号。由于西方社会的关注及中国这些劳动密集型企业生产过程中由于种种原因导致工伤事件，违反人权事件也频频发生，这都引起了公众和一些非政府组织的关注，如何改善企业社会形象，提高品牌和企业公众形象成了品牌和生产企业的重要任务之一。

裕元集团是全球最大的运动鞋厂，在中国内地、越南、印尼等国家都有投资办厂。作为上市公司，裕元是香港恒生指数33只大蓝筹股中唯一的劳动密集型企业。由于规模庞大、代表性强，国内外一些有影响的学术机构、新闻媒体对裕元十分关注。裕元在扩大影响力的同时也承受着外界的压力，面临着日益增长的企业社会责任的公众诉求。在20世纪90年代中前期，裕元的工作时间、工作条件和劳动权益被忽视的程度与中国其他三资企业来比是一样的，经常会出现长时间加班、长久没有休息时间、工伤事件频繁发生的现象。后来一些重要伤害在裕元的出现被媒体进行了大肆报导，在全世界引起轩然大波，使Adidas产品受到联合抵制，损失巨大，在此种情况下，adidas开始重视其生产厂家的企业社会责任工作的建立和发展。

裕元企业社会责任部门（SOE——客户行为准则）从建立之初到现在经历了一个艰难的发展过程。成立之初由于之前旧有思想的影响给SOE工作带来了很大的困难，思想转变成了一大难题之一。由于Adidas的强硬态度及积极向工厂推广企业社会责任和在裕元集团高层主管的大力支持下，SOE工作才慢慢开展起来。SOE部门成立之初其成员基本上是从生产现场挑出来的，与其他员工相比，这些成员只是比其他员工水平稍高些、素质好些、经验丰富些，但是这些人员由于没有经过专业训练，大部分没有接受过高等教育，从而工作起来，其工作方法和处理问题的技巧显得比较粗暴和不成熟。后来裕元集团逐渐认识到社工在企业社会责任部门的作用，开始在台湾招聘了一批社会工作人员来处理集团企业社会责任部门工作，裕元的企业社会责任才开始走上正轨。现在 SOE 部门主管李经理是社会工作硕士出身。大约在 2000 年左右，他到大陆来主持企业社会责任工作，由于专业出身的缘故及深知社会工作在此部门工作中的价值，他一到任就开始寻找大陆的社会工作资源来发展企业社会责任工作，最后终于找到云南大学社会工作组织。自从云南大学社会工作组织介入后，裕元集团的企业社会责任工作才开始走上了专业化发展的道路。

目前在裕元具体执行企业社会责任工作的组织是生辅室，生辅室的职能具体分为生辅、安全、环安和保健 4 部分，协助企业与员工解决各种相关问题。除了工厂生辅室之外，裕元还在生活区设有“员工活动”中心、图书馆、温心驿站——生活区的生辅室等企业社会责任的具体部门。

裕元上江城活动中心成立于 2002 年 4 月 7 日，活动中心共有 3 名专职人员，300 多名义工开展日常服务工作，活动中心义工组织名为“同心圆义工服务队”，义工服务队每半年招聘一次，即每年的 4 月 1 日和 10 月 1 日进行公开招聘，到目前为止同心圆共有 7 期义工。活动中心设有报刊阅览室、图书室、棋牌室、工余课程教室、录像厅和舞蹈室等休闲学习娱乐设施。同时活动中心开办有多个社团，如文学社团、书法社团、播音社团、英语沙龙、文艺队和由专业社会工作组组织的成长小组等。活动中心除了给广大员工提供娱乐休闲的设施场所外，还为各位员工朋友的兴趣提升和知识面拓展提供了良好的环境。在过去一年里，活动中心还开办了多种工余课程，如粤语培训、英语培训、书法培训、绘画班、音乐培训、舞蹈训练班等。除了上述活动外，活动中心每年“五·一”、“十·一”、元旦、春节都会协助 SOE 项目小组组织大型文艺晚会。

生辅室是裕元企业社会责任的实施主体之一，裕元第二事业部有 5 个工厂，每个工厂均设有生辅室。生辅室内设有生辅员、安全员、环安员和保健员。生辅员负责员工、干部各种问题咨询、咨商、辅导，就工厂生产、生活各方面问题投诉处理，协调员工之间、干部之间、员工与干部之间的各种不良关系，使工厂内各种沟通处于良好状态，以保证大家以良好的心态全身心投入到生产中去。同时由于沟通管道的畅通，使各种矛盾和问题得到及时化解，不至于积累到激烈对抗的程度。安全员和环安员负责工厂安全生产和环境保护事宜，将工业生产对于员工的伤害，对于环境的危害降到最低程度。安全员和环安员经常到车间巡查，尽可能排除安全隐患，排除诱发职业病发生的危害因素，为员工提供一个相对安全的工作环境。工业生产不可避免会用到各种化学品，生产过程会产生高噪音和粉尘，因此职业健康也是企业社会责任的重要组成部分。裕元非常重视生产过程中的职业健康问题，在每个工厂生辅室都配有保健室，每个保健室配有 1 ~2 名专职医务人员——保健员。保健员组织工厂内化学品接触人员、粉尘接触人员及高噪音区域员工每年定期接受职业健康体检,体检项目与工作职位的危害性相关。

从目前看,生辅个案处理还比较粗糙,生辅员在处理个案时所扮演的完全是消防员的角色,处于一种被迫救火的状态,抱有一种将火熄灭即可的心态。同时也可能由于每天都会面临大量的个案需要处理,厌烦心理有可能产生,这些是需要引起重视和解决的。

为了更好地落实企业社会责任工作,提高企业广大干部和员工的素质,裕元于1998年成立了培训中心,2002年划归企业社会责任部管理。培训中心成立之后执行了大量的企业培训工作,对广大干部员工的素质提高起到了推动作用。目前培训中心开办的课程有:各级干部升职培训、中层主管增值培训、各级干部英语培训、人性化管理培训等。为了加强人力资源管理在企业社会责任中的作用,提升企业社会责任工作的执行力度,在2003年裕元成立了人力资源课,隶属于企业社会责任部。①

---

① 高　钟等编著:《企业社会工作概论》,第129-131页。北京:科学文献出版社,2007。

第四篇

社会工作研究及发展

16

社会工作研究

作为一门专业和学科,社会工作需要优良的研究成果来支持、改善和革新其服务人类社会的功能。因此,研究在社会工作实务中承担着相当重要的角色,以完善专业的实践。社会工作的基础源自其他社会科学学科,如心理学、社会学、政治学、经济学等知识,它正式成为一门独立的学科还不足一个世纪,所以研究在这门学科中尚处在起步阶段,特别是对本土社会的研究。正因为社会工作专业发展尚短,其研究工作更显得重要。本章简单介绍社会工作研究的本质、特色、要素和各种问题,重点探讨其研究范式和方法的应用。

16.1 社会工作研究概述

社会工作研究是社会工作的重要领域。它有很多类型和方法,都是基于社会研究的基本逻辑和过程模式发展而来的。由于社会工作的特性,社会工作研究也在很多方面表现出其自身特点。

16.1.1 社会工作研究的界定

对于社会工作研究,有两种不同的理解。有学者把社会工作当作社会现象进行研究和对社会现象而进行的研究,既可以从其他学科角度也可以由社会工作学科视角进行探索①。也有学者把它理解为针对社会工作专业的本质、为了发展社会工作而从事的研究工作②。

---

① 王思斌:《社会工作概论》。北京:高等教育出版社,1999。

② 莫邦豪:“社会工作研究:经验与理论的结合”,转引自莫邦豪等编著《社会工作研究的经验》,中国香港社会工作人员协会,2000。

由于社会研究是包含研究者、研究对象和研究工具的有机架构①,本书认为,社会工作研究是运用一般社会研究的不同范式和方法,以社会福利政策、社会服务方案、社会工作介入的成效等与社会工作密切相关的主题为对象所进行的资料收集和分析过程;其目的是将分析结果直接应用于社会工作的行动过程,即社会工作实务过程中去。

社会工作研究的类别很多,由于研究方法、应用性、使用场合以及经费来源的不同,研究有不少的风貌。Beach & Alvager 指出:从研究方法来区分,研究可分为实证性研究与理论性研究;根据应用程度分,可分为基础性研究和应用性研究;从使用场合看,可分为学术性研究和非学术性研究;从经费来源看,可分为公众研究(官方课题)与私人研究②。目前的研究方法是多样性的,但以社会工作的本质看,经常以应用性研究居多。

16.1.2 社会工作研究的渊源与功能

社会工作研究的前身,可以说是社会文学评论和社会改良学者的实践。不少文学家观察和深入分析各种社会行为,进而提出批判,起了社会改良的作用。一些进行社会实践的知识分子,更挺身为下层的不平事呼吁及推动改革,甚至走进监狱体验狱中生活,或扮成病患走进精神病院。这些都是参与式观察或个案研究的前身③。

到了 20 世纪初期,一些学者采用家访的调查方法,深入了解工人的生活及贫穷问题;也有的采用医学诊断模式来治疗心理问题和人际关系问题,这些则成为社会调查和临床治疗的先例④。第二次世界大战后,社会科学研究和跨学科研究法的出现直接促进了社会工作研究的产生。

社会工作者必须做研究,藉着研究可以验证理论的真伪,可以开发新的知识领域;研究结果更可以应用到实务工作里,对专业的发展,有莫大的帮助。首先是因为微观社会工作研究的结果和发现能直接应用于服务过程中,这样,有利于社会工作服务质量的提升,从而有利于改善和提高案主的福利。其次,宏观社会工作研究,如社会政策分析和研究,有利于社会公共资源的合理、高效配置和使用,从而既有利于整体社会,又有利于特殊群体权益的维护。再次,社会工作研究的开展,能提高社会工作服务机构和社会工作者的专业水平,能促进社会工作专业队伍的理论、知识素养,提高工作技能。最后,社会工作研究能及时总结社会工作实践经验和智慧,推动社会工作这一学科的专业发展和理论、知识的更新,并对社会科学的发展做出本专业的贡献。

---

① 周月清:"社会工作实务研究法",《中国社会工作教育学刊》,1994 年第 3 期。

② Beach, D. P. & Alvager, K. E. (1992). Handbook for Science and Technical Research. Engelwood Cliffs, NJ: Prentice Hall.

③ 吴水丽、黄小惠:《镭射香港》。中国香港:香港基督教服务处,1987。

④ 莫泰基:"社会工作的研究方法",转引自周永新:《社会工作学新论》,第 44 页。中国香港:商务印书馆,1994 年。

16.1.3 社会工作研究的要素

社会工作研究有其自身的特点和要素，它主要包括以下方面①。

1. 采用科学的研究方法

社会工作是一门专业，也是一门社会科学。因此，它的基本研究是建立于科学形式的探讨方法。简要说，科学探讨方法包括 8 个步骤：①首先决定观察的对象或事物；②观察事物的变化；③找出观察的对象或事物之间的关系或秩序；④建立一些对事物关系的解释和因素；⑤做出一些逻辑上的推论和预测；⑥进行更多的观察来试验预测是否真实；⑦修订有关解释来切合观察的结果；⑧重复上列 7 步骤直至观察所得与解释符合。

值得注意的是，“科学”本身是相对性的。虽然同样用五官去观察，但从事科学探讨的人士，不一定得到相同结果。而且，由观察所得去推算和总结出来的结论也不一定一致。因此最重要的是以开放态度去面对负面的研究结果，并认识到负面的研究结果也是一种成果。

2. 采用跨学科的方法

社会工作从事的是个人及人与人之间的工作。由于人本身有多方面的元素，包括情绪、心理、生理、思考、灵性、社交和身体等方面的需要，而且触及政治、经济、文化和社会等层面。因此，全面地认识一个人或群体，需要各种学科的知识，如生物学、心理学、宗哲学、社会学、教育学、政治学、经济学等。当然，每一次研究都不需要采取全部学科知识，但能够尽量运用不同学科去解释研究成果，应对问题有更全面的了解。

3. 促进理论与实践的相互交流

社会工作不单强调理论知识，也重视理论的运用和实践。因此，社会工作研究的范畴包括理论知识和实践技巧两方面。研究结果若导致新的知识窗里，将会影响实践时应用的方法；同样，当实践技巧有了新的发展时，也会转过来导致理论知识的改变。这样，两者互为影响、共同发展（spiral development）。这是社会工作研究的特色。

4. 包容价值观念的判断

社会工作以人为对象，其产生的理解、知识、变化和技巧，离不开价值和道德的判断。因此，社会工作研究也脱离不开价值取向。有些研究在处理问题时务求中立，尽量不涉及价值，但积极的做法是正视有关问题。

5. 采取民主化和多元化的态度

肯定了某些价值取向后，又达成某些研究结论时，不能过分强调其可信性和有效性，因为持不同价值取向的人选题有别，立论会有异。即使选题、命题一致、立论一致，不同的观点和角度也会带来不同的理解和看法，特别是涉及利害关系时，理解上

---

① 莫泰基：“社会工作的研究方法”，转引自周永新：《社会工作学新论》，第 47 页。中国香港：商务印书馆，1994。

会有很大差异。因此,当研究者完成结论后,不宜过分肯定自己的答案,而应该提出来让别人讨论,然后做出修改。

16.1.4 社会工作研究中的伦理议题

与强调价值中立的科学社会学不同,社会工作在强调专业的科学精神的同时,同样也强调社会工作的过程,是情感、价值投入的实践过程。社会工作研究与社会工作的其他环节一样,同样也有价值、伦理的议题。社会工作与其他社会科学相比有一个突出的特征,即社会工作研究过程,往往也是实务的过程。就是说,研究与实践往往是同时进行的。这样,有关社会工作研究的伦理议题,也就显得更为重要。社会工作研究中涉及的伦理议题①主要有以下几种。

(1)自愿参与及知会、同意的原则。自愿参与研究的人员——常常是研究者所服务的案主,在没有任何利诱或胁迫的情况下自由地选择参与研究过程;知会指参与者完全了解研究的全部信息,如研究的目的、过程和可能的结果;同意指研究的参与者完全凭借自己的能力,独立地做出参与的决定。

(2)安全原则。在自然科学如生物学、医学和药学中,为了保障参与者的安全,研究者必须做许多的动物临床试验,而不会急于做人体试验。社会工作的研究直接面对个体或群体,而任何研究都有可能对研究对象造成生理、心理及精神上的伤害。因为社会工作研究的根本目标,是改善和提高服务对象的福利,因此,研究者必须十分小心谨慎地开展研究活动。在研究的设计阶段,研究者就要注意所设计的研究方案的安全性;在必要的情况下,可以在研究结束后,向被研究者提供介入服务。

(3)匿名和保密的原则。在资料的收集、分析和研究报告的撰写、出版过程的任何一个环节,都有可能泄露研究参与者的信息,所以,匿名原则十分重要。通常,研究者可以让参与者起一个自己喜欢的名字,代替自己的真实姓名。保密原则适用于社会工作的全部活动,不仅仅在研究过程中才显得重要。保密原则要求研究者在资料的收集和处理过程中不会有旁人接触到参与者所提供的资料,在未经参与者同意的情况下不会向其他人开发其资料,或做到使旁人不能根据参与者所提供的信息判断参与者身份,研究成果的出版也必须得到参与者的许可。

(4)研究者身份。一般情况下,研究者必须如实介绍自己的身份,不可采取欺骗手段故意隐瞒身份。但是,在研究过程中经常出现的一个问题是,当研究者如实介绍了自己的真实身份后,往往会影响参与者的配合——如不愿提供真实信息。在这种情况下,研究者必须征得有关部门的允许,才可以进行"实务上的欺骗"。②

(5)研究经费、基金的背景。绝大多数的研究经费都来自于特定的基金会,而不同的基金都有特定的价值取向,服务于特定的社会阶级。这样,研究经费的来源与支

---

① 周月清:"社会工作研究伦理",转引自徐震、李明政主编:《社会工作伦理》。中国台湾:台湾五国图书公司,2001。

② 周月清:"社会工作实务研究法",《中国社会工作教育学刊》,1994年第3期。

持研究的基金会所秉持的价值理念,就可能对研究过程和研究结果产生影响。因此,研究者应该在研究报告中说明研究经费的来源,并说明支持研究的基金背景。

(6)研究结果公开和分享的原则。社会工作研究的根本目的,是提高研究效率,提升社会工作的知识和技能,改善服务质量,促进社会进步。因此,任何研究结果应该公开,并与同事及其他专业人士分享。

16.1.5 社会工作研究的影响因素

为了使社会工作专业更加专业化,社会工作研究势在必行。但是,社会工作研究的发展仍然受到许多因素的影响和制约。专业的本质、机构的特性,加上实务工作者个人的因素都会干扰到研究的发展①。

1.社会工作机构

机构本身就是影响研究可否进行、如何进行的最主要因素,原因有下列方面。

1)责信的问题

不管是公营还是民营的社会福利机构,为了表示责任,都必须有责信的考虑,以便使别人"信得过"。为此,机构就必须针对所作服务的效果、工作的效率,以及经费上的花费提出报告,以便让外界可以信服。而评估效果、效率的考虑,以及经费上的计算等,都会直接或间接地影响是否要进行研究。责信就是我们对消费者产品的保证,对案主说明方案的功能与方法,也就是告知社会,我们负起工作品质的责任。

2)评估的问题

机构对评估的态度也会影响研究是否要进行。对从事实务的机构而言,研究难免会带来压力与焦虑,不仅是因为怀疑本身是否有研究的能力,有时候更是担心研究的结果会不会影响业务推广的焦虑。常常因为个人观点不同,对是否要进行研究、要如何进行研究等都会有不同意见和看法,从而对研究能否顺利进行产生影响。

3)研究的市场

事实上,社会工作专业应该妥善运用研究和评估,因为若运用得当,评估可对机构的运作产生有利的帮助,使社会大众对社会工作专业更加信服。通过研究也可以使社会工作专业越来越重视组织系统,比较能从整体的角度来看问题,因此也更强调效率,并且考虑公共利益与私人利益如何兼顾。如此,研究的市场就会愈加宽广。

4)敌对的环境

社会工作的环境有时颇为复杂。主要原因是普遍对社会工作的无知或误解,认为其不需要专业义工,或者认为它是花钱、毫无生产能力的,只会对经济造成负担,从而忽略了社会工作在问题的预防与解决上、在自由的整合运用上对社会带来的贡献。在这样的环境中,只有通过客观研究,凭着合理的数据与成果来说服社会大众。

5)缺乏财力资源

对机构而言,理论上当然要做好评估与研究,但是往往由于经费上的问题,导致

---

① 简春安、邹平仪:《社会工作研究法》,第20-23页。中国台湾:巨流图书公司,1998。

研究不足。所以除了需要开创多方面的资金来源,还需要做好研究设计与规划来减少研究的支出和预算。

6)个案资料被研究时面临的伦理问题

案主的资料被用来做研究时,要考虑是否违反专业伦理,因为这牵涉到"保密"原则的考虑,牵涉到是否会触及法律问题。

2. 社会工作专业

专业本身也会影响研究的进行。首先,研究所面临的是价值和伦理的问题,社会工作者做任何事都要遵循专业的伦理价值,而有时这是与研究设计的过程相冲突的,从而影响研究的效果。其次,即使通过实证研究,因果关系也难以被验证,无法表现出研究的目的——使服务效果让大众感知。在进行研究时,如果越是关注社会工作的本质与理念,就越容易发现研究所要考虑的问题并不单纯。

3. 社会工作实务者

社会工作实务者的能力和特质也会影响研究。每个人都有其个别的特质,有的理性强而有的感性强;有的条理井然,有的糊糊涂涂;同时每个人的专业特质和敏感度也不一样,有的重物,实验室是其归宿;有的重人,关怀人的情绪、心灵等。一般而言,社会工作者是以人为本的,重视的是在实务中理念和原则是否能够被运用和施展,而不太重视数字或成本效益等"现实"问题,而这种背景和心态也会影响到研究工作的进行。

16.2 社会工作研究方法论和范式选择

社会工作研究有许多不同的类型。在很多情况下,研究类型的不同是由研究所采用的解释框架的不同导致的;但必须指出,即使采用了同一种解释框架,社会工作研究也有可能呈现不同的特征,从属不同的研究类型。因为在同一种研究的方法论和范式中,研究所属的层次、研究的范围和内容以及研究所处的学科门类,都有可能不同。但是无论如何,方法论和研究范式在很大程度上也都决定着研究的性质和特征。

16.2.1 社会工作研究方法论及其意义

社会工作研究方法论是根据本体论和认识论而采用的科学研究方法，它是思维层次上的"基本假设、逻辑、原则、规则、程序等问题，它是指导研究的一般思想方法或哲学。[①]"社会工作方法论类似于社会学方法论,主要探讨的问题是有关社会与人类行为的知识、社会现象的性质、研究的性质和研究的方法。

方法论是社会工作研究的重要组成部分,与研究范式、研究方法和具体技术等共

---

① 袁 方:《社会研究方法教程》,第 24 页。北京:北京大学出版社,1997。

同组成社会工作的方法体系。一方面,方法论是社会工作研究的宏观指南,因为知识的获取需要依托由方法论、研究范式、研究方法和具体技术等由抽象到具体的系统,方法论因处于研究体系的最高层次而对其余3个层次有统领作用,这就决定了研究者如何收集、分析、解释资料和得出结论。另一方面,方法论也是构造社会工作理论的基础。科学的方法论有利于客观地描述、理解和解释社会工作中的各种现象,理解人类行为与社会环境的各自特征及其互动特性。从而,科学的方法论也有利于研究者在把握人类行为与社会环境及其互动规律的过程中,验证社会工作既有理论,并通过对其不足的弥补而完善其理论系统,甚至构造出新的社会工作理论。

16.2.2 社会工作研究中的主要方法论

目前在社会工作研究中,经常使用以下几种方法论,这里做一简单介绍。

1. 实证主义方法论

实证主义方法论产生于19世纪30至40年代,由孔德首先提出。,它是以自然主义和科学主义为基础的研究方法论。实证主义认为社会研究对象与自然科学研究对象都是客观的,它们不依赖于研究而独立存在,事物本身存在着内在的、必然的、可以重复的规律,因此需要采用实证的方法,以经验事实来证明某种假设的真理性。具体说,实证方法表现为采用社会调查和试验方法、定量方法和统计分析技术、理论假设及其验证来发现新理论①。该方法论重视事实经验,注重社会现象的外在表现,注重对社会现象的惊喜测量,并认为通过这种方法获得的有关社会现象的信息中归纳出的理论认识是可靠的、科学的。

2. 反实证主义方法论

反实证主义方法论产生于19世纪末20世纪初,认为社会现象与自然现象有本质性的差异。社会是具有意识的人活动的领域,社会现象是社会行动者有意识的活动,它具有不可重复性,也没有一般规律。所以社会研究方法应该注重分析社会整体的因素,理解社会现象和社会行动的真正意义,同时还应考虑历史、文化、意识形态对人的行为的影响。这样,数量分析就不太适用于对社会现象的研究,而定性分析、理解和解释的方法、类型和比较方法是研究社会现象最适用的方法。与此相适应,在收集某些资料时应该采用参与式观察法、深度访谈法等方法。

3. 马克思主义方法论

马克思主义方法论是由辩证唯物主义和历史唯物主义组成,它强调经验事实先于理论而存在,强调知识来源于实践,强调社会事件之间的联系。因此,在考察和研究社会现象时,马克思主义方法论注重经济因素的根本决定作用,同时也注重意识的影响;注重事物之间的普遍联系而反对孤立地看问题;注重对社会现象的历史考察而反对静止地看问题。②

① 王思斌:《社会工作概论》,第48页。北京:高等教育出版社,1999。

② 王思斌:《社会工作概论》,第48页。北京:高等教育出版社,1999。

以上介绍虽然强调了不同方法论在看待社会现象时的明显差异,但在社会工作研究中,我们需要相互借鉴每一种方法论,并且合理使用,以求更科学、有效地分析、研究社会现象和问题。

16.2.3 社会工作研究的范式选择

1. 研究范式

所谓范式(paradigm),即研究的模式。社会研究的范式一般可以分为两个层次:第一个层次上的范式是方法论意义上的;第二个层次上的范式是研究具体程序意义上的。大体上,库恩所指的范式概念①,属于第一个层次;而莫顿所说的范式概念,则属于第二个层次。

方法论意义上的范式,包含本体论、认识论和有关方法的论述。在一个特定的社会研究中,研究者如何看待研究对象(社会世界以及这个世界里发生的社会事件)的性质,如何看待研究者在社会世界里的位置,属于本体论的范畴;认识论涉及研究对象和研究者之间的关系——这种关系是二元分离的,还是主体间的;同时也涉及对研究结果性质的看法——是所谓客观的发现,还是主体间的共同建构;显然,本体论上的立场,往往决定了认识论上的取向。有关方法的论述涉及研究手段的取舍——通过量化或质性研究的途径实现"发现"或是"理解"。研究者对方法的选择,取决于认识论,而最根本的,取决于本体论上的立场。该层次即我们上文所介绍的。

第二个层次上的范式,指严格的分析程序。一种特定的范式必须给研究者提供一套研究的逻辑体系,包括假设、概念和命题以及准确、规范的语言。

本书中,我们所理解的研究范式,是指由特定的本体论决定的、以特定的研究程序展开的研究模式,即我们所说的第二个层次上的范式。

2. 社会研究中常见的范式

谷博及林肯(Guba and Lincoln)根据研究者在本体论、认识论和方法论上所采取的立场,建立了一个十分有用的分类方法,用它来说明社会科学研究中的四个主要的研究范式。我们在这里陈列了这个表格,并大体上描述了各个范式,以便读者们对这四个范式的基本原则有大体上的把握。②

---

① [美]艾尔·巴比:《社会研究方法基础》(邱泽奇译)。北京:华夏出版社,2002。

② Guba, E. and Lincoln, LY. Competing Paradigms in Qualitative Research. in Denzin, N. and Lincoln, Y.(ed.) Handbook of Qualitative Research, Thousand Oaks, CA., Sage, 1994. 转引自 Ting, W. F. The Perception of Adolescent Girls in Hong Kong on Their Life Situations, pp. 41 -42, Hong Kong: (Unpublished), 1998.

表 17-1 社会科学研究的主要研究范式比较

	实证主义	后实证主义	批判理论	建构主义
本体论	朴素的现实主义——存在着"真实"的现实，而且可以被认识	批判的现实主义——存在着"真实"的现实，但只能部分地、可能性地被认识	历史的现实主义——现实受到社会的、政治的、种族的、性别的和价值等因素的形塑；现实是这些因素在时间中的晶体化	相对主义——现实只是一种相对的、在地方和局部被建构的东西
认识论	二元的/客观主义的；所有的发现都是真实的	修正的二元论/客观主义；接受批判理性的传统；得到的发现可能是真实的	注重交往的/主体性的；得到的发现是有价值介入的	注重交往的/主体性的；所谓发现其实是创造
方法论	实验性/操纵性的；对假设的证实；主要是量化的方法	修正了的实验性/操纵性；批判的多元论；对假设的证伪；很多研究包含了质性方法	对话/辨证的	诠释的/辨证的

谷博和林肯的范式包含了我们前面提到研究范式所涵盖的全部内容。

(1)社会本体论是对社会世界"本质"的回答。社会现实的性质和形式是什么？为我们所知的又是什么？实证主义和后实证主义认为社会现实是纯然客观的，承认一种所谓的"本体论上的真实"——这样，作为科学研究对象的任何社会现象，比方说新贫困和社会排斥等现象，就应该被看作是一种真实的客观现象；批判理论的历史现实主义认为现实是主观的、充满了意义的。所谓的客观真实不过是受社会、文化、政治、经济以及其他的社会因素，如性别、意识形态和权力的塑造，并在此基础上构成一个真实的现实——就是说现实、客观的贫困和社会排斥等现象，或多或少地是由社会性因素造就的；建构主义干脆就认为所谓的现实是主观建构的。因此，所谓不变的、自然的现实根本就是变化的；在不同的主体那里，现实的社会世界就是不同的，"本体论上的真实"是否只不过是"本体论上的相对性"——作为对象的社会排斥和新贫困等，就不会成为不变的客观的"现实"。

(2)社会认识论涉及到知者与被知者的关系，即研究者与被研究者之间的关系。在实证主义和后实证主义那里，外在于研究者的、与研究主体在意识和价值上毫无关系的对象，或是通过"证实"可以被完全认识(实证主义)，或是通过"证伪"而被发现(后实证主义)——如果还是以社会排斥或新贫困等现象的研究作为例子，那么，被排斥了的群体和陷入贫困的群体，因此就是与研究者毫无关系的、外在于研究者的；在批判理论那里，虽然在认识论上依然采取了现实主义的立场，但这个现实已经不同于实证主义的立场——社会现实是受了具体历史的限制的；因此，在认识论上，批判理论强调研究者与被研究者之间的互为主体的关系，强调主体之间的交往、互动，强调研究结果受到研究者价值过滤的性质。就是说，研究者是参与到研究对象那里去的。研究者的情感、价值立场都与研究对象相关，并影响最后的研究结果；而在建构主义那里，由于在本体论上的主观主义原则，在认识论上，他们和批判理论有着相似的立场，即强调互为主体的关系，强调交往的过程，这个过程既是共同建构现实的过程，也同样是建构研究结果的过程。因此，研究者必须参与到研究对象群体中，并参与那种可能的发现。从这个意义上说，研究的结果不是什么发现，而是一种“创造”①。

(3)有关社会研究方法的论述，涉及研究者用什么样的方法，使得研究者可以发现那些他们认为可以被发现的事物。受其本体论和认识论的影响，实证主义和后实证主义在具体研究方法上都采用量化方法，或是通过证实，或是通过证伪，或是全部，或是部分地接近客观真理。就是说，研究者可以通过问卷收集资料，然后交给SPSS做定量分析；批判理论在方法上强调对话(体现了互动、交往、互为主体)和这种对话、研究的辨证性质(通过对话实现研究主体/对象在意识上的提升)，因此，在诸如贫困和社会排斥的研究中，研究者与同样作为研究主体的研究对象之间的辨证对话就是必然的；与批判理论相似，建构理论在方法论上也强调研究者与被研究者的相互交往性质，而且，由于在本体论上的相对主义立场和认识论上的互为主体的原则，建构主义更为强调对不同研究对象/主体的具体解读和诠释，因为每个不同的主体都由于其自身的性别、年龄、生活经历以及自己的价值立场等因素，而建构了具有个人性质和相对性质的“现实”；所以，只有通过诠释学的方法，这种具有个人性质(局部性、地方性)的建构才是可以理解的。在诸如新贫困和社会排斥的研究中，研究者就必须通过与单个人不同的深度访谈，才能理解局部的、地方性的建构。必须说明，这个理解的过程，同样是研究者和被研究者作为研究的共同主体同时共同建构的过程。②

值得指出的是，当前在经验的社会研究领域，占据主流地位的是实证主义研究范式；而女性主义、行动理论等实践取向在研究范式的意义上属于批判理论的研究，却少而又少；属于建构理论范式的，如叙事分析的研究，则更加少见。更为严重的是，很多标榜为女性主义的研究，却仅仅在研究的领域上属于女性研究的范畴，但在方法论上，却依然是以量化操作手法为标志的实证主义范式。

但是，社会工作研究与社会学的研究是不同的，这是因为两门学科的渊源和发展方向不同。社会工作源于社会慈善事业和睦邻运动，它从一开始就关注弱势群体，注重解决社会问题，是一门以价值观和实践为基础的助人自助的专业活动，通

---

① Guba, E. and Lincoln, LY. Competing Paradigms in Qualitative Research. in Denzin, N. and Lincoln, Y. (ed.) *Handbook of Qualitative Research*, Thousand Oaks, CA., Sage, 1994. 转引自 Ting, W. F. *The Perception of Adolescent Girls in Hong Kong on Their Life Situations*, pp. 41 - 42, Hong Kong: (Unpublished), 1998.

② Crabtree, B. and Miller, W., A Qualitative Approach to Primary Care Research: The Long Interview[J], *Family Medicine*, 1991, 23, 2, pp. 145 - 151.

俗地说,社会工作是“先有实务，后有理论”，理论的目的是指导实务。因此，“对人和社会不能使用自然科学的方法进行研究，只能以人文学科的主观方法对具体的个人和事件进行解释和说明。科学家不能通过寻找真理和本质,而是通过获得知识来理解自身和人类社会”。①

由此可见，社会工作侧重在实践中助人自助，试图通过帮助受助者建立社会支持网络，恢复其社会功能。社会工作研究就主流的方法论而言，由于不可能像自然科学那样找到一种放之四海为皆准的助人方法，所以近年来许多研究集中关注各种非实证范式的观念———“投入理解”(韦伯)、“共识真理观”(哈贝马斯)、批判诠释(哈贝马斯、阮新邦)、“视域融合”(伽达默尔)、地方性知识(吉尔茨)、“强烈的价值介入”(韦伯、哈贝马斯、阮新邦等)、建构和女性主义等后现代的视角②。由于方法论的支撑，社会工作研究的趋势可能偏重解释与理解，对范式的选择也就自然更多地使用另类范式(后实证主义、社会定义、批判理论和建构主义等范式)。

16.3 社会工作研究方法和程序

社会工作研究是发现事实和获取知识的过程,而事实发现和知识获取时有不同的方法和途径的,主要有质性研究方法和量化研究方法。根据它们具体的操作过程和手段,又有很多具体的研究类型,譬如问卷调查、实验研究、观察、访谈等。本节主要介绍了社会工作研究的不同方法和类型,并指出综合性社会工作研究的基本程序。

16.3.1 社会工作的研究方法

实证研究与非实证研究、实证范式与另类范式,从总体而言有两种具体的研究方法：一是量的研究方法;二是质的研究方法。

1. 量化研究

量化研究是基于实证主义方法论,在严格设计的基础上,采用量化测量手段收集资料,并对此进行统计分析③。量化研究具有其自身独特的优势,但在一定程度上也有其不足之处。

首先,量化研究可以提供大量客观资料,确定成果的普遍性或代表性,并可用来验证假设和理论,但不能完全照顾社会工作对象的独特性。其次,它适用于研究的问题已有大量资料、资料搜集相对容易以及需要探讨变量关系的场合,资料搜集方法包含结构式直接观察、问卷、量表、测验等,方式较为灵活多样,但是有时无法过于深入探讨调查对象的深层次问题和原因等内在联系④。再者,量化研究基本遵照科学研

① 陈向明:《质的研究方法与社会科学研究》,第 3 页。北京:教育科学出版社,1999。

② 张和清:“社会工作研究中方法论、范式和研究方法的选择问题”,《思想战线》,2001 年第 3 期。

③ Sarantakos, S. (1993). Social Research. Pp. 6, South Melbourne: Macmillan.

④ Yegidis, B. L. & Weinbach, R. W:《社会工作研究方法》。黄晨熹、唐咏译,2004。

究的程序,“建立研究架构、确定调查指标、设计调查问卷、制定抽样方案和汇总统计资料是其关键步骤”①。建立研究架构就是根据相关理论或初步设想形成概念间联系;确定调查指标就是将概念先细化为变量,再将变量体现为可测量的指标;设计调查问卷就是将研究问题及被研究者背景按照一定原则组合于问卷中;制定抽样方案要求确定选取调查对象的方法;汇总统计资料就是将原始资料进行审核整理,并利用统计技术进行分析②。所以它的成功“很大程度上取决于精心的准备和设计”③。

2. 质性研究

质性研究是依据现象学、解释学、社会互动论等理论,搜集和分析非数字化资料,描述回答这所经历的现实,探索社会关系。

质性研究有其自身独特的特点。它主要通过自然世界作真实的观察,适用于不熟悉的社会系统、无权威和不受控制的场景,较适合探索基本定义,适合探索较为特殊、变项都还未被仔细定义的题目,主要探索问题的深度或意义④。它的分析单元视研究题目与目标而定,可以使个人、团体、方案项目、整个方案、组织、社区、关键事件等,主要通过非结构式直接观察和访问等方式来分析解释事件。质性研究注重事实的本质和整体性,以当事人的视角看待事、物、人和环境,细致探讨人与人、人与事的互动。从大量资料中寻找意义、模型或架构,以便获取最真实、最丰富、最具意义的信息,但是这些目标很少有能被一致接受的标准。质性研究的灵活性较强,认识深入丰富,有助于发现事物的独特性,同时对于研究者的要求也较高⑤。研究者必须综合分析力、判断力、创造力、洞察力和抽象思维能力,采用旋进思维⑥。在众多质性研究的具体方法中,文化人类学(民族志)的“深层描述”、过程中“扎根理论”方法和后现代思潮下的“行动研究”对社会工作研究最具深远意义。

3. 量化研究与执行研究在社会工作实务过程中的应用

从量化的角度而言,社会工作的研究路途颇为坎坷。早期,社会工作并没有像样的研究,我们只是在详细的个案记录中求生存,分析语言的使用或者探讨个案处置的功效。社会工作早期的研究颇为记录性、叙述性,而且不断强调社会工作的原则性。到20世纪70年代以后,由于专业化的要求,才开始有大批的量化研究出现⑦。“质的研究与量的研究与其说是相互对立的两种方法,不如说是一个连续统一体,它们

---

① 袁 方:《社会调查原理与方法》,第92页,北京:高等教育出版社,2000。

② 顾东辉:《社会工作概论》,第220页。上海:上海译文出版社,2005。

③ 袁 方:《社会调查原理与方法》,第94页。北京:高等教育出版社,2000。

④ 简春安:“社会工作与督导——从实务面来省思”,第122-128页。载台湾儿童暨家庭扶助基金会便因:《社会工作督导实施方式之理论与实务》,中国台湾儿童及家庭扶助基金会,2002。

⑤ 石丹理、韩晓燕、邓敏如:“社会工作质性评估研究的回顾(1990 - 2003):对中国社会工作的启示”,《社会》,2003年第3期。

⑥ 顾东辉:《社会工作概论》,第220页。上海:上海译文出版社,2005。

⑦ 简春安、邹平仪:《社会工作研究法》,第135页。中国台湾:巨流图书公司,1998。

相互之间有许多相辅相成之处”①。在实证范式中主要是量化研究方法，但并不排除质的方法；在另类范式中主要是质性研究方法，但并不排除计量方法的使用。根据本文前两部分的论述，笔者认为在社会工作研究中，除宏观政策研究和回应政府方面可能采取实证的计量研究方法外，实务层面的研究大多采用质的研究方法。

从社会工作的实务内容来分析，社会工作过程一般分为3个主要的范围，即评定(assessment)、处遇(intervention)与评估(evaluation)，而这些范围可以再分为不同的阶段。在这些不同阶段中，量化研究和质性研究都有不同的功能与作用。Akkeb-Meares和Lane把两种研究法在社会工作实务中的应用作了一个很好的整合(见表17-2)，值得我们参考。

表17-2 社会工作实务过程与资料搜集技巧②

阶段		主要研究法	资料搜集技巧
开始的介绍与资格审核		质性	非结构式会谈、例行的记录 非结构式直接观察
评定	开始的评定	质性与量化	结构式的直接观察测验、例行的记录
	问题的界定	质性	实地笔记、会谈
	问题说明	量化	评定量表、成效记录、强迫测量
	最后的评定	量化	结构式直接观察、结构式会谈
处遇	因果关系的	量化	
	理解的	质性	
评估	行为的	量化	直接观察、模拟、自我监督报告
	内心的	质性	会谈

从这个分析中，我们可以认定，在社会工作实务中，一个优秀的实务工作者不应该在两种研究法中有所偏颇，一个能干的社会工作人员必须同时拥有质性与量化研究法的实力与训练。

16.3.2 社会工作研究的主要程序

不管采用量化还是质性研究方法，社会工作研究都可以遵循以下步骤开展工作③。

1.订立研究论题

(1)查阅有关研究主题的文献及研究成果；

① 陈向明:《质的研究方法与社会科学研究》，第327页。北京:教育科学出版社，1999。

② 简春安、邹平仪:《社会工作研究法》，第137页。中国台湾:巨流图书公司，1998。

③ 莫泰基:“社会工作的研究方法”；载于周永新:《社会工作学新论》，第47页。中国香港:商务印书馆，1994。

(2)订立研究论题及界定有关概念;
(3)指出该论题的重要性;
(4)订立具体研究目标。
2. 设立理论架构
(1)描述论题与论题构思的关系;
(2)订立有关的研究假设及其测试方法;
(3)分析有关资料;
(4)说明该研究的局限性。
3. 选取研究方法
(1)讨论如何控制影响研究范畴的因素;
(2)选取最佳的研究方法及说明选择理由;
(3)说明该研究方法的局限性;
(4)制定研究样本的选取方法及其代表性。
4. 选择搜集资料方法
(1)选取可行的搜集资料方法及说明其原因;
(2)说明方法的有效性(validity)及可信性(reliability);
(3)说论有关试查方法及内容。
5. 计算工作程序
(1)订出工作人员及分工;
(2)制定工作程序及时间表;
(3)制定研究预算及费用筹募方法。
6. 分析资料方法
(1)依据分析架构选取适当的分析方法;
(2)分析资料及采用各类图表展示结果;
(3)综合前人的研究与分析结果;
(4)结论及有关建议。
7. 应用研究结果
(1)订出应用的策略;
(2)采用不同表达方式公布研究结果;
(3)游说有关团体及决策者采用研究成果。

从以上步骤分析,可以发现,社会工作是助人的专业,也是问题解决的过程。社会工作研究不仅与社会工作实务唇齿相依,也是解决问题的必要步骤,社会工作者应该对研究与实务两大主题都好好掌握。

16.3.3 社会工作研究中的常用类型

针对量化研究与质性研究而言,都有很多常用的研究方法和类型可供选择,这里选取几种较为常用的方法进行介绍,以增进对社会工作研究的具体方法的认识。

1. 观察研究

观察研究①主要有实地研究和自然研究方法两种，两种方法各有其特色和内容。

(1)实地研究法，又称实地观察研究，是以研究者为观察中心，利用工具通过观察、会谈或语言互动等技巧，设法融入实地与事件中，用观察或记录收集资料的研究方法。去实地观察时，社会工作研究者观察的内容应注意到场合、观察主题、时间因素、观察事项等。实地研究的主要用意就是以“眼见为实”的心态去观察、去研究②。实地日志是实地调查的根本，研究者以此记录他的观察。日志的记载应该详细清楚，如果可能的话应该在观察的当时就做下记录，或在事后尽快完成整理工作③。但是在实地研究过程中，观察者仍难免会有“瞎子摸象”的困扰，因此三角测定法(triangulation)的理念与技巧也值得我们注意。

(2)自然研究法，与实地研究法息息相关。但自然研究法所强调的是“观察”，实地研究法注重的却是“实地”。在自然状况下观察研究对象即是自然观察法。它可以掌握情境的全盘现象，因为观察者就在情境中，可以注意到情境中特殊的气氛，这个特质绝非其他事后回溯的问卷调查可以比拟。自然观察法也有其缺点：包括牵涉到受访者、问题的敏感性、行为的不易观察、观察者是否真正客观也会影响到自然观察法的准确性。进行“观察”时涉及到的事项不外乎是问题的本质、步骤的进行、工具的使用、如何记录等。若以观察者的参与程度与观察的结构程度来区分，自然观察法可以分为结构式观察、无结构参与式观察、无结构非参与之观察 3 种。

2. 调查研究

调查研究法是社会科学最常用的方法之一。调查研究法是以抽样的方式，探讨样本的状况与现象，把从样本所得之资料推论到这个样本。在社会工作领域里，它最主要的用途就是能够“探索”、“描述”与“解释”。

调查研究并不意味着必须挨家挨户地访问才算数，调查研究有不同的类型，最主要的是访问调查法，其他还有邮寄问卷法、集体问卷法以及电话访问法等。

在进行调查研究时，如何让填答者愿意填答，让调查者达到调查的目的，设计一份好的问卷相当重要，因此，有关问卷的基本规则、格式、文字安排、类型、信效度的问题，社会工作同仁都应该相当清楚、了解和运用，才能对专业做出更多、更好的贡献。

3. 实验法

为了了解问题，用精密的实验方式来处理，就是实验研究。实验研究又可以分为实验室研究与实地实验两种。两者各有其优、缺点。

(1)实验室研究。所谓实验室研究，就是在实验室内进行研究。实验室研究把受试者分为实验组与控制组两组，所要调查的变项完全控制在实验室内，受试者的一

① 简春安、邹平仪：《社会工作研究法》，第 168 页。中国台湾：巨流图书公司，1998。

② 简春安、邹平仪：《社会工作研究法》，第 169－180 页。中国台湾：巨流图书公司，1998。

③ ［美］艾尔·巴比：《社会研究方法基础》。邱泽奇译，第 239－261 页。北京：华夏出版社，2002。

举一动都在实验室内研究者的掌控之中,实验项目的实施、如何实施都在严密的规划当中,在实验施行完毕后,比较实验组与控制组之间的差距,这是典型的实验室研究。①

实验室研究有其特质,亦有其优缺点。其优点方面有:①它能将研究的情境作一个有效的控制,可以排除许多影响自变量和因变量的外在因素;②它可以较为自由地自定和操作自变量,且在研究者的变量操作性定义上,大部分都有很高的明确性,变量的陈述都较为清楚;③它一般都有精密的工具可做测量;④可控制操作和测量的环境,将可能的"污染"条件排除。这些优点都是其他研究类型所比不上的。

但是,实验室研究也有其不可避免的缺憾:①缺乏较为有力、自然的自变量,因为实验的情境都是被创造出来的;②太强调实验的精确性和对统计的精细程度,却容易因这种精确性和精细性而与自然事实相差太远;③实验室研究因为精密而内在效度很高,但是日后很难被复制,所以外在效度太低。这些都是它的缺点。

(2)实地实验。实地实验把实验的范围放在实地的情境里,做实验处遇的工作。实地研究也有实验事项,只是对这些变项的处理不是在实验室中,而是在真实的情境里,如把一个农民工放在一组外来务工人员团体中,或者放在一组本地市民群体中,做出某些经过设计的特殊行为,然后再看这两个群体分别有何种差异的反应。实地研究与调查研究也不同,在调查研究中,研究者也是到实际的情境中去,但他并不做任何的"实验处置",只是根据调查的内容进行访问而已,而实地试验却是要在实地的情境中作一定的实验安排。②

一般而言,实地实验较适合理论的考察,或去发现实际问题的答案;当理论较为完备,只是缺乏实务的验证时,实地实验使用性较高。若理论尚未十分成熟、真伪难辨时,实验室实验的功能就较大,可用它来检验理论的真伪。

实地实验因其特质,也有其优缺点。从优点方面说:首先,实地实验比实验室实验较适合于研究复杂的社会,例如心理的影响、过程及生活情况的改变等,对社会工作的研究而言,实地实验较能有弹性且广泛地应用于各种不同的问题研究,其使用性较实验室实验高;其次,变量在实地实验中,比实验室有较强的效能,因为相关变量较为自然,并没有太多的人工化,因此,它可以贯穿到其他分散的情境中去;第三,实验情境愈实在,愈能提供推论到其他类似情况的效度,所以实地实验的外在效度比较高。

实地实验的主要缺点是自变项很难操作,不仅实验过程中随时产生的问题很难克服,加上如何随机分配实验组和控制组,以便对自变项有效操作是实地实验研究很难兼顾的问题。大体上,实地实验的缺点是较缺乏准确性,一方面由于外在干扰项太多,如何准确测量也是难题。所以实地实验较自然,但是较不严谨。

---

① [美]艾尔·巴比:《社会研究方法基础》。邱泽奇译,第197-213页。北京:华夏出版社,2002。

② 简春安、邹平仪:《社会工作研究法》,第224页。中国台湾:巨流图书公司,1998。

4. 其他研究法

研究本来就是探讨真理的过程，而探讨真理的方法则是相当丰富且多样的，历史、文化、书面资料、环境的种种现象……在探讨真理过程中都可以给研究者很大的帮助。下面简单介绍社会工作研究中的其他几种研究方法①。

针对某种主题，选两个或两个以上的文化或行为特质，作为研究变项，以分析其相关性的研究方法，即为文化比较研究法。由于它不受限于单一的文化，所以在考虑的层面上也宽广了很多，可以了解在不同文化背景中运用社会工作方法和价值理念要注意的事项。

借用过去所遗留的事务或文献，以客观研究的态度去研究“过去”的过程，就是历史研究法。通过历史研究法，一方面我们可以学习社会工作专业过去如何面对相似的问题；另一方面，也可以了解社会政策与社会问题之间的根源，使社会工作专业少走不少弯路。

再次分析法是对现存的资料作更进一步的分析，如个案研究可以主要采取再次分析法，将现存有关该案主的所有评估性资料作再次分析，在当今资源、时间有限的情况下，它是一种很好用的方法。但是，有时会让人感觉“捡便宜”或者不够郑重，无法很好验证结果。

当有适当的主题和资料时，内容分析法也是一种既省时、省钱，又容易讨好人的研究方法。它主要是为了对某一问题作更进一步的了解，针对其沟通或文件的内容，作较为详细的分析。

在调查访问的前后，研究者在不干扰受访者也不需受访者填问卷表的情况下，通过对其他事务的观察或测量，使得到的资料可以佐证或增强调查研究时所得到的结论，此为非干扰性测量。它具有不可否认的优点：不必干扰受访者，也不要看受访者脸色；测量结果没有人为的伪装与不必要的影响；不会造成实验研究中的受访者成熟、历史或测验等影响研究内在效度的危机。

总而言之，不管何种研究方法或类型，都各有其特色和优势。在社会工作研究中，我们常常都会综合使用不同类型的研究方法，以更好地促进我们的研究工作。

---

① 简春安、邹平仪：《社会工作研究法》，第254－277页。中国台湾：巨流图书公司，1998。

17

社会工作教育

社会工作教育是社会工作专业体系的重要组成部分，在推动社会工作发展的过程中发挥着至关重要的作用。社会工作是一个传递社会福利的过程，具备专业理念、掌握专业知识和技能的社会工作者是这个过程的关键。作为培养和造就社会工作专业人才的实践活动，社会工作教育已经成为提高社会工作者技能的有效方式。鉴于中国社会工作与西方社会工作发展的不同，中国社会工作理论先行的特点使中国社会工作专业教育在社会工作发展中要承担更为重要的责任，成为推进专业化进程的基本手段。

17.1 社会工作教育概述

社会工作教育的发展与社会工作专业的发展，都是应对社会发展对社会服务要求提高的反映。社会工作教育是以社会工作学生及社会工作者为载体，传输社会工作的理念、价值与技巧的过程，是一个个体专业社会化的过程。社会工作教育与任何一个专业的制度化、职业化、专业化一样，已经成为社会工作专业发展的焦点。

17.1.1 社会工作教育的内涵

对于什么是社会工作教育，许多学者从不同的角度出发提出了自己的看法。如刘华丽认为"社会工作教育是将社会工作专业理论和专业价值观通过学生成长进行整合的过程，是通过教育者和受教育者的共同活动将不可操作的理论转化为能够作用于实践过程的专业方法和专业技能的过程，并通过对学生的教育和训练，使之得以在社会工作专业实践中应用，是训练学生接受社会工作专业价值观，将专业价值内化为其个人的价值观的过程，是通过教育学生去帮助其他有需要的人，进而获得个人成长的过程。①”王思斌则认为,“社会工作教育是由专门组织、机构或专业人员对个人施以专门的教育训练,使之在专业知识、技能和专业伦理以及实践经验等方面符合社会工作专业实践的要求,完成个体专业社会化的过程。②”

不同学者对社会工作教育概念的表述不一样,但都包含一些共同的理念,这些核心的理念对于社会工作教育而言是最重要的。对于社会工作教育的概念,应该包含以下基本内涵。

社会工作教育传递专业知识、技巧。通过专业教育,社会工作者可以学习和借鉴丰富的专业知识与技巧,具备从事社会工作专业所必须的理论知识和实践技能,从而成为合格的社会工作者。

社会工作教育培养专业价值。社会工作是一个充满价值取向的专业,社会工作者是被价值注满的个人。社会工作鲜明的价值属性要求社会工作教育要始终关注学生价值观的学习和培养,以及专业价值与专业知识、技巧的整合,从而在提供服务的过程中更好地达到助人的效果。

社会工作教育以实践为目标。社会工作专业服务是一个实践的过程,社会工作教育是对社会工作专业实践经验的总结和提炼。这样一个从实践上升到理论,再由社会工作教育传递到实践中进行检验的过程,为社会工作的发展提供了可能的途径。

社会工作教育促进学生个人道德成长。社会工作者要帮助他人,首先要实现“自助”。这就需要社会工作教育重视对学生个人道德和价值观的培养,社会工作者的素质直接影响服务活动的效果,其中不仅包括理论、技能和价值理念,社会工作者更应该是一个人格健全、心理健康、道德高尚的个体。

一般而言,现代社会工作教育的实施包括课程教育、价值教育与实习教育3个方面③。课程教育侧重于向学生灌输各种理论和知识,是实现教育目标的基本手段;实习教育则帮助学生在实践的过程中加强对专业理论与价值的理解与反思,并掌握一定的经验技巧,反思在理论学习过程中的难点和疏漏,从而具备更强的实际环境的工作能力,是实现教育目标的重要途径;价值教育则贯穿于社会工作教育的始终,社会工作专业要求其工作者价值观与专业价值观保持一致,需要使社会工作专业的价值观内化为每一个受教育者的价值观,所以专业教育离不开对价值的关注,是实现教育目标的基本手段和重要保障。

17.1.2　国际社会工作教育的发展状况

西方国家社会工作教育始于19世纪末。1893年,英国最早建立了一个两年制的“慈善训练”学校,开创了社会工作教育和训练的先河。1898年,纽约慈善组织会社举办了为期6个星期的暑期培训班,训练从事社会服务的“友善访问员”,并开始

---

① 刘华丽:“社会工作教育在中国的发展”,《华东理工大学学报(社会科学版)》,2006年第1期。

② 王思斌:《社会工作概论》,第235页。北京:高等教育出版社,1999。

③ 刘华丽:“社会工作教育在中国的发展”,《华东理工大学学报(社会科学版)》,2006年第1期。

把社会服务当作一种给薪的行业，成为美国社会工作教育的发端，这就是哥伦比亚大学社会工作学院的前身。同期，荷兰也成立阿姆斯特丹社会学院，开设两年制的社会工作课程。20 世纪初，美国的芝加哥、波士顿、宾夕法尼亚等地纷纷设立社会工作教育机构。此后，社会工作教育在许多大学如雨后春笋般涌现，得到了迅猛发展。以美国为例，到 1919 年，在美国已经建立了 17 所社会工作学院，形成了正规的社会工作教育格局。随着社会工作学院的日益增多和正规化，1919 年在美国成立了专业社会工作训练学院协会（Association of Training Schools for Professional Social Work），以加强社会工作教育机构之间的交流与沟通，探寻社会工作教育的专业化标准，并加强社会工作教育机构对社会的宣传联系。该协会后来发展为美国社会工作教育协会（CSWE），继续为实现社会工作教育专业化而努力。

20 世纪 30 年代初的经济危机使资本主义国家各类社会问题进一步加剧，这种社会状况促进了社会工作专业的发展，社会工作教育也因而获得了发展的良机，扩展了教育的范围。社会工作教育从早期的实习取向、社区为中心、机构为重心的训练，逐渐发展成为包括社区学院教育、专科教育、本科教育、硕士教育、博士教育各个层次的完整体系，具有与其他成熟的学科同样的学科地位。

20 世纪 60 年代以后，西方发达国家在经济高速发展的同时，社会经历了急剧的变革，造成了家庭形态和整个社会结构的改变，由此产生了许多社会问题。传统社会工作教育侧重于方法与技术的训练，对于解决广泛存在的社会问题显得力不从心。为了克服社会工作专业教育与社会现实需求脱节的现象，1969 年，美国社会工作教育在培养目标和课程设置等方面进行了重大改革，设立了新的专业标准。在教育目标方面，强调培养学生多方面能力，包括了解并预测人类在社会急剧变迁中需要的能力，策划并从事各种社会事业以满足人们的上述需要的能力，参与或组织、领导各项社会事业以促进社会进步的能力等；在课程内容方面，确立了几个中心，包括以某种社会问题为中心，以社会生活中某个群体为中心，以某种社会需要为中心；在课程体系方面，新的课程标准将主要必修课程列为 3 个系列，即有关社会政策及社会事业的学科系列，有关人类行为及社会环境的学科系列和有关社会工作的理论与实务的学科系列。此外，还将社会科学研究方法、社会工作专业道德列为必修课程，并进一步扩大社会实习的范围。1982 年，美国社会工作教育协会为进一步完善 1969 年的课程体系，确立了社会工作专业学士培养和硕士培养两个层次的专业教育基础课程系列。①

在我国香港地区，社会工作的发展是与香港在 20 世纪 70 年代的社会发展黄金期紧密联系的。香港政府 1973 年颁布的《香港福利未来发展计划》，确立了社会福利发展的长远计划。政府致力于老人服务、青少年辅导、社会保障事业，使香港的社会服务业迅速发展起来，社会福利服务从慈善救济发展为专业服务，服务的性质由补

---

① 陈墀成、黄河：《社会工作概论》，第 336、337 页。厦门：厦门大学出版社，2000。

救性、物质援助到防治性、教育性、辅导性。大量复杂的问题需要专业人士加入。20世纪70年代初我国香港特别行政区政府规定所有从事社会工作方面工作的人士都要有社会工作培训,率先在香港理工学院开设为期两年的社会工作文凭课程训练。香港的社会工作经过20世纪70年代的发展,形成了文凭教育、本科教育、研究生教育3个层次。特别是1991年开始推行的社工登记制度为社会工作教育的发展提供了更广阔的空间。目前,香港6所院校分别提供不同层次的课程,主要包括高级文凭课程、学士学位课程和以授课为基础的授课和研究院课程。培养了大量的一线社会工作者和社会工作行政人员,目前香港的注册社会工作者达7 000人,为香港680万人口服务,保证了服务的数量和质量。

20世纪80年代以后,随着全球化的发展和影响力的日益扩大,西方社会工作教育也随之发生了很大变化,出现了许多新现象。其中,国际社会工作教育获得了前所未有的重视,国际化的社会工作教育已经成为社会工作教育中的重要趋势。国际化的社会工作教育(International social work education)致力于训练受教育者成为能够在全球化时代提供社会工作服务的专业工作者。在推进国际社会工作教育方面,目前美国走在最前列。美国社会工作教育委员会(CSWE)规定任何一个大学的社会工作课程都必须包含国际社会工作的内容,并要求学生以"国际社会工作者"为目标。所谓国际社会工作者,是意识到全球问题,并准备去迎接当前全球化趋势带来挑战的专业工作者。国际社会工作者要准备与不同种族的人接触,了解当今世界的各种社会问题,如艾滋病、吸毒、恐怖主义、贫困等;要致力于因全球化而导致的经济问题的解决,如失业、缺乏合适的医疗照顾、退休后的经济担忧等①。总的来说,社会工作已经成为一种全球化的专业。人们越来越认识到社会工作的价值观和工作方法是适应于国际合作的,社会工作专业可以缓减正在全球范围内不断增加的社会问题。

17.2 社会工作教育对社会工作专业发展的意义

社会工作在西方社会的发展历史让我们看到了教育在社会工作职业化、专业化中的重要作用。通过社会工作教育,社会工作者获得专业的知识和技巧,具备专业的价值理念,为社会提供高质量的服务。教育传承着社会工作的理念、价值和技巧,也推动着社会工作职业化、专业化的发展。

17.2.1 社会工作教育与社会工作专业化的关系

1957年格林伍德在其《专业的属性》中指出专业应该具有的特征:①一个专业应该有一套系统的、支持其活动的理论体系;②它已被社会广泛认可,即社会对这种专门活动是接受和高度评价的;③该种活动具有专业权威,即在这种活动内部已经建立

① 张敏杰:"全球化时代的社会工作与社会工作教育",《中华女子学院学报》,2005年第12期。

起专业的权威,专业的能力成为该领域活动的重要评价标准;④职业内部有伦理守则;⑤这一职业群体形成了专业文化,从业者有高度认同的价值观,有基本一致的专业行为方式。社会工作专业的形成需要对从业者在专业知识、技巧方面的教育,并培养起相应的价值,所以社会工作教育是树立职业与专业形象的必要途径。社会工作教育的发展与社会工作专业发展是一致的。社会工作专业发展对人才的需求是专业教育发展的直接动力,社会工作专业教育的发展与社会工作专业的发展具有一种不可分割的互为因果关系。①

首先,社会工作教育可以创新社会工作专业知识和实务模式。社会工作的专业知识的获得具有独特性,不可能仅凭个人在实践中的经验积累而获得,只有在专门人员的指导下,经过长期的学习和训练才能充分掌握。成熟完善的社会工作教育体制为社会工作专业知识的传承提供了制度化的保证。同时,社会工作教育在实践方面的探索,可以不断探索新的服务模式,新的模式不断运用到社会服务的实践中得到验证与提升,为社会工作的专业化奠定了基础。

其次,社会工作教育为社会工作专业准备合格的专业人员。西方社会工作教育的现实告诉我们,培养适应社会发展需要的社会工作专业人才对推进社会工作专业化的发展具有重要意义。

最后,社会工作教育对社会工作专业在社会中的获得认同具有积极意义。保罗·威尔丁在《专业权力与社会福利》一书中将社会工作者与医生、律师、教师等专业人士相提并论。国家需要专业人才提供其专业知识,而专业人才也通过国家对其认可、社会对其认同而获得相应的保障,形成独特的专业地位。

17.2.2 社会工作教育与社会工作职业化的关系

职业化是指某种社会活动被社会认定为是一种职业,并得到发展的过程。一种社会活动被认为是一种职业是由人类生活和社会发展的需要决定的。社会工作职业化,就是把社会工作从其他社会领域中分离出来,独立成为一门有别于其他行业的、具有自身特色的职业领域。以美国为例,内战时期就有了受薪的社会服务,但是其规模很小,还没有形成一种职业。在相当长的时间里广泛存在的慈善服务活动也没有被称为职业。当19世纪末、20世纪初开始社会工作培训,社会工作被认为具有专业特征的时候,社会工作成为一种职业得到了快速发展。由此我们看到,社会工作的职业转化为专业性的社会工作的开展提供了良好平台,使社会工作者有了用武之地;同时,也为社会工作教学和研究开拓了后续空间。

一般而言,一门专业要想成为一种职业,要具备两个基本因素:一是这个专业要有自己独有的理论建构、知识结构和伦理规范,能够在社会生活中发挥独特的,不能为外人所替代的功能,并且这种功能要得到社会成员的广泛认可,具有高度的社会认

---

① 王思斌:《社会工作概论》,第304页。北京:高等教育出版社,1999。

同感;二是这个专业要为本国的职业认证部门所认可,即得到政府的承认。这样,一门学科就取得了在社会上成为一种职业的合法地位。毋庸置疑,社会工作作为一门科学助人的专业,在当代社会中应该有自己特定的学术地位和职业地位。

社会工作教育对社会工作职业化有积极的促进作用,二者是相互关联相互推动的。首先,社会工作教育和研究建构了社会工作独特的理论知识体系,为社会工作职业化奠定了基本的理论知识基础和价值基础,并培养了一定数量的合格的职业群体,在知识和人力两个最重要的方面为社会工作职业化提供保证。社会工作职业属于学术型职业,其明显的特征就是必须接受专门的正规教育和训练的人才才能胜任这一职业。例如,美国的社会工作者都必须经过由美国社会工作教育委员会批准的社会工作本科和硕士项目的专门教育。至2000年为止,全美共批准了421个本科、139个硕士和71个博士项目,大约每年有74 000名全日制和半工半读的学生进入这些学校学习。由此可见,首先在高等教育中确立并稳固了社会工作专业的专业地位和学术地位,才使这一职业(学术型职业)日益为社会所认同和接受。因此,社会工作教育为职业化奠定了良好的基础。另一方面,社会工作教育体制作为一种既定的权威力量树立并且坚定了社会成员和政府部门对社会工作这一职业的信心,为社会工作职业化的持续发展提供了动力。例如:美国社会工作教育委员会(CSWE)起着规范社会工作教育体系、审核和评估各大学的社会工作专业运作状况的作用;美国社会工作者协会(NASW)则制定社会工作者伦理守则和各领域的社会工作标准,起着行业自律和专业支持的作用;而美国社会工作理事会联盟(Association of Social Work Boards, ASWB)则是在各州社会工作理事会的基础上产生的一个全国性组织,它是一个规范全国社会工作职业的联合体,负责执照、考试和管制的总机构。可以这样说,社会工作教育是推动社会工作职业化的最重要力量。特别是对于一些社会工作非原生国家(例如中国)来说,由于其与西方社会不同的国情和社情,社会工作职业化的完成更需要充分借助社会工作专业教育的力量。

中国的社会工作专业教育从20世纪80年代中期恢复重建以来,到如今已经过了20多年,在我国社会工作专业教育发展如火如荼的同时,却存在着职业化严重滞后的问题。多年来所形成的"社会工作教育先行"的特点对我国社会工作的发展所产生的制约作用越来越明显。一方面职业化的滞后使社会工作教育的良性发展、社会工作专业理论研究水平和实务水平的提升缺乏良好的土壤;另一方面面对大量的社会问题,社会工作却因为缺乏专门的岗位,而有心无力无法发挥必要的作用。2006年10月,中共中央十六届六中全会作出《中共中央关于构建社会主义和谐社会若干重大问题的决定》,指出要"建设宏大的社会工作人才队伍。造就一支结构合理、素质优良的社会工作人才队伍,是构建社会主义和谐社会的迫切需要。建立健全以培养、评价、使用、激励为主要内容的政策措施和制度保障,确定职业规范和从业标准,加强专业培训,提高社会工作人员职业素质和专业水平。制定人才培养规划,加快高等院校社会工作人才培养体系建设,抓紧培养大批社会工作急需的各类专门人才。

充实公共服务和社会管理部门,配备社会工作专门人员,完善社会工作岗位设计,通过多种渠道吸纳社会工作人才,提高专业化服务水平”①。这个举措是对社会工作教育与社会工作职业化相互作用的积极探索。

17.2.3 社会工作教育与社会工作本土化的关系

社会工作发展历史表明,社会工作是在西方社会工业化过程中应运而生的,并且发展成了一套成熟的工作体系,为社会的发展发挥了重要的作用。但是,这并不能说明它的普遍性。对许多国家来说,社会工作尚属“舶来品”,要使社会工作在不同的国家内发挥其应有的作用,就需要完成本土化过程。关于社会工作本土化,不同的学者有不同的看法。比较有代表性的是王思斌教授的观点,他认为社会工作的本土化是指产生于外国的社会工作进入某一国家或地区发生变化的过程,一般是指社会工作较为发达国家或地区的经验进入后发展国家或地区所发生的现象。王思斌进一步指出,社会工作在中国的本土化是指产生于外部的社会工作模式进入中国(这是一套经济的、政治的、社会文化的制度体系),同其相互影响进而适应中国社会的需要而发挥功能的过程。

社会工作教育与社会工作本土化之间也有着不可分割的联系。既然社会工作本土化是必需的过程,那么我们需要考虑的问题就是如何进行这一过程。王思斌认为,社会工作本土化的方式有两个:一是在实践中直接检验外来的社会工作专业模式的可行性,这是一个直接进行本土化过程的模式,但在一般需要较长的时间;另一个方式是先由专家和学者们在理论层面上对外来的理论和服务模式及其所涉及到的本国社会结构中的相关领域进行梳理和检验,然后放到实践中验证,根据验证结果进一步修改。这种方式是一种间接本土化的模式,但在一定程度上可以缩短本土化的时间。这两种方式各有利弊,在实践中往往是结合使用以取得更好的效果②。无论是采用哪一种模式,社会工作教育都要承担非常重要的责任。

关于社会工作教育与社会工作本土化,王思斌作过论述:“甚至是那些最早的社会工作教育者还没有充分的社会工作知识之时,谈论本土社会工作研究是一种冒险,当然它也是每一个投身社会工作教育者的志向。”同时,“社会工作研究既包括教学研究也包括为发展知识或学术而进行的研究。对于后者而言,它既包括对引进的社会工作的审视和分析,又包括对本土经验的研究。前者属于社会工作本土化的研究,后者则属于本土社会工作研究。”由此可见,社会工作教育对于社会工作本土化既有理论层面的意义,即社会工作教育承担着将西方成熟的社会工作理论、知识、方法和价值介绍到我们的文化体系中的任务,这种介绍过程的本身就是一个文化选择或者说是本土化的过程;社会工作教育对与社会工作本土化又具有理论反思和实践探索

---

① 全国社会工作职业水平考试教材编写组:《社会工作综合能力(中级)》,第25页。北京:中国社会出版社,2007。

② 王思斌:《社会工作概论》,第242、243页。北京:高等教育出版社,1999。

层面的意义，即社会工作教育是通过教学过程、学习过程和实践过程的三位一体，教师和学生们在教学互动过程中不断地把西方社会工作的理论与技巧应用于本国的社会实践，在实践中应用、检验，然后修正这些理论技巧，使其更适用于本土文化。

同时，社会工作教育在社会工作本土化过程中作用的充分发挥还必须坚持原则。这些原则主要包括：社会工作教育必须以本土的哲学基础、文化理念、工作原则和方法为基础；社会工作教育需要充分考虑社会结构和社会发展问题，为了对社会工作实务过程中会遇到的经济、社会和心理问题做出回应，还必须发展出自己的工作策略；社会工作教育者需要根据本国的国情重新定义社会工作实务的理论知识、服务模式和价值基础；在从发达国家引进知识和实务的过程中，社会工作教育者还应该重新定义西方的一些基本概念，如“社区”、“人在情境中”等，他们必须修订和发展出植根于本地社会经济环境的概念性框架和方法论；社会工作教育还应该考虑本民族的历史文化传统，尊重本国的文化信念和实践①。这些都是社会工作专业教育在本土化过程中必须充分考虑的问题。

17.3 中国的社会工作教育

20 世纪 20 年代，随着西方社会工作教育的发展和西方教会在中国创办社会学专业，中国的社会工作教育开始经历自己充满曲折的 80 多年的发展历程。学术界普遍的观点将这一历程分为初创、中断和重建 3 个阶段。起步于 20 世纪 80 年代的重建阶段可以说是社会工作教育最重要的阶段，具有深远的意义。

17.3.1 中国社会工作专业教育的发展历程

我国专业意义上的社会工作教育开始于 20 世纪 20 年代。20 世纪初期，随着西方文化传入中国，在西方学者和一批留学欧美的爱国人士倡导下，1925 年燕京大学社会学和社会服务系成立，标志着中国专业社会工作教育的开始。随后金陵女子大学、金陵大学、苏州社会教育学院相继开设社会工作方面的课程。1948 年，金陵大学单独成立了社会福利行政系，成为当时中国唯一的独立社会工作系。上述学校在专业社会工作教育中，讲授的内容各异、重点不同，有些学校主要接受社会治疗派的思想观点，认为社会工作教育的任务在于训练社会工作者协助服务对象克服困难的技术；有些学校则受社会改革派的影响，以改良社会为社会工作的目标②。这一时期的社会工作教育在提高社会福利，进行慈善救济，研究社会状况等方面做出了一些成绩。但是，在当时的社会环境下，社会工作教育不可能有很大发展。

新中国成立以后，1952 年，大陆进行高校院系调整，当时认为社会学是资产阶级

---

① Maria Cheung ,Liu Meng：“中国妇女的自我概念与中国社会工作本土化”，转引自《21 世纪中国社会工作发展国际研讨会论文集》，第 68 页。北京：社会科学出版社，2001。

② 陈墀成、黄 河：《社会工作概论》，第 336、337、338 页。厦门：厦门大学出版社，2000。

伪科学,社会主义社会没有社会问题,因此,用历史唯物论来替代社会学,从此,社会学作为专业学科在高等院校消失了,致使作为社会学分支学科的社会工作教育远远落后于国际同类学科水平。

以上是社会工作教育初创与中断阶段。经历了长达 36 年的停滞期后,20 世纪 80 年代的重建阶段可以说是社会工作教育最重要的阶段,重建阶段又包括三个重要的时期,即恢复时期、初步发展时期、扩张时期。①

1. 恢复时期(1986—1993 年)

1986 年国家教委同意在北京大学社会学系增设社会工作与管理专业,社会工作教育开始恢复。1987 年 9 月,国家民政部在北京马甸举行社会工作教育认证会,确认了社会工作的学科地位。1987 年底,我国第一个社会工作教育研究机构“民政部社会工作教育研究中心”成立,为民政教育工作编写材料、培训师资、提供咨询。1988 年北京大学开始招收首批社会工作专业方向的硕士研究生。这一时期,吉林大学、厦门大学、上海大学也都相继开设了社会工作专业或课程。1993 年 4 月中国青年政治学院建立社会工作与管理系,成为社会工作教育在中国恢复以后首个建立的系级专业教育机构。从 1987 年至 1993 年,全国开设社会工作专业或课程的院校不到 10 所,在校生规模不过百人。

2. 初步发展时期(1994—1998 年)

1994 年 4 月,社会工作院校的专业组织——“中国社会工作教育协会”(CASWE)正式成立,使专业教育的发展有了全国性的协调机构,促进了中国社会工作教育的健康有序发展。1998 年的《高等院校本科目录》,“社会工作”专业得以保留,并且将社会工作专业由“控制发展”的专业改为“非控制发展”的专业。中国社会工作教育协会的成立,使专业教育的发展有了全国规范性的行业协调机构。协会多次派员出席国际性的专业会议,并于 1997 年举办社会工作专业首次年会暨理论研讨会。1994 年至 1998 年,社会工作教育在全国获得了初步发展,开设社会工作专业或课程的高等院校已达三十多所。

3. 扩张时期(1999 年以后)

1999 年起,每年新开设社会工作专业的院校数量快速增长。1999 年底,三十多家院校开设社会工作课程。2000 年,全国有 27 所本科院校被教育部批准开设社会工作本科课程。2001 年新开设社会工作专业的本科院校为 36 所。2002 年增加了 35 所。到 2004 年 3 月,全国又有 26 所大学开设社会工作本科专业。迄今,全国开设社会工作专业的高等院校达二百多所,其中本科层次就有 180 余所。平均每年增加 20 至 30 所,社会工作教育进入快速发展期。特别是进入 21 世纪后,社会工作教育体系的迅速膨胀,一些地方省市开始建立社会工作职业资格和注册制度,社会工作的实践领域不断扩展。2008 年 6 月下旬我国举办首次全国助理社会工作师和社会

① 林小秋:“社会工作专业教育在中国的发展”,《社会工作》,2008 年第 1 期。

工作师的职业资格考试,这标志着我国的社会工作专业教育正朝着职业化和规范化的方向积极迈进。

17.3.2 中国社会工作专业教育的突出问题

中国社会工作教育重建十几年来取得了巨大的成就,成绩斐然,学科建设日趋成熟,社会工作研究机构基本形成网络,社会工作专业理论向着专业化、系统化的方向发展,社会工作实践广泛兴起,对社会问题的解决、社会保障与社会福利制度的改革起了巨大的推动作用。王思斌教授曾经对中国社会工作教育的成果作了总结:一是培养了大量的专业人才;二是在师资、教材及专业研究领域取得了巨大成就;三是促进了中国社会工作实务的发展,为社会做出了自己的贡献。①

但是,中国社会工作教育的"后生快发"、"教育先行"、"师资滞后"、"拿来即用"等特点②,使我们看到社会工作教育在中国的发展总体上还处于初级阶段,面临着一方面要将国际经验与中国国情相结合,探索本土经验;另一方面要在现实环境下既要保持自身发展又要与原有福利制度相互磨合的困境。同时,在1999年以来高校扩招的背景下,一些学校生源不足的系科开始开办社会工作专业,从而使全国的社会工作专业数量骤增。这种数量上的急剧膨胀加剧了社会工作专业教育资源缺乏的问题。社会工作教育的发展问题解决不好,必然会影响到社会工作的发展。总结起来,当前,中国社会工作教育的发展正面临着以下突出问题。

(1)社会工作教育缺乏职业需求基础。社会工作专业教育的进程中有一条规律是:专业教育始终是以社会对于专业人员的需要为核心,是一个满足社会需求的发展过程。③ 目前中国社会工作的职业化还刚刚起步,独立的社会工作者身份及编制只在一些大城市出现。而这种现象的根源在于我国传统的行政框架解决社会问题的模式。在这种模式下,各种在行政安排下的非专业的社会工作承担者如工会、妇联、青年团等工作,一直是社会工作的主要力量。它们向人们提供各种社会服务和力所能及的帮助,对各种社会问题解决起了很大作用。但是,对社会工作的专业化来说,这些准行政的安排也导致了非专业社会工作代替和排斥专业社会工作的倾向④,最直接的表现就是社会工作专业的毕业生得不到专业服务机构的接纳,致使社会工作专业毕业生出现了大量流失的现象。其他领域如学校、医院、慈善机构、司法系统也需要专业的社会工作者。这些部门对社会工作人员虽然有实际需要,但由于对社会工作的不了解和误解,很难把社会工作引入这些领域。可见,我国社会工作的发展还仅限于一个"学科"的发展,成为一种独立的职位还需要多方的努力。

---

① 王思斌:《社会工作概论》,第246页。北京:高等教育出版社,1999。

② 史柏年:"新世纪:中国社会工作教育面对的选择",《北京科技大学学报》(社会科学版)2004年第1期。

③ 李晓凤:"论我国社会工作教育者的责任",《求实》,2005年第5期。

④ 钱 宁:"中国社会工作教育发展面临的机遇与挑战",《社会工作》,2003年第6期。

(2)本土化理论、教材缺乏。社会工作教育在中国的发展已有近20年时间，但无论是课程设置还是具体课程的安排，大多仍以沿袭西方经验为主，有关社会工作本土方面的论著寥寥无几。教材是专业和学科的基础，目前国内社会工作界的教材编写还不尽人意，存在着数量少、缺乏系统、不规范以及“翻版”倾向等问题，特别是实务类教材极度缺乏本土的案例，脱离了中国社会的特点和现实去讲授社会工作理论技巧就是一种盲目的嫁接，这种状况对社会工作的学科建设和发展极为不利。中国社会工作教育协会2003年12月针对全国569位社会工作专业教师就目前社会工作教育最需要哪种类型的教材和资料进行调查，结果显示，有47%的教师认为最需要“有中国特色的社会工作专业教材”，还有43%的教师认为最需要“国外社会工作专业教材”以及“国外社会工作专业论著和专业刊物”①。由此可以看出，本土化理论、教材缺乏已经成为社会工作教育发展的极大阻碍。

(3)专业师资缺乏。师资力量是教学当中的关键因素，良好的师资是培养优秀学生的首要条件。在推动社会工作教育迅速发展方面，我们现在的师资力量无论在数量上还是在质量上都远远无法满足实际需求。由于开办社会工作专业的院校激增，许多学校因为缺少专业老师而不得不把一些相近专业的老师经过自学、培训等途径转变为专业教师，教师本身对社会工作专业基础知识的掌握难以充分内化，教育的质量是得不到保证的。而部分专业老师也存在一个先天的弱点，由于在我国社会工作实践层面极度缺乏相关的实务经验，个案工作、小组工作、社区工作等实务性非常强的方法仅停留在理论层面上，教学质量也大打折扣。虽然近几年随着交流和培训机会的增多，相关教师在教学模式和专业实习方面取得了一些经验和成果，但资金的匮乏、教学工作量的压力以及激励机制的不健全使得教师的专业理念和能力在短期内难以有很大提高。

(4)实践实习环节薄弱。社会工作实践教学一般包括专业基础课教学中的实践环节、专业课教学中的实践环节和社会工作实习中的实践环节。社会工作教育应该涵盖这3点，并且要保证800学时左右的学习时间②。而2004年，在中国社会工作教育协会第二届师资培训班上进行的一份对73所院校的调查显示在“每届学生实习总天数”上，53%的学生实习天数超过30天，16%的为15—30天，11%的为8—14天，还有两所院校学生实习天数不超过7天③。社会工作实验室是本专业学生接受操作实践锻炼的重要场所，个案工作、小组工作等专业主干课程的教学只有与社会工作实验室的操作训练相结合，才能取得好的效果。但目前我国大陆已开设社会工作专业的高校大都没有建设社会工作实验室，已建成的实验室使用频率也较低，这必然使对技术性有很高要求的社会工作人员的培养大打折扣。同时，作为社会工

① 马亚静:“我国现阶段社会工作专业教育发展的困境及对策”,《社会工作》,2007年第3期。
② 陈　微:“社会工作专业教育的不足及定位”,《中国青年政治学院学报》,2002年第4期。
③ 马亚静:“我国现阶段社会工作专业教育发展的困境及对策”,《社会工作》,2007年第3期。

作教育重要教学方法之一的督导制度得不到保障。我国台湾廖荣利教授认为:“督导是社会工作专业训练的一种方法。它是由机构内知识渊博、经验丰富的专业工作者,对机构内的新的工作者,通过一种定期和持续的督导程序,传授专业服务的方法与技术,以增进工作人员的专业技巧,并确保对案主提供专业服务的素质”。我国的实习督导教师自身没有经过系统的专业训练而缺乏社会工作实务的经验,甚至欠缺基本的人际沟通技巧,他们往往不能给学生予正确的指导,影响了社会工作教育的质量。

17.3.3 中国社会工作教育的发展原则及策略

解决专业教育发展问题必须坚持一定的指导思想，按照一定的原则要求来进行。具体说来,应遵循以下原则。

其一，回应社会需求原则。社会工作专业教育要在中国大陆落地生根，就必须着眼于当前的实际需求，如果教育远离社会需求，就会加剧毕业生就业困难,更不利于社会工作在社会上得到认同。特别是在全面建设小康社会和构建社会主义和谐社会的现实需要之下,社会工作教育应该抓住契机,积极回应社会需求。

其二，注重能力培养原则。专业教育是专业理论、实务方法及价值观教育的融为一体，面对“人”这一特殊的服务对象,对社会工作者的能力要求比较高,所以要注重全面发展，提高综合素质，使培养出来的学生具备能够在教育、医疗、司法、社会救助、社会管理、社会福利、基层社区等众多领域开展服务的能力。

其三，本土化倚重原则。要使社会工作教育这个“舶来品”在中国大陆“落户开花”,除了对西方社会工作知识体系进行“盘点”和“消化”外,同时要在充分了解和吸收西方社会工作的精华，全面掌握社会工作知识体系的基础上，强调本土经验的积累，加快社会工作理论及方法的本土化进程，探索切合中国实际的社会工作理论和方法以及具有中国特色的社会工作教育模式，满足中国社会发展的需要。

其四，动态分层原则。由于中国社会工作现阶段处在一个尴尬的状态，从事实际社会工作的人员很多都未接受社会工作专业训练，而接受过社会工作专业教育的大中专学生有很多人没有进入到社会工作领域。所以在社会工作教育中要注重学历教育、职业教育等不同层次的划分,以利于为社会工作从业人员提供不断充实专业知识和提升能力的机会，使其在社会工作岗位上具备可持续发展的素质和能力。

其五,开发创新原则。解决社会工作教育问题，必须注重预测、规划、开发和创新，搞好专业教育管理,引进企业战略管理的经验，促进实际问题能够得到及时有效解决。

当前,在我国面对快速的市场转型，政府越来越关注市场经济背景下的社会稳定，越来越关注经济社会协调发展,这表现在发展战略方面就是“科学发展观”、“和谐社会”的提出。以协调社会关系、解决和预防社会问题、促进社会公正为己任的专业社会工作，就成为一种社会的必然选择和制度化安排。社会工作教育迎来了一个非常好的发展时机和发展环境。具体地说可以从以下方面加以改进。

(1)明确社会工作专业的培养目标,培养专业型、复合型、应用型人才。从社会工作专业教育系统讲，目标要素是任何系统的首要要素，也是专业教育系统的动力机制建设的首要内容。专业教育目标具有明确的导向、调控、评价和激励作用，只有目标明确具体，各行为主体才能有明确的行动方向，才能不断激发出积极性、主动性和创造性。① 我国社会工作专业应该培养具有广泛服务技能和基层事务管理能力的实务型社会工作者。这是因为目前我国培养的专业社会工作者主要是大专和本科层次的学生,这个层次的学生是以一线服务能力和低层次管理能力为目标的。同时,我国的社会工作职业化尚未完成,人们对社会工作这一职业的认同程度还比较低,在这种情况下,我们必须加强学生综合知识的学习,尽可能地培养学生多方面的能力,使其能够胜任多种社会岗位的需求。同时,在培养目标的指导下,要注重社会工作教育质量的提高,保证向社会输送的人才是具有比较系统的理论知识和较强的实务能力,特别是在课程设置上动态体现个案工作、社区工作、团体工作等直接助人方法,通过培养复合型、应用型专业人才来解决具有普遍性的社会适应问题。

(2)加快社会工作职业化进程，获得社会广泛认可。当前,“社会工作者”一词频频出现在学术期刊、学术著作中，而在普通大众中却毫无概念。宣传力度不足、社会认可度低与我国长期以来未从制度层面建立起社会工作职业有着很大关系。目前,我国社会工作教育发展的最大障碍就是没有一个职业化的环境,这个问题的责任主体在政府。政府应该转变职能,弱化自身在社会福利提供上的责任,培养非政府组织的力量,给社会工作教育提供一个好的社会环境。2006 年 7 月 20 日,人事部、民政部联合颁发了《社会工作者职业水平评价暂行规定》和《社会工作者职业水平考试实施办法》，将社会工作纳入全国专业技术人员职业资格证书制度进行统一管理，这将从制度上根本解决社会工作者的职业地位问题，从而有利于增强社会服务的专业性，拓宽社会服务范围。今后，各相关部门有必要在此基础上组建机构、组织考试、推动立法，抓紧开发社会工作岗位，改变“有社会工作之实,无社会工作之名”的状况。同时，还要采取群众喜闻乐见的形式，利用广播、电视、杂志、报纸、网络等媒体，广泛宣传这项制度的重大意义、主要内容、具体措施，提高这项制度的社会知晓度和认同度，为进一步推进社会工作职业化打下良好的社会基础。

(3)加强师资力量建设,打造专业化教师队伍。目前我国社会工作专业的教师几乎都没有社会工作实务经验,这是专业教育中急需解决的问题。社会工作专业对实务的强调要求专业教师的培训不能只限于理论,更重要的是使专业教师掌握一定的实务经验,使教师的教学、科研、实践能很好地结合起来。我们应该一方面加强与国外、港台的学术和人才交流,聘请具有社会工作教学和实际工作经验的人才担任教师,促进教师素质的提高。同时，专业教师还要走进社会，以专业知识、专业方法和专业技能服务于社会,在社会实践中得到完善与提高。

---

① 王瑞华:“中国社会工作教育发展面临的若干问题及其解决对策”,《集美大学学报》,2005 年 12 期。

(4)注重学生实践能力的培养,传授知识与培养能力并重。社会工作是一种专业化的服务活动,这种专业化的服务活动是建立在系统的理论、知识基础之上的。作为一种专业化的助人服务活动,社会工作不仅需要相应的知识基础,还需要有能够在实践中发挥作用的技能。所以,社会工作教育中要一方面加强理论训练,一方面加强能力培养,通过课堂讲授、角色扮演、小组学习、社区探访、社会调查、案例分析、专题研讨等方式培养学生的能力,积极为受教育者提供实践锻炼的机会,通过实践将所学的理论知识转化为服务技能。目前中国的社会工作实习是社会工作教育中最薄弱的一个环节,缺乏实践的过程使学生处于闭门造车的状态。为了推动社会工作学生实践能力的培养,教育者和教育机构一方面要尽可能地寻找实习机会,扩大学生的实习范围,加强社会工作实习基地的建设工作,将可以利用的实习场所,例如学校、社区、医院、福利机构等充分利用起来,把理论教学和实践操作融为一体,在实践中积累实务经验,强化专业能力;另一方面也要培养合格的实习督导教师,为专业实习提供专业的技术指导和智力支持。

(5)推动社会工作教育的规范化,强化社会工作学术科研水平。在发展社会工作专业教育的过程中,我们要通过积极参与社会工作教育机构组织的各项活动,加强对外交流和学习,进一步推动专业教育的规范化,建立符合国情与国际标准的社会工作本科与硕士的训练标准。在此基础上通过系统的课程设计与实习安排,建立和发展本土化的社会工作知识,包括社会工作理论、专业技术和价值观体系。要通过举办规范的、权威的和有影响力的本土社会工作专业刊物,建立自己的研究载体和研究阵地,推动社会工作研究的进步,增加社会工作的知识积累,从而改善社会工作理论和实务的水平,提高社会工作的专业有效性。①

随着社会的发展,全社会已经日益认识到社会工作在推动社会发展、促进社会和谐方面的作用,同时国家对社会工作的发展给予高度重视和政策上的引导,这些都是社会工作和社会工作教育上的机遇。因此,我们相信中国社会工作教育和社会工作专业的发展和成熟必定能够为社会的发展发挥更大的作用。

① 熊跃根:“转型时期中国社会工作专业教育发展的路径与策略:理论解释与经验反思”,《华东理工大学学报(社会科学版)》,2005年第1期。

后　记

近年来，在参考并吸收境外同类教材的前提下，国内陆续出版了不少较高质量的社会工作类教材，本书在博采众长的基础上，尽可能注重突出社会工作的学科专业性和实务操作性，以适应职业教育的特点。

本书由主编设计框架结构，各编写者分工协作，主编做了修改和统稿工作。其具体分工如下：

管向梅：第一、六、七、十七章；周进萍：第二、十一、十三章；周晶：第三、第四、十六章；张璐：第五、十、十二章；冯敏良：第八章；陈静：第九、第十四、十五章。

本书的编写与出版得到了赵宏志老师及天津大学出版社的大力支持，在此表示真挚的谢意。

周　沛